CB129918

# O Trabalho e o Direito do Trabalho na Cultura Pop

O grupo de pesquisa e extensão
*O trabalho além do Direito do Trabalho: dimensões da clandestinidade jurídico-laboral* apresenta...

# O Trabalho e o Direito do Trabalho na Cultura Pop


Organizadores:

**Guilherme Guimarães Feliciano**

**Angelo Antonio Cabral**


LACIER

LACIER
**Lacier Livraria e Editora**
**www.livrarialacier.com.br**
© Todos os direitos reservados
Rua Doutor Quirino, 808 – Centro
CEP 13015-081 – Campinas, SP – Brasil

Fevereiro, 2023

Diretor: *Lacier José de Rezende*
Diretor assistente: *Eduardo Soares Aureliano*
Projeto de capa: *Fabio Giglio*
Projeto gráfico e editoração eletrônica: *Peter Fritz Strotbek – The Best Page*

**Ficha Catalográfica**

---

**Dados Internacionais de Catalogação na Publicação (CIP)**
**(Câmara Brasileira do Livro, SP, Brasil)**

T759 O trabalho e o direito do trabalho na cultura pop / Organizadores: Guilherme Guimarães Feliciano, Angelo Antonio Cabral. — 1. ed. — Campinas, SP : Lacier Editora, 2023.
356 p. : 17 x 24 cm.

ISBN 978-65-88805-49-7

1. Direito do trabalho — Brasil. 2. Cultura popular — Trabalho. 3. Direito do trabalho — Brasil — Obras populares. I. Feliciano, Guilherme Guimarães. II. Cabral, Angelo Antonio.

CDU 34:331(81)

**Índices para catálogo sistemático:**

1. Direito do trabalho – Cultura popular (Brasil)

Angela Schmidt da Rosa – Bibliotecária – CRB-14/1171

# Sumário

# Rol de Autoras e Autores

**Adib Pereira Netto Salim.** Doutorando pela Faculdade de Direito da Universidade de São Paulo – USP. Mestre em Direito pela Universidade Federal de Santa Catarina. Professor Adjunto do Curso de Direito da Universidade Federal do Espírito Santo. Juiz do Trabalho Titular da Vara do Trabalho de Linhares – ES. Tribunal Regional do Trabalho da 17ª Região.

**Agnes Marian Ghtait Moreira das Neves.** Mestra em Direito do Trabalho pela Faculdade de Direito da Universidade de São Paulo. Bacharela em Direito pela Universidade Presbiteriana Mackenzie. Advogada. E-mail: agnes.ghtait@gmail.com.

**Ana Paula Silva Campos Miskulin.** Juíza do Trabalho do TRT 15. Mestre em Direito do Trabalho pela Universidade de São Paulo. Possui Especialização em Direito e Processo do Trabalho pela Universidade Federal de Goiás. É Pesquisadora do Núcleo de Pesquisa e Extensão: O trabalho além do Direito do Trabalho: dimensões da clandestinidade jurídico-laboral, desenvolvido na Faculdade de Direito da Universidade de São Paulo. Professora e palestrante.

**Angelo Antonio Cabral.** Advogado (OAB/SP e OAB/DF). Doutorando, Mestre e Especialista em Direito do Trabalho pela Universidade de São Paulo. Cursou Especialização em "Relaciones Laborales para Expertos Latinoamericanos" (Universidad de Castilla-La Mancha) e Direitos Fundamentais (Universidade de Coimbra). Bacharelou-se em Ciências Jurídicas e Sociais pela Universidade de Taubaté. É pesquisador do Núcleo de Pesquisa e Extensão "O trabalho além do trabalho: dimensões da clandestinidade jurídico-laboral", coordenado pelo Professor Guilherme Guimarães Feliciano (DTBS/USP). Orientador acadêmico do Laboratório de Ciências Criminais, do Departamento de Iniciação Científica do IBCCRIM. Parecerista da *Revista da Escola Judicial do TRT da 4ª Região.*

**Caio Leal Messias.** Advogado e cientista social, atuou como professor temporário de Literatura Francesa na FFLCH-USP. Doutor em Letras, cursa atualmente mestrado em Direito Internacional na Faculdade de Direito da USP, onde desenvolve pesquisa em Direito internacional e Comparado a respeito do sistema portuário brasileiro e o modelo portuário chinês.

**Camilla de Lellis Mendonça.** Advogada. Especialista em Direito do Trabalho pela Universidade de São Paulo. Mestranda em Direito do Trabalho pela Universidade de São Paulo.

**Carolina Bonemer Cury.** Advogada. Mestranda em Relações Industriais e de Emprego pela Universidade de Turim / Centro Internacional de Formação da Organização Internacional do Trabalho (CIF-OIT). Pós-graduanda em Economia do Trabalho e Sindicalismo pelo Instituto de Economia da Universidade Estadual de Campinas (UNICAMP). Graduada pela Faculdade de Direito da Universidade de São Paulo (USP).

**Catharina Lopes Scodro.** Mestra pela Faculdade de Direito de Ribeirão Preto da Universidade de São Paulo. Bacharela em Direito pela Universidade Federal de Uberlândia. Pesquisadora vinculada ao Centro de Ensino e Pesquisa em Inovação da FGV DIREITO – SP. E-mail: catharina.scodro@gmail.com.

**Christiane Moraes Cardoso.** Mestranda em Direito pela Universidade de São Paulo – FDRP/USP. Advogada e Professora de Direito do Trabalho. Pós-graduada em Direito Material e Processual do Trabalho pela Faculdade Damásio de Jesus e em Direito Empresarial pela FGV. Pós-graduanda em Direito e Gestão do Agronegócio. Membro dos grupos de pesquisa: Núcleo de Pesquisa e Extensão – O Trabalho além Direito do Trabalho (NTDAT FD/USP) e GEDTRAB-FDRP/USP. Presidente da Comissão de Direito do Trabalho da OAB/SP – 39ª Subseção – Gestão 2019/2021.

**Claudirene Andrade Ribeiro.** Doutoranda em Direito do Trabalho e Seguridade Social-USP/SP. Mestra em direito agroambiental e em Educação, ambos pela UFMT Especialista em Direito do Trabalho e Processo do Trabalho pela PUC/SP. Exerceu cargo de Conciliadora de Defesa do Consumidor – Procon/MT (2001 a 2004). Juíza Titular da 2ª Vara do Trabalho de Tangará da Serra – MT. Docente na área jurídica. E-mail: claudireneribeiro@yahoo.com.br.

**Daniel Bianchi.** Advogado, doutorando em Direito do Estado (USP) e mestre em Ciência Política (USP). Cursou especialização em Direito do Trabalho (USP). E-mail: daniel.bianchi@usp. br.

**Daniela de Lima Amorim.** Advogada. Mestranda em Direito do Trabalho e Seguridade Social na Faculdade de Direito da Universidade de São Paulo (USP-SP). Licencianda em Filosofia pela Universidade Federal de Pelotas (UFPel).Especialista em Direito do Trabalho pelo Centro Universitário "Antônio Eufrasio de Toledo" de Presidente Prudente/SP. E-mail: damorim.dla@gmail.com.

**Daniele Domingos Monteiro.** Advogada. Especialização em Direito e Processo do Trabalho – FDUSP. Mestranda em Sociologia na linha de pesquisa Sociologia do trabalho – Universidade Estadual de Campinas – Unicamp. Membra do Grupo de Pesquisa Núcleo de Pesquisa e Extensão O Trabalho além do Direito do Trabalho – FDUSP. Membra do grupo de Pesquisa Trabalho e Capital – GPTC – FDUSP. E-mail: monteiro565@gmail.com.

**Danilo Silvério.** Doutor em Estudos Comparados de Literaturas de Língua Portuguesa pela Universidade de São Paulo (USP). Mestre em Literatura Portuguesa (USP). Bacharel em Letras [Inglês e Português] (USP). Técnico em Assuntos Educacionais (Letras) na Universidade Federal do ABC (UFABC). E-mail: danilo.silverio@ufabc.edu.br.

**Elisa Barca Vergara.** Assessora jurídica do Ministério Público do Trabalho. Especialista em Direito do Trabalho pela Faculdade de Direito da Universidade de São Paulo (USP). Especialista em Economia do Trabalho e Sindicalismo pelo Instituto de Economia da Unicamp (CESIT/ UNICAMP). Graduada em Direito pela Pontifícia Universidade Católica de Campinas (PUC – Campinas). E-mail: elisabarca.adv@gmail.com

**Erazê Sutti.** Advogado trabalhista e sindical desde 1997. Graduado (1996) e Pós-Graduado pela Faculdade de Direito da USP, com Especialização em Direito e Processo do Trabalho (2018/2019). Integrante do corpo docente da Escola Superior da ABRAT (Associação Brasileira dos Advogados Trabalhistas). Pesquisador integrante do NTADT-USP (Grupo de Pesquisa e Extensão – Núcleo "Trabalho Além do Direito do Trabalho"). Pesquisador integrante do GPTC-USP ("Grupo de Pesquisa Trabalho e Capital"). Conselheiro Seccional e Presidente da Comissão Estadual da Advocacia Assalariada da OAB/SP. Vice-Presidente da AATJ (Associação da Advocacia Trabalhista de Jundiaí). Presidente da Comissão Nacional da Advocacia Assalariada da ABRAT. E-mail: eraze@usp.br.

**Gabriela Marcassa Thomaz de Aquino.** Doutoranda e Mestra em Direito do Trabalho e da Seguridade Social pela Faculdade de Direito da Universidade de São Paulo (USP). Graduada em Direito pela Faculdade de Ciências Humanas e Sociais da Universidade Estadual Paulista (UNESP). Pesquisadora junto ao Núcleo de Estudos "O Trabalho além do Direito do Trabalho", vinculado à Faculdade de Direito da Universidade de São Paulo e junto ao Núcleo de Pesquisa e Observatório Jurídico: (Re)pensando o Direito do Trabalho Contemporâneo, vinculado à Faculdade de Ciências Humanas e Sociais da Universidade Estadual Paulista. Pesquisadora bolsista no Centro de Ensino e Pesquisa em Inovação (CEPI-FGV/SP). E-mail: gabrielaquino01@hotmail.com.

**Guilherme Guimarães Feliciano.** Professor Associado do Departamento de Direito do Trabalho da Faculdade de Direito da USP. Livre-Docente em Direito do Trabalho e Doutor em Direito Penal pela Faculdade de Direito da USP. Doutor em Ciências Jurídicas pela Faculdade de Direito da Universidade Clássica de Lisboa. Coordenador do Curso de Especialização em Direito do Trabalho e Processual do Trabalho da UNITAU. Juiz do Trabalho Titular da 1ª Vara do Trabalho de Taubaté/SP. Presidente da Associação Nacional dos Magistrados da Justiça do Trabalho (ANAMATRA, biênio 2017/2019). Vice-Presidente da ANAMATRA (biênio 2015-2107). Acadêmico da Academia Brasileira de Direito do Trabalho (ABDT, cadeira n. 53); Membro Vitalício da Academia Taubateana de Letras (cadeira n. 18). Coordenador do NTADT – Núcleo de Pesquisa e Extensão: O Trabalho além do Direito do Trabalho.

**Marco Antonio de Freitas.** Mestre em Direito do Trabalho e Seguridade Social pela USP. Professor da pós-graduação em Direito do Trabalho e Direito Processual do Trabalho da Ematra-MS/Insted. Juiz do Trabalho no TRT/24ª Região. E-mail: marcoantoniofreitas@uol.com.br.

**Marco Aurélio Serau Junior.** Professor da UFPR - Universidade Federal do Paraná, nas áreas de Direito do Trabalho e Previdenciário, na graduação e Mestrado. Doutor e Mestre em Direitos Humanos pela USP.Advogado e Consultor. Diretor Científico do IEPREV — Instituto de Estudos Previdenciários. Autor e Coordenador de dezenas de obras jurídicas.

**Marcos da Silva Pôrto.** Juiz do Tribunal Regional do Trabalho da 15ª Região; Juiz Diretor do Fórum Trabalhista de Campinas – SP; Especialista em Direito Penal pela Faculdade de Direito da Universidade de São Paulo; Especialista em Economia do Trabalho pelo Instituto de Economia da Universidade Estadual de Campinas – Unicamp; e Mestre em Ciências Jurídicas pela Faculdade de Direito de Ribeirão Preto da Universidade de São Paulo.

**Mariana Benevides da Costa.** Doutoranda, mestra e especialista em Direito do Trabalho pela Faculdade de Direito da Universidade de São Paulo. Pesquisadora do NTADT — Núcleo de Estudos O trabalho além do Direito do Trabalho: Dimensões da clandestinidade jurídico-laboral.

**Olívia de Quintana Figueiredo Pasqualeto.** Doutora e mestra em direito do trabalho e da seguridade social pela Faculdade de Direito da USP. Realizou Pós-Doutorado na Faculdade de Direito da USP. Professora e pesquisadora na Escola de Direito de São Paulo da Fundação Getúlio Vargas. E-mail: oliviapasqualeto@hotmail.com.

**Salvador Schavelzon.** Antropólogo com doutorado na UFRJ (Museu Nacional). Hoje é pesquisador e professor da Universidade Federal de São Paulo (Campus Osasco) e professor orientador no Programa de Integração Latino Americana (Prolam-USP). Pesquisa cosmopolitica indígena, plurinacionalidade e constitucionalismo latino americano.

**Vitor Vitorello de Freitas Mariano da Silva.** Advogado, graduado pela FDUSP. Mestrando pela FDUSP. Pesquisador do NTADT – Núcleo de Estudos O Trabalho além do Direito do Trabalho: Dimensões da Clandestinidade Jurídico-laboral. E-mail: vitorvitorello@advocaciavitorello.adv.br.

# Apresentação

Há três quartos de século — ou *exatamente* um século, se considerarmos o ano de fundação do *Institut für Sozialforschung* alemão (1923) —, começávamos a compreender que, se o racionalismo liberal afrouxou as rédeas históricas do dogmatismo religioso e das superstições populares – curiosamente (*rectius:* tragicamente) resgatadas, na terceira década do século XXI, com o verniz liberal da "liberdade de expressão" e a autoridade política das lideranças antissistêmicas[(1)] —, também criou um novo tipo de dominação, primeiramente sobre a natureza (a partir do *ethos* utilitário da indústria) e depois sobre o ser humano (a partir da subordinação dos indivíduos às necessidades técnicas e da captação cultural das respectivas subjetividades). A ciência, nessa vereda, deixou de ser instrumento de emancipação para se transformar em um meio de dominação (o que, a propósito, conecta-se diretamente com o primeiro capítulo desta coletânea, sobre *"Milton: ciência, dominação e estranhamento nos reinos do Direito do Trabalho"*), ao tempo em que a ética foi ofuscada e o ser/estar em sociedade passou a ganhar significado e valor na ordem direta do que se pode consumir: bens de fruição, bens de acumulação, bens de reprodução e, no derradeiro liminar, bens culturais e espirituais. Daí porque, diz Adorno, cultura e arte adquirem uma diversa estatura no modo capitalista de produção: tornam-se o produto de uma *indústria cultural*, oportunizando o controle das consciências pelo emprego de meios como o rádio, a imprensa, o cinema e, de um modo geral, todas as espécies de mídia (com especial relevo, nesses nossos toscos tempos, para a digital). Nessa nova configuração, nem a arte possui autonomia, nem os indivíduos possuem liberdade de escolha: "a liberdade de escolha [...] reflete sempre a coerção econômica, [...] como a liberdade de escolher sempre a mesma coisa" (ADORNO, HORKHEIMER, 1991, p. 156). Moldar ímpetos, vontades e sentidos subjetivos: eis a finalidade da cultura de massas.

Nesta obra, caro leitor, cuidaremos essencialmente disso: trataremos da *cultura de massas*. Ou, como preferimos — até por razões comerciais (afinal, não escapamos tampouco dos apelos ardilosos da lógica capitalista) —, da *cultura pop*.

Mas falemos algo de nós.

---

(1) Pense-se, ridícula e ilustrativamente, no recente "apoio oficial" do Ministério da Cultura brasileiro à delirante (re)descoberta da cidade perdida de Ratanabá, na floresta amazônica: teria sido a "capital do mundo" há 350 milhões de anos, antes mesmo da aparição dos dinossauros na face do planeta (?). Disponível em: <https://www.correiobraziliense.com.br/brasil/2022/06/5015540-mario-frias-defende-fake-news-sobre-cidade-perdida-na-amazonia.html>. Acesso em: 26 jan. 2023.

O Núcleo de Pesquisa e Extensão "O Trabalho além do Direito do Trabalho: dimensões da clandestinidade jurídico-laboral" (NTADT), idealizado a partir de demandas de estudantes que cursaram a extinta disciplina "Teoria Geral do Direito do Trabalho" na Faculdade de Direito da Universidade de São Paulo, entre 2000 e 2005, tem por finalidade proporcionar aos seus integrantes e à comunidade, na perspectiva da ciência do direito (notadamente da teoria geral do direito e da teoria da norma jurídica) e também das ciências sociais em geral (notadamente da sociologia — geral e jurídica — e da antropologia — geral e jurídica), acúmulo crítico sobre dimensões do mundo do trabalho que subsistem, no todo ou em parte, à margem do sistema jurídico trabalhista ou mesmo à margem do próprio sistema jurídico-legal, seja por razões econômicas, seja por razões culturais, seja ainda por razões estritamente jurídicas. Por "*clandestinidade*", portanto, entendemos a condição sociológica daquilo que, sendo inerente à realidade conhecida, está fora ou à margem da respectiva legalidade e institucionalidade. A ideia de clandestinidade reporta, assim, a condição sociojurídica de quem é alijado de uma forma jurídica mais tuitiva, à qual é basicamente subsumível, em função de uma configuração sociológica discrepante (condições de paralegalidade e mesmo de marginalidade em senso comum).

E como o coletivo chegou à coletânea?

Pois bem. Compreender a realidade de modo crítico e avaliar como o Direito, especialmente o Direito do Trabalho, pode contribuir para minimizar a exclusão é um exercício contínuo das atividades no grupo. É, a rigor, a argamassa fundamental de todas as nossas reuniões, presenciais ou não. Em um dos debates virtuais habitualmente travados, dentro da informalidade que bem os caracteriza, surgiu a ideia de aproximar esse estudo interdisciplinar de elementos lúdicos de nosso cotidiano — notadamente *filmes*, *séries* e *desenhos animados* (aqui sintetizados na expressão *cultura pop*[(2)]) — que, embora oficialmente direcionados para o público infantojuvenil, podem trazer consigo, se bem articulados, reflexões e ilustrações das desigualdades vivenciadas pela vida adulta, *vis-à-vis* com as rotinas de trabalho impostas na sociedade capitalista.

---

(2) "A cultura popular (*popular culture*) ou a cultura pop (*pop culture*) é a cultura vernácula — isto é, do povo — que existe numa sociedade moderna. Num sentido puramente literal, a cultura popular é um produto cultural destinado ao um público de massas. No entanto, a definição de cultura popular depende muito de quem está definindo, por exemplo: Anthony Giddens (2006) define a cultura pop como um entretenimento criado para grandes audiências, como os filmes populares, os shows, as músicas, os vídeos e os programas de TV e, como o autor observa, muitas vezes é comparada a alta cultura — algo que sugere que as classes sociais diferentes desenvolvam diferentes identidades baseadas em suas experiências culturais diferentes. Em geral, os teóricos usam o termo 'cultura popular' mais precisamente para designar uma forma particular de uma cultura comum que surge apenas no período moderno. A cultura popular neste sentido é distinta tanto do folclore (folclore) quanto da alta cultura. É diferente da alta cultura porque a cultura popular é consumida em massa. É separada do folclore porque a cultura popular é produzida em massa" KHUMTHUKTHIT (2010, p. 59).

O projeto pretende, nessa alheta, sensibilizar e fazer refletir, a partir do que é feito para cegar, e desse modo resgatar, de vários modos inopinados, o debate em torno da crueza das relações sociais no âmbito das relações de trabalho.

Não se ignora que esse tipo de abordagem reflete uma tendência já previamente inaugurada pelo movimento *Direito e Literatura* (desdobrada por recentes correlações entre o direito e a arte, de modo mais abrangente); tampouco se desconhece que há quem veja nesse tipo de associação uma prática acadêmica diletante, modista e, de certo modo, supérflua[(3)]. Essa crítica está presente mesmo nas eruditas disciplinas que estudam o direito em Shakeaspeare, na Universidade de Nova Iorque, como lamenta Kenji Yoshino:

> [...] Alguns de meus colegas consideram minhas aulas de "Direito e Literatura" fáceis ou suspeitas, usando muitas das razões que meu antigo professor usou quando me disse para renunciar à Literatura pelo Direito. Do ponto de vista deles, a Literatura é diferente demais do Direito para que possa esclarecê-lo. Ler Literatura como um guia para a tomada de decisão legal é, na memorável frase do Juiz Richard Posner, como "ler *A revolução dos bichos* como tratado sobre a administração de uma fazenda" (*The Ethical Significance of Free Choice: a Reply to Professor West, Harvard Law Review* 99, [1986], p. I.433.). Tal crítica dói mais porque eu sei que quem a faz ama tanto a Literatura como o Direito, mas crê que as duas práticas não se enriquecem mutuamente. Ela me lembra Balzac, que dizia que amava o cabelo das mulheres e sopa, mas não o cabelo delas na sopa (YOSHINO, p. XII).

Parece-nos, claro, que a crítica não se sustenta abstratamente. Há estudos de institutos jurídicos seculares realizados exclusivamente pela ótica do direito positivo, com rigor técnico e método austero, entregando resultados frustrantemente supérfluos. Não é o tema ou o método da pesquisa aprioristicamente avaliado que dirá se determinado ensaio, artigo ou estudo será débil, mas o modo, a intensidade e a acurácia com a qual o seu autor o desenvolve. E essa avaliação intensificou-se quando, no *iter* do desenvolvimento deste modesto projeto, a sociedade capitalista contemporânea foi paralisada pela pandemia da Covid-19[(4)] e o distanciamento social exigiu a restrição de mobilidade

(3) A respeito do *estado da arte* do Direito e Literatura no Brasil e no Direito Comparado, especialmente América Latina, Europa e Estados Unidos da América, localidade onde se pode falar em uma "escola" dedicada a esta interação, recomenda-se a leitura de André Karam Trindade e Luísa Giuliani Bernsts: o estudo do direito e literatura no brasil: surgimento, evolução e expansão (2017).

(4) A pandemia da Covid-19, também conhecida como pandemia de coronavírus, é uma pandemia em curso de Covid-19, uma doença respiratória aguda causada pelo coronavírus da síndrome respiratória aguda grave 2 (SARS-CoV-2). A doença foi identificada pela primeira vez em Wuhan, na província de Hubei, República Popular da China, em 1 de dezembro de 2019, mas o primeiro caso foi reportado em 31 de dezembro do mesmo ano. Acredita-se que o vírus tenha uma origem zoonótica, porque os primeiros casos confirmados tinham

nos grandes centros urbanos, forçando um confinamento que terminou há pouco. A obrigatoriedade de se permanecer em casa colocou em evidência a força e a relevância da *cultura pop* como instrumento de entretenimento — e quiçá de reflexão — em massa, uma vez que concentrou na TV, na *internet*, nas redes sociais e nas plataformas de *streaming* as únicas opções de lazer, durante o excepcional período no qual parques, praias, academias, concertos, *shows* e outras atividades coletivas estavam proibidas ou drasticamente restritas. Mais do que antes, as populações consumiram alucinadamente os mais variegados produtos da cultura de massas.

Logo, as autoras e autores que honrosamente aceitaram nosso convite para esta coletânea pesquisaram e escreveram seus textos no bojo de uma das mais agudas crises sanitárias, econômicas e políticas da história, imersos como nunca no seu próprio objeto de partida — os produtos culturais de alto consumo —, o que destaca o incremento crítico-experimental do esforço, por uma lado, e, por outro, faz sobrelevar a gratidão e o afeto com que recebemos e sistematizamos os textos. Cada pesquisadora e pesquisador, a despeito das dificuldades impostas no curso deste trabalho — seja o confinamento, seja o amálgama família-trabalho-lazer-estudo imposto pela pandemia (que transformou a casa de cada um no único universo de convivência nos anos de 2020 e 2021) —, desenvolveu um estudo seguro, consistente e aprofundado, capaz de resgatar das sutilezas da infância um intercurso dialético útil para a compreensão das relações contemporâneas de trabalho. Agradecemos, outrossim, aos generosos professores Marco Aurélio Serau Junior, Daniele Domingos Monteiro, Caio Leal Messias, Danilo Silvério e Salvador Andrés Schavelzon, consagrados acadêmicos que não integram o NTADT, pelas contribuições interdisciplinares que encerram a coletânea.

Convida-se a amiga leitora e o amigo leitor a resgatar as memórias afetivas de sua infância e a reencontrar *Milton, o monstro*, a *Corrida Maluca*, o *Zé Carioca*, o *Bob Esponja*, os *Flintstones* e os *Jetsons*, a *Família Dinossauro*, a *Branca de Neve* e a *Cinderela*, para refletir como situações cotidianas da vida e da arte servem de instrumentos críticos para a compreensão e a evolução do Direito; e, em especial, do Direito do Trabalho.

Aliás, permita-nos: não é, de verdade, um convite. Antes, é mesmo um *desafio*. Um desafio que, afinal, devolve-nos a Adorno e Horkheimer. Se essa cultura de massas basicamente define as nossas escolhas a partir de uma fidelização que retroalimenta as nossas próprias percepções de mundo — ou, na melhor dicção frankfurtiana, "a *mimese* compulsiva dos consumidores, pela qual se identificam às mercadorias culturais que eles,

principalmente ligações ao Mercado Atacadista de Frutos do Mar de Huanan, que também vendia animais vivos. Em 11 de março de 2020, a Organização Mundial da Saúde declarou o surto uma pandemia. Até 21 de novembro de 2022, pelo menos 637.855.812 casos da doença foram confirmados em, pelo menos, 191 países e territórios, com 6.606.207 mortes – 688.917 no Brasil. Disponível em: <https://www.seade.gov.br/coronavirus/>. WIKIPEDIA, (Pandemia de Covid-19). Acesso em: 26 jan. 2023.

ao mesmo tempo, decifram muito bem" (ADORNO, HORKHEIMER, 1991, p. 156-157) —, restará indagar: *o que ela*, a cultura de massas, *nos diz sobre o nosso tempo, sobre o nosso mundo e sobre o nosso estar-no-mundo?* E o que nos diz, em particular, sobre a oculta fonte maior de toda a riqueza capitalista (i.e., o *trabalho*)?

É o que veremos a seguir, num caleidoscópio de fragmentos que poderá surpreendê-lo.

São Paulo, janeiro de 2023.

***Guilherme Guimarães Feliciano***
Professor Associado I do Departamento de Direito do Trabalho e da Seguridade Social da Faculdade de Direito da Universidade de São Paulo. Titular da Cadeira n. 53 da Academia Brasileira de Direito do Trabalho. Doutor e Livre-Docente pela Faculdade de Direito da Universidade de São Paulo. Doutor pela Faculdade de Direito da Universidade de Lisboa. Pós-Doutor pelo *"Ius Gentium Conimbrigae"*/Centro de Direitos Humanos (Faculdade de Direito da Universidade de Coimbra). Docente coordenador dos Núcleos de Pesquisa e Extensão "O Trabalho além do Direito do Trabalho" (FDUSP) e "Meio Ambiente do Trabalho" (FDUSP). Presidente da Associação Nacional dos Magistrados da Justiça do Trabalho — Anamatra (2017/2019). Presidente da Associação dos Magistrados da Justiça do Trabalho da 15ª Região – Amatra XV (2011/2013).
Juiz Titular da 1ª Vara do Trabalho de Taubaté/SP.

***Angelo Antonio Cabral***
Mestre pela Faculdade de Direito da Universidade de São Paulo. Especialista em Direito do Trabalho pela Universidade de São Paulo, pela Universidade de Coimbra e pela *Universidad de Castilla-La Mancha.* Pesquisador do Núcleo de Pesquisa e Extensão "O Trabalho além do Direito do Trabalho" (FDUSP). Advogado em São Paulo.

# Teoria do Direito do Trabalho

# Milton: Ciência, Dominação e Estranhamento nos Reinos do Direito do Trabalho

*Guilherme Guimarães Feliciano*

*Mariana Benevides da Costa*

Figura 1. Fonte: <https://www.retrotv.com.br/desenhos/Milton-o-monstro>.

## Introdução

O fio condutor deste breve ensaio diz com as possíveis correspondências entre um já esquecido personagem televisivo — Milton, o monstro (*Milton the monster*) — e o Direito do Trabalho. Isto, para integrar obra literária com perfil *pop cult*, dedicada à revelação(1) — ou, dir-se-ia melhor, "desvelação"— das interconexões óbvias (e não tão óbvias) entre manifestações artísticas e culturais diversas e a argamassa de realidade que está na base do Direito do Trabalho.

(1) Porque, no sentido mais caro à Escola de Frankfurt, seguramente a cultura *pop* serve mesmo ao engano, à distração e à alienação, capturando subjetividades e embotando intelectualidades. Nada, em absoluto, no sentido de uma "reflexão" socialmente útil (ADORNO, HORKHEIMER, 1991).

Nessa vereda, seguiremos a identificar os prováveis pontos comuns entre as lógicas subjacentes aos roteiros de "Milton, o monstro", em vários de seus capítulos, e os próprios dilemas sociais que estiveram na base da formação do Direito do Trabalho.

Nessa medida, partiremos da apresentação do personagem, explicitando suas perspectivas de abordagem e detectando, em cada qual delas, os aspectos trabalhistas visíveis, quais sejam, a funcionalidade da pacificação social, sob o prisma dito "subjetivo" (por ser vinculada à ternura, característica da estrela do *cartoon* em questão), e epigrafada, desta feita, sob o progresso social, ínsito ao próprio desenvolvimento do Direito do Trabalho e de sua historicidade, em um prisma dito "objetivo".

Nessa última parte, por sinal, a intervenção debruçar-se-á sobre a intensa associação entre o citado protagonista e o Direito do Trabalho — na sua perspectiva universal —, considerando a identidade dos seus motores com origem tecnológica, as suas representações — já que consubstanciam desvios do curso normal da história — e as contradições que lhes tocam a ambos, primeiro, como *monstros* — com os fardos de uma tal implicação —, depois, como *benevolentes*, *ternos*. Eis as pontes que ligarão, doravante, asduas dimensões *supra*.

É que, como monstro, em Milton descabe a ternura, tanto quanto ao Direito do Trabalho descabe a garantia da atividade empresarial e o seu lucro, na medida em que limita esse mesmo lucro, tecendo paz social e segurança jurídica. Milton, no entanto, é terno; assim como o Direito do Trabalho, a rigor, afiança a empresa capitalista e a apropriação da mais-valia (e, de tempos em tempos, tende a fazê-lo inclusive com maior eficiência). Decerto, muito há a se dizer sobre o segundo ponto desta composição, mas os limites formais da mesma e, também, da própria obra coletiva que a alberga, impedem uma verticalização do tema.

A isto.

## 1. Conhecendo Milton, o monstro

Sob inconfundível inspiração do Frankstein da escritora inglesa Mary Shelley, Milton, o monstro, também é criado por um cientista, o Prof. Weirdo, que o concebe a partir da composição química de várias substâncias, entre elas, o elixir da ternura, que, por acidente, é derramado além da medida e dá origem a um monstro amorável. Na aparência física, Milton é agigantado, volumoso, desengonçado e tem uma cabeça oca, pela qual lança vapores sempre que se vê em apuros ou diante de alguma aflição, ou ainda emocionado. Sem a devida noção do seu tamanho gigantesco, causa, sem querer, vários prejuízos ao Prof. Weirdo.

Sua historieta transcorre na medonha mansão dE Weirdo, localizada no topo da montanha mal-assombrada, fora do centro da cidade de sua situação (certamente, para que o inventor em questão tenha privacidade e tranquilidade tanto para a realização dos próprios ensaios e fórmulas, quanto, também, para a convivência com as aberrações deles advindas e que, ali, conformam um excêntrico núcleo familiar). Nessa moradia, então, residem, além do Prof. Weirdo, o seu assistente — o Conde Kook —, Milton, Heebie (um zumbi cabeludo) e Jeebie (um monstro peludo e monocular à moda dos ciclopes).

Nesse sentido, Milton chama o Dr. Weirdo de *pai*; e este, por sua vez, refere-se a Heebie e Jeebie como sendo *irmãos* do monstro adorável, muito embora, em vários episódios da série — sobretudo, na fase inicial da primeira temporada —, nem sempre se veja, exatamente, fraternidade. É que, frustrado com o jeito afetuoso de Milton, o próprio Prof. Weirdo, ainda que demonstrando sentimentalismo, procura não raro livrar-se do monstro (sem alma de monstro).

Entretanto, da metade da temporada para a frente, os demais personagens do núcleo familiar parecem mais acostumados com Milton e ele é apontado, por exemplo, como autor de bom serviço (episódio n. 5, da primeira temporada, *Monsters for hire*) e de boa etiqueta (episódio n. 15, primeira temporada, *Boo to you*, parte 1). Nas relações interpessoais exteriores à mansão em que reside, apesar do estigma quanto à aparência corpulenta (episódio n. 2 – *Boy meets ghoul*), Milton vai à escola (episódio n. 4 – *Ghoul Schoool*), faz amigos entre outros monstros (episódio n. 6 – *Horrorbaloo*), mas, também, entre pessoas humanas consideradas normais (episódio n. 30 – *Camp Gitchy Gloomy*) e até arranja uma namorada (episódio n. 2 – *Boy meets ghoul*).

## 2. Milton, o monstro, sob lentes diversas

Produto da revolução tecnológica encetada entre meados do século XIX e meados do século XX, o monstro Milton é uma criatura sintética, plástica, autônoma e pensante, podendo, inclusive, ser apresentado como protoforma da hodierna inteligência artificial, mormente porque havia, nessa época, quanto à química, à física e às ciências biológicas como um todo, a mesma representação progressista e o mesmo filoneismo acrítico que ora impregnam as ciências da computação e o desenvolvimento robótico e digital(2).

Daí a consideração de que o afetuoso monstro Milton apresenta diferentes dimensões de abordagem, podendo ser observado tanto de forma subjetiva, quanto de forma objetiva.

Subjetivamente, ele pode ser visto como criatura emancipada, que interage no cenário que o cerca, atingindo-o e até aborrecendo-o com a afabilidade e a abnegação

(2) No passado, tanto quanto na atualidade, a par das tantas melhorias que podem implementar à qualidade de vida global, as ciências são potencializadas mais com vistas à acumulação pecuniária de investidores e setores produtivos, sem que se preste a devida atenção à íntegra dos seus efeitos culturais, econômicos, sociais, políticos, ambientais e transgeracionais e muito haveria para falar a esse respeito. Em suma, as benesses dos grandes inventos sempre custam somas vultosas, pagas ou pelo indivíduo, diretamente e de forma particular, ou pelo Estado, para uma difusão comunitária, sem contar os vários episódios estatais de desenvolvimento de políticas públicas, que, sob o pretexto de favorecerem o bem social, favorecem mesmo — e dissimuladamente —, empreendimentos detentores das tecnologias, no todo ou em parte. À guisa de exemplos, a eletricidade, a telefonia, as ferrovias, rodovias e hidrovias (para o transporte público), a vacinação, os variegados bens de consumo (geladeira, máquinas de lavar e costurar, bicicletas etc.), a medicina nuclear etc., uns, adquiridos diretamente pelo consumidor e na medida do seu poder aquisitivo; outros, ofertados com subsídio ou na forma, mesmo, de políticas estatais.

com que age, já que tais são as suas características mais marcantes. Em perspectiva objetiva, por sua vez, como fruto e repercussão da História, pode ser conexionado ao Direito do Trabalho, o qual — sabe-se bem —, assim como Milton, também é cria das primeiras revoluções industriais e adquire vida própria, passando a interagir, a influenciar e até a incomodar a ambiência econômico-social e política contemporânea, pelas contingências civilizatórias que impõe.

## 2.1. Um olhar subjetivo sobre Milton

Vencidos os séculos de estagnação, a Idade Moderna retoma os estudos filosófico-científicos que desembocam em concepções mais aprimoradas sobre a composição da matéria e sobre a anatomia dos seres em geral, conforme visto no transcurso da era histórica seguinte — a Idade Contemporânea — e, mais precisamente, a partir de meados do século XIX.

Por volta dessa época, opera-se uma conjunção evolutiva das chamadas ciências da natureza (física, química e biologia, por exemplo), que passam, então, a alimentar as expectativas humanas quanto à extensão científica da duração da vida, da juventude e, até, quanto ao ressurgimento dos mortos, ou, ainda, quanto à criação artificial do "*homem perfeito*". Por assim dizer, este seria o ouro da alquimia contemporânea!

Logo, na esteira de Frankstein — e como já expresso antes —, exsurge Milton, o monstro, uma espécie de brinquedo autônomo e inteligente, decorrente da mistura inexata de substâncias químicas, o qual, pelo temperamento manso e agradável que possui, destoa do próprio agrupamento doméstico em que se insere e, igualmente, da sociedade em geral.

Reificado no *sprint* do progresso, Milton não almeja trunfos, senão o agir com benignidade e, porque não dizer, com inocência. Não raro, põe-se por último, apesar do corpanzil e da sua força física, que só é utilizada quando ele, temporariamente, não está em si, perturbado e contaminado por porções e fórmulas de maldades. Não é ele, pois, o indivíduo ruim; ruins, na verdade, são as fórmulas que eventualmente lhe contagiam e é muito importante que se perfaça uma tal separação, a fim de que se demarque e se compreenda a boa essência do personagem sob comento.

A Milton — insista-se —, não importa a demonstração de força. Da sua natureza, em estado normal, ressai ternura, nada lhe importando eventuais emulações sociais. Por exemplo, no episódio n. 1, da primeira temporada (*Hector, the protector*), Milton é posto à venda pelo próprio Prof. Weirdo, seu "pai" e proprietário, porquanto ser fereceáriamente desajeitado. É adquirido por um assaltante de bancos que o emprega na desonesta função, mas que se rende, mais adiante, ao seu altruísmo, quando Milton doa a quantia furtada para uma pessoa humana em dificuldade.

Noutro episódio (o de n. 29, da primeira temporada, *Mobster vs. Monster*), brincando de se esconder com Jeebie e Heebie num cemitério das imediações, Milton flagra o esconderijo do tesouro furtado de uma senhora idosa, por dois marginais, que, ao fim, terminam por sequestrá-lo. No decorrer dos acontecimentos, Milton devolve os haveres a sua proprietária, inclusive, a contragosto do Prof. Weirdo, naquele momento já topicamente associado com os salteadores. Recebendo uma recompensa monetária por suas boas ações, nosso personagem se apressa para ferece-la ao próprio pai, que estava algemado, preso em flagrante delito, pelo crime a que se vinculou.

Outrossim, no episódio n. 24, ainda da primeira temporada (*Dunkin's treasure*), todos os personagens da série se agrupam para a caça a um tesouro subaquático, sabido inicialmente pelo jacaré de estimação da família encabeçada pelo Prof. Weirdo. No meio da história aparecem dois personagens estranhos, que antagonizam a busca pré citada, de maneira que, ao fim, encontrado o tesouro, este é incumbido a Milton, o mostro, por conta do seu porte físico, e ele, prontamente, o repassa, presenteando-o, ao jacaré de estimação. Enfim.

Resumindo, Milton, o monstro, é bondoso e é um categórico agente da boa paz. Possui uma índole realmente pacificadora, no que se assemelha ao Direito do Trabalho, que, entre várias outras incumbências, com certeza, também detém a atribuição de pacificar e conciliar os conflitos consubstanciais entre o capital e o trabalho.

### 2.1.1. A função pacificadora do Direito do Trabalho

A funcionalidade fundamental do Direito do Trabalho é o artificial nivelamento de uma relação jurídica materialmente desigual. Ou seja, erigido sobre a base do princípio da proteção, princípio esse, que se manifesta por três regras distintas, a saber, o *in dubio pro operario*, a aplicação da norma mais favorável e o reconhecimento da condição mais benéfica, o Direito do Trabalho se volta para a precípua tutela do trabalhador, no âmbito do contrato de trabalho (acepção *lato sensu*), garantindo-lhe direitos humanos fundamentais e direitos trabalhistas.

Dessa função — é certo —, ressaem outras, quais sejam, o reconhecimento do valor social do trabalho, a desmercantilização da força humana de trabalho, a progressividade irretroativa dos trabalhistas e a pacificação social, funcionalidade, aliás, que também se encontra na performance de Milton, o monstro, uma espécie de relações públicas a validar a mansão assombrosa do Prof. Weirdo, aqui e acolá, apresentado a altas figuras da comunidade, como um espelho de dignidade. *Vide*, a propósito, episódio n. 25, da temporada 1, *Monstrous Monster*, onde o enredo da historieta até tenta desqualificar a boa criatura, cujos bons atributos vencem, no final.

Ora, o conflito entre capital e trabalho é inerente ao modo de produção capitalista, um, não existindo sem o outro, ainda que, atualmente, incidam os chamados capitalismos e/ou capitalismo de plataforma. Sem dúvida, o trabalho ainda é uma figura central da sociedade capitalista e se encontra, até este momento, no referido ponto médio. O Direito do Trabalho, por sua vez, é um ramo jurídico, em cuja essência, reside uma séria função social apaziguadora dos polos da relação social que disciplina mais amiúde. De acordo com as lições de Mascaro, por outras palavras, o Direito do Trabalho permite que o organismo social sobreviva às suas estruturas conflitivas (NASCIMENTO, 1998).

E o Direito do Trabalho o faz preventiva e moderadamente, pelo natural desenvolvimento dos seus institutos, de forma ética, pedagógica, isonômica, utilitária, distributiva e política (NASCIMENTO, 1998), de maneira a acomodar e conciliar distintos conflitos sociais de diversificada amplitude — sejam individuais, coletivos, difusos, nacionais ou internacionais —, os quais envolvam o seu respectivo objeto. Eis um papel inegável, que lhe assenta no âmago, assim como, igualmente, no seio do personagem Milton, o monstro sempre amigável, que vai balizando o ambiente em que vive, tanto quanto também baliza as presentes reflexões.

## 2.2. Milton, sob as lentes da objetividade

O ser humano — sabe-se bem — trabalha desde sempre, sendo as organizações sociais produtos incontestáveis do seu trabalho, como, talvez, ele próprio, em sua existência humana, conforme sugere Engels(3), ao asseverar — aqui em apertadíssima síntese — que a especialização funcional das mãos em certas espécies de símios, ao efetuarem coleta nos troncos de maior altura, foi responsável por uma sua postura ereta e, via de consequência, depois, pelo desenvolvimento da linguagem e por novos contornos da caixa craniana, com incremento e complexificação das funções cerebrais, as quais, evolutivamente ampliadas, levaram ao surgimento do *homo sapiens*.

A propósito, a lavra do pensador germânico, *verbis*:

> Vemos, pois, que a mão não é apenas o órgão do trabalho; é também produto dele. Unicamente pelo trabalho, pela adaptação a novas e novas funções, pela transmissão hereditária do aperfeiçoamento especial assim adquirido pelos músculos e ligamentos e, num período mais amplo, também pelos ossos; unicamente pela aplicação sempre renovada dessas habilidades transmitidas a funções novas e cada vez mais complexas foi que a mão do homem atingiu esse grau de perfeição que pôde dar vida, como por artes de magia, aos quadros de Rafael, às estátuas de Thorwaldsen e à música de Paganini.
>
> (...)
>
> Primeiro o trabalho, e depois dele e com ele a palavra articulada, foram os dois estímulos principais sob cuja influência o cérebro do macaco foi-se transformando gradualmente em cérebro humano — que, apesar de toda sua semelhança, supera-o consideravelmente em tamanho e em perfeição. E à medida em que se desenvolvia o cérebro, desenvolviam-se também seus instrumentos mais imediatos: os órgãos dos sentidos (ENGELS, 2006).

(3) ENGELS, F. (2006). O papel do trabalho no trabalho na transformação do macaco em homem (1876). *Revista Trabalho Necessário*, 4(4). Disponível em: <https://doi.org/10.22409/tn.4i4.p4603>.

Assim, o trabalho humano é uma realidade que vem atravessando a História e, decerto, moldando-a, nada obstante as diferentes concepções filosóficas com que tem sido encarado no transcurso do tempo e o inteiro menoscabo dos trabalhadores (escravos, servos, peões etc.) nos tantos relatos descritivos dos feitos memoriais das civilizações e sociedades. Afinal, como diz sentença lapidar de George Orwell, *"a história é escrita pelos vencedores"*, ou seja, pelos que vencem querelas e conquistam posições de domínio (ORWELL, 2022).

Mas, de fato, quem efetivamente construiu as pirâmides do Egito? Quem extraiu o mármore para cinzelar as estátuas da Grécia? E quem construiu as estradas de Roma? E quem atravessou e fiscalizou a rota da seda? E produziu as porcelanas e os tecidos chineses? E quem cultivou os campos feudais? E quem conquistou Constantinopla? E quem construiu as caravelas das grandes navegações? E quem plantou a cana-de-açúcar e o algodão das Américas? E quem explorou as minas da África? E quem acionou a maquinaria das primeiras Revoluções Industriais? E quem operou as montadoras automobilísticas do pós Segunda Guerra? E quem customizou os produtos *just in time* do Toyotismo nipônico? E quem ora conduz as bicicletas e motocicletas da (pseudo) compartilhada *GIG Economy*?

Enfim.

O trabalho humano é uma realidade na edificação e na transformação do mundo e, sendo uma instituição permanente nas mais diversas sociedades, ele, certamente, dá azo, ao longo do tempo, a formas rudimentares de disciplina regulamentar, que são formas escritas, em certos locais; consuetudinárias, noutros, mas que, somente a partir do século XIX, verdadeiramente se apresenta como uma disciplina regulamentar diferencial, autônoma, específica e significante. É neste momento que, de fato, surge o Direito do Trabalho, rebento, tanto quanto Milton — o monstro amigável —, das mudanças tecnológicas, econômicas, políticas e sociais do período histórico em questão.

Antes do século XIX, não se pode falar em Direito do Trabalho propriamente dito, senão de protoformas juslaborais, como, por exemplo, o *locatio conductio*, ou, ainda, os estatutos das guildas, hansas e corporações de artes e ofícios, cujos regulamentos, habitualmente, fixavam horários de trabalho, folgas e rendimentos estipendiários pelas peças produzidas.

E, já para arrematar uma tal fase pregressa da (proto) regência do trabalho humano, diz-se, de acordo com a lavra de Gomes e Gottschalk (2002, p. 101), que *locatio conductio* foi uma modalidade contratual, subdividida em 03 (três) espécies, a saber: a) *locatio rei*; b) *locatio operarum*; c) *locatio operis faciendi*. Apreciando-as, tem-se que a *locatio rei*, tal como indica a própria designação, corresponderia, na atualidade, a uma locação de coisa, enquanto a *locatio operarum* e a *locatio operis conductio* seriam a locação de serviço e a empreitada, respectivamente (GOMES e GOTTSCHALK, 2002, p. 101).

Quanto às corporações de artes e ofícios, nada obstantes apontadas como entidades medievais, estas encontram a sua aurora inda na Antiguidade, tendo existido, até mesmo, no Egito Antigo e na Mesopotâmia, de acordo com as lições de Eurípedes Simões de Paula. Para este autor, o gérmen de tais instituições, no entanto, encontrava-se nos clubes gregos denominados de *koinon* (sempre de caráter privado e atuação por livre iniciativa) e no *collegium* romano, que, no transcurso da história desta civilização, chegou a ser estatal e hereditária.

Assim, à semelhança das guildas escandinavas (PAULA, 1966), as corporações de artes e ofícios, herdeiras das instituições greco-romanas, constituíam associações dos obreiros artífices das manufaturas de um mesmo setor produtivo (PAULA, 1966), como, por exemplo, os sapateiros, os padeiros, os tecelões, os costureiros, entre outros (MAGALHÃES FILHO, 1983, p. 122-123). Foram chefiadas por profissionais experimentados chamados de mestres, muitas vezes, autores de obras-primas locais. Abaixo destes, em escala hierárquica, integravam-se, respectivamente, os companheiros e os aprendizes.

E, arrematando, conforme Martins e em lavra textual:

> [...] as corporações de ofícios caracterizavam-se como polos de proteção, crédito, previdência e seguridade, além de serem fundamentais no estabelecimento de regras e critérios para a execução do ofício e para a legitimação e aceitação dos produtos nas ruas da cidade (MARTINS 2022).

As corporações de artes e ofício costumavam ter a abrangência territorial dos burgos, que, por diferentes fatores, vanescidos na Alta Idade Média, somente voltaram a renascer na Baixa Idade Média. De todo modo, até o tempo da Revolução Francesa, mais ou menos, pode-se dizer que 80% (oitenta por cento) da população residia na zona rural (SOUSA, 2022), de maneira que os modestos estatutos de tais entidades, certamente, não eram bastantes para configurar o início do Direito do Trabalho. Este — ver-se-á, linhas adiante — tem sua gênese derivada do modo de produção econômica, que sucede o escravismo e o servilismo e que é introduzido na Idade Contemporânea, na esteira do desenvolvimento tecnológico provindo das duas primeiras revoluções industriais e do chamado *trabalho subordinado assalariado*.

A esse respeito e de maneira deveras condensada, coube ao desenvolvimento tecnológico da maquinaria reorganizar a economia, introduzir a indústria fabril e fazer nascer um novo modo de produção e reprodução econômica da sociedade, a partir do qual, os atores da alta sociedade se reacomodam, expurgando os servos das glebas feudais, para transformá-los em operários fabris e em exército de reserva, ao tempo em que, simultaneamente, faz surgir a força econômica do empreendedor industrial capitalista.

Operários fabris e empreendedores industriais capitalistas, por sua vez, passam a entabular uma relação socioeconômica peculiar, que, a um só tempo, é antagônica, competitiva e simbiótica, até a sobrevinda, na derradeira quadra do século XX, do prevalecimento empresarial corporativo e financeiro, com o aprofundamento do capitalismo, a negação do *welfare state*, o chamado Toyotismo, a terceirização, a despersonalização do tomador de serviço, a autonomização fraudulenta do trabalho, a intensificação exploratória da mão de obra, o chamado trabalho "zero hora", as reformas trabalhistas, a plataformização do trabalho e a chamada economia de rede.

### 2.2.1. De Milton, o monstro, ao Direito do Trabalho

À vista do exposto nos itens e subitens anteriores, testifica-se que tanto Milton, o monstro, como o próprio Direito do Trabalho, ambos constituem fruto do desenvolvimento tecnológico, sendo, pois, o estado da arte técnica ponto de intersecção entre as duas realidades: a fictícia — ansiada pelo ser humano de conceber criaturas igualmente racionais — e a real — consistente na disciplina normativa da prestação do trabalho humano, em suas diferentes formas, de modo a buscar *standards* mínimos de civilidade. O desenvolvimento tecnológico, portanto, constitui uma peça relevante do pano de fundo que compõe o surgimento e a formação do Direito do Trabalho.

E, afora a guinada do Paleolítico para o Neolítico[(4)], talvez, nenhuma evolução técnico-científica tenha tamanha representação para a humanidade, quanto as inovações procedentes das chamadas revoluções industriais dos séculos XVIII e XIX. É que, com arrimo no pensamento revolucionário burguês e nas suas variegadas críticas e apêndices, tais inovações da arte técnica, o aprimoramento capitalista que as coopta e as aplica concretamente, a formação da classe operária sob graves privações socioeconômicas e as lutas sociais daí decorrentes, tudo isto, enquanto um só conjunto factual, desencadeia, pela primeira vez na história geral da humanidade, a certificação do *status* de cidadania ao ser humano trabalhador, o qual, até então e de acordo com os passos evolutivos da História, é apresentado como sendo *res* ou escravo, servo da gleba, companheiro e similares, conforme a estruturação dos diferentes povos e civilizações.

Logo, por paradoxal que seja — e, sim, há inúmeros paradoxos[(5)] de caráter humanitário, ambiental, socioeconômico, político e jurídico —, é sob o modo de produção

(4) Após a elaboração das primeiras ferramentas, do fogo, da arte e dos cabos que potencializam a força dos braços e mãos, o *homo sapiens*, finalmente, desenvolve a agricultura e a pecuária, talvez, num processo de evolução, se comparadas à vida nômade pregressa, baseada na caça, na pesca e na coleta de frutas, legumes e verduras. Michel Rival (2009, p. 22-23), em publicação da Larousse e com base nos estudos de Cohen, pondera sobre a representatividade progressiva dessas práticas e as imputa à pressão demográfica, a partir do Pleitosceno. De toda sorte, com elas, dão-se as consequentes sedentarização do ser humano e organização das primeiras sociedades, palcos preparatórios para o surgimento da escrita e da historiografia.

(5) Como modo de produção e reprodução econômica da maioria das sociedades atuais, o capitalismo é paradoxal de per e, com consubstanciais embustes escravistas e reificadores dos seres humanos e da Natureza, motivo por que, nada obstante discernindo conquistas políticas e materiais logradas sob sua égide, não pode ser abonado indistinta e acriticamente. A acumulação de capital e o liberalismo absoluto e desregulado que amiúde se reclama são causas diretas da exclusão socioeconômica de 1,3 bilhões de habitantes do planeta (*vide* Relatório 2021, do PNUD), da concentração da renda global, da insegurança alimentar, do tráfico de pessoas humanas — sobretudo, de crianças, adolescentes e mulheres —, do trabalho escravo contemporâneo, da generalizada difusão político-econômica de conceitos culturais e prática sociais discriminatórias, do colapso

capitalista eivado de tecnicidade que se globaliza a fixação de expressivo contingente do gênero humano dentro de um *modus vivendi* dotado de padrões gerais de civilidade — jamais popularizado, até então —, com largo reconhecimento de direitos vitais, políticos, econômicos, sociais, culturais e ambientais, cumprindo o Direito do Trabalho, seus institutos elementares e a luta permanente para a ampliação de sua abrangência, uma importante função na constituição e na extensão de tais acessos, a saber, a função de pacificação social (DELGADO, 2020). Sua caminhada, todavia, no final das contas, tem sido árdua e cheia de idas e vindas.

## 2.2.2. Anais do Direito do Trabalho

a) Os primórdios tecnológicos

Segundo José Augusto Rodrigues Pinto (2000), em lavra não textual, a Revolução Industrial deve ser compreendida como um período de transformações e inovações tecnológicas, no qual, a partir da máquina a vapor (Watt, 1769), o processo de produção de bens de consumo foi mecanizado, passando a produzir em massa o que, antes, era artesanal. A Revolução Industrial teve várias repercussões, destacando-se, para os fins deste estudo, a organização do capitalismo, a difusão do trabalho assalariado, a chamada questão social e o nascimento do Direito do Trabalho (PINTO, 2000).

A esse propósito, ensina a História que, estando os homens nos campos de batalha — primeiro, da chamada Guerra dos Sete Anos (1756-1763); depois, da Guerra da Independência Americana (1776-1781) —, a mão de obra utilizada no início da industrialização da Inglaterra — país de origem da Revolução Industrial — foi constituída por mulheres e crianças. Eram as chamadas meias-forças de trabalho, assim designadas, apenas, em razão do salário reduzido pela metade, comparativamente à remuneração da *manpower*.

b) As condições de trabalho e de vida durante os anos da Revolução Industrial

Dando uma ideia geral dos fatos ocorridos, autores da época descrevem como as Revolução Industrial realizou um salto quantitativo da produção fabril, executando a chamada produção em massa. São médicos, incipientes cientistas sociais, jornalistas e literatas, que, via de regra, exibem o trabalho assalariado de crianças — estas, desde mui tenra idade — e de adultos — homens e mulheres —, sempre efetuado em condições penosas e inapropriadas, em recintos empresariais fisicamente mal arejados e mal iluminados, nos quais, obreiros se amontoavam durante longas jornadas de trabalho, com

ambiental etc. Ora, se se arvora o reconhecimento de um modo de produção capitalistacivilizatório — e, sim, detentores e representantes políticos do grande capital advogam uma tal certificação —, cumprem reformas estruturais, elementares e efetivas, sob a diretriz da gramática universal de direitos humanos, com releitura e contingenciamento das cláusulas acumuladoras — de um lado — e da cláusula de reserva do possível — de outro —, para o fim de fazer estabelecer, difundir e fazer aplicar, efetivamente, a função social do lucro, além da garantia de cânones gerais mínimos para atenções materiais, políticas e ambientais globais.

escassez de descanso, baixa remuneração e alimentação insuficiente, além da mais completa insegurança ocupacional e da ausência de treinamento técnico para o manejo da maquinaria de trabalho, com registro de inúmeros sinistros laborais, envolvendo mortes, graves mutilações e invalidez definitiva.

Nessa linha, vale apreciar excerto do Quadro do estado físico e moral dos trabalhadores (STUDER, 2022), confeccionado pelo médico Louis-René Villermé (1782-1863), textualmente:

> Capítulo II. Trabalhadores da indústria de algodão no departamento de Haut-Rhin.
>
> É no Alto Reno, no baixo Sena, e mais particularmente na cidade de Mulhouse, que a indústria algodoeira teve o maior desenvolvimento na França; ela deu passos de gigante especialmente no primeiro desses departamentos. Já em 1827, havia 44.840 trabalhadores empregados nas oficinas de fiação, tecelagem e impressão de chita... Sete anos depois, em 1834, época de prosperidade e expansão para essas fábricas, estimava o número de seus trabalhadores em aproximadamente 91.000... (um) quarto da população.
>
> O tempo de trabalho diário varia... Em Mulhouse, em Dornach... as tecelagens e fiações mecânicas geralmente abrem de manhã às cinco horas e fecham à noite às oito, às vezes às nove. No inverno, a entrada é frequentemente atrasada até o amanhecer, mas os trabalhadores não ganham um minuto para isso. Assim, seu dia é de pelo menos quinze horas. Desta vez, eles têm meia hora para o almoço e uma hora para o jantar; isso é todo o resto que lhes é concedido. Consequentemente, eles nunca trabalham menos de treze horas e meia por dia.

Fora do trabalho, igualmente, as condições de vida obreira refletem-no, já que, apesar da elevada dedicação profissional, os trabalhadores não tinham contrapartida pecuniária bastante, para saldar um aluguel nas imediações da fábrica, sendo obrigados a dividirem pequenos espaços com outros trabalhadores e suas famílias, ou se dirigirem para bairros longínquos, comprometendo, com o deslocamento, as poucas horas de descanso. No tocante, inclusive, o mesmo Dr. Villermé chega a narrar episódios de filhos dopados pelas próprias mães — que, então, usavam o ópio, na época, muito comum —, pelo fato destas não terem a quem entregar suas crianças menores de 5 anos, enquanto elas, as mulheres, trabalhavam.

*Ad litteram* (STUDER, 2022):

> As crianças a partir dos 4 ou 5 anos são utilizadas nas fábricas têxteis devido à sua agilidade e tamanho reduzido. Por outro lado, eles não podem mais empurrar os carrinhos das minas por 13 anos, desde 1813. A pressão é

> tanta que é relatado que em Manchester, pais são trazidos para drogar seus filhos com ópio para que eles detenham sua paz antes de poder, a partir dos 5 anos, por sua vez, colocar sua fraca força de trabalho a serviço das fiações.

Reportando à realidade brasileira para esta fase histórica, cumpre dizer que, sem a histórico de inventos tecnológicos, a industrialização pátria foi atrasada, relativamente à Europa, em cerca de cem anos, alcançando, porém, a época da escravidão, de maneira que houve empreendimentos fabris que utilizaram, a um só tempo e lado a lado, mão de obra escrava e mãos de obra livre, estando presente, da mesma forma, o trabalho infantil.

c) <u>A incidência do liberalismo econômico e a questão social</u>

A contratação trabalhista, em resumo, muito embora formalizada de acordo com a legislação civil incidente, costumava ser injusta e abusiva, a julgar pelo permanente desequilíbrio entre a vasta dimensão de trabalho realizado e o parco salário recebido. Ela reproduzia, dessarte, a política do *laissez faire — laissez passez*, consubstanciada no liberalismo econômico — face jurídica e legalista do capitalismo —, que, perfunctoriamente falando, apregoava plenas liberdades individuais para os trabalhadores, inclusive, a plena liberdade de contratação profissional, ignorando as desigualdades materiais existentes entre estes e seu patronato, as quais os levam às pressões imediatas da sobrevivência e à aceitação de qualquer oferta laboral.

Com a recidiva de um tal panorama, nos mais diversos lugares e nas mais diversas cadeias de produção, eclode a questão social, equivalente às tantas e sucessivas greves e movimentos de reivindicação coletiva dos trabalhadores — seja no espaço interno das fábricas, seja nas vias públicas citadinas —, requestando melhores condições de vida e de trabalho. A questão social se encontra na base formação dos sindicatos e das negociações coletivas, que redundam nos acordos e normas autônomas trabalhistas, com vigência temporal demarcada e abrangente de certa categoria profissional ou, apenas, dos parques fabris de certa empresa.

A questão social suscitou reações. Nomeadamente, no Pontificado do Papa Leão XIII, a Igreja Católica publicou a Encíclica *Rerum Novarum* — documento exordial e elementar da Doutrina Social da Igreja —, que refuta a ganância e o rendimento usurário, colocando-se a favor das reivindicações obreiras e recomendando a intervenção do Estado, o dirigismo contratual e a construção de políticas públicas para a proteção e o acolhimento do trabalhador pobre, diante das "*coisas novas*", i. e., diante do desenvolvimento tecnológico, dos seus riscos e perigos, incluindo riscos e perigos de teor social.

A propósito e por oportuno, um textual destaque:

> [...] os trabalhadores, isolados e sem defesa, têm-se visto, com o decorrer do tempo, entregues à mercê de senhores desumanos e à cobiça de uma concorrência desenfreada. A usura voraz veio agravar ainda mais o mal.

> Condenada muitas vezes pelo julgamento da Igreja, não tem deixado de ser ambição. A tudo isto deve acrescentar-se o monopólio do trabalho e dos papéis de crédito, que se tornaram o quinhão dum pequeno número de ricos e de opulentos, que impõem assim um jugo quase servil à imensa multidão dos proletários (PAPA LEÃO XIII).

Eis as amoráveis reação e exortação da Igreja Católica às falhas do sistema econômico liberal — naquele momento da História, de inédita aplicação na vida social — constituindo, por conseguinte, um ingrediente substancial para a formação do Direito do Trabalho, que, certamente, é genial tecnologia para superação das construções jurídicas romanistas e positivistas em voga na época do seu advento, conquanto seja ele — o ramo juslaboral — deveras monstrificado, desde sempre, pela Economia, considerando a distribuição, que faz, pela coletividade, de parte da privativa lucratividade.

É neste ponto, diga-se de passagem, que essa *boa besta jurídica* — ao que nos parece — concerta-se com o terno personagem Milton — uma outra aberração —, porque, como ele, ao repartir boas fortunas, abranda as relações sociais efervescentes, moderando, *in casu*, de forma pacífica e com certa justiça, a questão social.

d) <u>O intervencionismo estatal e a chancela global do Direito do Trabalho</u>

Nessa esteira, os Estados passaram a intervir nas relações de trabalho, tanto editando leis para atender às demandas socioeconômicas dos trabalhadores e para pacificar a sociedade, quanto encetando medidas administrativas e legislativas, para a fiscalização das condições em que se executava o trabalho fabril. Designada de intervencionismo estatal, dita prática oficializa o nascimento do Direito do Trabalho, o qual, na verdade, muito antes dessas ações estatais interventivas, foi sendo construído, concreta e paulatinamente, pela práxis dialética da classe trabalhadora, a partir da sua movimentação reivindicatória, cronologicamente continuada e materialmente expansiva.

A primeira lei trabalhista aprovada foi a Lei Britânica da Saúde e Moral dos Aprendizes, de autoria do Sir Robert Peel (SCHREGLE, 2022), no ano de 1802. *A posteriori*, nos mais diferentes países da Europa e da América, leis assemelhadas foram editadas, como, por exemplo, a *Landsgemeinde* (assembleia de cidadãos), que, no ano de 1848, pela primeira vez, no Cantão suíço de Glarus, aprovou limites legais para a jornada diária de trabalhadores dos adultos (SCHREGLE, 2022).

Assim, como um direito vivo, nos moldes do pensamento sociológico de Eugen Erhlich, o Direito do Trabalho finalmente se descola do Direito Civil liberal, atualizando um vetusto brocardo romanista, segundo o qual, *ubi societas, ibi ius*. Equipara-se, talvez e mais uma vez, à terna figura do monstrinho Milton, que parametriza esta intervenção, isto, porque rompe com o modelo individualista da Ciência do Direito até então, revestindo-o de "*deformidades*" de cariz coletivista , tais como, normas jurídicas autônomas de validade geral, sujeitos coletivos e direitos sociais, enquanto objetos imediatos da proteção normativa. Ademais, com uma tal base marcada e substancialmente coletiva, o Direito do Trabalho, não só superou, como, também, denunciou a insuficiência dos ramos jurídicos clássicos, para disciplinar e incidir sobre as questões sociais lançadas pelo progresso e suas inovações (tecnológicas) produtivas. Noutras palavras, também é preciso inovar juridicamente e o Direito do Trabalho, desde o berço, é inovação!

Assim, Após a viragem para o século XX, com a Primeira Guerra Mundial e a Revolução Russa, as atenções estatais para o Direito do Trabalho ganham maior relevo no plano internacional, considerando tratar-se de um mecanismo prodigioso e pacífico, para obstruir o avanço do socialismo sobre a península europeia.

Entrementes, na complexa teia da História, pode-se dizer que, paralelamente ao desenvolvimento tecnológico da Revolução Industrial, os mesmos países europeus que a desenvolviam originalmente, eles, no plano doméstico de governo, mantinham políticas nacionalistas, ao passo que, internacionalmente, executavam políticas neocolonialistas, utilizadas para a ampliação de seus domínios sobre os continentes africano e asiático. A sua conformação territorial, portanto, não estável, sendo, em alguns casos, até novel e com tendências expansionistas, é fato que carrega repercussões econômicas e trabalhistas, considerando os mananciais dos recursos naturais. Referidas pretensões causaram conflitos localizados, e, também, conflitos mais amplos, de que a Primeira Guerra Mundial é, decerto, o exemplo mais importante.

Ao tempo de sua duração (1914 – 1918), a guerra em si e a chamada Revolução russa — que lhe foi parcialmente contemporânea —, ambas tiveram papeis destacados para a evolução juslaboral. Soldados e recrutas dos países que ali se antagonizavam eram, afinal, em tempos de paz, a força de trabalho correspondente, i. e., os seus operários, que, nas trincheiras da guerra, não se diferenciavam dos membros da aristocracia europeia, também presentes naquele conflito, de maneira que, se eram iguais para lutar e morrer, também almejavam ser iguais para viver.

Este passaria a ser um dos motes das reivindicações trabalhistas de então, salientando-se, a esse respeito, que, nesse momento da história, nas frentes industriais, os direitos trabalhistas e sindicais estavam suspensos (VIET, 2022) e que mulheres, crianças (VIET, 2022) e trabalhadores estrangeiros (TV5MONDE, 2022) ocupavam os postos de trabalho vagos, em razão do envio dos homens às frentes de batalha. É que todos os países reorganizaram sua economia para a chamada economia de guerra, mobilizando empreendimentos e cidadãos que não podiam ser soldados, a fim de produzirem alimentos, artilharia e munição. Grandes conglomerados empresariais, inclusive, formaram-se no período (DU ROY; KNAEBEL, 2022), devido aos lucros vultosos obtidos nas negociações entabuladas com os Estados, para o fornecimento de tais mercadorias.

Mulheres, então, foram cobradoras e condutoras de transportes, funcionárias do serviço postal, bancárias, professoras de escolas masculinas, agricultoras etc., havendo, na França, inclusive, um *slogan*, chamando-as para "*substituir, no campo de trabalho, aqueles que se encontram no campo de batalha*" (ESTADO DE MINAS GERAIS, 2022), ao que elas acudiram e, na indústria bélica, por exemplo, chegaram a ser 400.000 mil mulheres, sendo chamadas de *munitionnettes* (ESTADO DE MINAS GERAIS, 2022a), alusivamente aos projéteis e munições que fabricavam.

Quanto aos trabalhadores estrangeiros, eram civis (camponeses, operários, vendedores), entre 20 e 40 anos de idade, recrutados, na China, se altos, fortes e solteiros — eis as condições (TV5MONDE, 2022) —, como trabalhadores voluntários, já que não havia homens em número suficiente para o trabalho nas minas, fábricas e manutenção mínima da infraestrutura de guerra na Europa. Referidos trabalhadores, então, estiveram na Inglaterra e na França, firmando, com esta última, contratos quinquenais, com salário de 5 francos/dia, ou de 3,25 francos/dia, caso recebesse alimentação *in natura*. Este valor representava cerca de 20 (vinte) vezes o que recebiam em sua terra de origem, mas o trajeto até a Europa, a sua chegada e o cotidiano, nada lhes foi fácil, enfrentando a morte, o preconceito étnico-racial, a variação cultural (TV5MONDE, 2022).

Em 1919, o Tratado de Versailles põe fim ao conflito global e cria a Organização Internacional do Trabalho (OIT), com o papel de animar e promover valores altruísticos relativos ao trabalho decente, editando-se normas mais aprimoradas sobre a limitação da jornada de trabalho, sobre o salário e outras condições de trabalho.

Na mesma época e com o mesmo objetivo de impedir rebeliões políticas de cunho socialista, os países, no plano interno, também passam a encetar a constitucionalização do Direito do Trabalho. Dito processo se inaugura com a Constituição do México, de 1917, seguida de perto, pela Constituição de Weimar, editada na Alemanha, no ano de 1919. A partir daí, o Direito do Trabalho se consolida como mais um ramo da Ciência jurídica, provindo a edição de variegado arcabouço normativo, seja na esfera internacional, seja na esfera doméstica dos Estados. E, voltando à Constituição mexicana de 1917, só para arrematar, importam as textuais ponderações a seguir:

> O que importa, na verdade, é o fato de que a Constituição mexicana foi a primeira a estabelecer a desmercantilização do trabalho, ou seja, a proibição de equipará-lo a uma mercadoria qualquer, sujeita à lei da oferta e da procura. A Constituição mexicana estabeleceu, firmemente, o princípio da igualdade substancial de posição jurídica entre trabalhadores e empresários na relação contratual de trabalho, criou a responsabilidade dos empregadores por acidentes de trabalho e lançou, de modo geral, as bases para a construção do moderno Estado Social de Direito, inclusive e fortemente, no Brasil. Deslegitimou, com isso, as práticas de exploração mercantil do trabalho, e, portanto, da pessoa humana (ROBL FILHO, 2022).

À semelhança de Milton, então, e revestido dessa função conciliatória de acomodar os tensionamentos existentes entre os capitalistas e os trabalhadores, o Direito do Trabalho faz a travessia das décadas de 1920 e 1930, até o ano de 1939, quando, na

Europa, sobrevém um novo conflito — a Segunda Guerra Mundial. Foi a escalada do Reich nazista, comandado por Adolf Hitler, que ocupou diversos países da península europeia (França, Países Baixos, Polônia), levando o Direito do Trabalho a um debacle localizado.

e) Segunda Guerra Mundial, trabalho forçado na Europa e prosperidade para o Novo Mundo

**e.1. Europa: Palco central da guerra**

Considerado uma representação do fascismo, o ideário nazista é, politicamente, ditatorial e nacionalista e, economicamente, capitalista acumulador, apregoando xenofobia, racismo, superioridade da raça ariana e anticomunismo. Por isso, as perseguições e o extermínio semitas efetuados, assim como a aversão a outros povos e etnias, tal como a própria URSS — União das Repúblicas Socialistas Soviéticas —, principal país comunista da época. E, com base nesses preceitos, de modo autoritário, Hitler invade países, confisca bens, depaupera, persegue e realiza a segregação de judeus, ciganos, negros e russos, encarcerando-os imotivadamente e deportando-os para diversos campos de concentração — Dachau, Sobibor, Treblinka e Auschwitz, por exemplo —, localizados em vários ocupados pelo Reich, em especial, Alemanha e Polônia.

Nos campos de concentração, judeus e povos de outras etnias (ciganos, negros e russos, por exemplo), de todas as faixas etárias e recortes de gênero, eles, como é de conhecimento já notório, também integram a evolução histórica do Direito do Trabalho, testemunhando o triste capítulo do Holocausto, no qual, totalmente desumanizados e reduzidos a sequências numéricas tatuadas em seus braços(6), foram forçadamente escravizados, no continente berço da civilização ocidental, e trabalharam desmesuradamente até a morte por extenuação física, desnutrição, doenças e debilidades diversas, ou pela perversão moral do sistema, que não se envergonhava de assassiná-los, gratuita e cruelmente, das mais diferentes formas (fuzilamento, câmaras de gás, experimentos científicos cruéis etc.).

Os beneficiários do trabalho forçado prestado em tais circunstâncias de escravismo e desumanidade foram o próprio Estado alemão, o poder público dos países que ele ocupou durante o dito conflito armado e, também, várias corporações empresariais multinacionais, como, por exemplo, a IBM, a Siemens, a Daimler-Benz, a Nestlé, a Coca-Cola, entre outras (LIMA, 2014).

Registros historiográficos informam que o Holocausto judeu eliminou cerca de 6 milhões de pessoas.

---

(6) Nos campos de concentração, os números de identificação tatuados nos braços das pessoas correspondiam ao número do seu cartão perfurado junto à IBM, que gerenciava toda mão de obra escrava. (LIMA, C. de C. Os aliados ocultos de Hitler: as empresas que colaboraram com o Reich. *Super Interessante,* 06 out. 2014. Disponível em: <super.abril.com.br/historia/os-aliados-ocultos-de-hitler>).

E, além dos judeus e dos prisioneiros de guerra, o Reich também imprimiu, paralelamente, um outro sistema de trabalho forçado à Europa, pelo qual, indivíduos de diferentes nacionalidades também foram, de modo obrigatório, afastados de seus lares e levados para a Alemanha, onde atuavam sob o chamado regime do Serviço de Trabalho Obrigatório (STO). Em suma, era uma determinação alemã, para intensificação da acumulação capitalista e para o suprimento da própria mão de obra, que se encontrava nas frentes de batalha da guerra.

Neste particular, memórias de Jean Parsquiers[7], *ad litteram*:

> Agora temos informações precisas. Ele acabou de ser criado um Serviço de Trabalho Obrigatório; todos os jovens nas classes 40, 41 e 42 estão matriculados há dois anos (ou seja, todos os jovens não mobilizadosdesde 1940: este é o meu caso). Aqui eu sou bom para o Arbeitsdienst. Pior :todos os recrutas seriam automaticamente embarcados na Alemanha, com o título de "trabalhadores estrangeiros voluntários". Bem então!

Na França de Vichy, a política do Serviço de Trabalho Obrigatório (STO) substituía a política do Relève, que envolvia a troca de trabalhadores especializados por prisioneiros de guerra e que fracassou, dando lugar ao dito STO, por lei editada em 16 de fevereiro de 1943 (FONDATION DE LA RÉSISTENCE). No começo, recrutavam-se apenas os rapazes jovens, nascidos entre 1920 e 1922 (FONDATION DE LA RÉSISTENCE) (entre 21 e 23 anos, então) (LAMURE), mas, a partir de 1944, certamente devido às baixas na guerra e à escassez de mão de obra, a convocação se estendeu e passou a recair sobre mulheres sem filhos, nas idades de 18 a 45 anos, e sobre todos os homens entre 16 e 60 anos de idade, reservando-se sanções àqueles que desobedecessem (LAMURE). Cuidava-se de uma condição de trabalho obrigatória e indefinida (FRANÇOIS, 2022), que atingiu cerca de 15 milhões de trabalhadores estrangeiros, cerca de 600.000 franceses (FRANÇOIS, 2022).

**e.2. Na América**

Nessa mesma época, nos Estados Unidos da América, os dados informam crescimento econômico, pleno emprego e justa distribuição de renda, com registro de aumentos salariais, pagamentos de horas extras e consolidação da via sindical. O governo federal do país, naquele momento liderado pelo Presidente Franklin Delano Roosevelt, instava as grandes empresas a cumprirem a chamada Lei Wagner, que adensa a Lei Nacional das Relações Trabalhistas (GOODWIN).

---

(7) Livre tradução para o seguinte texto: *On dispose maintenant d'une information précise. Il vient d'être créé un Service du Travail Obligatoire30 ; tous les jeunes gens des classes 40, 41 et 42 y sont enrôlés pour deux ans (c'est-à--dire tous les jeunes non mobilisés depuis 1940 : c'est mon cas). Me voilà bon pour l'Arbeitsdienst31. Plus grave : tous les appelés seraient embarqués automatiquement en Allemagne, au titre de « travailleurs étrangers volontaires ». Ben, voyons!* In: PASQUERS, J. Jeannot chez les nazis. *Journal d'um Déporté du Travail 1943-1945*. Disponível em: <http://jean-pasquiers.chez-alic/journal-d-un-deporte-du-travail-1943-45.pdf>. Acesso em: 08 set. 2022.

Já no Brasil (porque estamos falando da América como um todo), inaugurando um novo período da história pátria do Direito do Trabalho, edita-se, em 1º de maio de 1943, com o Decreto-lei n. 5.452, que plasma a CLT — Consolidação das Leis do Trabalho. Seu fito imediato, reunir a legislação trabalhista já existente no Brasil, organizá-la e complementá-la, com a introdução de novos dispositivos legais, para o fim de dissipar antagonismos.

Mediatamente, porém, fazendo uso da chamada teoria da outorga, seu intento era legitimar socialmente a ditadura Vargas, que, opondo-se à própria tirania, lutava na Europa contra o totalitarismo nazifascista de Hitler e Mussolini, ombreando-se a democracias consolidadas, tais como, Inglaterra e Estados Unidos da América, países que pressionavam o Brasil, internacionalmente, com vistas à restauração do regime democrático.

Era importante, portanto, que, no plano interno, o governo estivesse benquisto pela massa populacional, composta majoritariamente de trabalhadores, até porque, no curso da Segunda Guerra Mundial, a atividade econômica nacional também se intensificou, considerando a exportação de matérias primas e gêneros alimentícios e ainda a retomada industrial. *Verbis*:

> Privado do abastecimento externo no que diz respeito a um sem-número de manufaturas, o mercado interno tem de recorrer à produção nacional, o que abre amplas perspectivas para as atividades industriais no país. Repetia-se o que já ocorrera por ocasião da Primeira Guerra Mundial (1914-18). E dessa vez em escala muito maior, de um lado, porque a redução dos fornecimentos exteriores é muito mais drástica, e doutro porque as necessidades do mercado nacional se tinham tornado maiores. Além disso, partia-se agora, o que não acontecera em 1914, de um nível industrial já mais elevado, tornando-se por isso mais fácil o aparelhamento da indústria no sentido de atender a tais necessidades acrescidas e insatisfeitas pelo habitual recurso à importação (PRADO JÚNIOR, 2012, p. 303).

Assim, sobrevém a CLT, destinada à tutela dos trabalhadores urbanos e com reconhecimento do catálogo de direitos trabalhistas conquistados pelas lutas históricas dos trabalhadores brasileiros, desde os fins do século XIX, como consequência das sucessivas greves deflagradas no curso da chamada a Primeira República, as quais, por sua vez e em variegadas medidas, assemelham-se aos movimentos operários que tomaram lugar na Europa e nos Estados Unidos da América, no século anterior, por ocasião da Revolução Industrial.

Todavia, subvertendo essa ordem coletiva e dissimulando-a estrategicamente, a CLT privilegiou as normas de direito individual do trabalho, atomizando as respectivas demandas mediante edificação, também em seus lindes legislativos, do direito processual do trabalho.

### f) O *Welfare state*

Atribui-se a William Temple (MARX, R., 2022), Arcebispo de Canterbury e apóstolo moderno do cristianismo social, no ano de 1942, a concepção de termo *welfare state*, isto, talvez, em oposição ao *warfare state* em que a Europa (MARX, R., 2022), então, se encontrava.

Mas, cessada a Segunda Grande Guerra, a singela locução foi politicamente apropriada e passou a designar um propósito socioeconômico dos chamados países centrais do Ocidente, visando o progresso material da população, com reconhecimento de direitos e garantias de solidariedade e bem-estar social (MARX, R., 2022). O marco teórico do *welfare state* reside no chamado Relatório Beveridge (PERNOT), onde se previa a adoção de medidas gerais de pleno emprego, seguridade social, saúde, educação e planejamento urbano, visando realizar o grande princípio da igualdade de oportunidades (MARX, R., 2022).

Na sua essência, o *welfare state* foi uma política ocidental para promoção do modo capitalista de produção, ainda resistindo ao comunismo da URSS, também saída do conflito pré falado com a autoridade de uma potência mundial. O*welfare state*, em suma, foi uma estratégia de luta dos países centrais ocidentais, durante a chamada Guerra Fria, apresentando-se, do mesmo modo e pelos mesmos objetivos, no Japão, Singapura, Nova Zelândia, Austrália.

À grande maioria dos países asiáticos, africanos e latino-americanos, não se proporcionaram políticas de bem-estar social. O combate ao comunismo foi realizado de forma mais pragmática — por assim dizer —, com implantação de ditaduras, incentivo a diferenças políticas regionais, assassinatos políticos, variegadas medidas discriminatórias etc.

Quanto ao Direito do Trabalho, porém, com a incidência do *welfare state*, foi reconhecida a sua consolidação legal, doutrinária e jurisdicional, sendo as grandes empresas multinacionais chamadas a prestarem sua contribuição, nas mais diferentes jurisdições globais, com a contratação formal de trabalhadores e o respeito a direitos trabalhistas, até porque, durante os dois grandes conflitos mundiais antecedentes, elas usufruíram da suspensão de direitos trabalhistas, do trabalho obrigatório até do trabalho forçado — leia-se trabalho escravo — realizado pelas pessoas humanas confinadas nos campos de concentração. O *welfare state*, desta maneira, representa uma espécie de refrigério histórico para os países centrais ocidentais; tempo convencionalmente chamado de *anos dourados*, que dura dos fins da década de 1940 a meados da década de 1960, e que concebe a geração *baby boomer*.

No Brasil, apesar da não incidência política e socioeconômica do *welfare state*, o pós-Segunda Guerra também foi um período de coloração mais confiante. Deram-se, em síntese apertadíssima, a redemocratização do país (fim da Ditadura Vargas), a promulgação da Constituição de 1946, a eleição presidencial de Juscelino Kubitschek e seu vice-presidente João Goulart, a luta dos trabalhadores rurais pela reforma agrária, a industrialização do país, o processo de migração interna e de consolidação do mercado de trabalho brasileiro, a metropolização das cidades do Rio de Janeiro e de São Paulo, a conquistas das copas mundiais de futebol nos anos de 1958 e 1962, a eleição de misses brasileiras (Marta Vasconcelos e Marta Rocha) em certames universais, a colocação da cidade do Rio de Janeiro no circuito turístico do *jet set* internacional.

Assim, no passo das ocorrências globais, o Direito do Trabalho também se expandiu, no Brasil, ao longo dos *anos dourados*, reconhecendo-se a face amistosa de *Milton, o monstro*.

g) O neoliberalismo

Termo amplo, de conteúdo semântico e científico variado (AMIN; ARRIGHI; CHESNAIS, 2022), o neoliberalismo se vincula, historicamente, ao chamado consenso de Washington (PERSPECTIVA MUNDIAL), nada obstante o seu desenvolvimento seja bem anterior e se localize ao tempo do estado de bem-estar social (*welfare state*), numa frontal reação ao mesmo. Genericamente, o neoliberalismo critica o intervencionismo estatal para proteção social e sustenta — também grosso modo — que lucro, livre mercado e livre concorrência são as únicas fontes efetivas de desenvolvimento econômico e social. Seus principais promotores ideológicos foram Hayek, Friedman e von Mises.

E, assim, transforma-se em programa de governo após a chamada crise do petróleo, lançado, como tal (AMIN; ARRIGHI; CHESNAIS, 2022), nos governos de Margareth Thatcher, na Inglaterra, e de Ronald Reagan, nos Estados Unidos, apesar de reflexões históricas ponderarem que, anteriormente, desde a década de 1960, práticas neoliberais já eram adotadas na América Latina, como condição para a tomada dos empréstimos junto ao Fundo Monetário Internacional — FMI. Nesse sentido, lição já clássica do Prof. David Harvey (AMIN; ARRIGHI; CHESNAIS, 2022), a informar que, antes da sua difusão global, o Cone Sul teria sido uma espécie de balão de ensaio do neoliberalismo. Isto, inclusive, ao tempo das tantas ditaduras implantadas na América Latina, pela Guerra Fria (Brasil, Argentina. Uruguai, Paraguai, Chile, Peru, Bolívia, Equador etc.).

Com semelhante entendimento, Maria José Galleno de Souza Oliveira:

> Os países latino-americanos, passam a ser laboratório de aplicação do novo modelo econômico imposto pelos países desenvolvidos, devido ao grande déficit público, os altos índices inflacionários e estagnação geral das empresas controladas pelo Estado. Com o cenário montado, entra em ação os atores — FMI e Banco Mundial para propor soluções capazes de reduzir déficit público, combater a inflação e possibilitar a volta do crescimento econômico e social. Há necessidade de implantação de um modelo econômico global: o mito da globalização fortifica-se. Nos Estados latino-americanos, o processo

de globalização levou às privatizações e à reorganização dos serviços públicos; ampliação das empresas privadas, principalmente transnacionais; e enxugamento da estrutura administrativa estatal.

Em contornos atuais, o neoliberalismo implica em forte controle fiscal do Estado, privatização de empresas públicas, desregulamentação dos mercados domésticos — inclusive, quanto às relações de trabalho —, abertura do comércio exterior, globalização das relações comerciais etc. O Estado põe-se, então, para a proteção do dinheiro, das instituições financeiras e demais pessoas jurídicas que o circulam, enquanto mercadoria rentável, em busca de juros e outras formas artificiais de lucratividade. As pessoas humanas e suas necessidades vitais ficam à margem do sistema, com franco encolhimento das políticas públicas de emprego e renda e da malha de proteção social.

Tanto isso é verdade que, no ocaso desta primeira quadra do século XXI — cerca de quarenta anos depois dos governos Thatcher e Reagan, que disseminaram o neoliberalismo —, os índices globais de desenvolvimento econômico e social não comprovam as respectivas proposições, revelando, muito ao contrário, percentuais de depauperação populacional ruinosas, até mesmo nos países centrais, como, por exemplo, os Estados Unidos — país do Presidente Ronald Reagan —, onde há franca ampliação do percentual de cidadãos pobres e sem teto e, não exatamente, por causa da pandemia da Covid-19. *Ad litteram*:

> Antes da Covid-19, especialistas já alertavam que o país era condescendente com níveis muito altos de pobreza.
>
> "Os Estados Unidos são um dos países mais ricos, poderosos e tecnologicamente inovadores do mundo. Mas nem sua riqueza, nem seu poder, nem sua tecnologia estão sendo usados para resolver a situação em que 40 milhões de pessoas continuam vivendo na pobreza", indicou no final de 2017 o então relator especial das Nações Unidas para a pobreza extrema e direitos humanos, Philip Alston.
>
> Entre outras coisas, Alston observou que os EUA tinham a maior mortalidade infantil no mundo desenvolvido, que a expectativa de vida de seus cidadãos era menor e menos saudável do que em outras democracias ricas.
>
> E também que sua pobreza e desigualdade estavam entre as piores no clube dos países ricos da Organização para a Cooperação e Desenvolvimento Econômico (OCDE), além de uma taxa de encarceramento entre as mais altas do mundo.
>
> "No fim das contas", afirmou ele, "particularmente em um país rico como os EUA, a persistência da pobreza extrema é uma escolha política feita pelos que estão no poder" (LISSARDY).

Na Inglaterra — reduto da Premier Margareth Thatcher —, igual e infelizmente, a vida, também, não é só *glamour*. Ou seja, há penúria e exclusão socioeconômica sob a Torre de Westminster, como se pode verificar, na literalidade das seguintes palavras:

> De acordo com o estudo das Nações Unidas, o número de pobres no Reino Unido atinge 14 milhões de pessoas, sendo um resultado direto da austeridade adotada desde a crise económica que começou em 2008.
>
> O relatório das Nações Unidas reforça as conclusões já apresentadas pela Human Rights Watch que, num outro relatório divulgado na segunda-feira, acusava os últimos governos britânicos de deixarem milhares de famílias empobrecerem e passarem fome devido aos cortes que foram fazendo na assistência social ao longo dos últimos 10 anos (LUSA, 2022).

Outrossim, de forma global, no planeta, os índices de pobreza e de concentração de renda entre a parcela mais rica da população alcança percentuais que devem suscitar graves reflexões, afinal os 10% mais ricos detêm 76% do patrimônio do planeta, ao passo que os 50% mais pobre detêm apenas 2% (LUHBI, 2022), sendo certo que, com a pandemia da Covid-19, as taxas de desigualdade tendem a crescer. Entrementes, segundo o PNUD — Programa das Nações Unidas para o Desenvolvimento —, em pesquisa envolvendo 109 países, mais da metade das pessoas humanas em situação de pobreza têm menos de 18 anos, sendo que a pobreza afeta mais mulheres e meninas do que homens, com 2/3 das pessoas mais vulneráveis vivendo em moradias em que nenhuma menina completou 6 anos de estudo (DALLARI, 2022). Quase 1,3 bilhão de pessoas vive sem saneamento básico, com 600 milhões de pessoas precisando caminhar cerca de 30 minutos para obtenção de água potável (DALLARI, 2022).

Além disso, as políticas econômicas neoliberais também não são favoráveis ao desenvolvimento sustentável, nem a quaisquer outras modalidades de conservação do meio ambiente.

E, finalmente, no que toca ao Direito do Trabalho, sendo este um genuíno regulador do sistema capitalista e, outrossim, uma concertação social para distribuição de parcelas da lucratividade — ou seja, sendo este uma espécie de *monstro amorável*, a exemplo de Milton, que rearranja a distribuição dos rendimentos, para garantir a existência dos próprios rendimentos —, ele, por óbvio, passa a suportar os mais fortes e reiterados ataques, desde a sua emergência e consolidação histórica e constitucional, no início do século XX.

São as tantas investidas dos anos 1990 — como se verá pouco adiante —, muito embora, no Brasil, por exemplo, ainda na década ditatorial de 1960, os testes das aspirações neoliberais tenham flexibilizado a estabilidade decenal dos trabalhadores celetistas, criando, nos termos da Lei n. 5.107, de 13 de setembro de 1966, o FGTS (Fundo de Garantia do Tempo de Serviço) e tenham, também, encetado os passos iniciais da terceirização para os trabalhadores *blue colar* do serviço público federal, com o Decreto-lei n. 200, de 25 de fevereiro de 1967, incidente sobre a vida laboral de copeiros, ascensoristas, garçons etc.

h) <u>Reestruturação produtiva e a terceirização</u>

Prosseguindo, as consequências do neoliberalismo no tempo e relativamente ao mundo do trabalho — de forma específica —, consequências, aliás, emergentes de modo mais firme a partir dos anos 1990, tal como já se disse no tópico anterior. E são principalmente a reestruturação produtiva e a terceirização, sem contar a precarização do trabalho e o desemprego que ambas também causam.

Nessa época, publicava-se um discurso artificial respeitante à extinção do trabalho em si (como se tal fosse possível), quando, na verdade, a pretensão neoliberal seria a de extinguir o trabalho formalizado e seus postos de emprego estáveis e garantidos por contratos trabalhistas de qualidade. Ou seja, resumido, a aspiração neoliberal seria a de desregulamentar e flexibilizar direitos trabalhistas, introduzindo, no mercado de trabalho, modalidades precárias e vulneráveis de contratação laboral, isto, mediante um processo de modernização, que implicaria reformas da legislação pertinente. Uma vez mais, *a posteriori*, voltar-se-á a este ponto.

Por agora, dediquemo-nos à reestruturação produtiva e seus corolários no mundo específico do trabalho, que, nessa época, foi atingido pela comparação entre o fordismo keynesiano e o chamado toyotismo, em cujo bojo, operavam-se reduções no setor produtivo, de forma a enxugar a própria produção, que deixava de ser em massa e passava a ser customizada, racionalizada, terceirizada e *just in time*, com atuação multitarefa do trabalhador. É que, nascido para atender às necessidades de baixo consumo da realidade japonesa (LANGUILLON-AUSSEL; REVEYAZ), o toyotismo se caracteriza pela subcontratação (ou terceirização), prática executada pela empresa Toyota — daí, claro, o seu desígnio —, que, no curso da sua história, a desenvolve e passa a subcontratar pequenas e médias empresas, conquistando, inclusive, novos mercados, tais como o europeu, o norte americano e o dos países emergentes — e internacionalizando a subcontratação (LANGUILLON-AUSSEL; REVEYAZ).

A reestruturação produtiva, dessarte, corresponde a uma espécie de remodelamento, ou reforma, da planta de ação da empresa produtora de bens e/ou serviços, no âmbito rural ou urbano, quanto a recursos técnicos e humanos. A reestruturação produtiva pode ser total, quando atinge todo o parque empresarial, e pode ser parcial, quando apenas alguns setores da produção são remodelados. Seu objetivo, alcançar melhores resultados para o empreendimento e, especificamente no instante memorizado por este estudo, substituir, quando o caso, o modelo de produção fordista taylorista pelo modelo toyotista, que foi perfilhado pelo neoliberalismo.

Na prática, então, sob essa ideologia e nos mais diferentes recantos globais, diversas empresas passam a terceirizar as suas atividades — atividades acessórias, a princípio, e atividades centrais, *a posteriori* — , de maneira que as atividades empresariais passam a ser realizadas por outras empresas — as terceiras, formais ou informais —, sob regime de terceirização direta ou de terceirização indireta. É direta a terceirização que contrata empresas formalizadas para atuarem no interior da planta produtiva da empresa tomadora do serviço, sendo indireta a terceirização em que o trabalho é fisicamente prestado noutro lugar, abrindo um leque de possibilidades quanto à pessoa (física ou jurídica) prestadora de serviço terceirizado. Esta pode ser uma empresa íntegra e formalizada, assim como pode ser um trabalhador individual informal, submetido a um contrato de emprego defraudado, como pode, ainda, ser um *gato contratante*, ou atravessador de mão de obra, traficante de pessoas humanas.

Nos domínios da terceirização indireta, também não é raro flagrar empresas terceirizadas dependentes econômicas da empresa tomadora do serviço, devido à prática do *cliente único* ou *cliente singular*. Nesta hipótese, a empresa ou trabalhador individual responsável pela prestação do serviço terceirizado tem apenas uma única empresa como cliente tomadora do serviço, a qual, por efeito, finda por determinar o cotidiano de trabalho da empresa ou pessoa contratada, em termos de quantidade, intensidade, prazo de entrega, valor da remuneração etc., possivelmente, dissimulando um efetivo contrato individual de emprego. As casuísticas concretas, enfim, são variegadas!

Assim, neoliberalismo e toyotismo difundem a precarização das relações de trabalho, da qual, a terceirização é um típico exemplo (BIAVASCHI, 2013), considerando as diferenças contratuais *in pejus* para o trabalhador terceirizado, comparativamente ao trabalhador direto das empresas. Referidas políticas, portanto, na esteira precarizadora,

difundem contratos de trabalho de baixa qualidade, informalidade trabalhista e insegurança jurídica para os trabalhadores, fazendo surgir, inclusive, novas tipologias na relação de trabalho, todas vulneráveis e inaptas para realizar as diretivas contratuais de continuidade e segurança social. A saber, são elas:

a. trabalhadores intermitentes;

b. trabalhadores terceirizados informais;

c. trabalhadores autônomos exclusivos (ou *cococo*, na Itália; ou *workers*, na Inglaterra);

d. trabalhadores terceirizados formais.

Como dito, são todas modalidades precarizadas de contratação laboral, que alcançam, no final das contas, trabalhadores diretos e indiretos das corporações tomadoras de serviço. E, quanto aos trabalhadores terceirizados informais, não é incorreto que, não raro e pelo desenho juslaboral a que se submetem, estes são sujeitos contratuais passíveis de serem considerados partes de contratos clássicos de emprego, maculados por fraude trabalhista. Isto, ainda que residam noutro país e careçam de uma legislação trabalhista efetivamente tutelar, no seu lugar de origem. Eis o fenômeno das cadeias globais de produção, muito bem ilustrado com o caso das confecções têxteis, em que roupas da grife "*x*", sediada na cidade "*y*", são produzidas por costureiras residentes na cidade "*z*", onde suportam condições precárias de trabalho e, em alguns casos, até escravidão contemporânea.

Entrementes, veja-se o caso pouco divulgado da famosa grife Hugo Boss[(8)], de origem alemã e ora pertencente a um grupo italiano (MOURÃO, 2022), que produz as suas confecções na Bulgária (país do Leste europeu), onde as costureiras e costureiros, muito embora contratualmente formalizados por terceira empresa, reclamam de baixos salários e de árduas condições de trabalho e de vida (EURONEWS, 2022). Entrementes, *in verbis*, reza a notícia que:

> Não é só na Ásia que os operários da indústria têxtil são explorados. Os trabalhadores pobres são uma realidade europeia. Em Gotse Delchev, no sudoeste da Bulgária, os empregados da fábrica Pirin-Tex trabalham muito para ganhar pouco.
>
> A etiqueta "Made in Europe" não é garantia de condições de trabalho dignas ou éticas.
>
> A Pirin-Tex emprega 1.800 pessoas e trabalha sobretudo para a marca de luxo Hugo Boss. A pressão é enorme. São fabricadas 12 mil peças de roupa por semana. Os trabalhadores dizem que são tratados como robôs.

Ainda especificamente sobre as condições de trabalho e de vida, continuando a reportagem jornalística, acrescentam as mesmas trabalhadoras búlgaras, com grifos nossos (EURONEWS, 2022):

> "Pergunto-me se os políticos búlgaros fazem leis para os seres humanos ou para os robôs. Trabalhamos sem parar. Este sistema permitiu legalizar uma forma de trabalho forçado", afirmou Elena Marvakova, empregada da Pirin-Tex.

---

(8) Conforme reportagem jornalística da Deutch Welle Brasil, a empresa Hugo Boss, no passado, também fez roupas para as tropas e oficiais da Wehrmarcht e SS, utilizando trabalho forçado e, a exemplo de várias outras empresas europeias, vinculando-se ao nazismo e ao enriquecimento escravista propiciado pelas políticas da II Guerra Mundial. A partir do ano 1985, a empresa passa a atuar na bolsa de valores, com ações majoritárias pertencentes ao grupo italiano Marzotto Group. Seu lucro líquido, no primeiro semestre de 2006, foi de 54 milhões de euros no primeiro semestre de 2006, 19% acima do mesmo período, no ano anterior (2005). A empresa se apresenta em 108 países, com mais de 5 mil lojas de departamento. [Vide: MOURÃO, M. Hugo Boss: empresa com muita história no mundo da moda. *DW — Deutsch Welle*. Life Style, 08 ago. 2006. Disponível em: <https://www.dw.com/pt-br/hugo-boss-empresa-com-muita-hist%C3%B3ria-no-mundo-da-moda/a-2125420>. Acesso em: 08 set. 2022].

> "O meu pai e a minha mãe vivem e trabalham no estrangeiro. Saíram daqui há mais de vinte anos. Com a idade que tenho, continuo a receber ajuda deles, eles pagam metade das minhas despesas aqui na Bulgária, para eu poder viver uma vida normal", contou Angel Stankov, trabalhador da indústria têxtil.
>
> "Penso que os meus colegas da Europa Ocidental devem rir-se quando ouvem falar dos salários daqui. Não devem acreditar. A situação é tão má que mais vale rir. Será que somos Europeus de segunda categoria? Será que somos más costureiras? Será que comemos menos que os nossos colegas da Europa Ocidental?", perguntou Elka Karaylieva, trabalhadora da Pirin-Tex.

Numa evidência da difusão global destas práticas empresariais neoliberais, vê-se a reprodução de semelhante realidade no Brasil, décima colocação mundial na indústria têxtil (ano de 2018), e, dos seus diferentes polos produtivos brasileiros, destaca-se a cidade de Toritama/PE, situada no agreste pernambucano, onde, por sistema de facção e de empreendimentos familiares (GOMES; CAMPOS, 2022), faz-se a "*capital nacional do jeans*".

Nessa localidade, quase toda a população trabalha na seara — inclusive, crianças e adolescentes, em flagrante trabalho infantil ilícito —, todos percebendo salário por produção e, por consequência, trabalhando durante jornadas bem superiores à jornada legal, uma jornada, por sinal, cumprida em ambientes mal iluminados, sem atenções ergonométricas e ou qualquer outra medida técnica preventiva de adoecimentos ou acidentes do trabalho. Estudos realizados *in locu* a esse respeito informam que:

> Aproximadamente 11% dos trabalhadores entrevistados informaram ter sofrido algum acidente de trabalho. Entre os mais frequentes, estão os acidentes relacionados ao manuseio de tesouras (cortes nas mãos, nos dedos) e agulhas (perfurações nas mãos, dedos).
>
> O afastamento por problemas de saúde acometeu 26,5% dos trabalhadores entrevistados. Entre os motivos para o afastamento, estão males que podem ser diretamente associados ao trabalho na indústria do vestuário, como problemas na coluna e articulações (15,4%), alergias e complicações respiratórias (10,3%), além de acidentes ocorridos no local de trabalho (2,6%). O atendimento a esses problemas de saúde em 66,7% dos casos foi realizado em equipamentos públicos de saúde (posto ou hospital), 20,5% em hospitais/ médicos privados e 12,8% afirmaram não ter procurado nenhum tipo de atendimento médico. Na ampla maioria dos casos, o afastamento ocorreu informalmente, sem a percepção de benefícios previdenciários, uma vez que 92,5% dos trabalhadores do ramo de confecção informaram não contribuírem para instituto de previdência (GOMES; CAMPOS, 2022).

As fronteiras do neoliberalismo e da reestruturação produtiva, portanto, são, de fato, globais e, sim, operam-se em todos os setores produtivos — agropecuária, industrias variegadas e múltiplas prestações de serviço —, em variegadas cadeias de produção — sejam elas locais, regionais, nacionais ou internacionais —, sempre de forma terceirizada — direta ou indiretamente —, muitas vezes, sob condições perversas de trabalho, não sendo incomum, inclusive, o flagrante de trabalho escravo contemporâneo.

Ricardo Antunes, doutrinando sobre esta nova morfologia do trabalho, descreve todo o processo com minudência (ANTUNES, 2013), dando vários exemplos de reestruturação produtiva realizados no Brasil, mormente durante o governo FHC e sob o Plano Real, e exemplificando a incidência de uma tal reorganização, nos seguintes setores produtivos:

i. Automobilístico (montadoras de automóvel);

ii. Calçadista;

iii. Têxtil;

iv. Financeiro;

v. Telecomunicações e *telemarketing*,

No âmbito rural brasileiro, identicamente, a reestruturação produtiva comparece a diferentes culturas, desde a tradicional cana-de-açúcar, passando pelas plantações de cítricos e de café, por exemplo, todos produtos populares e significativos para os vezos do País.

i) <u>As reformas trabalhistas</u>

Paralelamente no tempo e sob um tal cenário de redução do estado de bem-estar social e reestruturação produtiva, o programa de ação neoliberal passa a encetar uma condenação à regulação do trabalho, i. e., ao Direito do Trabalho, nos mais diferentes lugares do mundo, requestando, de forma geral, reformas desregulamentadoras e flexibilizadoras de direitos trabalhistas historicamente conquistados pela luta operária, além da liberalização dos limites à negociação contratual, a ser realizada de forma individual, grupal ou coletiva, conforme a livre autonomia das partes envolvidas no ajuste trabalhista, e franca atrofia dos sindicatos.

Noutras palavras, um triste circunlóquio às raízes do Direito do Trabalho, em que o capital e o trabalho eram dispostos, lado a lado, como partes formal e materialmente iguais — o que, de fato, não são e nem jamais serão —, levando à miserabilidade já multi descrita pelo próprio Direito do Trabalho, pela História, pela Sociologia, pela Economia, pela Literatura e pelas Artes em geral (cênica, plástica etc.).

De mais além, o perfunctório entendimento de que, no ambiente neoliberal, desregulamentação traduz a retirada de direitos do mundo normativo, representando a extinção dos mesmos, a par do seu desenvolvimento evolutivo e das funções sociais respectivamente exercidas. Já a flexibilização, por sua vez, representa a maleabilidade esperada (pelo neoliberalismo) de certos direitos trabalhistas considerados rígidos, direitos trabalhistas esses, que devem incidir, nas relações de trabalho, de forma adaptada às diversas situações subjetivas e objetivas do empreendimento tomador do seu serviço. A liberdade negocial requestada, ademais, diz respeito a uma necessária zona de livre-arbítrio individual do trabalhador, a par da entidade coletiva de representação profissional, entidade, aliás, sobre a qual, não devem recair os mesmos princípios liberalizantes, mas, sim, contingenciamentos diversos, quanto à sua representatividade e às suas faculdades.

Assim, pela natureza correspondente, poder-se-ia tentar uma tipologia classificatória dos direitos trabalhistas a serem desregulamentados e dos direitos trabalhistas a serem flexibilizados, mas uma análise histórica demonstra que, no traçado das tantas reformas e adequações legislativas já globalmente realizadas, para um acomodamento trabalhista do regime neoliberal, dito sistema precipita-se contra o Direito do Trabalho como um todo e de acordo com a contextura política e as contingências de cada país, divisão internacional do trabalho inclusive. De todo modo, num tal quadro, direitos trabalhistas assecuratórios de um contrato formal e por prazo indeterminado, com estabilidade e continuidade do emprego, com piso salarial e jornadas diária, semanal e anual estabelecidos de forma normativa heterônoma são considerados direitos intransigentes e sem flexibilidade, incompatíveis, portanto, com as aclimatações requestadas pelo toyotismo e pela reestruturação produtiva, assim como pela terceirização que ele promove.

Reformas trabalhistas, então, foram implementadas em diferentes países do mundo, ora de forma mais incisiva, ora de forma mais comedida, ora mediante ato legislativo único, ora mediante diferentes e gradativos atos legislativos. Ilustrando tal movimento legiferante, o contrato zero hora, no Reino Unido (década de 1990), o Código de Trabalho de Portugal (2009); o Plano Hartz, na Alemanha (2010); a reforma trabalhista (recém revogada) na Espanha (2012); a reforma trabalhista no México (2012); a Lei El Khomri, na França (2017); a reforma trabalhista no Brasil (2017), por exemplo e resumidamente. No México e na Espanha, mais recentemente, as respectivas reformas trabalhistas neoliberais passaram por um processo de contrarreforma, isto, e sequência cronológica, pela mexicana Lei Federal do Trabalho (2019) e pela Reforma Díaz (2022), espanhola.

Sem grandes pormenores, no entanto e de volta às reformas trabalhistas consentâneas com o neoliberalismo, elas apresentam um desenho geral no sentido de redução dos encargos sociais, redução dos custos indenizatórios da despedida, ampliação das possibilidades injustificadas de despedida, promoção de regime jurídico diferenciado para pequenas e médias empresas, reconhecimento da parassubordinação, introdução dos trabalhadores intermitentes, inexistência de salário mínimo governamental, enfraquecimento da representação sindical trabalhista. Fosse o caso de desfiar cada qual desses aspectos, todos eles, decerto, bem se subsumiriam às proposições programáticas das ideias neoliberais, com ampla liberdade empresarial sobre os termos inicial e final do contrato de trabalho, isenções patronais reparatórias demissionais imotivadas, sujeitos contratuais obreiros perfilados para a terceirização — tais como são os parassubordinados em geral —, contraprestação ao trabalho feito, sem despesa pelo chamado tempo à disposição, assim como se vê no caso genérico dos intermitentes, pulverização da representação trabalhista, não mais adstrita à entidade sindical, admitindo-se e se conferindo poderes negociais a comissões internas às empresas, com o que se confina a atuação coletiva dos trabalhadores, esmaecendo, alfim, o próprio Direito do Trabalho, enquanto construção histórica e coletiva.

Igualmente, referidas reformas trabalhistas também se assemelham em suas justificativas políticas, sempre defendidas com uma repisada pregação de geração de novos empregos e de inserção dos jovens no mercado de trabalho, a qual, no concernente, tem resultados estatísticos que deixam a desejar e que ora legitimam uma incipiente reação contrarreformista, do que são exemplos as novas legislações do México (2019) e da Espanha (2022), onde, atualmente, a taxa de desemprego alcança 12,48% da população ativa, sendo maior até do que a taxa brasileira, hoje, segundo o IBGE, igual a 9,3% de desocupação.

j) A pós-modernidade

As reformas trabalhistas pré faladas são simultâneas a um fértil e disruptivo desenvolvimento tecnológico, com o qual, após a crise mundial do ano de 2008, intensifica-se a aplicação de um modelo compartilhado e plataformizado de negócios — a exemplo dos cartões de crédito (EVANS; SCHMALENSEE) —, ocasionando, no âmbito trabalhista, o chamado fenômeno da *uberização das relações de trabalho*, com o qual, talvez, viva-se o ápice do neoliberalismo. A somatória da pobreza extrema causada pelo aludido sistema, com o trabalho precarizado e informal, mais legislações trabalhistas enfraquecidas dão azo a um exército global de trabalhadores vulnerabilizados e submissos às tecnologias hodiernas (chamados de *freelancers*[(9)]), muitos dos quais, em condições mesmo de trabalho análogo ao de escravos — os escravos contemporâneos — e, *concessa* máxima vênia, este parece ser o intento do programa neoliberal de ação.

De regra, as empresas em tela mobilizam um contingente considerável de obreiros, que, como dito, trabalham de modo informal, com intermitência e rendimentos auferidos por produção, o que naturalmente os leva a intensificar a atuação laboral, de forma quantitativa e qualitativa, com consequências diretas sobre a saúde biopsíquica do trabalhador. As condições de trabalho são *horribilis* e inseguras, desafiando estudiosos e autoridades de todo o mundo, que, basicamente, discutem se a legislação já existente é

(9) EURONEWS. Comment l'economie de plateform transform-t-elle le marché du travail? *Euronews*. Real Economy, 13 abr. 2021 Disponível em: <https://fr.euronews.com/next/2021/04/07/comment-l-economie-de-plateforme-transforme-t-elle-le-marche-du-travail>. Acesso em: 09 set. 2022.

bastante para a disciplina dessa modalidade de trabalho, ou não, e, se não, que objeto uma eventual nova norma deve conter, uma modalidade juslaboral e intervencionista, ou uma modalidade contratual civilista e neoliberal.

E, enquanto essas avaliações são globalmente realizadas, o fato é que inúmeras plataformas permanecem entabulando relações laborais informais e com intermitência, subvertendo caracteres elementares do próprio equilíbrio negocial mínimo, qual seja, a propriedade do meio de produção, este, na atualidade e de acordo com o desenho do negócio plataformizado, muitas vezes, também da responsabilidade do prestador do trabalho. Ou seja, noutras palavras, o obreiro plataformizado da pós-modernidade paga, para trabalhar, um preço além da força de trabalho que ele despende, já que paga, também, pela mercadoria de que necessita para a realização do próprio trabalho, o qual, por sua vez, adquire um modelamento de lucro bruto — e sem qualquer proteção social —, o que faz do obreiro, a um só tempo, trabalhador e também necessário consumidor do meio de produção (ou bem para o serviço), além de outros serviços, então requestados pela correspondente manutenção e conservação.

Sob essa forma de trabalho, de regra, o obreiro não tem recolhimento previdenciário ou fiscal, não percebe hora extra, não goza de DSR, não percebe nenhum adendo remuneratório pelo trabalho em domingos feriados, não usufrui de férias, pode ser unilateral e injustificadamente desligado da empresa, sem direito a guias de FGTS e Seguro-Desemprego, ou assistência homologatória sindical. O obreiro se encontra inteiramente sozinho, sem patrão, sem sindicato e sem nenhuma intervenção protetiva estatal.

E, por um tal rol de elementos característicos, os arautos da liberdade contratual sustentam a existência de uma variante contratual *sui generis*, baseada no trabalho autônomo, incabível, conforme esses olhares, na relação de emprego típica, nada obstante, *concessa* máxima vênia, de fato e num degrau inédito de superioridade tecnológica, o trabalhador ature o controle e a subordinação que a configuram. No concernente e pelo sistema digital de indiscutível precisão, ainda que à distância, sabe a empresa plataformizada quando o obreiro trabalha, por quantas horas, com que produtividade quantitativa, quanto percebe pela atividade etc. Isto, numa atividade laboral prestada pessoalmente e, de regra (a regra de experiência, no particular, diante de uma realidade socioeconômica marcada por desemprego, depauperamento e precarização trabalhista), não eventual. A primazia da realidade afasta, *in casu*, condutas tópicas, para focar na verdade dos fatos reais, reiterados e cotidianos.

Consequentemente, a esta altura dos debates internacionais, já se prefiguram ultrapassados argumentos, tais como:

> i. Empresas plataformizadas são apenas mediadoras de mútua interação, às quais, ligam-se pessoas interessadas em negócios privados, sem qualquer dependência.

ii. O obreiro plataformizado detém inteiro controle da própria rotina, sem que haja chefia ou supervisão a quem responder;

iii. Trabalhadores se ativam quando querem, de modo eventual e sem contraprestação salarial previamente fixada.

Logo, no estágio presente da jornada, o modo de produção capitalista finalmente assume que o Direito do Trabalho lhe é repulsivo — monstruoso, na verdade, para aludir a Milton —, sendo sua meta superar integralmente a juridicidade laboral, inclusive a partir das reformas trabalhistas que apregoa e enceta. Nessa senda, o modo de produção capitalista propõe um modelamento de relação de trabalho totalmente individualizado para o trabalhador – a que já se denomina, alhures, de *"deslaboralización"* do Direito do Trabalho – e sem peias quaisquer para o empregador; um modelamento que, no Brasil, ao rigor da melhor técnica jurídica, seria explicitamente inconstitucional. Afinal, no âmbito da soberania nacional, todos os trabalhadores urbanos e rurais têm direito, pelo menos, ao piso civilizatório encartado no art. 7º e incisos da Constituição Federal.

## Considerações finais

Arrematemos, pois, Este ensaio propôs essencialmente um breve giro sobre o Direito do Trabalho, no círculo da história do capitalismo — e, em particular, do interregno que liga o desenvolvimento tecnológico industrial ao desenvolvimento tecnológico digital —, em que o ponto de partida, no volteio da vida, encontra-se, presente e intransigentemente, revisitado a partir dos lúdicos movimentos de Milton, o monstro, nas diversas fases do personagem. E, por essa via, mesmo ignorando, na recuperação da vereda histórica, os graves entremeios da realidade — em especial, dois cruéis conflitos mundiais —, chega-se ao mesmo ponto final: a necessidade de promover padrões sociais mínimos de qualidade de vida e de trabalho.

Afinal, passadas as etapas de formação, de consolidação e de promoção do Direito do Trabalho, a tríade hoje reinante — neoliberalismo, reestruturação produtiva e reformas trabalhistas — sobrevém com todo ímpeto, rejeitando e abatendo a progressividade da regulamentação social, ignorando a sua função pacificadora e propondo as chamadas relações plataformizadas ou uberizadas de trabalho, diante das quais até mesmo as reformas trabalhistas, arautas da desregulamentação e da flexibilização do direito social, descobrem-se ultrapassadas.

A tecnologia, deusa cálida e virtuosa, conquista as subjetividades, no rumo certo da subsunção real do trabalho ao capital (MARX, 1978, p. 56 e ss.) e da reificação absoluta da pessoa humana. Diante disso, o Direito do Trabalho, esse "monstro" tão nocivo à prosperidade capitalista — e, portanto, enjeitado e repelido pela moderna intelectualidade liberal —, é terno e manso. Complacente, quase resiliente.

Nesse ponto da história, o capitalismo reconhece que, para si, o Direito do Trabalho é realmente um imbróglio bestial; um monstro, de fato — tal qual Milton, o nosso personagem-paradigma —, a ser subjetiva e objetivamente adversado, impugnado e vencido, sob uma lógica binária simplista e até pueril, que ignora as teorias da regulação e age como se não houvesse falhas de mercado (*e, si, las hay*)...

Tudo isto, ao fim e ao cabo, porque, como construção política, histórica e coletiva, o Direito do Trabalho detém, no gérmen, a capacidade de redesenhar o modo de produção capitalista, retirando-lhe os ares escravistas e vampirescos (vocábulo aqui usado, só para voltar à montanha assombrosa de Milton), o que pode fazer, inclusive e conforme as representações sociológicas arquetípicas, de um modo reformista, equitativo e concertado entre os *players* da sociedade, chancelando a sua própria funcionalidade pacificadora e operando a necessária distribuição de rendimentos e a consequente inclusão socioeconômica. Ilusão e autoengano? Talvez; e, então, voltamos ao mágico e ao lúdico. Mas, admita-se, alimentar essa ilusão, ao longo dos séculos XIX e XX, trouxe sensíveis melhorias para a condição social da classe trabalhadora. Ademais, para o jurista e o acadêmico, qual seria a alternativa? Esperar boquiaberto a luta de classes? Tomar-se em armas? Maior ainda, permitam-nos, o autoengano.

Algo mais sobre Milton e o Direito do Trabalho. De acordo com os atuais degraus civilizatório, pertence aos pruridos da eticidade, ao menos no discurso, a relativização dahegemonia sistêmica do capitalismo tendo em conta valores outros, também caros à humanidade pós-moderna, como o bem-estar social, a democracia, o constitucionalismo, as liberdades essenciais, a participação coletiva o meio ambiente.

Ao contrário, porém, o que se vê no presente estágio é o modo de produção capitalista voltar às origens do liberalismo setecentista e optar política e reiteradamente pela indignidade da pessoa humana e pela opressão, em cujo entorno, sob as mercês dos programas neoliberais, tem-se explorado o trabalho forçado e degradante, ignorando as lições do Holocausto e as premissas de paz universal de 1948, ao tempo em que difunde a globalização do trabalho indecente e da pobreza. A se tomar o próprio discurso, não haveria de ser esse o protótipo de sociedade a soerguer.

Milton, já percebemos, é, como sujeito, um ingênuo idealista; mas, como objeto, é uma maravilha tecnológica. O Direito do Trabalho, como discurso, é encantador; mas, como objeto, pode ser um poderoso instrumento de resgate do Estado social. O discurso, na cultura de massas, imanta; mas os barões da indústria cultural já não se encantam com as românticas razões do juslaboralismo originário. Nada obstante, enquanto houver institucionalidade, haverá o objeto. O instrumento. O "monstro" tecnológico. E ele deverá dizer a que veio.

Nessa ordem de ideias, chegamos, também nós, ao nosso ponto final. O paradigma é Milton, que, nada obstante monstro, tanto quanto o Direito do Trabalho, é uma invenção tecnológica humanamente promocional, acorde com os fundamentos pregressos da Doutrina Social da Igreja de 1891 (*Rerum Novarum*), com a disciplina constitucional social de 1917 e de 1919 (México e Weimar) e com as atenções e garantias intervencionistas para o bem-estar social, paulatinamente padronizadas desde 1919, sob os auspícios da Organização Internacional do Trabalho e de suas convenções e recomendações. Milton é a promessa do trabalho decente e da gramática dos direitos humanos, apesar de sua aparência disforme e de sua inconsistência orgânica. O entorno mal o vê; e, quando o vê, só vê a aberração. Os próximos, porém, quando o conhecem, veem a humanidade. Milton não mudará o mundo e jamais será realmente aceito. Mas, na medida em que amalgama ciência, técnica e força vital — para além do seu discurso cada vez mais *démodé* —, tem energia bastante para fazer do mundo um lugar algo melhor.

... Quem acredita em Milton?

# *The Walking Dead*: Formas de Produção Pré-Capitalistas, Cooperativismo e Economia Solidária

*Marco Aurélio Serau Junior*
*Daniele Domingos Monteiro*

## 1. Introdução

A perspectiva teórica de *Direito & Arte* é muito interessante e tem sido utilizada por muitos docentes e pesquisadores como alegoria para análise e discussão de temas jurídicos relevantes, de modo leve e lúdico.

Isso pode ser uma forma de abordagem muito conveniente para as salas de aula, onde os docentes lidam com público mais jovem e que, provavelmente, foi criado com amplo contato com linguagens audiovisuais bastante ágeis, de modo bem diferente do que ocorria no ensino jurídico de algumas décadas.

Assim, a abordagem de *Direito & Arte* permite uma aproximação maior com a linguagem comum à maior parte de nossos bacharelandos em Direito. Mas não só, propicia também que possamos identificar no mundo "real" (ou na ficção do que é real) temas que são tratados nos manuais e nas salas de aula.

Este artigo pretende discutir algumas formas de trabalho pré-capitalistas que podem ser percebidas no seriado de TV *The Walking Dead*, doravante denominado simplesmente TWD (como é chamado carinhosamente pelos fãs).

A ideia é demonstrar o (re)aparecimento de algumas formas econômicas pré-capitalistas e como o trabalho (explorado, cooperativo ou solidário) passa a ser desenvolvido nesse (novo) cenário, decorrente do apocalipse zumbi. A partir da alegoria trazida por

TWD, analisa-se o estado da arte do cooperativismo e da economia solidária como formas de produção e de trabalho contemporâneas.

A metodologia utilizada para a elaboração deste artigo é eminentemente analítico-bibliográfica, não tendo ocorrido pesquisa de campo (*ainda bem!*).

## 2. *The Walking Dead*: uma grande narrativa sobre zumbis e, sobretudo, humanos

TWD é uma HQ criada em 2006 por Robert Kirkman, com desenhos de Charlie Adlard, falando de modo muito contundente sobre um mundo posterior a um apocalipse zumbi.

A HQ ensejou a criação de um seriado de mesmo nome (que revezou com *Game of Thrones* o posto de série televisa mais vista no mundo). O seriado de TV deu espaço para a criação de um *spin-off* de igual sucesso, *Fear the Walking Dead*, e outro está em vias de ser lançado em 2020, *Beyond the Walking Dead*. A franquia também comporta livros e, obviamente, miniaturas, camisetas, *games* etc.

O enredo é, em uma primeira vista, um roteiro clássico de pessoas sobrevivendo a um apocalipse zumbi. Mas comporta observações bem mais profundas.

Acordando de um coma profundo em uma cama de hospital, Rick Grimes, policial de Atlanta, vê-se sozinho e se depara com os zumbis. Ainda convalescente, chega a sua casa e não encontra sua família, mas logo após encontra-a junto a um grupo de sobreviventes nas cercanias da cidade. A partir daí, esse grupo, que é o núcleo de personagens centrais de TWD, inicia um périplo pelos EUA, vagando até chegar ao Estado de Washington, onde desenvolvem uma grande comunidade, junto a outras pessoas que vão se agregando, em um local chamado Alexandria – um condomínio fechado, com algumas características de autossutentabilidade.

Sob a liderança de Rick Grimes, desenvolvem a agricultura e a caça, alguma manufatura básica, trocas comerciais com outras comunidades que passam a conhecer nos arredores (Hilltop, Reino e OceanSide).

Na comunidade, todos participam do empenho para o alcance das finalidades do grupo. Não há empregadores ou empregados, todos trabalham, geralmente conforme seu conhecimento ou sua habilidade: médicos, ferreiros, cozinha, ciência, docência. Todos colaboram com a segurança do local e em diversas atividades em grupo.

Não há remuneração; prevalece a ideia de que todos se associaram para uma finalidade comum e a definição do que fazer decorre, em geral, de deliberações comunitárias.

Um dos primeiros pontos a notar é o fato de que ocorre, alguns anos após o apocalipse zumbi, uma fixação das nossas personagens em um local específico, com o intuito de desenvolver uma comunidade. Esse trecho do roteiro pode ser considerado uma alegoria da transição humana do nomadismo para os primeiros assentamentos fixos, onde ocorreu uma das primeiras "revoluções tecnológicas" no modelo produtivo: a superação do simples extrativismo e o começo do desenvolvimento das culturas agrícolas e, na sequência, das primeiras atividades de manufatura.

Na comunidade de Alexandria, que vai ficando cada vez mais estabelecida e desenvolvida, trabalha-se muito, por óbvio, mas não são encontradas as formas de trabalho tal qual as conhecemos na Modernidade, isto é, aquelas que são objeto do Direito do Trabalho, em particular as formas assalariadas ou remuneradas.

Parece-nos que esse "arranjo social" reintroduz formas pré-modernas ou pré-capitalistas de trabalho.

O modelo produtivo que prevalece em Alexandria e nas demais comunidades parceiras parece constituir uma forma pura de cooperativismo ou de economia solidária.

As comunidades promovem trocas comerciais entre si, geralmente em uma base de troca igualitária (diferentemente das trocas desiguais que prevalecem hoje na perspectiva da Divisão Internacional do Trabalho).

Não podemos esquecer, é claro, que existem *Os Salvadores*, grupo de vilões liderado pelo psicopata Negan. Os Salvadores vivem no "Santuário" e exploram as demais comunidades em troca de "proteção" contra os zumbis – na realidade proteção contra eles próprios, que são responsáveis por ameaças, agressões e mortes. É imposto que todas as outras comunidades devem pagar aos Salvadores metade de tudo que produzirem em troca de "segurança" (*poderíamos pensar aqui em uma forma de mais-valia? Seria uma forma de trabalho análogo ao de escravo?*).

Após um grande conflito armado envolvendo todas as comunidades contra Os Salvadores, que são derrotados (arco da série *Guerra de Todos*), estabelece-se uma convivência pacífica e harmônica entre as comunidades, cujos laços de parceria e solidariedade são reforçados.

## 3. Antecedentes do Direito do Trabalho moderno: uma breve apresentação às formações econômicas pré-capitalistas

Embora toda forma jurídica seja histórica e uma manifestação cultural, é importante pontuar que o Direito do Trabalho é muito bem datado historicamente (FREITAS JR., s/d).

O Direito do Trabalho consiste na forma de regulação jurídica das relações de trabalho desenvolvidas bem especificamente dentro do modelo econômico capitalista. Fora e antes dele, não se pode falar, com precisão, em Direito do Trabalho:

> Após a Revolução Industrial do século XVIII, as formas predominantes de relações de trabalho foram as peculiares à grande indústria, bem como os

> modelos de gestão de consumo da força de trabalho se espelharam na eficiência conformada à tradicional empresa capitalista (DA PONTE, 2019, p. 343).

Uma das características centrais do contrato de trabalho é o assalariamento:

> Um dos pressupostos do trabalho assalariado e uma das condições históricas do capital é o trabalho livre e a troca de trabalho livre por dinheiro, com o objetivo de reproduzir o dinheiro e valorizá-lo; de o trabalho ser consumido pelo dinheiro — não como valor de uso para o desfrute, mas como valor de uso para o dinheiro (MARX, 1975, p. 65).

Nas diversas comunidades retratadas em TWD não ocorre a utilização de trabalho assalariado, tampouco outras formas de trabalho consideradas modernas. Pode-se identificar, ao contrário, a existência de formações econômicas pré-capitalistas:

> Nestas duas formas, o relacionamento do trabalhador com as condições objetivas de seu trabalho é de propriedade: esta constitui a unidade natural do trabalho com seus pressupostos materiais. Por isto, o trabalhador tem uma existência objetiva, independentemente de seu trabalho. o indivíduo relaciona-se consigo mesmo como proprietário, como senhor das condições de sua realidade. A mesma relação vigora entre o indivíduo e os demais. Quando esse *pressuposto* deriva da comunidade, os outros são, para ele, seus co-proprietários, encarnações da propriedade comum; quando deriva das famílias específicas que em conjunto constituem a comunidade, os outros são proprietários independentes que coexistem com o indivíduo, proprietários privados independentes. Neste último caso, a propriedade comum que, anteriormente, a tudo absorvia e a todos compreendia, subsiste, então, como uma especial *ager publicus* (*terra comum*), ao lado dos numerosos proprietários fundiários privados.
>
> Em ambos os casos, os indivíduos comportam-se não como trabalhadores, mas como proprietários — e membros de uma comunidade em que trabalham. A finalidade deste trabalho não é a *criação de valor*, embora eles possam realizar trabalho excedente de modo a trocá-lo por trabalho estrangeiro ao grupo, isto é, por produtos excedentes alheios. Seu propósito é a manutenção da comunidade como um todo. A posição do indivíduo como *trabalhador*, em sua nudez, é propriamente um produto *histórico* (MARX, 1975, p. 65-66).

A cooperação, no trabalho e na sociedade, toma como referência as formas como os grupos e classes sociais se relacionam no processo da realidade social (JESUS, TIRIBA, 2009, p. 80).

Assim, é interessante percorrer um percurso histórico-argumentativo a partir da concepção marxiana, que permitirá vislumbrar que as formas primitivas de cooperação serão capturadas pela forma jurídica do assalariamento:

> [...] Marx sinaliza que a cooperação manifesta-se desde o início das civilizações, estando presente nos modos de produção anteriores ao capitalismo. A despeito dessa ampla ocorrência, é preciso distinguirem-se três formas de cooperação: a) a cooperação que se fundamenta na propriedade comum dos meios de produção; b) a que se baseia nas relações diretas de domínio e servidão (como na Idade Média); e c) aquela que pressupõe o assalariamento, ou seja, a venda da força de trabalho. É no capitalismo que esta última apareceria como força produtiva do capital. Seu valor de uso torna-se a produção de mais-valia, assegurada pela reunião e atuação de vários trabalhadores no mesmo local ou no mesmo capo de atividade. Sob a coordenação, direção e controle do capitalista e daqueles que o representam na divisão do trabalho, a cooperação é obtida por meio da emulação, da promoção do animo dos trabalhadores. Ao determinar o ritmo e a intensidade do trabalho coletivo, a maquinaria cumpre um papel fundamental no processo cooperativo, garantindo a subsunção efetiva do trabalhador ao capital.

Nas diversas formas de economia solidária as atividades apresentam em comum "a primazia da solidariedade sobre o interesse individual e o ganho material", objetivo que se expressa "mediante a socialização dos recursos produtivos e a adoção de critérios igualitários" (LAVILLE; GAIGER, 2009, p. 162).

No século XX, sobretudo após a Segunda Guerra Mundial, o cenário de pleno emprego e a reconciliação com o modelo de trabalho mediante assalariamento promoveram um significativo abandono do cooperativismo (LAVILLE; GAIGER, 2009, p. 164), que só será retomado praticamente pouco antes do século XXI.

## 4. Aprendizados em TWD: solidariedade, cooperativismo e economia solidária

Em última instância, TWD nos fornece uma mensagem de esperança nos humanos e na possibilidade de retomada do ideal de solidariedade. Em uma perspectiva mais imediata, uma das possibilidades mais interessantes que podemos captar em TWD para o futuro das relações de trabalho reside nas perspectivas de cooperativismo e economia solidária.

Cooperativas de trabalho, nas palavras de Lima (2009, p. 91):

> Por cooperativas de trabalho, entendem-se as formas autogestionárias de organização da produção, do controle da atividade laboral e do produto realizado pelos próprios trabalhadores. Constituem-se em associações voluntárias de trabalhadores que organizam a cooperativa, uma empresa da qual todos são sócios e participam dos processos decisórios, assim como do resultado do labor coletivo. Essas cooperativas têm como princípios fundamentais a democracia, a autonomia, a solidariedade e a igualdade social.

*Economia solidária*, nas palavras de Da Ponte (2019, p. 349):

> [...] a Economia Solidária como conceito, que surgiu nos anos noventa do século passado, representa uma modalidade diferente de produzir, vender, comprar e trocar produtos e serviços concebidos de forma associativa e solidária: sem os mecanismos da exploração capitalista, sem iniquidades na repartição do excedente, sem a heteronomia da gestão empresarial e sem destruir o meio ambiente. Os trabalhadores livremente associados no âmbito da dos empreendimentos solidários devem primar pelos atributos de cooperação, fortalecimento dos laços identitários do grupo e do bem comum. (...) Dentre as atividades econômicas e sociais autogestionárias que compõem o leque de experiencias solidárias mais conhecidas, destacam-se as cooperativas, associações, clubes de troca, redes de cooperação, finanças solidárias, com ênfase no comércio justo, no consumo solidário e na preservação da natureza.

De fato, as propostas de economia solidária e cooperativismo possuem, desde sua origem, uma ideia de contraposição ética aos elementos centrais do modelo econômico capitalista[(1)].

Não se pode perder de vista que foram justamente "contextos de privação extrema fizeram parir as primeiras experiencias em que os trabalhadores se uniam em entidades coletivas para fins de ajuda mútua" (PAZELLO, CHRISTOFFOLI, 2019, p. 296).

(1) É importante registrar que mesmo nos primórdios da Revolução Industrial já houve algumas tentativas do que se pode considerar com um arremedo de economia solidária. Tome-se por base o caso de Robert Owen, na Grã-Bretanha, no século XIX, e suas experiências com o cooperativismo, em seus próprios empreendimentos industriais, que congregavam valores como solidariedade, democracia, participação e até mesmo valorização da educação para os filhos dos trabalhadores cooperados. Da mesma forma, mencione-se, na França, os falanstérios de Charles Fourier, baseados no cooperativismo e na solidariedade social. Esses empreendimentos solidários "fizeram brotar uma pedagogia das possibilidades para além do capital" (DA PONTE, 2019, p. 348-349; no mesmo sentido: LIMA, 2009, p. 91; LAVILLE, GAIGER, 2009, p. 163).

O salto tecnológico aponta para a redundância do trabalho vivo na produção da riqueza e diminui o alcance e importância do proletariado, fazendo supérfluos extratos cada vez maiores de mão de obra. Havendo trabalhadores em uma quantidade superior à necessidade dos empregadores, forma-se um exército de reserva, um excedente de força de trabalho. Atualmente, cumpre dizer que a inserção da robótica e da microeletrônica nos mais variados segmentos da economia intensifica esse processo de cortes massivos de grandes contingentes de trabalhadores (DA PONTE, 2019, p. 345; LIMA, 2009, p. 92-93; JESUS, TIRIBA, 2009, p. 82).

O "solidarismo dos trabalhadores livremente associados se converte", portanto, em uma "utopia conspícua no presente estágio do capitalismo" (DA PONTE, 2019, p. 345).

Pazello e Christoffoli (2019, p. 304), baseando-se na teoria de Gilvando Rios, apresentam uma faceta "renovadora" do cooperativismo:

> Já a ideologia renovadora projeta a valorização do cooperativismo informal, portanto, para além de sua forma jurídica normativa (ainda que caiba a discussão sobre se, ainda assim, descaracteriza-se ou não sua forma jurídica, vale dizer, sua garantia de circulação mercantil entre sujeitos de direito coletivos); a relação com os movimentos sociais populares, o que é de grande importância para uma análise crítica comprometida com a práxis de transformação social; e o horizonte do socialismo, já que as cooperativas costumam ser lembradas como instrumento econômico em transições revolucionárias.

É interessante vislumbrar que algumas formas de economia solidária, inclusive o cooperativismo, são as formas jurídicas adotadas para o exercício de determinadas modalidades de trabalho objeto de estudo do Grupo de Pesquisa *"O trabalho além do Direito do Trabalho: dimensões da clandestinidade jurídico-laboral"*, tais como: catadores de lixo/recicladores; trabalhadores "*uberizados*"; "flanelinhas"; tecelagens e costura; trabalhadores da beleza, dentre outros.

As expressões de economia solidária abrangeram, desde sua criação, nos anos 1990, muitas possibilidades: coletivos de geração de renda, cantinas populares, cooperativas de produção e comercialização, empresas de trabalhadores, redes e clubes de troca, sistemas de comércio justo e de finanças, grupos de produção ecológica, comunidades produtivas autóctones, serviços de proximidade, associações de mulheres, dentre outros (LAVILLE; GAIGER, 2009, p. 162).

Com efeito, os trabalhas marginais (SOUTO MAIOR; GNATA, 2013) muitas vezes são inseridos no ordenamento jurídico através das formas jurídicas do associativismo e do cooperativismo.

Diferentemente da (re)descoberta do modelo cooperativista que ocorre em TWD — série que se passa especificamente em território norte-americano — nos países periféricos sempre subsistiram, em alguma medida, diversas formas de economia solidária (LAVILLE; GAIGER, 2009, p. 163).

Apesar da perspectiva muito positiva em torno do cooperativismo, que parece resgatar o espírito associativo que historicamente fez parte da ação coletiva da classe trabalhadora, não se pode desprezar certos riscos inerentes ao modelo.

A partir de nuances da legislação trabalhista, é sabido que foram constituídas muitas cooperativas que, na prática, somente se prestam à terceirização industrial, de serviços ou no setor agrícola, onde ocorre ampla violação de direitos trabalhistas e "assalariamento disfarçado" (LIMA, 2009, p. 94).

A Lei n. 13.429/2017, conhecida como Lei Geral da Terceirização, ao permitir a utilização ampla e irrestrita, inclusive na atividade-fim, de mão de obra terceirizada, parece dar seguimento e vazão a esse fenômeno de *falso cooperativismo* (SERAU JR., 2018), em fenômeno que foi corroborado com a Reforma Trabalhista (Lei n. 13.467/2017). Na mesma esteira pode ser inserida a decisão proferida pelo Supremo Tribunal Federal nas ADIs ns. 5.735, 5.695, 5.687, 5.686 e 5.685, cujo julgamento foi concluído em junho de 2020, nas quais se reconheceu a constitucionalidade daqueles diplomas legais.

## 5. Cooperativa como forma socializada de produção

Partindo da análise normativa, inicialmente apontamos a Lei n. 5.764/1971, que regula as cooperativas no Brasil. A Lei não classifica expressamente os tipos de cooperativas, não trazendo assim nenhum tratamento diferenciado. A legislação se preocupa em trazer um roteiro de procedimentos formais e burocráticos obrigatórios para que uma cooperativa seja legalizada.

Os arts. 3º e 4º da Lei acima citada apresentam os requisitos de validade da cooperativa, prevendo no art. 3º que as pessoas mediante a celebração do contrato se obrigam a contribuir com bens ou serviços para o exercício de uma atividade econômica, de proveito comum, sem objetivo de lucro. E no art. 4o que as cooperativas constituídas destinam a prestar serviços aos associados.

Como podemos constatar pela breve exposição normativa, não há nenhuma previsão de lucro com a constituição da cooperativa, a lei é bem clara nesse sentido. Assim, qualquer cooperativa que se forme com o objetivo de lucro, estará descumprindo a lei, não podendo sequer ser considerada com cooperativa.

Um exemplo muito claro de descumprimento da legislação que regula as cooperativas, pode ser verificado por algumas "cooperativas de trabalho", que se constituem, mas com a finalidade de mera prestação de serviços, e utiliza da mão de obra que lhe é posta a disposição para satisfação de seus objetivos econômicos.

Nesse sentido, as falsas cooperativas de trabalho, também denominada cooperfraudes, surgem em decorrência da estratégia do empresariado de burlar os encargos que fazem parte dos direitos trabalhistas.

Claudete Pagotto aponta que:

> a partir da década de 1990, é instaurado um momento importante na historia do cooperativismo no Brasil, por conter aspectos que se distanciam da cooperativa tradicional, vinculada ao desenvolvimento agroindustrial, aos setores dominantes da política agrária. As cooperativas surgem como formas sociais de produção atípicas, porque se constituem em um artifício que encobre uma relação de exploração entre o capitalista e o trabalhador, que se manifesta na relação entre vendedores de mercadorias em igual condição, estabelecida na esfera da circulação (PAGOTTO, 2019, p. 442).

Esse artificio, ou podemos dizer a burla aos direitos trabalhistas se intensifica e encontra na legislação o seu amparo após a edição da Lei n. 8.949/1994, que introduz o parágrafo único no art. 442 da CLT, dispondo que: "Qualquer que seja o ramo de atividade da sociedade cooperativa, não existe vínculo empregatício entre ela e seus associados, nem entre estes e os tomadores de serviços daquela".

O objetivo do parágrafo único do art. 442 da CLT, acima apontando, não foi atingir qualquer cooperativa, mas sim, ainda que de forma indireta, trata-se especificamente das cooperativas de trabalho.

Assim, podemos afirmar, sem sombras de dúvida, que o objetivo central do parágrafo único, do art. 442, da CLT, foi o de afastar o vínculo de emprego em hipóteses que, concretamente, estejam presentes os requisitos de sua caracterização. E o seu propósito de fato foi atingido, pois de acordo com Veras Neto:

> Grandes empresas passaram a demitir seus empregados para recontratá-los por intermédio de cooperativas criadas por eles próprios e assim se livrar dos encargos sociais. Em Foz do Iguaçu, um hotel demitiu todos seus empregados e terceirizou seus serviços para uma das cooperativas. O mesmo aconteceu no interior de São Paulo, onde 200 mil apanhadores de laranjas perderam vínculo empregatício. Essas pessoas continuaram executando as mesmas tarefas, nos mesmos locais, sob o mesmo comando, apenas deixaram de ter direitos ao FGTS, férias, 13º, licença maternidades, entre outros (NETO, *apud* PAGOTTO, 2019, p. 449).

Partindo da análise da Lei n. 5.764/1971 que regula as cooperativas, não podemos considerar essas empresas como cooperativas, nem mesmo como cooperativas de trabalho.

Na verdade, trata-se de empresas que se constituem com o objetivo único e exploração da força de trabalho, objetivando a geração de mais valia.

Nem mesmo na série vimos qualquer atividade parecida, pois ainda que considerarmos a cobrança de trabalho em troca de proteção, não temos o objetivo de lucro por nenhuma das partes. Podemos considerar que há uma troca de serviços, o que está dentro dos objetivos da cooperativa.

Para Paul Singer, o limite da cooperativa se encontra quando ela passa a fazer parte de uma cadeia de subcontratação para atender empresas. Ou seja, para o autor, as cooperativas perdem sua autonomia quando vinculadas ao grande capital (SINGER *apud* PAGOTTO, 2019, p. 450).

Ainda analisado algumas formas de constituição de cooperativa, podemos citar as cooperativas que fazem parte de projetos sociais de governos municipais, grupos religiosos ou até mesmo de comunidade locais, e ainda que se forme dentro dos requisitos de validade e objetivos da cooperativa, acaba sendo aproveitada pelo capital para a exploração da força de trabalho.

Para exemplificar citarei um dos dados apontados por Pagotto:

> O grupo coletivo Renascer, que se localiza no Centro Comunitário São José Operário, no Bairro Cata Preta em Santo André, é composto de quatorze mulheres e realiza o trabalho de confecção e costura; o especo e as máquinas são cedidos pela Igreja Católica. O trabalho consiste na produção de uniformes e compreende um montante de 3 mil a 4 mil peças no prazo de quinze dias. O pagamento por hora trabalhada resulta num valor médio de R$ 1,50. Contratos desse tipo possibilitam uma "retirada de R$ 360", sem fixação de jornada de trabalho. O trabalho se intensifica para cumprir os prazos e, assim extenuantes, as mulheres se vêem compelidas a deixar de lado a vida pessoal em troca de oportunidade oferecida pela comunidade católica, aliada a politica pública de incubação de cooperativas de trabalho informais e precários (PAGOTTO, Claudete, 2019, p. 455).

O que vemos nesse modelo, é a união de mulheres com o objetivo de desenvolver uma atividade laborativa que lhe garante renda e não lucro. No entanto, o capital, que utiliza dessa atividade, vê a possibilidade de extração de lucro.

Ainda dentro desse modelo, podemos dizer que não está presente o modelo de cooperativa presente na série, pois é muito nítido, que os TWD diante da nova condição de vida que eles se encontram, não há qualquer interesse de lucro por nenhuma das partes, o interesse de todos, ainda que estejam em lados opostos é a sobrevivência.

Mas há experiências de trabalhos em cooperativas, ou grupos coletivos, que cumpre fielmente com os requisitos formais, podendo aqui citar cooperativas de artesãs, de pescadores e uma que muito se assemelha a série, por ser uma nova formação de sociedade, o que podemos verificar nos assentamentos do Movimento dos Trabalhadores Rurais sem Terra (MST). Para o MST, a luta pela terra é por si só é uma experiência de cooperação.

Nos assentamentos vemos muitas atividades coletivas, como de plantio, colheita, produção artesanal, construção de moradias. Todas realizadas de forma coletiva.

Outro grupo que vem se unindo com o objetivo de auto gestão, como contraposição ao capitalismo são trabalhadores por aplicativos. É o caso da *Mensakas*, criada em Barcelona a partir de um movimento grevista contra a *Deliveroo* (empresa de entregas forte na Europa) em 2017.

Vale ainda destacar a *CoopCycle*, uma federação que reúne 30 cooperativas do tipo, sendo 28 na Europa e duas no Canadá. Sediada na França, ela permite que cooperativas em diferentes cidades compartilhem serviços, como uso de um *software* e aplicativo comuns, com objetivo de baratear custos (<https://www.bbc.com/portuguese/brasil-53551592>. Acesso em: 03 ago. 2020).

Um dos grandes desafios de constituição de cooperativas sem dúvida é o custo, a depender da atividade, o custo dificulta e muito a sua concretização.

Mas sem dúvida, esse é um modelo de grande força para se opor ao modelo capitalista. Scholz, ao citar John Curl aponta que:

> A própria existência de cooperativas desafia corporações e o capitalismo; corporações sempre trabalham para enfraquecer, desacreditar e destruir cooperativas por meios de guerras de preços, aprovando legislações que minam sua viabilidade, rotulando-as na mídia como subversivas e como uma falha, e usando muitos outros estratagemas (CURL *apud* SCHOLZ, 2016, p. 57)

Scholz ainda cita a passagem de Rosa Luxemburgo, e como ela pensava as cooperativas como alternativas integrais ao capitalismo:

Trabalhadorxs que formam cooperativas no campo da produção enfrentam, então, uma necessidade contraditória de se governar com mais elevado absolutismo. Elxs são obrigadoxs a tomar, para si próprixs , o papel de empreendodorxs capitalista — uma contradição que conta para o fracasso habitual as cooperativas de produção, que ou se tornam empreendimentos capitalistas puros ou, se os interesses dos trabalhadorxs continuam predominando, terminam se dissolvendo (LUXEMBURGO *apud* SCHOLZ, 2016, p. 57).

As cooperativas analisadas, e as que se iniciam como uma experiência de modelo cooperativa ou empreendimento coletivo, possuem o mérito de demonstrar a possibilidade de se contrapor ao modelo capitalista de produção, lendo produção aqui no seu sentido amplo, e assim indicar elementos de uma nova estrutura social.

No entanto, também podemos verificar, que nas relações sociais de produção capitalista, a gestão cooperativa pode reproduzir os vícios do sistema mercantil capitalista e, por ser uma experiência isolada, não consegue minimiza os efeitos da crise estrutural do capital e das transformações do mundo do trabalho.

## 6. Conclusão

E o modelo econômico de hoje? Alguma coisa a aprender com a proposta solidarista das comunidades pós-apocalípticas de TWD?

O escambo existente entre as diversas comunidades do seriado aqui comentado, em formatos mais igualitários, parece apontar para a necessidade de uma retomada da solidariedade como vetor de amarração social.

Por outro lado, a ausência de regras jurídicas e do Estado a exigir sua efetividade (ou de quem lhe fizesse as vezes do Estado) também permitiu o (re)aparecimento de formas de exploração de uns pelos outros, inclusive o reaparecimento do trabalho escravo.

No Direito contemporâneo existem, efetivamente, diversas formas de cooperativismo e economia solidária. Se, em algumas a perspectiva de um trabalho sem exploração, verdadeiramente solidário se implementa, em outras, por seu turno, não se pode negar que exista emprego e exploração disfarçada da força de trabalho, tal qual procuramos demonstrar ao longo deste artigo.

# Competitividade e Trapaça: A Corrida Maluca e o Capitalismo Contemporâneo

*Marcos da Silva Pôrto*
*Carolina Bonemer Cury*

## 1. Introdução

Em uma obra que se propõe a analisar elementos da cultura popular *vis-à-vis* as relações de trabalho, não poderia ficar de fora um dos grandes clássicos dos estúdios *Hanna-Barbera*, cujas animações marcaram a infância e a vida de muitas gerações. A *Corrida Maluca* (*Wacky Races*, no original), animação da década de 1960, deu vida a alguns dos personagens mais amados e marcantes do famoso estúdio estadunidense, como Penélope Charmosa (*Penelope Pitstop*) e Dick Vigarista (*Dick Dastardly*), que posteriormente viriam a ter suas próprias animações (*Os Apuros de Penélope Charmosa* e *Dick Vigarista e Muttley*).

A *Corrida Maluca* tem como pano de fundo corridas de automóvel altamente competitivas em que cada personagem não mede esforços para subir ao pódio. Alguns dos aspectos que podemos ver na animação são relevantes para a análise crítica da atual estrutura produtiva. Em especial, podemos citar a divisão e organização do trabalho, fruto das agudas transformações das relações econômico-produtivas havidas nas últimas décadas, notadamente no que tange à acirrada e excessiva competitividade, à disparidade de armas entre os competidores e à indisfarçável disposição de alguns ao uso da trapaça como ferramenta para desbancar a concorrência.

O presente artigo, deste modo, pretende discutir alguns aspectos dessa competitividade, individual e coletiva, humana e empresarial, e seus impactos sobre as relações de trabalho. Nesse passo, o que se pretende abordar é o uso da competição como instrumental de organização, de gestão empresarial ou mesmo de divisão do trabalho. Para tanto, faremos uma exposição das consequências sobre as relações de trabalho ocorridas com a passagem do modelo fordista para o toyotista, analisando, em seguida, a forma como a competitividade se constrói em diferentes ambientes laborais, traçando, por fim, uma breve conclusão acerca do papel do Estado nesse contexto.

## 2. Os modelos de produção capitalista e a corrida maluca

O modelo da acumulação flexível transformou profundamente as relações produtivas capitalistas, sobretudo nas últimas duas décadas do século XX e nas duas primeiras do século XXI, estabelecendo uma excessiva competição entre os trabalhadores e entre as empresas, que, de um lado retira garantias sociais e, de outro, fomenta a superexploração do trabalho humano. A organização produtiva pós-fordista, segundo Reginaldo Melhado, edificada a partir da eficácia do paradigma da fábrica de automóveis japonesa Toyota, aponta para um "*novo modelo de dispositivo de controle social do trabalho lastreado em contrapartidas e recompensas cujo objeto é a implicação total do trabalhador, implicação que vai desde a intensidade do trabalho prestado até o âmbito do imaginário coletivo dos trabalhadores*" (MELHADO, 2006, p. 73). Nesse asserto, esclarece-se que o modelo traz condicionantes inovadoras, já que "*representa uma revolução diante dos métodos do paradigma fordista*", bem como outras arcaicas, "*porque se realizam sempre no exterior da contratualidade e significa, em última análise, uma inovação dentro do velho e surrado conceito de empresa-instituição*" (MELHADO, 2006, p. 73).

A organização que se edifica a partir desse paradigma toyotista possui uma série de características formantes: (i) produtividade empresarial essencialmente vinculada à demanda, portanto, variada e heterogênea; (ii) desenvolvimento do trabalho operário em equipe, com multiplicidade e variedade de funções; (iii) significativa modificação da relação homem-máquina, que agora impõe ao mesmo trabalhador que opere diversos tipos de equipamentos, por vezes até simultaneamente, atuando de modo "polivalente"; (iv) adoção o princípio *just in time*, ou seja, o melhor aproveitamento possível do tempo da produção; (v) sistema *kanban*, com o objetivo de produzir somente o necessário e dentro do menor tempo, notadamente com o uso e manutenção de estoques mínimos; (vi) desenho de uma estrutura fortemente horizontalizada, com a centralidade do empenho de recursos na atividade principal e a terceirização das acessórias; (vii) círculos de controle de qualidade, por meio dos quais grupos ou equipes de trabalhadores discutem métodos e fórmulas de atuação, com vistas ao implemento da produtividade, além de exercerem intensa fiscalização uns sobre os outros; e, por fim, (viii) ganhos salariais diretamente vinculados ao aumento da produtividade. Esse incremento da produtividade, no modelo em exame, se faz sem necessidade de se aumentar do número de trabalhadores, o que, segundo Ricardo Antunes, intensifica a exploração do trabalho (ANTUNES, 2002, p. 54-55).

A propagação do sistema da acumulação flexível nos países industrializados desencadeou consequências no mercado de trabalho. A capacitação dos trabalhadores ou a sua qualificação profissional é erigida a níveis nunca antes exigidos; as empresas, agora, internalizam novas e diversificadas formas de gestão da força de trabalho, mitigando o clássico conceito da subordinação jurídica. Crescem os vínculos laborais atípicos e precários, bem como intensificam-se os processos de intermediação de mão de obra. A ascensão do neoliberalismo e a abertura das fronteiras internacionais aos capitais industrial e financeiro nas duas últimas décadas do século XX, somadas à revolução tecnológica verificada sobretudo nos setores de comunicação e transporte, trazem como consequência uma nova e repaginada dominação hegemônica do grande capital. Com ela, fragilizam-se as representações coletivas dos trabalhadores e a negociação coletiva volta-se não mais à tônica da melhoria salarial e das condições de trabalho, mas sim à manutenção de postos de trabalho; forma-se uma legião de trabalhadores sobressalentes, cada vez mais dependentes de uma melhor e maior capacitação; fomenta-se, mais que nunca, o mito do empreendedorismo. O capitalismo contemporâneo, nessa quadra, não assegura lugar ao sol para todos. O trabalho assalariado, inicialmente fundado na clássica relação de emprego, responsável pela organização e reprodução da sociedade de massa, vem sendo pulverizado. Há, agora, prestadores de serviços, temporários, pejotizados, autônomos, terceirizados, quarteirizados, cooperados, precarizados, uberizados, aprendizes, *treinees*.

A crescente onda da "precarização" do trabalho, como nos mostra Patrícia Maeda, é resultado direto da reestruturação produtiva acima delineada:

> fundada em princípios como o da flexibilidade, implica em modelos de contratação de forma atípica (contrato temporário, subcontratação ou terceirização, contrato a tempo parcial ou com horário flexível) e no agravamento das condições de trabalho, de modo que temos verificado nas formas de organização do trabalho uma forte tendência ao que preferimos denominar *precarização do emprego e das condições de trabalho* (MAEDA, 2017, p. 46-47).

Para a citada pesquisadora, há duas vertentes para o fenômeno da "precarização": (i) a precarização do emprego, que implica reestruturações mais flexíveis por meio das quais os trabalhadores são afastados de seus verdadeiros empregadores (terceirização, quarteirização e pejotização); e (ii) a precarização das condições de trabalho, a qual se dá pela redução dos direitos e garantias sociais (iniciando-se pelo fim da estabilidade decenal e a criação do regime do FGTS), bem assim pela imposição de extensas jornadas de trabalho, cujas horas extraordinárias se tornam "ordinárias" (eis que cada vez mais comuns no cotidiano dos trabalhadores) (MAEDA, 2017). Este fenômeno, inclusive, acaba normalizado ou recepcionado por institutos como o banco de horas ou a jornada 12x36, ambos acolhidos pela jurisprudência majoritária (MAEDA, 2017). O mercado de trabalho, na transição do século XX para o XXI, é caracterizado pela intensa rotatividade da mão de obra e pela curta duração das relações laborais. Contribui para isso não só a baixa qualificação do proletariado brasileiro, como também a gritante omissão do Estado na regulamentação da garantia constitucional da proteção efetiva contra a dispensa arbitrária (art. 7º, inciso, I, da Constituição da República).

A competição, nesse passo, habita o imaginário do trabalhador brasileiro desde a sua tenra idade. A *Corrida Maluca* para o adolescente ou jovem brasileiro, tem início ainda nos bancos escolares. Não é de se surpreender que, assim como no desenho animado, os competidores em disputa sejam, de fato, muito diferentes. Na animação, encontramos desde o intrépido *Professor Aéreo*, que conduz o Carro Mágico, capaz de voar e, assim, superar obstáculos terrestres, até os *Irmãos Rocha* com Carro de Pedra, que dispensa maiores explicações. Assim, chama a atenção a enorme diferença entre os equipamentos, instrumentos e habilidades que cada equipe competidora tem à sua disposição.

A realidade da corrida do jovem brasileiro não é diferente. Alguns são dela logo alijados, uma vez que, submetidos à exploração do trabalho infantil (precursor do trabalho escravo), sequer conseguem alinhar-se ao espaço da largada. Outros, ainda no início, ficam pelo caminho, submetidos aos obstáculos das carências humanas e materiais da escola pública, dos vestibulares e da dificuldade de acesso às universidades públicas, do elevado custo das universidades privadas, da escassez dos programas de qualificação profissionalizante, do difícil acesso às vagas de estágio, da necessidade de sobrevivência e da precoce inserção no mundo de trabalho. Referimo-nos, aqui, ao conhecido "arrimo de família", ou seja, o jovem que começa a trabalhar para ajudar a sustentar a família, invariavelmente em trabalho precário ou degradante, de baixa qualificação. E quando, finalmente, miram o mercado de trabalho ou a vida profissional, descobrem que a verdadeira corrida terá início neste momento: mais do que "maluca", uma insana disputa por vagas cada vez mais escassas e cujos requisitos, inversamente, tornam-se mais exigentes. Uma vez dentro da empresa, admitido e incorporado ao ambiente produtivo, inicia-se uma nova "largada", ou seja, o desafio de mostrar-se apto, atualizado, capaz, competitivo, criativo, diligente, eficiente, esforçado, enquadrado, obediente e, sobretudo, produtivo. Enquadrado e obediente, sim, porque a mitigação do conceito da subordinação jurídica, traduzida no arrefecimento da cadeia do poder empregatício das empresas, jamais implicou renuncia ao núcleo do controle de toda a atividade. Nesse sentido, a precisa lição de Mauricio Godinho Delgado:

> O critério da subordinação, entretanto, é natural e historicamente elástico. Comporta, assim, fórmulas alternativas em que se contrapõem tanto padrões constituídos por elevada concentração de ordens e controle objetivos (em geral, em atividades não especializadas ou nos exemplos típicos do início e consolidação do capitalismo, no século XIX) como padrões constituídos por rarefeita presença de ordens e instrumentos de controle (trabalhadores altamente especializados ou intelectuais). Essa natural elasticidade

> do critério demonstra que a subordinação é compatível, inclusive, com uma profunda democratização intra-empresarial, já que não se descaracteriza pela rarefeita presença de ordens e comandos e crescente ampliação do exercício da liberdade/vontade/responsabilidade pelo produtor direto. A mesma natural elasticidade do critério evidencia quão distante, filosófica e juridicamente, pode estar a coerção do núcleo básico do vínculo aproximativo entre empregador e empregado (DELGADO, 1996, p. 140).

A luta pela manutenção do emprego, inexoravelmente, passa pela incorporação da cultura da empresa, compreensão de seus valores e metodologia de trabalho, enfim, pelo tradicional "vestir a camisa". No capitalismo contemporâneo, todavia, apenas o resultado agregado à demanda, numa dinâmica produtiva flexível, é capaz de assegurar a continuidade de um empreendimento, dado que não há mais fronteiras para o capital industrial ou financeiro. A preservação do negócio contrapõe-se a uma tendência de volatilidade dos fluxos de capital, os quais se enfraquecem ou fortalecem em torno de elos mercantis. Noutras palavras, a tomada de decisões nos grandes conglomerados econômicos se faz a partir de um núcleo dirigente que coordena operações em escala mundial e, na perspectiva da empresa horizontalizada ou esquematizada em ilhas, decide quem fica ou quem parte. A estabilidade no emprego, nessa senda, não mais subsiste, nem como direito social, nem como perspectiva existencial da classe trabalhadora.

Em originalíssima esquematização do problema, Melhado (2006) reporta que a organização produtiva pós-fordista assume um desenho estrutural semelhante ao de uma célula. Essa, como unidade mínima de qualquer matéria ou tecido vivo capaz de agir autonomamente e reproduzir-se, é composta do citoplasma e do núcleo, envoltos pela membrana plasmática. O citoplasma é todo o conteúdo da célula, com exceção do núcleo. Sua zona periférica é chamada de ectoplasma. O núcleo da célula é que contém o DNA e os cromossomos – e com eles as características hereditárias. Num paralelo com a empresa *toyotista*, em que o capital desempenha o papel "nuclear" de direção e, com ele, interage o restante do organismo, os trabalhadores são representados pelo citoplasma e o ectoplasma. Estes, são aqueles contratados por empresas subcontratadas ou mesmo vinculados à empresa principal por contratos precários ou atípicos. São aqueles trabalhadores mais facilmente descartáveis, os sazonais e os "externalizados". A metáfora, no caso, aperfeiçoa-se com o seguinte arremate:

> No restante do citoplasma — excluído, portanto, o núcleo e o ectoplasma — estão os trabalhadores permanentes, uma divisão em incessante processo de minimização submetida a complexas relações de incitamento e contrapartidas específicas. No paradigma toyotista, estes trabalhadores gozam de uma *estabilidade precária* que não é afiançada pelo sistema jurídico, senão

> consentida pelo núcleo dirigente da empresa. Nos marcos do ideário neoliberal em que se inscreve o modelo pós-fordista a velha estabilidade no emprego, uma espécie de valor do também já sepultado keynesianismo, não é mais do que um quadro de museu. A garantia de emprego agora fluidificou-se, as relações laborais flexibilizaram-se e a equipe de primeira divisão do citoplasma ohniano "desfruta" de uma *estabilidade consentida* que funciona ela mesma como técnica de incitamento e sujeição (MELHADO, 2006, p. 69).

O ambiente da empresa pós-fordista, pode-se dizer, deságua numa nova e repaginada relação de dominação. Agora, trabalhadores de todos os gêneros, idades e qualificações disputam não só as insuficientes vagas oferecidas no mercado, como também, já inseridos na estrutura produtiva, passam a concorrer com colegas ou grupos de colegas, as equipes dos círculos de controle de qualidade. O "adversário" pode ser tanto o concorrente à mesma vaga quanto o colega da mesa ao lado. A identidade de classe, típica do regime fordista, cede terreno a uma nova forma de relacionamento interno: colegas de trabalho não mais são reconhecidos como iguais, notadamente quando subcontratados ou externalizados. A organização sindical, de cuja união dependiam as conquistas da classe trabalhadora, liquidifica-se juntamente com essa. A competição, desse modo, vem agora impregnada na alma e na pele da "classe que vive do trabalho", embora se faça presente também nas relações interempresariais, a exemplo daqueles empreendimentos que concorrem pela inserção na cadeia produtiva das grandes corporações. Tudo agora assume a lógica de uma corrida: na perspectiva do trabalhador, pela melhor qualificação, pelo direito ao trabalho, pelo reconhecimento do vínculo formal de emprego, pela melhor equipe, pelo melhor comando, pelo cumprimento das metas, pelo melhor resultado, pela sustentabilidade do negócio — do que depende a continuidade do labor, enfim, a corrida pela melhor empresa; na do empreendimento, a corrida pelos melhores talentos, pelos melhores projetos, pelos melhores insumos e infraestrutura, pela melhor e mais barata tecnologia, pela produtividade e sua adaptabilidade à demanda, enfim, pela melhor inserção nas cadeias produtivas globais.

Nesse contexto de competição desenfreada, podemos facilmente encontrar figuras como a do mais icônico dos personagens da "Corrida Maluca", Dick Vigarista. Com o seu fiel cão Muttley, o vilão sempre cria planos mirabolantes para sabotar os rivais e, desse modo, alcançar a vitória. Contudo, na animação, ainda que o carro de Dick Vigarista aparentasse ser o mais veloz, o personagem é sempre impregnado de uma dose de moralismo no que tange ao cumprimento das "regras do jogo", o que faz dele um eterno perdedor no universo da "Corrida Maluca". No mundo real da concorrência capitalista, contudo, não é sempre assim.

Desse modo, tendo como cenário as agudas transformações do capitalismo concorrencial na virada do século XX, esse trabalho passará a abordar de forma crítica a simbiose que se verifica em alguns setores produtivos entre a "competição no trabalho" e a "competição pelo trabalho", ou seja, como a acirrada disputa entre trabalhadores e organizações produtivas contribui para a adoção de jornadas mais extensas, o pagamento de menores retribuições e a crescente vulnerabilidade do meio ambiente laboral, num contexto que acaba por corroer as bases teóricas do Direito do Trabalho e, particularmente, a sua função de redistribuição de renda.

## 3. Competição interempresarial

Quando comparamos a *Corrida Maluca* com o universo corporativo das grandes empresas, enxergamos semelhanças e dessemelhanças. A empresa sabotadora está viva e muito presente no dia a dia da produção capitalista. Muitas empresas, deliberadamente, se valem da violação às regras do mercado e da produção para reduzir os seus custos operacionais e aumentar a produtividade. Quando empresas instalam unidades produtivas em países de menor custo de mão de obra e baixa rede de proteção social, praticam concorrência desleal com aquelas que, cumprindo os preceitos internacionais de proteção ao trabalho e à dignidade do trabalhador, mais se aproximam do cumprimento do papel social do Direito do Trabalho, que é a redistribuição da renda e da riqueza.

O capitalismo, na passagem de sua fase concorrencial para sua fase monopolista, ao longo do século XX, descortina o véu da livre concorrência. Os grandes cartéis produtivos ou cadeias globais de produção se unem para aniquilar competidores menores. Agem como Dick Vigarista, porém, na vida real, obtêm um resultado diferente daquele que se passa na "Corrida Maluca". No universo da produção globalizada, a grande empresa tende a esmagar a pequena e, quando tem que concorrer com outra de seu próprio tamanho, às vezes decide "fatiar" o mercado para que possam, ambas, lucrar sem a necessidade do sangramento de gigantes. Eis uma diferença substancial do capitalismo monopolista com o mundo da "Corrida Maluca", em que não se vislumbra a possibilidade de parar a competição e repartir o prêmio. A invasão de produtos chineses nos mercados consumidores, fruto do recente "capitalismo chinês", torna interessante essa comparação entre o capitalismo contemporâneo e o universo da "Corrida Maluca". A China não respeita os direitos fundamentais — aí incluídos os sociais e trabalhistas —, não respeita a propriedade intelectual, trava recorrentes embates comerciais no âmbito da Organização Mundial do Comércio e, com esse *modus operandi* digno de Dick Vigarista, se sobressai no cenário da competição internacional.

No âmbito das relações de trabalho no Brasil, o quadro apresentado é o mesmo. A Constituição democrática de 1988, seguindo a tradição do constitucionalismo social do século XX, contemplou um sistema tutelar das relações jurídico-laborais, sistema este que vem paulatinamente sendo flexibilizado pelo próprio Estado, embora seja ele (ou deva ser) o grande fiador dos chamados diretos fundamentais de segunda dimensão. É notório, ademais, o cenário de profunda estagnação científica do Direito do Trabalho, a despeito da dita Reforma Trabalhista (Lei n. 13.467, de 2017). Também merece destaque o fato de o Poder Executivo, no início gestão de Jair Bolsonaro, ter extinguido o Ministério do Trabalho e Emprego, fragilizando sobremaneira a estrutura de fiscalização quanto ao cumprimento das obrigações trabalhistas pelas empresas. Num contexto em que o Estado, ao menos nesse período, apresenta-se como protagonista das teses da flexibilização e da desregulamentação do Direito do Trabalho, em alguma medida veste, ele próprio, o sobretudo roxo, o boné listado, as luvas vermelhas e as botas pretas do figurino do personagem trapaceiro.

Há muito se fala sobre a ineficácia da norma jurídico-trabalhista no Brasil, seja pela ausência de sancionamento mais contundente ao descumprimento de obrigações trabalhistas pelas empresas, seja pela postura francamente conciliatória da Justiça do Trabalho e do Ministério Público do Trabalho quanto às reiteradas transgressões à ordem jurídica laboral. Esse quadro, evidentemente, propicia e instiga a prática do *dumping* social, assim definido pela doutrina:

> Na esfera trabalhista, o "*dumping* social" é o rebaixamento do nível e da qualidade de vida dos trabalhadores, advindo da prática de conduta socialmente reprovável do empregador, caracterizada pelo desrespeito reiterado e inescusável dos direitos trabalhistas, gerando ao empregador o efeito potencial, atingido, ou não, da obtenção de uma vantagem econômica sobre outros empregadores que cumprem, regularmente, as obrigações jurídicas trabalhistas, incentivando, reflexamente, a concorrência desleal (SOUTO MAIOR, MOREIRA e SOUTO SEVERO, 2014, p. 25).

Inexiste na legislação brasileira qualquer dispositivo específico a qualificar e a promover a repressão das chamadas "macrolesões", que são aquelas praticadas reiteradamente por empresas ou conglomerados econômicos na adoção de condutas e procedimentos que, nitidamente, vulneram a norma jurídica e, por conseguinte, o sistema constitucional de tutela das relações de trabalho, com o claro escopo de reduzir o custo da mão de obra. Essa situação, em que se percebe clara ruptura com os ditames constitucionais, tal como o respeito à função social da propriedade privada dos meios de produção, tem desencadeado condenações por dano moral coletivo (ou "dano social"), embora a matéria seja objeto de intensos debates e divergências no campo da jurisprudência.

A acirrada competitividade está presente no dia a dia das empresas e de suas inter-relações, ora na prospecção do mercado e de novos negócios, na arregimentação dos melhores profissionais, ora na própria forma como se postam diante das concorrentes do mesmo segmento. Aqui, a técnica da trapaça se transforma em política interna, o que se pode constatar quando uma mesma empregadora é condenada pela mesma prática por anos e anos, em todos os Estados, Regiões e Tribunais do país, sem, contudo, alterar a conduta lesiva. Tal cenário abre espaço para alegações de, na prática, as grandes empresas violadoras contumazes da legislação, em realidade, "administram" o seu passivo trabalhista, analisando quais normas devem violar, e em que medida, para obterem os melhores resultados econômicos, valendo-se das falhas (por vezes propositais) do Estado em garantir a eficácia de suas leis.

Deste modo, os empregadores violadores da lei abaixam seus custos de produção e dominam as demais empresas ao beneficiarem-se da vulnerabilidade dos trabalhadores (que, por necessidade usualmente celebram acordos desvantajosos e por valores aquém dos devidos) e da taxa legal dos juros de mora (inferior ao quanto praticado pelo mercado financeiro), bem como de uma cultura organizacional que prestigia a conciliação, por vezes despojante, entre os litigantes.

Quando isso ocorre, vê-se que o mau competidor acaba triunfando, diferentemente do destino, na ficção, reservado ao nosso indefectível e sempre perdedor *Dick Vigarista*!

## 4. Competição intraempresarial

Diferente da competição interempresarial, mas fomentada por ela, a competição intraempresarial é aquela incentivada internamente nas empresas, como ferramenta de gestão de pessoas e equipes, na busca do aumento da produtividade.

Com o sistema *toyotista* de produção, vimos o surgimento dessas novas técnicas de gestão empresarial e de pessoas. O aumento das expectativas quanto à participação dos trabalhadores na integralidade do processo produtivo não veio sem consequências. Muitas das novas técnicas de gestão, aprimoradas ao longo dos anos, passaram a se utilizar da competição entre empregados e equipes de uma mesma empresa como forma de encorajar a produtividade, oferecendo benefícios àqueles que obtêm os melhores resultados e/ou distribuindo punições aos que apresentam os piores.

Há setores econômicos emblemáticos pela frequente utilização de técnicas de gestão abusivas, as quais expõem a intimidade e a honra privadas dos trabalhadores no fomento da competitividade interna. Particularmente, os bancos e as empresas de *telemarketing* são dois dos mais demandados (e condenados) pela prática de assédio moral.

No caso do setor bancário, é farta a jurisprudência condenando os empregadores ao pagamento de reparações por danos morais decorrentes da imposição de metas inatingíveis de produtividade, bem assim à reparação civil por danos decorrentes de intensa pressão psicológica que leva ao adoecimento dos trabalhadores. Percebe-se não ser o estabelecimento de metas, por si só, responsável pela constituição da prática condenável, eis que dentro de um planejamento saudável, a fixação de objetivos para se atingir um determinado benefício é corriqueira e serve como forma de encorajamento da produtividade. O abuso está na fixação da meta inatingível, cobrada ferrenhamente pela chefia, inclusive com o uso de agressões verbais e até xingamentos. A intensa pressão psicológica, que, não raramente, acarreta o desgaste do meio ambiente de trabalho, tem sido responsável pelo afastamento de centenas de trabalhadores pela Previdência Social, ou pela sua incapacitação. É certo, além disso, que melhores resultados, individuais e/ou coletivos, levam a melhores bonificações e a maiores possibilidades de ascensão profissional, criando ambientes propícios às tentativas de trapaça e sabotagem.

No caso do setor de vendas por *telemarketing*, a situação é agravada pela existência de práticas de gestão flagrantemente violadoras da dignidade do trabalhador. Em geral, a divisão do trabalho ocorre por equipes, cada uma encabeçada por um gerente, que impõe intensa disputa interna para atingir as metas de produtividade. A fim de superar as demais equipes, muitos gerentes impõem regras abusivas e opressoras, controlando cada passo de seus subordinados, chegando ao ponto de limitar idas ao banheiro até mesmo de trabalhadoras grávidas.

Submetidos a técnicas de gestão opressoras, os trabalhadores se vêem a todo tempo devedores de um nível de produtividade humanamente infactível, o que prejudica a sua saúde mental e, não raro, leva ao desenvolvimento de patologias como a síndrome de *burn-out* (reconhecida pelo código Z73.0 do CID-10). Percebe-se que, levada ao extremo, a competitividade intraempresarial é uma forma marcante de violação da dignidade humana do trabalhador, tratado como número e máquina. Os trabalhadores competem entre si numa interminável "Corrida Maluca" até o esgotamento de suas forças físicas e mentais, atrás de uma meta inatingível ou simplesmente fugindo do último lugar, a quem são reservadas as punições. São marcantes os casos em que os trabalhadores de pior desempenho, dentro de uma mesma equipe ou na disputa entre diferentes grupos, são submetidos, diante dos colegas, a humilhações de todo gênero, tais como agressões físicas (a exemplo do conhecido "corredor polonês") ou exposições vexatórias (uso de roupas ou fantasias depreciativas).

A trapaça, dentro dos muros da organização produtiva, é fomentada pela própria direção. Dick pode estar atuando no núcleo ou mesmo no ectoplasma da célula empresarial. A corrida, nesse ambiente, torna-se tresloucada!

## 5. O ápice da competição

Após a análise de alguns cenários em que podemos notar com clareza a presença de duas formas distintas de competitividade, intra e interempresarial, trataremos agora de uma nova realidade na qual a competitividade atinge, talvez, o seu ápice, estando presente, de uma só vez, em todas as suas facetas: o capitalismo de plataforma da chamada "indústria 4.0".

Da mesma forma que, conforme explicado acima, a transição do modelo de produção fordista para o modelo *toyotista* modificou profundamente as relações laborais, a revolução digital da indústria 4.0 trouxe consigo impactos ainda mais perceptíveis. A legislação trabalhista não se atualiza na mesma velocidade das inovações tecnológicas. As lacunas regulatórias são aproveitadas pelas empresas desenvolvedoras dos aplicativos, que, ao se intitularem meras intermediadoras entre consumidores e prestadores de serviços, constroem uma barreira entre si e os trabalhadores, dificultando, por todos os meios, o reconhecimento da existência de uma relação de emprego.

Assim, os trabalhadores dessas plataformas, de modo geral, são classificados como autônomos e não possuem direitos típicos das relações de emprego. Não bastasse, as plataformas digitais construíram um discurso de exaltação do "empreendedorismo" e do *status* de trabalhador autônomo, que mascara a faceta cruel desse modelo: a transferência de parcela considerável dos custos de produção e do risco do negócio, aspectos tipicamente patronais, aos trabalhadores.

É nesse momento em que o vínculo desse tópico com o tema central deste artigo, a *Corrida Maluca* e a competitividade, torna-se evidente. Ao promover o trabalhador a empreendedor de si mesmo, passando a ele os custos da produção, as plataformas eletrônicas estão, de fato, transferindo a eles o fardo da busca pela eficiência, aumento da produção e das margens de lucro. A fim de conseguir prover o próprio sustento, prolongam suas jornadas de trabalho brutalmente e lutam diariamente pela redução de seus próprios custos de produção (ANTUNES, 2018; SUPIOT, 2005), aumentando, por consequência, o lucro do aplicativo "intermediador".

Assim, esse novo modelo de superexploração do trabalho instiga a presença das duas formas de competitividade já abordadas, misturadas e combinadas em um plano infalível para otimizar a pressão à produtividade.

A competitividade intraempresarial é a que vemos se desenvolver entre os trabalhadores vinculados ao mesmo aplicativo. Tomemos como exemplo concreto o caso dos motoristas do aplicativo Uber, tão marcante no novo universo do capitalismo de plataforma que deu origem ao termo *uberização*. Conforme a Uber se solidificou no mercado do transporte individual de passageiros, passou a oferecer novas vantagens e benefícios a motoristas habituais, como o sistema de motoristas VIP, que são aqueles possuidores das melhores notas, conferidas pelos passageiros, e passam a ter preferência para serem chamados para certas corridas (UBER, [201-]). Os motoristas buscam satisfazer as demandas da empresa para poderem usufruir desses benefícios sobre os demais — como se buscassem adquirir um veículo mais rápido ou mais bem equipado para competir na "Corrida Maluca".

Já a competitividade interempresarial é aquela que se desenvolve entre trabalhadores vinculados a empresas ou "modelos" concorrentes, tendo tido grande visibilidade na mídia nacional quando do início das atividades das plataformas no Brasil. Referimo-nos às disputas entre motoristas por aplicativo e taxistas, famosas pelos atos de sabotagem e violência. Naturalmente, somos remetidos à figura de Dick Vigarista, o eterno trapaceiro. Contudo, talvez não seja justa tal comparação. Enquanto Dick trapaceia no intuito de prejudicar os demais concorrentes e tentar garantir o primeiro lugar, nesse caso, vemos apenas duas classes de trabalhadores que se encontram em situação precária e se enfrentam violentamente no intuito de garantir sua própria subsistência.

Ambas as facetas de competitividade exploradas no caso dos trabalhadores de plataforma são potencializadas pelas altas taxas de desemprego atuais, que forçam os indivíduos a buscarem alternativas no trabalho informal e a aceitarem oportunidades precárias de geração de renda. Enquanto os trabalhadores se digladiam pelo "privilégio de servir" – nas palavras do professor Ricardo Antunes (2018) – as empresas detentoras da tecnologia das plataformas digitais se valorizam, tornando-se *startups* "unicórnio" ao atingirem a faixa dos bilhões de dólares (THE ECONOMIST, 2016), ao mesmo tempo em que lutam ferrenhamente contra propostas legislativas para regulá-las (CONGER, 2019) e realizam práticas antissindicais (SILVA, 2019). Assim, provam ser elas os verdadeiros "Dicks Vigaristas" de uma corrida maluca para o fundo do poço em que se encontram esses trabalhadores, com a diferença essencial, é claro, de que as regras do mundo real não são as mesmas dos desenhos animados, e elas já garantiram seu lugar no pódio.

## 6. Conclusão

A realidade descrita, que utiliza a concorrência e a competitividade excessivas como molas propulsoras da superexploração do trabalho, agride valores axiológicos do modelo constitucional brasileiro. A Constituição de 1988, dita "Constituição Cidadã", estabeleceu como norte do Estado Social e Democrático de Direito a erradicação da pobreza, a redução das desigualdades sociais e a melhoria da qualidade de vida da população brasileira, construindo-se, naturalmente, ao redor da ideia central de preservação da dignidade. Os modelos de gestão acima apresentados, na forma e intensidade com que se podem cotidianamente encontrar em diferentes ambientes de trabalho, não são compatíveis com esses ideais.

A necessária compatibilização cabe, então, ao Direito do Trabalho, ferramenta de humanização da técnica (SUPIOT, 2005), cuja função primordial é a de ser mecanismo civilizatório do sistema capitalista de produção (DELGADO, 2008). Em um contexto em que, novamente, as relações de trabalho se reinventam, tomando novos contornos a partir das inovações tecnológicas da indústria 4.0, o Direito do Trabalho deve evoluir para regular as novas realidades, adequando-as aos princípios constitucionais para que os objetivos nacionais de aprimoramento da sociedade possam ser atingidos.

Na contramão desse papel primordial, verificamos, atualmente, o desmonte do Direito do Trabalho, seja a nível das normas reguladoras, com a flexibilização dos direitos laborais, ou a nível de sua eficácia, com o sucateamento das instituições fiscalizadoras e a implementação de figuras, como a da sucumbência nas causas trabalhistas, que acabam por obstaculizar o acesso à Justiça. Vislumbramos, assim, o Estado, se não na figura de Dick Vigarista, ao menos naquela de seu fiel cão Muttley, cúmplice e encorajador das trapaças dos agentes econômicos. Justificando esse infeliz papel como única alternativa à manutenção dos postos de trabalho, o Estado fecha os olhos diante da supressão ilegal de direitos, permitindo que os Dicks Vigaristas do universo capitalista se sobressaiam em relação aos demais ao reduzir, por meio de subterfúgios, seus custos de produção.

Não podemos nos conformar com o "modelo Muttley de Estado". É de suma importância o retorno do Estado garantidor de direitos, que exige a adequação dos agentes privados aos princípios constitucionais, cobrando o exercício da função social da propriedade privada dos meios de produção, preservando o meio ambiente de trabalho sadio e impedindo os retrocessos sociais. Assim, talvez, nossa corrida maluca tupiniquim pudesse se assemelhar mais à do desenho animado naquilo que realmente importa: ensinar que o trapaceiro não merece chegar ao pódio.

# O Filme "Cidade de Deus": A Violência como Motor Social e sua Perspectiva Juslaboral

*Vitor Vitorello de Freitas Mariano da Silva*

## 1. Introdução

Em 2002, o filme Cidade de Deus, dirigido pelo cineasta brasileiro Fernando Meirelles, veio à público, levando cerca de 3,2 milhões de pessoas ao cinema, além de ter recebido quatro indicações ao Oscar. A obra cinematográfica é inspirada no livro homônimo escrito pelo antropologo Paulo Lins, em 1997, resultado de uma dissertação de mestrado (DUTRA, 2008). Este autor se inspirou em fatos reais para escrever sua obra literária, haja vista que viveu por vinte anos na favela carioca justamente conhecida como "Cidade de Deus" (MAIA, 2007).

O filme Cidade de Deus retrata a vida de diversas crianças e adolescentes lançadas à própria sorte em um mundo sem quaisquer perspectivas. Através da descrição de algumas realidades individuais, mostra-se de maneira categórica como essas crianças e adolescentes se transformaram em um verdadeiro exército na disputa por territórios na venda de drogas (BRITTO, 2010), cujos reflexos sociais são incontroversos.

Dentro desse cenário, as histórias dos personagens mostram diversas formas de abordagem perante a realidade vivida na Cidade de Deus. Por exemplo, de um lado o personagem Buscapé que prefere arrumar uma chance de virar fotógrafo e, de outro lado, o personagem Zé Pequeno ao dizer que trabalhar é coisa de otário (DUTRA, 2008). Dadas tais informações, o presente artigo realiza uma aproximação jurídico laboral do cotidiano descrito no filme Cidade de Deus que, importa destacar, em muito pouco difere da realidade da juventude marginalizada das favelas brasileiras até os dias de hoje.

Dito isto, o artigo está dividido em três partes. A primeira parte destaca os elementos da favela carioca apresentada no filme, explorando os aspectos sociais por detrás da narrativa. A segunda realiza uma aproximação mais individualizada, eis que aborda três personagens da obra, descrevendo-se suas particularidades. Nesse momento, cuida-se de demonstrar como a realidade social não deixa margem para a construção de um futuro diverso do que essa mesma realidade apresenta, a despeito de tais personagens terem pensamentos diversos sobre como querem levar suas vidas. Por fim, a terceira parte se valerá de todo o diagnóstico construído das duas primeiras partes para realizar a análise jurídica proposta, com a intenção de deixar claro como a sonegação dos direitos fundamentais destes jovens, sobretudo em sua perspectiva trabalhista, faz com que as crianças e adolescentes marginalizadas somente conheçam o Estado através de sua perspectiva negativa, qual seja, o Direito Penal.

## 2. O filme

O grande mérito do filme Cidade de Deus é trazer à baila a discussão em torno do *apartheid* social brasileiro, uma vez que demonstra com minúcias a dura realidade vivida pela população marginalizada. Em outros termos, o cinema brasileiro retratou seu cotidiano de maneira nua e crua, sem muitas fantasias. Tanto é verdade que boa parte do elenco do filme foi buscado nas próprias favelas cariocas. Desta maneira, os atores e as atrizes que trabalharam no filme, em sua maioria, se desenvolveram dentro dessa mesma realidade, trazendo extrema verossimilhança à obra:

> O filme foi vendido para quase todos os mercados internacionais. Boa parte, do sucesso alcançado, vem da escolha certeira do elenco. Afora Matheus Natchergaele e mais uns poucos profissionais, todos os outros atores são jovens oriundos de comunidades pobres, pessoas acostumadas com a linguagem, a lógica, a vida em locais como os apresentados na tela. O filme foi rodado em três favelas cariocas — Cidade Baixa, Nova Sepetiba e a própria Cidade de Deus, onde uma guerra entre quadrilhas dificultou o trabalho da equipe. Para ganhar acesso, a esses territórios, os produtores negociaram com as associações de moradores, que exigiram em troca o emprego de pessoas das favelas como figurantes e pessoal de apoio (DUTRA, 2008).

Como citado alhures, a Cidade de Deus é um local real, servindo de inspiração para elaboração do livro e filme homônimos. Tal favela surgiu nos anos 1960, se tornando um dos locais mais perigosos para se viver no Rio de Janeiro no começo dos anos 80 (PIERRY, 2003). Diante desses elementos, pode-se concluir que os fatos abordados no filme não são materializados pela imaginação do seu autor, mas sim pela sua experiência de vida. Essa circunstância permite um estudo mais aprofundado e crítico sobre as questões laborais a serem identificadas no filme.

O principal personagem do filme Cidade de Deus não é uma pessoa. O verdadeiro protagonista é o lugar (PIERRY, 2003). Com efeito, toda a história é contada através da ótica do narrador, o menino Buscapé. Através de sua narrativa é possível notar que a principal linguagem do filme é a violência, eis que por ela e com ela todos as relações sociais são trabalhadas. É evidente que muito do que acontece é pautado por sentimentos e aspirações de seus personagens, entretanto a base de todos esses acontecimentos é a manutenção da violência, fuga da violência ou poder sobre a violência.

Desta forma, o filme apresenta como a favela é um mundo à parte, com regramentos e aspirações próprias. Ora, considerando que a identidade dos indivíduos é construída através de suas relações pessoais com o mundo, não é demais dizer que o horizontes dos personagens no filme se limitam aos contornos geográficos da Cidade de Deus. Tanto é assim que a cidade do Rio de Janeiro e seus cartões postais sequer são retratadas no filme com algum destaque. No limite, é por tal motivo que os moradores da favela são usualmente conhecidos como "marginais" (DUTRA, 2008).

Esses são os motivos pelos quais o discurso sobre a realidade do jovem da periferia fica restrita, de um modo geral, à vida ligada ao banditismo e a marginalidade (MAIA, 2007). Por mais que em determinados momentos possa se vislumbrar uma visão otimista de abandono à violência, o decorrer da história vai dilacerando essa esperança ao trazer às claras problemas advindos pela miséria, pelo desemprego e, como já afirmado acima, pelo terror da violência que se espalha por toda a Cidade de Deus:

> Desde as crianças aos adultos, percebemos nos personagens marcas da brutalidade imposta pelas situações do abandono social em que vivem. Interessante analisar como é o comportamento de cada indivíduo frente à violência presente em suas vidas. Enfocando especificamente a juventude representada no filme, é possível identificar, em um primeiro momento, três tipo: aquele que se entrega à criminalidade e tem prazer em fazer isso (Zé Pequeno); o traficante "gente boa", querido por todos e que se torna herói ao ser assassinado por engano (Bené); e o bonzinho que decide lutar contra seu próprio contexto, negando a herança deixada pelo lugar em que vive e buscando estudar, trabalhar e ter uma profissão (Buscapé) (MAIA, 2007).

É possível notar que o filme possui a necessidade de amenizar a realidade até agora descrita, haja vista que pelo fato de ser tão dura, poderia ser de difícil aceitação do público espectador. Nesse cenário, a forma de construção almeja não apenas um sentido de entendimento à obra, mas também um sentido de aceitação (DUTRA, 2008). Leia-se "aceitação" com um sentido de aceitar que essa é a realidade vivida pelos jovens marginalizadas, e não como realidade que seja incapaz de sofrer qualquer alteração. No limite, a ideia é mostrar ao espectador como funciona a violência cotidiana na favela Cidade de Deus sem inflá-la ou suavizá-la, ou seja, mostrá-la como de fato é.

Logo no começo filme, quando os jovens da favela perseguem uma galinha, a construção da cena demonstra o que vem sendo descrito até aqui. O personagem Buscapé, que andava pelas ruas da favela, acaba por ficar na rota de disparos entre, de um lado, uma gangue de jovens armados e, de outro lado, um grupo de policiais. Essa cena é extremamente semelhante às clássicas cenas de duelo. Como efeito, o menino fica em uma verdadeira encruzilhada, eis que se encontra no conhecido ditado popular "se correr o bicho pega, se ficar o bicho come". Na Cidade de Deus, pressupõe-se que qualquer lado escolhido seja problemático devido aos conflitos externos entre eles (BRITTO, 2010).

É possível notar, portanto, que o sucesso do filme se deu pela violência intrínseca a sua narrativa e a formação de um elenco de jovens desconhecidos, sendo sua grande maioria vinda de comunidades pobres. Em síntese, é uma obra na qual os atores interpretam suas próprias vidas e um público interessado em ver um longa-metragem que toca nos problemas do Brasil. (BRITTO, 2010)

Em Cidade de Deus, desde crianças os indivíduos são expostos às mazelas do mundo, razão pela qual o processo de socialização do sujeito é marcado pelo abandono do Estado, eis que completamente ausentes quaisquer tipos de políticas sociais. Em realidade, a juventude pobre e negra, como retratada no filme, somente conhece o Estado através de seu viés negativo, qual seja, pela repressão policial e atuação do Direito Penal. Nesses termos, a violência se apresenta não só através das armas e do tráfico, mas também pela ausência do olhar social. Faltam condições dignas de vida, haja vista que estão completamente ausentes direitos fundamentais básicos como trabalho, saúde, segurança e educação. Nesse cenário, a única alternativa que se mostra viável, é a sobrevivência através do crime. Entretanto, como a violência é intrínseca ao local, se o indivíduo tenta se afastar do crime, o crime cumpre a tarefa de buscá-lo, seja através do cooptação ou dos reflexos da realidade.

Com efeito, todos os elementos acima elencados, acrescidos de uma estrutura familiar deficiente, acarretam uma socialização incompleta, mal sucedida, que poderá comprometer o reconhecimento do indivíduo. Os reflexos deste desamparo social são revelados no comportamento da infância e da juventude. É perceptível que os que crescem em meio ao banditismo têm suas identidades influenciadas pela banalização da violência (MAIA, 2007).

Nesses termos, com certas ressalvas, o filme pode ser sistematicamente assim resumido:

> 1. Violência como um mal inato, endógeno e generalizado no microcosmo da favela; 2. A complexa organização montada para o tráfico de drogas, com direito a plano de carreira (olheiro, vapor, soldado, gerente etc.); 3. A mídia como instrumento de reconhecimento da existência e da autoridade do criminoso (questão já tratada, por exemplo, pelo cinema marginal nos

anos 1960/1970); 4. Possibilidade de ascensão do suburbano ocorre na trama com pouca adesão à realidade (saga de Buscapé, personagem amoral, é romantizada); 5. Pesado esquema de corrupção policial: venda de armas, proteção a bandidos, execuções sumárias; 6. Relação de favelados com os cocotas se dá de forma inconseqüente (roupas, música, droga, praia e relacionamentos amorosos que se frustram); 7. Fatalismo deixa o problema colocado sem saída (Mané Galinha avisa que a guerra vai continuar; meninos da turma da caixa baixa matam Zé Pequeno e assume o comando); 8. Representação do negro. Apesar de criar uma estética da periferia, ter um saldo social positivo e emancipar a vida de vários artistas (Seu Jorge, Leandro Firmino da Hora, Darlan Cunha, Alexandre Rodrigues etc.), o efeito de denúncia, na prática, foi logo neutralizado pela indústria cultural. Seu Jorge é hoje um cantor de baladas românticas, Alexandre faz um negro alforriado e cordial, escada de Danton Mello em Sinhá Moça, a novela das seis global em cartaz de março a outubro de 2006. E a cena do pai de santo é completamente sem consistência, ainda mais para um filme que a todo momento postula o embate com o real (PIERRY, 2003).

## 3. Os personagens

Até o presente momento foi traçado um panorama geral do filme, enaltecendo seus elementos importantes. Feito isso, se mostra relevante materializar de maneira específica os elementos da violência, abandono social, miserabilidade, ausência de emprego, falta de saúde, segurança, etc, sob pena de ficar vazia todos a descrição realizada. Com efeito, para cumprir essa tarefa, ainda que de forma breve, o artigo seleciona três personagens do filme, quais sejam: Bené, Zé Pequeno e Buscapé.

### *3.1. O personagem Bené*

Bené, durante praticamente toda a trama, foi o fiel parceiro de Zé Pequeno, seja quando ainda eram crianças, seja quando se tornaram "sócios" no tráfico de drogas. Ambos aprenderam, através da violência policial e do conhecido Trio Ternura, o que um jovem da Cidade de Deus precisava ser ou fazer para se tornar alguém de respeito, ainda que em suas próprias perspectivas. Como se nota, toda a construção da identidade de tais personagens se deu na Cidade de Deus e em razão da Cidade de Deus.

Ocorre que Bené, após possuir certo contato com alguns adolescentes de classe média, começa a questionar sua própria identidade, eis que, mesmo possuindo dinheiro e respeito advindos do tráfico de drogas, ainda era reconhecido como um pobre e favelado. Uma cena (não tão emblemática) que mostra essa ruptura de pensamento por parte de Bené é apresentada quando ele disputa uma corrida de bicicleta com um adolescente de classe média de dentro da favela para fora da favela e, quando ultrapassa os limites da

Cidade de Deus, entrega um dinheiro a este adolescente e pede que ele compre roupas iguais às que ele estava usando, ou seja, vestuário caracterizador de uma melhor posição social.

O clímax desse processo se dá quando Bené abre a porta de um cômodo no qual estão vários jovens que trabalham no tráfico de drogas e, enquanto todos olham em silêncio e curiosidade, ele dispara: "Virei playboy". A cena evidencia como Bené, a despeito de ter atingido o ápice social dentro de sua realidade, almeja ser aceito na sociedade, buscando eliminar todo o seu estigma de periferia para se transformar em um jovem da classe média (MAIA, 2007).

Entretanto, seu destino não é muito diferente da grande maioria dos jovens da Cidade de Deus. Mesmo que acidentalmente, acaba morrendo em virtude de disparos de arma de fogo efetuados pelo seu comparsa Zé Pequeno. Nesse cenário, fica claro que mesmo com o jovem marginalizado tentando fugir da violência, ela acaba o procurando, não importando as circunstâncias.

### 3.2. O personagem Zé Pequeno

O personagem Zé Pequeno é a caricatura da visão que se tem do menino da favela, pobre, negro e que trabalha no tráfico de drogas. Não se sabe no filme, por exemplo, se o personagem possui família e qual tipo de relação que eventualmente obteve com pai, mãe ou irmãos. Apesar disso, é colocado de maneira escancarada como o personagem tem o prazer em matar e como tem orgulho de mostrar todo o seu poderio ao empunhar armas de fogo. Logo no começo do filme, chega a chocar a cena de Zé Pequeno (até então Dadinho) matando com gargalhadas diversas pessoas após um assalto em um motel.

O processo de crescimento e de criação de identidade de Zé Pequeno pode ser resumida em uma célebre frase do filme: "*Eu fumo, eu cheiro, já matei, já roubei, sou sujeito homem*". Apesar de ter sido dita por outro personagem certamente com menos de quinze anos de vida (Filé-Com-Fritas), a frase mostra muito bem como o desenvolvimento violento das crianças e dos adolescentes é resultado de uma vida em que lhes foi sonegado direitos fundamentais básicos como educação e saúde. Com Zé Pequeno essa circunstância se dá de forma extrema, de modo que o processo de desenvolvimento de menino a homem ocorre em um estalar de dedos. É praticamente impossível, dentro da realidade presente na Cidade de Deus, conseguir separar os mundos infantil, adolescente e adulto.

Para se ter dimensão desta circunstância, Zé Pequeno inaugura sua aparição no filme com seu descontentamento em não ser convidado pelos mais velhos a participar de um crime. Deste momento em diante, é possível afirmar que Zé deixa de ser criança, uma vez que precisa construir sua identidade através da violência. O personagem cresce e se torna o grande chefe do tráfico de drogas da favela. Respeitado e temido. A ordem na Cidade de Deus é instaurada pelo seu bando.

Todo o dinheiro fruto de tráfico de drogas, seja por Bené ou por Zé Pequeno, não é destinado a implementação de melhores condições educação, saúde ou desenvolvimento da favela. Isso ocorre porque os jovens somente conhecem o mundo através da violência, de modo que, cientes da efemeridade de suas vidas, gastam todas as suas energias e recursos em prazeres momentâneos.

Talvez o grande mérito do filme em torno do personagem Zé Pequeno tenha sido a capacidade de mostrar alguns elementos de humanidade, apesar de imensa crueldade que lhe é inerente. Ao mesmo tempo que o personagem é capaz de gargalhar ao ver uma criança de menos de dez anos tomar um tiro de arma de fogo no pé, também é capaz de sentir inveja. Em um baile, ao ter sido rejeitado por uma mulher após um convite para dançar, nada fez a ela, mas deixou seu companheiro totalmente nu na frente de todos. Além disso, sentiu extremos ciúmes ao saber que o seu sócio do tráfico (Bené) optou por abandonar a vida do crime para viver um romance com sua companheira "*em um sítio e fumando maconha*". Por fim, ficou extremamente feliz ao se ver no jornal empunhando armas sob o pretexto de ter ficado famoso. Com efeito, fica evidenciado como o traficante também é gente, sujeito a sentimentos humanos. Apenas um fascismo disfarçado, que se apega a um discurso de lei e ordem ("*bandido bom é bandido morto*"), pode achar que não (DUTRA, 2008).

Zé Pequeno mostra ao espectador que a quantidade de oportunidades na vida é inversamente proporcional ao amadurecimento do indivíduo, isto é, quanto menores as oportunidades, mais rápido o seu amadurecimento. Da mesma forma como ocorrido como Bené, o destino de Zé Pequeno é o mesmo da grande maioria dos jovens da Cidade de Deus, qual seja, a morte. No final do filme, Zé Pequeno é assassinado por um grupo denominado "Caixa-Baixa", composto por um grupo de crianças praticamente selvagens.

O filme se encerra com o "Caixa-Baixa" tomando o poder da Cidade de Deus. Conforme é possível perceber pelos membros desse grupo, as crianças se deparam com a violência cada vez mais cedo, o que as deixam cada vez mais inescrupulosas. Assim sendo, o filme mostra que o desenvolvimento da violência é um processo cíclico e autossuficiente, razão pela qual pouco importa quem são os protagonistas das histórias, eis que, enquanto permanecer a realidade violenta, elas continuarão se repetindo indefinidamente.

### 3.3. O personagem Buscapé

O filme é narrado pelo personagem Busca-Pé, o filho do peixeiro que quer ser fotógrafo. O menino segue a lógica da juventude da Cidade de Deus: pobre e negro. Entretanto, ganha destaque sua sensibilidade com o mundo e o medo visceral da ideia de se tornar um bandido. Ao mesmo tempo, possui inteligência e postura para não se conformar com trabalhos quase escravos (PIERRY, 2003).

A despeito desse quadro, Buscapé é filho da Cidade de Deus e, portanto, não foge à violência local. Quando o personagem laborava em um pequeno supermercado, houve um furto praticado por algumas crianças (que viriam a se tornar o "Caixa-Baixa"). O gerente do local percebe o crime e despede Buscapé, por justa causa, pois, em sua visão, o funcionário facilitou o crime por ser morador da periferia. Nesta cena, fica evidente que, por mais que o cidadão tente fugir da realidade que lhe é imanente na Cidade de Deus, o preconceito e o estigma lhes são indissociáveis. Assim sendo, o gerente visualiza Buscapé como bandido, numa generalização da identidade do morador do subúrbio: é da favela, logo é criminoso (MAIA, 2007).

Em face do desemprego e do limitadíssimo espectro de oportunidades, Buscapé decide se tornar assaltante. Em que pese sua decisão, o personagem encontra sérias dificuldades em se assumir bandido, uma vez que seu desejo sempre foi possuir uma vida melhor e mais pacífica. Seu grande medo é estar condenado a viver para sempre a violência que o circunda.

No decorrer da trama, Buscapé, em razão de uma forte atração que possui por uma garota (Angélica), se junta a um grupo de jovens que gostam de fumar maconha. No relacionamento com esse pessoal, o personagem descobre seu enorme interesse em fotografia ao tirar algumas fotos de seus amigos. Ironicamente, é através da violência orquestrada por Zé Pequeno e seu bando que Buscapé consegue sua primeira máquina fotográfica. Após um confronto, Zé Pequeno se apropria do aparelho e entrega para Buscapé de presente, exigindo que ele fotografe e materialize toda sua ousadia e seu poderio.

Com a máquina fotográfica, Buscapé descobre seu dom e o transforma em sua profissão. Ao relevar a foto de Zé Pequeno e seu bando, o jornal se apropria do material e o publica, conferindo-lhe grande notoriedade. Mais adiante, após Zé Pequeno ser revistado e humilhado pelos policiais, ele acaba sendo morto pelo grupo "Caixa-Baixa", conforme dito alhures. Buscapé registra todos esses fatos com suas fotografias, leva ao jornal e acaba garantindo o seu emprego.

Diferentemente dos outros dois personagens antes descritos, Buscapé possui um destino diverso da morte. O personagem consegue se tornar fotógrafo profissional ao registrar sua realidade subalterna e repleta de violência. É interessante notar como a simples descoberta de um dom e o acesso a um emprego fez com que o personagem escapasse de um destino fatal. Se o Estado conseguisse mitigar a violência da Cidade de Deus, talvez muitos outros jovens teriam mais fácil acesso a descoberta de seus dons, conseguindo empregos dignos e escapando de uma morte precoce. É justamente essa ponte a ser explorada no tópico seguinte.

## 4. A atuação estatal e o trabalho dos menores

Os direitos correlatos às crianças e aos adolescentes estão programaticamente estipulados no art. 227 da Constituição Federal, que assim dispõe:

> Art. 227. É dever da família, da sociedade e do Estado assegurar à criança, ao adolescente e ao jovem, com absoluta prioridade, o direito à vida, à saúde, à alimentação, à educação, ao lazer, à

> profissionalização, à cultura, à dignidade, ao respeito, à liberdade e à convivência familiar e comunitária, além de colocá-los a salvo de toda forma de negligência, discriminação, exploração, violência, crueldade e opressão.

O filme discutido no presente artigo, como retrato da realidade brasileira, comprova que a capitulação legal acima descrita é praticamente letra morta. O Estado é evidentemente falho em garantir melhoras na Cidade Deus. O direito à vida é massacrado, visto que muitos desses jovens não atingem sequer dezoito anos. A saúde e a alimentação são deixadas lado, pois não existem condições mínimas de subsistência. Educação, lazer, profissionalização e cultura são exatamente o oposto do que é retratado no filme. Não há outro resultado possível senão o completo desrespeito à dignidade e a liberdades destes jovens.

Misturando-se todos estes elementos, o que se consegue, em realidade, é a solidificação de toda forma de negligência, discriminação, exploração, violência, crueldade e opressão. As disposições normativas do art. 227 da Constituição Federal existem tão somente no plano normativo, haja vista que a realidade da Cidade de Deus é o extremo oposto do que ali vem determinado.

O resultado desta negação de direitos é a pura marginalização associada à imagem de "bandidos" que estes jovens possuem. Prova disso no filme é o episódio vivenciado por Buscapé quando laborou no pequeno supermercado, conforme outrora descrito. O estereótipo de um jovem negro, funkeiro, morador de favela, próximo ao tráfico, vestido com tênis, boné, cordões e portador de algum sinal de poder ou orgulho, a despeito da situação de miséria a sua volta, é justamente o que o sistema penal busca (BATISTA, 2003, p. 36). Em outras palavras, negam-se direitos fundamentais básicos para, após o erro, buscar uma disciplina por sanções de cunho criminal. O que esperar de meninos que conhecem o Estado pelo seu viés negativo, pela repressão policial e por meio do Direito Penal?

Desta forma, não restam dúvidas de que o Estado brasileiro falha gritantemente com seus compromissos constitucionais. Para reforçar o problema, também peca com suas obrigações internacionais, pois o trabalho desempenhado por estes jovens no tráfico de drogas está contido na Lista das Piores Formas de Trabalho Infantil (Lista TIP), de acordo com o disposto nos arts. 3º, *"d"*, e 4º da Convenção n. 182 da Organização Internacional do Trabalho — OIT, aprovada pelo Decreto Legislativo n. 178, de 14 de dezembro de 1999 e promulgada pelo n. 3597 de 2.000 no Brasil:

> Art. 4º Para fins de aplicação das alíneas *"a"*, *"b"* e *"c"* do art. 3º da Convenção n. 182, da OIT, integram as piores formas de trabalho infantil:
>
> I – todas as formas de escravidão ou práticas análogas, tais como venda ou tráfico, cativeiro ou sujeição por dívida, servidão, trabalho forçado ou obrigatório;

II – a utilização, demanda, oferta, tráfico ou aliciamento para fins de exploração sexual comercial, produção de pornografia ou atuações pornográficas;

III – a utilização, recrutamento e oferta de adolescente para outras atividades ilícitas, particularmente para a produção e tráfico de drogas; e

IV – o recrutamento forçado ou compulsório de adolescente para ser utilizado em conflitos armados.

Faltam políticas públicas de qualidade que permitam efetivamente prestar algum socorro ao combate à violência das comunidades marginalizadas. A Constituição Da República Federativa do Brasil de 1988 foi promulgada com a missão de fazer cumprir a igualdade material entre os seus cidadãos, buscando um patamar mínimo civilizatório capaz de angariar a existência digna a todos. Entretanto, existe um grande hiato entre aquilo previsto formalmente em lei e aquilo que é efetivamente concretizado pelo Poder Público. A alocação de recursos para a implementação de melhorias em comunidades como a Cidade de Deus é uma escolha de alocação de recursos estatais, razão pela qual a natureza das políticas públicas e a capacidade de promovê-las dependem visceralmente do governo em questão (FIGUEIREDO, 2001).

Conforme dito alhures, o filme Cidade de Deus foi lançado em 2002, sendo inspirado no livro homônimo cuja primeira publicação ocorreu em 1997. Passados mais de vinte anos, a realidade de descaso público com a população marginalizada quase não sofreu alterações. Em 2020, a Cidade de Deus é a campeã de casos positivos de Coronavírus dentre as comunidades cariocas.

Somado a isso, os personagens da Cidade de Deus são majoritariamente crianças e adolescentes, de modo que, pela ordem jurídica, são corretamente proibidos de trabalhar. O art. 7º, inciso XXXIII da Lei Maior também proíbe o trabalho noturno, perigoso ou insalubre aos menos de 18 anos e de qualquer trabalho a menores de 16 anos, salvo na condição de aprendiz, devendo ter no mínimo 14 anos (BEZERRA, 2018, p. 694). Neste aspecto, Alice Monteiro de Barros (2009, p. 245-246) resume bem como é a regulação da matéria:

> À luz do Direito do Trabalho, é proibido o trabalhado do menor de 16 anos, salvo se o fizer na condição de aprendiz, mas ainda assim é necessário que já tenha completado pelo menos 14 anos (Emenda Constitucional n. 20, de 1988). Dos 16 aos 18 anos, o trabalho é permitido mediante autorização do representante legal. A partir dos 18 anos completos, o trabalhador torna-se absolutamente capaz.

Com efeito, torna-se simples perceber que o trabalho prestado pelo menor de 14 anos é proibido. Chega a ser risível confrontar esta capitulação legal com o retrato feito no filme Cidade de Deus. Seja vendendo peixes ou drogas, os jovens começam a trabalhar muito antes da faixa etária proibida por lei.

Somente para registro, caso um trabalhador com menos de 14 anos preste serviços em uma atividade lícita, a ordem jurídica não lhe deixa totalmente desamparado. Na hipótese de ingressar com uma reclamatória trabalhista requerendo verbas trabalhistas pelos serviços prestados, dois são os cenários possíveis: 1) como o contrato de trabalho é nulo por falta de capacidade do empregado (art. 104, I do CC/02), faz jus a uma compensação razoável pelos serviços que prestou, conforme os ditames dos arts. 593[(1)] e 606[(2)], ambos do Código Civil de 2002; 2) dar efeito *ex tunc* a decretação da nulidade do contrato de trabalho e deferir todos os direitos trabalhistas existentes na relação pactuada ao menor. São duas soluções diversas que buscam a mesma finalidade, evitar o enriquecimento ilícito do empregador ao explorar a mão de obra do menor.

As hipóteses acima descritas devem ser aplicadas somente em última hipótese. O cenário ideal é que tais jovens não precisassem trabalhar e pudessem usufruir da plenitude de suas juventudes, como jovens de classe média e alta, entretanto, diante da situação de "se correr o bicho pega, se ficar o bicho come", a única opção é sobreviver.

Com estes fatos e os dispositivos acima ventilados, parece que não restam dúvidas de que os jovens do narcotráfico são tão somente clientes do sistema penal. Não há qualquer direito mínimo assegurado, apenas repressão penal dura e severa. Neste ponto, a síntese de Alessandro Baratta (BATISTA, 2003, p. 15) é arrebatadora:

> (...) ao contrário de sua função declarada, isto é, diferentemente de sua ideologia oficial, o sistema de justiça criminal da sociedade capitalista serve para disciplinar despossuídos, para constrangê-los a aceitar a 'a moral do trabalho' que lhes é imposta pela posição subalterna na divisão de trabalho e na distribuição da riqueza socialmente produzida.

Talvez assegurar direitos trabalhistas a estes jovens não seja o único ou o melhor caminho a lhes angariar alguma dignidade perante a sociedade, sobretudo pelas dificuldades que aqui se apresentaram. Entretanto, enquanto a situação permanecer como está, os mesmos erros permanecerão sendo cometidos, marginalizando estes jovens e mantendo as disposições constitucionais e internacionais somente no plano normativo.

## 5. Considerações finais

Os problemas que circundam o cotidiano dos jovens retratados na Cidade de Deus não serão simplesmente resolvidos caso lhes sejam deferidos direitos trabalhistas.

(1) Art. 593. A prestação de serviço, que não estiver sujeita às leis trabalhistas ou a lei especial, reger-se-á pelas disposições deste Capítulo.

(2) Art. 606. Se o serviço for prestado por quem não possua título de habilitação, ou não satisfaça requisitos outros estabelecidos em lei, não poderá quem os prestou cobrar a retribuição normalmente correspondente ao trabalho executado. Mas se deste resultar benefício para a outra parte, o juiz atribuirá a quem o prestou uma compensação razoável, desde que tenha agido com boa-fé.

A questão é muito mais complexa, ultrapassando as pretensões do presente artigo. Porém, satisfatoriamente se demonstrou como o Estado é omisso em garantir aos menores uma condição de vida melhor.

Obviamente, a simples indenização de alguma quantia monetária não soluciona a questão, uma vez que tal atitude não permite eliminar toda a violência que é imanente à Cidade de Deus. Como dito, o ideal seria que estes jovens não precisassem trabalhar nestas condições para dar algum sustento a si mesmo e a sua família. O Direito do Trabalho não é a solução mágica, mas pelo menos oferece respostas melhores que o Direito Penal.

Enquanto o Direito Penal for a forma pela qual estes meninos conhecem o Estado, o mercado de trabalho brasileiro continuará excludente e desqualificador, fomentando o desenvolvimento da violência das classes marginalizadas. Prova disso no filme é que o Trio Ternura foi substituído por Zé Pequeno e Bené e estes foram mortos, deixando suas posições para o "Caixa-Baixa". Isso ocorre porque ao se criminalizar os pobres garanta-se que esta classe social permaneça subalterna dentro do mercado de trabalho.

Desta forma, fecha-se o círculo de legitimação do Direito Penal. Dá-se a impressão de que ele está sendo efetivo ao punir esses meninos, disciplinando-os e marginalizando-os. Exclui-se essa mão de obra, mantém-se a divisão do trabalho e legitima o poder punitivo do Direito Penal. Todavia, se levarmos em consideração que o tráfico de drogas gera lucros astronômicos, devemos nos questionar se os jovens que buscam alguma forma de obter acesso a uma vida melhor são os verdadeiros responsáveis pela violência conhecida.

Em resumo, o filme demonstra como o Estado é totalmente incapaz de proporcionar quaisquer direitos básicos aos jovens da Cidade de Deus. Assim sendo, essa juventude, levando a vida que leva, somente conhecerá a face repressora do Estado, sem sequer ter uma noção do que seria poder viver com dignidade, paz e tranquilidade. O Estado permanecendo omisso, com a exceção do Direito Penal, somente reafirma esse quadro deprimente. Com isso, não há como pensar de outra forma: "como alguém pode acreditar que esses meninos são os vilões da nossa história?" (BATISTA, 2003, p. 40).

# Precarização de Vida e Trabalho em "Parasita"

*Agnes Marian Ghtait Moreira das Neves*
*Gabriela Marcassa Thomaz de Aquino*
*Marco Antônio de Freitas*
*Olívia de Quintana Figueiredo Pasqualeto*

## 1. Introdução

O filme sul-coreano "Parasita", dirigido por Bong Joon Ho, foi um dos filmes mais comentados e bem-sucedidos durante o ano de 2019. Provocativo, crítico e aclamado pelo público, "Parasita" foi vencedor de inúmeros prêmios no mundo do cinema, com destaque para o Oscar 2020 de melhor filme, melhor diretor e melhor roteiro original.

O filme se passa na Coreia do Sul e retrata, de forma simultânea, o cotidiano de duas famílias que vivem em condições — sociais, financeiras, habitacionais etc. — diametralmente opostas, evidenciando um cenário de grande desigualdade social. De um lado, há uma família pobre, que vive em uma moradia bastante pequena e precária, sem condições de higiene e conforto. Do outro lado, há uma família rica, que vive em uma mansão luxuosa e repleta de confortos.

Em determinado momento do filme, a vida dessas duas famílias se cruza. O ponto de encontro se dá em razão do trabalho: todos os integrantes da família pobre (pai, mãe, filha e filho), por meio de alguns estratagemas moralmente questionáveis, conseguem vagas de emprego para serem empregados da família rica, atuando como motorista, governanta, professora de artes e professor de inglês.

A trama ganha fôlego a partir desse momento, pois a relação entre as famílias — inicialmente pacífica e, gradativamente, conturbada — deixa evidente as diferenças sociais, provocando o público a pensar quem são os verdadeiros parasitas da história e, em um sentido mais amplo, do mundo real.

Considerando a trama do filme, este artigo tem como objetivo analisar as grandes críticas sociais abordadas em "Parasita", sobretudo na sua interface com o mundo do trabalho. Para tanto, valendo-se de da técnica de análise de conteúdo do filme (PENAFRIA, 2009), foram identificados quatro grandes eixos temáticos abordados ao longo do filme, a saber: tendência global de precarização do trabalho, individualismo e ausência de senso de pertencimento à coletividade, trabalho doméstico e precarização das condições de vida. Tais eixos foram objeto de análise mais aprofundada em cada item deste estudo.

## 2. A conexão entre trabalho e educação mostrada em "Parasita"

O sociólogo Ricardo Antunes narra que a partir dos anos 1970 o capital vem se reinventando e fazendo proliferar o trabalho precário a partir do redesenho de velhas modalidades de labor, inclusive com o estímulo ao empreendedorismo, a fim de "recuperar as formas econômicas, políticas e ideológicas da dominação burguesa" (2009, p. 233).

Em sua obra "Adeus ao Trabalho? Ensaio Sobre as Metamorfoses e a Centralidade do Mundo do Trabalho", Antunes já teorizava as relações trabalhistas precarizadas da forma como foram retratadas no filme Parasita. Segundo ele, o capitalismo contemporâneo fez surgir uma desproletarização do trabalho industrial e a expansão do trabalho assalariado e subproletarizado, especialmente no setor de serviços (2006, p. 49-50).

A obra cinematográfica conta a história da Família Kim, que, em sua luta pela sobrevivência na Coreia do Sul, retrata justamente essa nova realidade mencionada pelo sociólogo. O pai, Ki-taek, de meia idade, já havia explorado uma loja de frango frito e uma outra de bolos taiwaneses ("castella"), ambos tidos como moda naquele país, mas que, diante do boom de novas lojas criou uma espécie de bolha com explosões constantes. Ele também trabalhou no serviço de "daeri unjeon", uma espécie de motorista de uber, mas que não utiliza próprio carro, já que sua função é apenas dirigir os veículos dos próprios clientes que se encontram alcoolizados ou impossibilitados de assumir a direção (JOINAU, 2015).

Esse tipo de empreendedorismo é fomentado no atual período da história do capitalismo denominado de "acumulação flexível" (HARVEY, 2017, p. 140), que tem como um de seus pilares a flexibilidade dos processos de trabalho e dos mercados de trabalho. Por trás dessa denominação alvissareira, muitas vezes está se tratando de uma nova classe de trabalhadores precarizados que se encontra à margem da proteção social e não de "um novo empresariado" (VASAPOLLO, 2005b, p. 10).

Essa busca de se estabelecer como um empreendedor nem sempre está ligada ao sonho de desenvolver uma atividade econômica, já que, em muitas situações, decorre apenas do desespero causado pelo desemprego, que se mostrou "um dos fenômenos mais dramáticos de nosso tempo, com características cada vez menos conjunturais, e assumindo uma forte conotação estrutural" (VASAPOLLO, 2005a, p. 372).

Reflexo disso é que, no Brasil, a taxa de sobrevivência de uma empresa é de 78,9% no primeiro ano e vai diminuindo; aos cinco anos de existência, essa taxa cai para 39,8%, conforme dados extraídos de empresas que nasceram em 2012 (IBGE, 2019). Na Coreia do Sul, em 2014, essa taxa foi de 14,10 para o primeiro ano de criação (OECD, 2020b).

No filme, o empreendedorismo do patriarca da família Kim no setor empresarial foi infrutífero, motivo pelo qual a luta pela sobrevivência de toda a família se voltou para a prestação de serviços desvinculado de qualquer estrutura organizacional. No início do filme foi mostrada uma cena em que todos os quatro membros da família trabalhavam na dobradura de caixas para uma pizzaria próxima de sua casa em condições de completa exploração. Foi dado ênfase ao fato de que a retribuição pelo trabalho estava condicionada exclusivamente ao arbítrio dos proprietários da pizzaria, de modo que eles se viam no direito de taxar a má-produção com desconto de um percentual da retribuição financeira. Quando a família Kim ousava se revoltar com a injustiça do tratamento, ameaçavam com a retirada da atividade.

Depois disso, o filho viu a oportunidade de conseguir um trabalho assalariado no setor de serviços (de necessidades domésticas), diante da oferta de um amigo da família. Não se tratava de um trabalho de grande valorização profissional, mas a família Kim mergulhou fundo nesse mundo e ali viu a chance de sobreviver, ainda que, para isso, ela tivesse que usar de subterfúgios para forjar qualificações e habilidades.

O contraste da realidade social é amplamente explorado no filme, inclusive a partir da similitude da formação das unidades familiares. Tanto a família Kim quanto a Park são formadas pelo mesmo número de membros, porém, entre os ricos, apenas o patriarca trabalha e mantém sua esposa, dois filhos e todos empregados da casa, enquanto na família humilde é necessário o labor de todos os membros em subempregos e, ainda assim, não conseguem deixar a miséria.

Essa realidade é clara a partir dos bens materiais de uma e da outra. Mesmo depois que todos os Kim's estavam empregados, nem por isso conseguiram procurar uma residência melhor para morar nem deixaram de depender de transporte público para chegar até suas casas. Essa situação ficou evidente no dia da tempestade, em que todos voltaram a pé para o porão onde viviam. Alguns elementos até foram mostrados no filme para evidenciar a melhora do consumo desses personagens depois que se empregaram, tal qual a mudança de uma cerveja considerada barata para outra considerada *premium* (PAN, 2020), todavia, isso não permitiu uma verdadeira melhora de suas condições sociais.

É certo que a Coreia do Sul detém índices realmente invejáveis no que diz respeito ao desenvolvimento social na última metade de século. Segundo o *United Nations Development Programme*, em 2018, o seu índice de desenvolvimento humano era 0,906, o 22º maior do mundo; e, no período 2010-2017, o seu Gini index, que mede a desigualdade social nos países, era de 0,316, o 27º menos desigual dos países investigados (UNDP, 2018).

Todavia, esse desenvolvimento econômico e social nos moldes capitalistas não apagou alguns efeitos colaterais que dele surgem, tal qual o distanciamento entre os mais ricos e os mais pobres. Na Coreia do Sul, 10% das pessoas mais ricas detinham 66% da renda percebida no país em 2015 (신용배, 2015). E essa diferença não tende a desaparecer, tendo em vista que nesse país persiste o desenvolvimento da economia baseada nas *chaebols*, que são grandes conglomerados de base familiar incentivadas pelo governo e que até os dias de hoje representam grande parte da economia sul-coreana (CHANG, 1988, p. 52-53), a exemplo da Samsung, Hyundai, LG e da aérea Asiana.

A desigualdade social foi retratada em seus extremos pelo Parasita, a ponto de conceder uma espécie de licença poética aos telespectadores para considerarem perdoáveis as atitudes iniciais da família Kim de falsificar documentos e dissimular experiência profissional para conseguirem o trabalho dos seus quatro membros. Da maneira como foi colocada a relação, era natural que se torcesse para que eles conseguissem o emprego na residência da família Park, a despeito das falcatruas perpetradas, eis que se tratava de uma tentativa em se conseguir mais dignidade naquele mundo desigual.

"*Não considero isso um crime. Eu vou frequentar esta universidade um dia. Pense nisso como se eu estivesse apenas recebendo os documentos um pouco mais cedo*", disse o filho Ki-woo, a fim de justificar o diploma criado em uma gráfica rápida. Evidentemente que o criador do filme levou as investidas dos miseráveis ao limite justamente para que os teventes pudessem pensar até que ponto as desigualdades justificam ações moralmente condenáveis; e foi isso que tornou o filme intrigante.

Aliás, a questão do acesso à educação é outro ponto abordado no enredo do filme de maneira bastante forte, tendo em vista que é uma questão bastante valorizada na Coreia do Sul.

Em 2019, 70% dos adultos entre 25 e 34 anos de idade sul-coreanos eram graduados (OECD, 2020a), todavia, o acesso deles à universidade também desafia os limites da desigualdade social. Nesse país, os estudantes das "high schools" (equivalentes ao ensino médio brasileiro) não têm opção de escolha de suas escolas, pois elas lhes são indicadas aleatoriamente pelo governo e, via de regra, oferecem um baixo nível de educação. Isso faz com que os pais tenham que contratar tutores particulares, a fim de que seus filhos tenham condições de concorrerem às melhores universidades do país, o que também lhes garantirá uma maior inserção no mercado de trabalho posteriormente. Dessa forma, as famílias mais ricas conseguem oferecer aos seus filhos uma melhor formação, ainda que particular e individualizada, para que tenham acesso aos cursos superiores, em detrimento daqueles mais pobres (VONBUN; MENDONÇA, 2012, p. 33-34).

Quando o filho Ki-woo e a filha Ki-jeong falsificam os diplomas de uma universidade para se passarem por graduados e se candidatarem às vagas de tutores, enquadram-se justamente nessa realidade desigual. Portanto, nesse ponto, educação e trabalho se conectam, pois a tutoria dos filhos da família Park foi justamente o labor encontrado pelos dois filhos da família Kim, que sequer conseguiram frequentar uma universidade pelas dificuldades de acesso, mas fizeram dessa tarefa o seu trunfo na luta pela sobrevivência.

Ainda que a educação seja considerada uma "super prioridade" na Coreia do Sul, ali existem as mesmas mazelas que ocorrem em outras partes do mundo, ante a falta de igualdade das condições das pessoas na ampla concorrência às vagas existentes em cursos superiores, especialmente naquelas instituições que oferecem uma melhor qualidade de ensino.

Esse mundo desigual em oportunidades, retratada especialmente pela busca por emprego da miserável família Kim e pelo estilo de vida abastado da família Park, cada qual em seu mundo próprio, parecem ilustrar a constatação do filósofo sul-coreano Byung-Chul Han de que "vivemos numa sociedade que está se tornando cada vez mais narcisista". De acordo com o mesmo autor, o sujeito narcísico "não consegue perceber o outro em sua alteridade e reconhecer essa alteridade", de modo que ele somente enxerga o outro se for uma projeção de si mesmo (2017, p. 7).

Isso explica por que os membros da família Park não detectaram a farsa que se montara na frente deles e tampouco conseguiam enxergar as necessidades e as dificuldades da família de miseráveis que para eles se apresentavam. Da mesma forma, também explica o motivo pelo qual a família Kim não poupou subterfúgios para serem contratados e não se ressentiam de se apropriarem dos itens de luxo da propriedade da família abastada. Trata-se da "erosão do Outro, que por ora ocorre em todos os âmbitos da vida e caminha cada vez mais de mãos dadas com a narcisificação do si mesmo" (HAN, 2017, p. 6).

A desconsideração do Outro também foi trazida no enredo por meio da dinâmica de competição no mundo do trabalho. Em determinado momento da trama, a família Kim conseguiu criar uma mentira para retirar a personagem Moon-kwang do posto de governanta da casa, apenas para que a sua matriarca pudesse assumir seu lugar e passasse a receber seu salário.

Toda essa ânsia na busca pelo emprego é baseada na ideia de que o trabalho pode trazer uma liberdade a partir do sucesso financeiro ao indivíduo e, com isso, propiciar o sentimento de que ele faz parte de uma sociedade voltada para o consumo. Han destaca que no neoliberalismo as pessoas são escravas de suas próprias necessidades e acabam, voluntariamente, explorando a si mesmos pelo trabalho, inclusive pela autoexploração, constantemente chamada de empreendedorismo. No exercício dessa falsa liberdade, as pessoas passam a competir entre si, permitindo que o capital se multiplique pelos esforços individuais e que, ao fim e ao cabo, ele seja o verdadeiro vitorioso nessa competição (2018, p. 9-15).

Dessa forma, vê-se que o Parasita trouxe a reflexão acerca do atual mundo do trabalho e permitiu questionar se ele realmente traz a possibilidade de uma mobilidade social, não apenas na Coreia do Sul, mas em todo o mundo.

Nesse campo é possível encontrar dois mundos isolados e distantes: de um lado estão aquelas pessoas consideradas economicamente bem-sucedidas, que confiam que a desigualdade não desaparecerá e, por isso, sequer precisam se preocupar com a qualidade de vida dos demais; e, de outro, os que almejam superar as diferenças e, por isso, agarram-se à ideia de que o trabalho os libertará rumo ao sucesso.

Nessa equação, parece existir um equilíbrio perfeito da sociedade, em que o trabalho de uns sustenta a posição quase estática dos que são explorados, o que revela a existência de uma verdadeira inequação por meio da qual se cria uma relação desigual, iníqua e intolerável entre pessoas consideradas juridicamente iguais.

## 3. Necropolítica e marginalização do trabalho

O cientista político Achille Mbembe, ao analisar as mudanças no sistema capitalista de produção, identifica um fenômeno que ele chama de necropolítica. Para o cientista, o capitalismo foi se modificando, ao longo das décadas, a ponto de, atualmente, não mais necessitar de uma quantidade elevada de mão de obra para manter o seu funcionamento. Considerando essa nova realidade, surge a necropolítica, uma política centrada na aniquilação em larga escala, que se configura pela marginalização de trabalhadores e precarização do trabalho, já que, por conta da própria transformação tecnológica, os indivíduos começam a sobrar diante dos poucos postos de trabalho, não sendo mais essenciais para a lógica produtiva (MBEMBE, 2019, p. 92).

Logo na primeira cena do filme Parasita, onde vemos que o trabalho de toda a família consiste em montar caixas de pizza, temos o primeiro exemplo desse sistema pautado na necropolítica. O trabalho precarizado que rende pouco dinheiro e não demanda nenhuma profissionalização é o que resta para a maioria da população, completamente marginalizada do processo produtivo.

Quando surge a oportunidade de um dos membros da família se inserir em um trabalho que ainda encontra centralidade para a lógica capitalista, aulas particulares de inglês, a solução encontrada é a de falsificação de documentos, solução que também é adotada para que os outros integrantes da família consigam emprego (professora de artes, motorista e governanta). Assim, a desvinculação com a vida pregressa se torna elemento fundamental para que esses indivíduos consigam sair do que Achille Mbembe denomina "trabalho morto".

O que se percebe com o filme, no entanto, é que a desvinculação com a vida pregressa não é suficiente para atenuar as grandes diferenças entre a família Kim e a família Park. Inúmeros são os exemplos encontrados durante as pouco mais de duas horas de filme. O diretor Bong Joon Ho se utilizou do enquadramento de câmera para mostrar visualmente essa diferença, de modo que, quando um indivíduo da família Park estava em cena com um dos empregados, entre eles havia uma separação, seja de nivelamento seja pelo assento do carro, mostrando que, em nenhum momento, as diferenças sociais são transpostas.

Outro elemento utilizado no filme para retratar a separação de classes é o 'cheiro' dos integrantes da família Kim. Ainda que com novos postos de trabalho, com novos nomes e diferentes roupas, os integrantes da família não se desvinculam de seu patamar social anterior.

O momento em que a família Park viaja para comemorar o aniversário do primogênito e a família Kim ocupa o seu lugar pode ser visto com um símbolo do discurso de meritocracia, segundo o qual para que os indivíduos conquistem seus espaços é preciso apenas esforço e dedicação. Nesse sentido, a descoberta, logo em seguida, do bunker na mansão parece ser não só um lembrete das vidas pregressas não tão distantes da família Kim, como a desconstrução desse discurso meritocrático.

O lapso violento para devolver o indivíduo "estranho" para o seu lugar (*bunker*) mostra que a lógica da necropolítica — aniquilação em larga escala — também é reproduzida pelas camadas sociais mais baixas, que não conseguem se identificar com outros indivíduos marginalizados.

Por fim, outro elemento simbólico importante, que delimita as distâncias sociais entre as famílias, é a chuva. Enquanto para a família Park a chuva é responsável por amenizar a poluição da cidade, para a família Kim ela significa a perda de grande parte dos seus pertences. A chuva escancara aos personagens e aos espectadores as diferenças sociais entre as famílias, demonstrando que, em resumo, as novas atividades laborais da família Kim em pouco ou nada impactaram em uma melhor condição de vida dos personagens. A política social excludente, no fim das contas, permanecia, ainda que com uma incidência um pouco menor.

O final do filme é a conclusão do fenômeno da necropolítca. Aos indivíduos excluídos, seja aqueles nos bunkers, seja aqueles inseridos em atividades marginalizadas, resta a morte. Na verdade, o que devemos questionar é se, em grande medida, para o sistema capitalista e, para parte da sociedade, esses indivíduos já não estariam mortos há muito tempo?

## 4. O trabalho doméstico em "Parasita": um mal necessário

Uma das abordagens que mais chama a atenção no filme, causando constrangimento em que assiste, envolve a relação entre os patrões ricos — donos de uma casa grande, elegante e luxuosa — e os empregados pobres — que vivem amontoados em uma casa pequena, sem conforto e buscam diariamente a subsistência.

O filme retrata uma relação paradoxal de repulsa social e dependência entre empregados e empregadores: de um lado, há a necessidade de os empregados trabalharem para sobreviver e, de outro, os empregadores necessitam de alguém que lhes preste serviços.

A percepção é que essa relação entre empregados e patrões é um "mal" necessário. Ao longo do filme, contudo, para ambas as partes, fica evidente o incômodo de estarem próximos.

Na maioria das vezes, esse sentimento de repulsa é demonstrado pelos patrões. Um exemplo dessa aversão pode ser visto na cena em que o patrão, dono da casa e pai da família rica, diz que precisava de uma empregada nova, pois a antiga "comia por dois".

Outra cena bastante simbólica também envolve o mesmo patrão que, em conversa com a esposa, discorre sobre o mal cheiro das roupas do seu motorista, não escondendo que fica enojado ao sentir aquele odor. Os empregadores, contudo, não percebem que o motorista está escondido na residência ouvindo toda a conversa, o que cria um sentimento de raiva do empregado em relação ao dono da casa. Não bastando, em outra cena, o motorista percebe o patrão colocando a mão no nariz manifestando desagrado pelo seu mau cheiro.

As passagens que retratam esse incômodo a respeito do "cheiro de pobre" podem ser consideradas um divisor de águas na história, pois a partir desse momento ficam muito nítidos o surgimento de comportamentos mais enfurecidos pelos empregados.

Quando assimilam que são vistos pelos patrões como pessoas de uma categoria inferior, os empregados passam a agir de forma mais parasitária, a exemplo da cena em que a família de empregados se aloja na casa dos patrões, enquanto eles viajam, aproveitando do luxo e conforto que nunca tiveram, evidenciando uma das possíveis justificativas para o título do filme.

O filme lança luzes sobre essa relação paradoxal e complexa existente entre empregado doméstico e empregador doméstico, no âmbito íntimo da residência. Vale notar que esse paradoxo já foi objeto de outras produções cinematográficas, a exemplo do longa-metragem brasileiro "Que horas ela volta?", protagonizado por Val (empregada doméstica representada por Regina Casé) que, em vários momentos do filme, é desprezada e diminuída pelos patrões, ao mesmo tempo em que se menciona que ela é "como se fosse da família".

Dessa forma, Parasita — filmado em outro contexto e produzido em outra cultura — evidencia uma marca do trabalho doméstico que se reproduz na história brasileira, inclusive na história jurídica brasileira, pois durante muito tempo os empregados domésticos no Brasil tiveram um arcabouço protetivo substancialmente inferior aos demais empregados. Segundo Avila e Ferreira (2020, p. 9), essa descriminação jurídica representou um fio histórico que ainda conecta o Brasil contemporâneo ao Brasil colonial.

Ao analisar a evolução do tratamento jurídico conferido aos domésticos no Brasil, observa-se que somente após Emenda Constitucional n. 72/2013 e a Lei Complementar n. 150/2015, os domésticos passaram a ter uma proteção jurídica mais equilibrada em relação aos demais trabalhadores, tendo como marco internacional do início de um novo olhar jurídico para o tema, a ratificação da Convenção n. 189 (sobre trabalho decente para as trabalhadoras e os trabalhadores domésticos) da OIT pelo Brasil.

Dessa forma, "Parasita" reaviva as reflexões sobre as condições de trabalho e direitos em relação aos trabalhadores domésticos, bem como escancara a desigualdade social entre empregados e empregadores, sobretudo porque coloca duas realidades completamente distintas, lado a lado, dividindo um mesmo espaço.

## 5. A ilustração da condição precária de vida dos mais pobres em Parasita. O retrato dos *banjihas*, do trabalho e o inevitável paralelo com a realidade brasileira

No início do filme, o telespectador é rapidamente apresentado à moradia da família Kim. Ki-Taek, Ki-Woo, Ki-Jung e Chung-Sook vivem em um porão semienterrado, pouco iluminado, mal-cheiroso, com o pé direito baixíssimo — o banheiro não permite que o morador fique em pé — e claustrofóbico. As condições precárias do local, conhecido como "banjiha", retratam a crise mundial da moradia.

As "banjihas" são originárias das décadas de 1960 e 1970, época marcada pelos conflitos entre as Coreias. No ano de 1968, soldados norte-coreanos possuíam a missão de assassinar o presidente sul-coreano, Park Chun-Hee. O planou falhou — o assassinato ocorreu anos depois — e, diante da intensificação da tensão entre os países, o governo da Coreia do Sul determinou que todos os edifícios residenciais de até quatro andares possuíssem *bunkers*, destinados ao abrigo dos moradores nos casos de emergência nacional (YOON, 2020).

O aluguel desses espaços foi proibido até a década de 1980. Contudo, diante da profunda crise imobiliária que atingiu a cidade de Seul, o governo decidiu pela legalização da locação residencial dos porões, que se tornaram uma alternativa viável de moradia, especialmente para os mais jovens, considerando que os alugueres representam cerca de metade dos salários (YOON, 2020).

Dessa maneira, o custeio de um imóvel é particularmente difícil para os mais pobres e jovens com menos de 35 anos, restando a adoção dos "banjihas" como opção. E, apesar desses apartamentos subterrâneos terem sido adaptações de abrigos antibomba, os moradores possuem acesso à serviços básicos, como saneamento básico, coleta de lixo e fornecimento de energia elétrica (YOON, 2020).

Enquanto a precariedade das condições dos mais jovens e pobres coreanos — ainda que detentores de diplomas universitários — é retratada por Bong Joon Ho pelo porão habitado pela família Kim, por aqui, a pobreza é retratada pelos aglomerados subnormais, conhecidos como favelas ou comunidades. E, ao telespectador mais atento, a comparação é inevitável.

Com relação aos aspectos legais acerca das moradias precárias, nota-se uma distinção entre a Coreia do Sul e o Brasil. No país asiático, as "banjihas" possuem respaldo na legislação para servirem como moradia; no Brasil, os aglomerados subnormais se encontram, geralmente, instalados de modo irregular, em terrenos públicos ou privados.

Em que pesem as políticas públicas destinadas à regularização fundiária urbana — como a usucapião coletiva e a concessão especial para fins de moradia, o direito social à habitação digna está distante de ser consolidado.

Após a apresentação do lar dos Kim, durante as próximas duas horas de filme, o roteiro apresenta, de modo ácido e — de certa maneira — cômico, o abismo social e a deterioração das condições de vida dos mais pobres. A icônica cena da chuva, já debatida no presente artigo, é exemplo do quão precária pode ser a vida nos grandes centros urbanos. Lá, causa o alagamento das casas; aqui, o desabamento das residências.

E, nessa esteira, o agravamento das condições de vida nas aglomerações subnormais brasileiras é narrada pelo último Censo Demográfico, realizado em 2010, pelo Instituto Brasileiro de Geografia e Estatística. Foram identificadas cerca de 6.329 comunidades, espalhadas em 323 municípios, abrangendo cerca de 6% da população nacional, distribuída em 3.225.529 domicílios particulares (IBGE, 2020).

Quanto aos serviços essenciais, aproximadamente 88,3% dos domicílios localizados em aglomerados subnormais possuíam abastecimentos de água adequados; em 95,4% dos domicílios era realizada a correta destinação do lixo doméstico e; 72,5% dos domicílios detinham fornecimento de energia elétrica (IBGE, 2020).

Além da narrativa sobre a dicotomia mansão x porão em Parasita, o trabalho informal e doméstico — que, posteriormente, é retratada como uma relação parasitária — é a questão central do filme. A família Kim é apresentada como trabalhadores informais, sendo responsáveis pela montagem de caixas de pizza, recebendo por produção, sem qualquer direito resguardado. Se não existe caixa, não há contraprestação.

Outro detalhe importante acerca da pobreza em Parasita é o porão da mansão dos Park. Conforme o desenrolar da história, é apresentado o marido da governanta original da família, que, assim como os Kim, mora, clandestinamente, no porão da família abastada.

As cenas produzidas em um contexto oriental, contudo, poderiam ser facilmente retratadas em um filme nacional ou nas grandes produções rodadas de Hollywood.

Ainda, transpondo a realidade da família Kim no mundo do trabalho sul-coreano ao Brasil, os dados da última Pesquisa Nacional por Domicílios — PNAD, elaborada no segundo trimestre de 2020, cerca de 13,3% por cento da população encontra-se desocupada. Da população ocupada, por sua vez, o percentual de 36,9% está na informalidade (IBGE, 2020).

A taxa de informalidade — aqui incluídos os trabalhadores que atuam sem registro formal em carteira de trabalho, trabalhadores por conta própria sem o respectivo registro e o trabalhador familiar auxiliar — é um dos termômetros da precarização das relações de trabalho. O trabalhador informal não é destinatário de direitos sociais básicos, como os trabalhistas e previdenciários.

Em paralelo ao trabalho informal — denominado, por muitos, como o trabalho empreendedor, especialmente em razão de empresas ligadas à revolução 4.0 — o sucessivo desmonte da legislação trabalhista nacional implica no sucateamento das condições em que vive o trabalhador brasileiro.

O reflexo dessa precarização é desenhado na renda das famílias brasileiras. Ainda que tenha havido um aumento da renda média das casas brasileiras, chegando a R$ 2.500,00 (dois mil e quinhentos reais), a quantia impossibilita que os integrantes tenham acesso à melhores condições de moradia, principalmente nas grandes cidades. Assim como em Parasita, onde a família Kim troca a sua marca de cerveja, mas não consegue se livrar do "banjiha", o brasileiro não alcança o pleno direito à habitação (IBGE, 2020).

O roteiro de Parasita, portanto, não descreve apenas o abismo social enfrentado pelos sul-coreanos, mas, é o retrato da precarização global sofridas pelos mais pobres, em que, dia após dia, lhes é retirada um pouco da dignidade. A história é contada na Coreia do Sul, mas, perfeitamente amoldável à realidade brasileira. Nas palavras de Bong Joon-Ho: "Essencialmente, todos nós vivemos no mesmo país, chamado Capitalismo [...]" (2019).

## 6. Conclusão

O filme "Parasita" não foi premiado e nem tão comentado por acaso. Diversas características do longa metragem realmente o colocam em proeminência.

Destaca-se, inicialmente, a dubiedade presente em seu título, que estimula a reflexão sobre quem é, de fato, o parasita? De um lado, observa-se uma sociedade capitalista marcada pela desigualdade, que contempla famílias ricas que se valem do trabalho de pessoas imersas na pobreza e que, embora tão fisicamente próximos da riqueza, estão faticamente distantes de todo o luxo e conforto. De outro lado, há uma família pobre, que reside em péssimas condições, sem grandes perspectivas para o futuro e que vê uma oportunidade de ascender social e financeiramente se valendo de todas as estratégias — muitas das quais moral e juridicamente condenáveis — para tanto.

Outro mérito do filme é colocar a precariedade de vida e de trabalho em evidência no cenário global, sobretudo a partir de uma perspectiva não hollywoodiana, deslocando o centro do cinema para o outro lado do globo e lançando luzes sobre questionamentos acerca do trabalho como possível instrumento para mobilidade social.

Ao final do filme, a plateia sai com mais perguntas do que respostas: quem é o verdadeiro parasita? Como superar a precarização crescente do trabalho? A educação é o acesso para o trabalho? O trabalho liberta? O trabalho é a abertura de todos para a sociedade de consumo?

# Zé Carioca: Nem Tão Brasileiro Assim

*Elisa Barca Vergara*

## 1. Introdução

Um papagaio engraçado, meio exótico, com um andar vagaroso. Um pouco desleixado, despretensioso, tranquilo com a vida. Suas cores vibrantes entoadas no verde e amarelo propositalmente para representar o Brasil. Seu nome Zé parece simbolizar tantos "Zé" que existem por aqui e Carioca tem o intuito de demonstrar os conterrâneos da cidade do Rio de Janeiro(1), um dos territórios do país mais visitados por estrangeiros.

Os brasileiros e as brasileiras podem até nunca ter assistido o Zé Carioca, mas uma grande parte conhece esse desenho feito pelos estúdios da Walt Disney. No entanto, talvez o que muitos não saibam é que toda a construção desse personagem está envolta a um marco significativo vivenciado no mundo e no Brasil.

A Segunda Guerra Mundial havia se eclodido, e por aqui sob o comando de Getúlio Vargas, o país passava por alterações estruturais e sociais, principalmente no campo dos direitos sociais. O Zé Carioca estava afinado com o projeto nacional varguista de "domesticação da malandragem", é o bom malandro, sem conotação racial, sem identificação criminal. Ele não é mal, é só preguiçoso, é gente boa. Essas construções postas ficaram inclusive nos quadrinhos posteriores.

Por isso, o propósito desse estudo é identificar os motivos que foram determinantes para a criação do Zé Carioca dialogando com o contexto histórico no Brasil. Sem qualquer pretensão de esgotar o tema, primeiramente será retratada a política imperialista consolidada pelos Estados Unidos da América durante o governo de Franklin Delano Rosselvet, denominada de "Política da Boa Vizinhança".

(1) Em que pese o nome escolhido, o Zé Carioca era mesmo paulista. Walt Disney mencionou outrora que se inspirou no tocador de cavaquinho José do Patrocínio Oliveira, o Zezinho, paulista esse que vivia na cidade de Jundiaí situada no interior do estado de São Paulo (VAN DEURSEN, 2020).

Nesse paralelo, a atenção se deterá para a modificação dos meios de controles utilizados pelos nortes americanos. Desse modo, a opção pelo *poder brando*, através da utilização da cultura, e particularmente pela indústria cinematográfica, demonstrará que esse sofisticado comando foi mais exitoso para impetrar seus anseios econômicos, militares e comerciais no Brasil, não necessitando socorrer ao uso da violência ou coerção.

Ao fim, o texto propõe a propagação da cultura insculpida e redefinida conforme os ditames do presidente Getúlio Vargas durante o Estado Novo (1937-1945). Será feita uma análise do simbolismo formado, por meio de imposições de valores, rituais e expressões, visando gerar um patriotismo, mas também a formação de uma nova classe trabalhadora. E, nessa perspectiva, através do cinema, será observado como tudo isso foi correspondido e encaixado, mediante a construção e sedimentação do personagem Zé Carioca no país.

## 2. O poder e a cultura

As políticas hegemônicas de longa data dos Estados Unidos da América permaneceram estáveis, mas houve ajustes táticos, reformuladas para mobilizar e estender os seus valores e percepções na América Latina.(2) O chamado *Big Stick*, proposto durante a vigência do governo de Theodore Roosevelt (1901-1909), consistia na intervenção direta nas nações latino-americanas com a justificativa de civilizar a população, sob o viés nacionalista e entrelaçada na premissa de uma pressuposta superioridade.

Tal processo de modelagem estava baseado em iniciativas autoritárias, através da coerção e repressão, conjugadas num caráter expansionista, elucidando a noção de que os nortes-americanos eram os garantidores da paz e da liberdade. A intenção principal era administrar as relações comerciais e atrair um mercado consumidor, impedindo o avanço de potências europeias nessas localidades, o que de certa forma, baseava — se na *Doutrina Monroe.*(3)

Com o emblema *América para os americanos*(4), o sistema doutrinário *Monroe* foi inspirado para proteger os interesses dos Estados Unidos da América e evidentemente constituído apenas para os norte-americanos. Nessa toada, o *Big Stick*, conhecido em

---

(2) Uma das ideias iniciais para justificar o imperialismo dos Estados Unidos da América se deu com a doutrina do Destino Manifesto idealizada por John L. O'Sullivan em meados do século XIX. A premissa era que Deus elegeu o povo norte americano, e por isso, lhe caberia expandir e colonizar territórios a fim de difundir valores e civilização a todos os demais. Para uma análise mais profunda (COSTA, 2020).

(3) A Doutrina Monroe visava evitar intrusões europeias nas Américas a fim de abrir espaço para a ação dos Estados Unidos da América. Seu efeito imediato foi pequeno, porque eles estavam ocupados com a conquista do Oeste, massacrando indígenas e roubando mexicanos. A defesa dessa política constitui na aceitação de intervenções violentas pelos norte-americanos. Para o aprofundamento no tema, ver (MARQUES, 2016).

(4) Citada pela primeira vez em 1823, pelo presidente dos Estados Unidos da América, James Monroe, a ideologia foi reproduzida novamente pelo atual presidente Donald Trump no discurso de sua posse em janeiro de 2017, como se verifica em alguns recortes:

português como Grande Porrete, assumiu esse compromisso anterior, e alicerçado numa dominação sem precedentes, estabeleceu que os Estados Unidos da América deveriam controlar as demais nações através da violência abrupta.

No entanto, mais tarde, o recurso pelo meio da barbárie não se mostrou mais satisfatório, o descontentamento ficou mais generalizado, freando acordos comerciais e diplomáticos, por isso, o *hard power* (5) foi deixado para trás(6). O poderio agora seria orquestrado de forma mais branda e opaca, sem grandes contestações e alardes externos, a integração do modo de vida norte americano na América Latina se perpetuaria de modo sutil, apta a trazer naturalidade, não mais exigindo uma coação física, por isso o meio escolhido adveio através da cultura e da comunicação.

A partir de um artifício muito mais sofisticado, mas não menos cruel, o Estado norte americano propôs o exercício do poder político a um processo de convencimento, produzindo um discurso articulado e intencional à sociedade latino-americana. Nesse paralelo, importante notar a contribuição de Gramsci, relacionando o poder hegemônico de um Estado como uma combinação do domínio direto e da formação de um consenso e consentimentos. (BIANCHI, 2007, p. 27-28).

Disfarçar os propósitos bem intencionados pela cultura chegou a causar a leve impressão de que tudo poderia ser equilibrado e solucionado e que as nações seriam solidárias umas às outras. Essa interferência velada foi projetada para ter um alcance ainda

---

(...) "Nós, os cidadãos da América, nos unimos agora em um grande esforço nacional para reconstruir nosso país e restaurar sua promessa para toda nossa população. Juntos, vamos determinar o rumo da América e do mundo por anos pela frente.

(...) Cada decisão sobre comércio, sobre impostos, sobre imigração, sobre política externa, será tomada para beneficiar os trabalhadores americanos e as famílias americanas. Precisamos proteger nossas fronteiras dos estragos causados por outros países que fabricam nossos produtos, roubam de nossas empresas e destroem nossos empregos. A proteção levará a maior prosperidade e força.

(...) A América vai começar a ganhar outra vez, a ganhar como nunca antes.

(...) Vamos nos pautar por duas regras simples: compre o que é americano e contrate quem é americano. Buscaremos a amizade e a boa vontade com as nações do mundo -mas o faremos com o entendimento de que é direito de todas as nações priorizar seus próprios interesses" (LORES, 2020).

(5) O professor Joseph Nye cria os conceitos de *hard power* (poder duro) e *soft power* (poder brando). O primeiro se manifesta através do domínio econômico e militar, já o segundo se expressa pela atração através do convencimento de ideias por meio da cultura, dos valores políticos e de política externa, todavia, conforme sua orientação, tais poderes são umbilicados e conexos um ao outro. Para detalhamento sobre o tema, ver (NYE, 2000).

(6) Noam Chomsky, analisando o século XX , faz uma correlação do incentivo do Estado na fomentação do setor de relações públicas e na área de publicidade com o intuito de afastar a sociedade civil de questionamentos sobre ações realizadas pelo governo, bem como direcioná-la a certos valores: "A primeira agência de propaganda moderna foi o Departamento Britânico da Informação, durante a Primeira Guerra Mundial. Sua contraparte norte-americana, a Comissão de Informação Pública, foi formada por Woodrow Wilson para levar uma população pacifista a odiar violentamente tudo o que fosse alemão – com extraordinário êxito. A publicidade comercial norte-americana impressionou profundamente outras pessoas; Joseph Goebbels a admirava e a adaptou à propaganda nazista com tremendo êxito." (CHOMSKY, 2017, p. 115-116).

maior, porque as relações culturais não têm fronteiras e os norte-americanos, notoriamente, aproveitaram tal ocasião.

Por isso, em 1933, Franklin Delano Rosselvet, então presidente dos Estados Unidos da América adotou a "Política da Boa Vizinhança", acostada na difusão e penetração da cultura do seu povo nos países da América Latina. Para além dos interesses comerciais e diplomáticos, a transmissão do modo *american way of life*(7) ampliaria o mercado e manipularia os indivíduos para um consumo desenfreado dos seus produtos(8), o que lhes afastariam de contestações políticas.

E não é só, pouco depois, a "Política da Boa Vizinhança" também visou assegurar o apoio dos países latinos-americanos aos Aliados no combate ao nazismo-fascismo durante a Segunda Guerra Mundial. Assim, em 1940, foi criada uma Agência de Coordenação dos Negócios Interamericanos, denominada de *Office of the Coordinator of Inter-American Affairs* (OCIAA), sob o comando e coordenação do empresário Nelson Aldrich Rockeffler.

Vinculada diretamente ao Conselho de Defesa Nacional dos Estados Unidos da América, essa estratégia permitiu a propagação da informação no Brasil pelo rádio(9), através de transmissões diretas do Estados Unidos da América ou de estações locais, levando o diálogo sobre os acontecimentos da Segunda Guerra Mundial e o domínio norte-americano. Além disso, havia a veiculação de propaganda de mercadorias para o consumo dos brasileiros.

Entrementes, essa confluência da cultura se difundiu principalmente pelo cinema. A finalidade de aproximação, denominada pan-americanismo, funcionava como intersecção aos países vizinhos através de filmes com cenários mais característicos e regionais da América Latina.(10) O importante era deixar definida a existência de culturas diferentes num mesmo continente, mas nas entrelinhas visava demonstrar que a superioridade pertencia aos Estados Unidos da América, lhe cabendo a missão de garantir a defesa e providenciar a liberdade hemisférica contra o inimigo externo, qual seja, a Alemanha nazista (ALDIOLI, 2008, p. 115).

---

(7) Para uma compreensão mais aprofundada sobre o *American way of life* e o comportamento da sociedade brasileira , ver: (MOURA, 1988); (SALVATORE, 2001); (TORRES, 2001) e (TOTA, 2000).

(8) Para essa análise (DEBORD, 2007).

(9) A partir da década de 30, o rádio se transformou num veículo de comunicação quase que indispensável nas residências brasileiras, principalmente nas camadas mais populares.

(10) "Entre 1939 e 1947, os filmes de Hollywood que mostravam astros, músicas, locais e histórias latino-americanas invadiram os Estados Unidos e outros mercados internacionais. Em 1943, por exemplo, 30 filmes com temas e cenários latino-americanos já haviam sido lançados e outros 25 estavam sendo produzidos, e, até 1945, 84 filmes com temas latino-americanos já haviam sido feitos. O domínio da América Latina nos filmes hollywoodianos durante esses anos foi uma consequência direta da implementação vigorosa da Política de Boa Vizinhança" (SHAW, 2018, p. 23).

A indústria cinematográfica teve artimanha de não só causar uma boa impressão para os nortes americanos, mas também para os latinos (SHAW, 2018, p. 24). Aqui no Brasil, as imagens e os roteiros buscavam traduzir um aspecto pitoresco, exótico, tropical, ocultando a realidade vivenciada. Além disso, pelas películas nortes-americanas foram criados personagens com estereótipos hollywoodianos[(11)], que em nada se assemelhavam a representação da mulher ou do homem brasileiro.

A arquitetada política norte-americana incluiu também o Walt Disney, e assim é criado o Zé Carioca. Era agosto de 1941 e por sugestão de Rockefeller, Walt Disney[(12)] e mais uma equipe de dezesseis pessoas compostas dos seus fundamentais animadores, roteiristas e desenhistas se hospedaram por aproximadamente um mês no Rio de Janeiro, e entre festividades abundantes, também desenharam esboços da fauna e flora brasileira, que culminaram no nascimento do Zé Carioca (NETO, 2016, p. 397).

Vale anotar que nessa estadia, os nortes-americanos também se entretiveram com o então presidente Getúlio Vargas, rendendo fotos exaradas pelo controle de propaganda estatal. O encontro no Palácio do Guanabara, sede do governo, foi organizado por Lourival Fontes, diretor do Departamento de Imprensa e Propaganda (DIP):

> O DIP registrou o encontro e distribuiu fotografias do presidente sentado ao lado de Walt Disney e John Hay Whitney, diretor do Departamento de Cinema do OCIAA e um dos empresários que haviam financiado o clássico... *E o vento Levou* (NETO, 2016, p. 397).

O Walt Disney aproveitou bem o entusiasmo dos brasileiros com a sua vinda, os jornais noticiavam os seus passeios, como as idas ao Cassino da Urca, à escola de samba da Portela ou ao bonde de Santa Teresa (HERNANDEZ, 2015, p. 103). Os encontros musicais também fizeram parte do seu roteiro, e sabidamente, essa forma de interlocução seria de bom agrado para os brasileiros. Nesse viés, Pablo Hernandez elucida um relato da época:

A revista "Fon-Fon" de 6 de setembro de 1941 destaca a relação de Disney com Ary Barroso. Perguntado sobre a inserção desta nos filmes do norte-americano, Barroso respondeu: "Autorizei Walt Disney a fazer tudo aquilo que entender com minha música" (Aquarela do Brasil). Estava, portanto, consolidada a inclusão da música nos vindouros filmes de Disney, que demonstrara desde que a ouvira pela primeira vez, seu apreço pela canção de Barroso (HERNANDEZ, 2015, p. 103).

---

(11) Embora brasileira, a atriz Carmem Miranda foi um dos exemplos de personalidades transformadas pela ótica estadunidense. Com adornos, frutas na cabeça e os famosos balangandãs, recebeu críticas no Brasil, inclusive, em 15 de julho de 1940, ao voltar de uma turnê nos Estados Unidos, a plateia do Cassino da Urca no Rio de Janeiro silenciou à saudação *Good Night people* proferida por ela (MAUAD, 2002, p. 4).

(12) Quase emergindo uma greve entre o sindicato dos cartunistas e o estúdio Disney, o convite para a viajem chegou em um bom e intencional momento para Walt Disney (HERNANDEZ).

Disney tinha consciência que a sua criação faria parte do alinhamento imperialista norte americana, e mascarado à visão de solidariedade continental, tentou demonstrar fascínio, sem menoscabar sua intenção política. Encontros com representantes do Estado, dentre outros, o Ministro da Educação, Gustavo Capanema ou Oswaldo de Aranha, Ministro das Relações Exteriores, cujo lhe concedeu a comenda de oficial da Ordem do Cruzeiro do Sul (condecoração concedida a personalidades estrangeiras), demonstraram que a expedição norte americana não foi alocada só para apreciar a beleza do país (HERNANDEZ, 2015, p. 101-102).

## 3. Zé Carioca, Getúlio Vargas e Walt Disney

> O cinema falado é o grande culpado da transformação
> Dessa gente que sente que um barracão prende mais que o xadrez
> Lá no morro, se eu fizer uma falseta
> A Risoleta desiste logo do francês e do inglês
> A gíria que o nosso morro criou
> Bem cedo a cidade aceitou e usou
> Mais tarde o malandro deixou de sambar, dando pinote
> Na gafieira dançar o Fox-Trot
> Essa gente hoje em dia que tem a mania da exibição
> Não entende que o samba não tem tradução no idioma francês
> Tudo aquilo que o malandro pronuncia
> Com voz macia é brasileiro, já passou de português
> Amor lá no morro é amor pra chuchu
> As rimas do samba não são *I love you*
> E esse negócio de alô, alô boy e alô Johnny
> Só pode ser conversa de telefone.
>
> (*Não tem tradução*. Noel Rosa)

A retratação de um personagem com características locais do Brasil era tão perspicaz que qualquer descuido poderia provocar reações adversas e infelizes. Havia a preocupação do governo brasileiro e também da imprensa ligada ao Estado sobre os elementos culturais que seriam postos por Walt Disney em sua animação (ZAGNI, 2008, p. 67-91).

Um animal a ser apresentado mundialmente seria uma propaganda do país para atrair turistas, somado à necessidade dos brasileiros se identificarem com a criação, numa mistura de pertencimento e orgulho nacional.

Por isso, a notícia veiculada no Jornal "Diário da Noite" com o título "*Yes!* O Papagaio!", a fotografia estampada de Walt Disney e sua esposa Lilia Bounds Disney enunciando a partida do Brasil rumo a cidade de Buenos Aires, juntamente com a reportagem sobre a possível utilização do papagaio nos seus desenhos, explicitaram, de alguma forma, o alívio dos brasileiros com a escolha feita (*Jornal Diário da Noite*, 1941, p. 08). Mais abaixo, o mesmo periódico, elucidou a inquietação de que a caracterização do animal a ser feita nos estúdios Disney não poderia gerar um simbolismo não condizente com o país (*Jornal Diário da Noite*, 1941, p. 24).

Enquanto isso o governo de Getúlio Vargas já tinha pautado alguns "conselhos" sobre a formulação do desenho. O peculiar Estado Novo brasileiro, para além de manter a imprensa sob controle, também a censurou e estimulou cooptações estratégicas com o intuito de gerar afinidades e aspirações nacionais. O ideário do Departamento de Imprensa e Propaganda (DIP) buscava esforços na promoção da cultura cívica harmonizada com a valorização do trabalho e industrialização da nação[(13)].

Todos os símbolos criados durante o Estado Novo tinham a finalidade atrair a feição da classe trabalhadora. À guisa de exemplos se verificam na interpelação "Trabalhadores do Brasil" utilizada nos discursos políticos de Getúlio Vargas, nos eventos festivos realizados no Primeiro de maio. Incluem as projeções de imagens refletidas em cartazes alocadas a uma ligação entre trabalhadores e governante ou até na transmissão na Rádio Nacional do programa "Hora do Brasil" através do seu Ministro do Trabalho, Indústria e Comércio, Alexandre Marcondes Filho. (LAGO, 2015, p. 90-92).

E não por acaso a liberdade artística fora limitada, controlada e apropriada às exigências do DIP, a repressão estava articulada, e tão logo, houve aprovação de legislações sobre a temática. O Decreto-lei n. 1949 de 1939[(14)], promulgado por Getúlio Vargas, impôs uma série de restrições aos jornais e aos cinemas, como se verifica nos seguintes recortes propostos:

> Art. 11 – É passível de punição a publicação de notícias ou comentários falsos, tendenciosos ou de intuito provocador, induzindo ao desrespeito e descrédito do país, suas instituições, esferas ou autoridades representativas do poder público, classes armadas ou quando visem criar conflitos sociais, de classe ou antagonismos regionais.

---

(13) Vale destacar o trabalho do Centro de Pesquisa e Documentação de História Contemporânea do Brasil CPDOC — FGV que ressalta o papel do DIP através de imagens e fotos do período. Disponível em: <https://cpdoc.fgv.br/producao/dossies/FatosImagens/DIP>. Acesso em: 20 maio 2020.

(14) Decreto-lei n. 1.949, de 30 de dezembro de 1939. Dispõe sobre o exercício da atividade de imprensa e propaganda no território nacional e dá outras providências.

> Art. 14. Nenhum filme pode ser exibido ao público sem um certificado de aprovação, fornecido pelo D. I. P.
>
> Art. 15. Não será permitida a exibição do filme que:
>
> I – contiver qualquer ofensa ao decoro público;
>
> II – contiver cenas de ferocidade ou fôr capaz de sugerir a prática de crimes;
>
> III – divulgar ou induzir aos máus costumes;
>
> IV – fôr capaz de provocar incitamentos contra o regime vigente, a ordem pública, as autoridades constituidas e seus agentes;
>
> V – puder prejudicar a cordialidade das relações com outros povos;
>
> VI – fôr ofensivo às coletividades ou às religiões;
>
> VII – ferir, por qualquer forma, a dignidade ou o interesse nacional;
>
> VIII – induzir ao desprestígio das forças armadas.
>
> Art. 16. Esse certificado será fornecido após a projeção do filme perante representantes legais da Divisão do Cinema e Teatro do D. I. P.
>
> (...) Art. 22. Poderão ser recomendados para menores, ou para a juventude, os filmes capazes de despertar os bons sentimentos as tendências artísticas, a curiosidade científica, o amor à pátria, à família e o respeito às instituições.

O que interessou, portanto, foi correlacionar a cultura patriótica à promulgação de leis trabalhistas. Apenas para ressaltar, não se desloca da narrativa todo o processo histórico da luta da organização da classe trabalhadora, agitações e resistências pautadas no período da Primeira República e no momento posterior advindo. Todavia, foi importante notar que a propaganda getulista deu continuidade à edição de leis, mesmo que a intenção possa ter sido pedante para atrair a popularidade do presidente como herói brasileiro.

O fato é que o governo aproveitou a oportunidade e num projeto trabalho e trabalhador, precisou dialogar com a sociedade para definir que o indivíduo que laborava era o cidadão brasileiro com proteção e abrigo do Estado. A medida oportuna buscava reconfigurar o trabalho ao seu valor social e não mais à penosidade, efeito da escravidão que tanto assolou o país.

O elemento necessário para a restruturação nacional era de que homens e mulheres concorressem com os seus esforços para o bem comum, na chamada "batalha de produção", principalmente após a entrada oficial do Brasil ao lado dos Aliados na Segunda Guerra Mundial em 22 de agosto de 1942, mediante o Acordo de Washington[15].

(15) Para uma análise mais profunda sobre a relação de Getúlio Vargas com a classe operária no período do Estado Novo (1937-1945), ver (DE CASTRO GOMES, 2015).

A nova concepção da sociedade adequada aos interesses do Estado visou, de certo modo, institucionalizar uma nova consciência moral. Desse modo, para atender todos os aspectos e as peculiaridades regionais e locais era necessário reunir um conjunto de ideias, valores, rituais e vocabulário, de tal modo que a promoção artística e cultural deveria ser integrada aos anseios desejados.

O meio artístico tinha que estar conectado a um só objetivo. Um dos exemplos significativos de expressão popular que foi modificado para a adequação governamental foi a música, mais precisamente o samba. As composições, refletidas em arranjos e melodias incorporadas às almas brasileiras, foram adaptadas para afastar letras com conteúdo sobre malandragem ou ociosidade com o propósito de ressignificar o papel e o lugar dos trabalhadores(16).

Na mesma linha, era importante que as letras dos sambas refletissem o amor à pátria, estimuladas ao aparecimento do samba-exaltação. A mais conhecida, *Aquarela do Brasil,* fez uma mistura de ufanismo, brasilidade e miscigenação (DE FRANÇA PEREIRA, 2012, p. 111). Nessa toada, intencionalmente, o encontro no Brasil de Walt Disney com Ary Barroso rendeu frutos. A música escolhida para a representação inicial do Zé Carioca pela película claro que foi a *Aquarela do Brasil.*

Por isso, com matizes alinhadas ao Estado, sem crítica ao regime ditatorial oposto, o papagaio colorido instrumentalizou a figura do povo brasileiro, ainda que feito por um estrangeiro com propósitos bem definidos. Com efeito, o Zé Carioca (Joe Carioca para os norte-americanos) foi incorporado em 24 de agosto de 1942 (dois dias após a entrada oficial do Brasil na Segunda Guerra ao lado dos Estados Unidos da América) no filme Alô amigos (*Saludos amigos*) no contexto de uma viajem feita pelo Pato Donald a quatro países: Bolívia, Chile, Argentina e por último o Brasil.

Nele, o papagaio com charuto na boca e guarda chuvas nas mãos, apresenta ao Pato Donald o Rio de Janeiro, o levando para sambar, ver as belezas naturais e também beber cachaça. Zé Carioca é debochado, relaxado, ao contrário de Pato Donald, mais metódico e comedido. A mensagem da Política da Boa Vizinhança, ministrada pelo governo americano através do OCIAA, foi transmitida pela amizade entre esses dois personagens no filme. Gerson Moura analisa:

> Zé Carioca é falador, esperto e fã de Donald; sente um imenso prazer em conhecer o representante de Tio Sam e logo o convida para conhecer as belezas e os encantos do Brasil. Brasileiramente, faz-se íntimo de Donald — quando este lhe estende a mão, Zé Carioca lhe dá um grande abraço —, que aceita o oferecimento e sai para conhecer o Brasil (MOURA, 1984, p. 39).

(16) Dentre outras, nas músicas *Bonde São Januário* ou *É negócio casar* há uma conexão para sobrepor o discurso de nacionalismo e a exposição da classe operária. (MAIOR, 2017, p. 186-187).

Na sequência, em 1945, no filme *Você já foi à Bahia?*(17), o Pato Donald é movido por Zé Carioca para conhecer Salvador, e numa confusão inicial, a fachada da entrada do porto da cidade estava com a menção de Bahia, demonstrando a desatenção dos norte--americanos com as localidades do país. A lente se atentou aos pontos turísticos, através de coloridos e belezas naturais, não houve qualquer retrato da pobreza e desigualdade já tão manifesta. A criação do Brasil estava moldada aos ideais nortes-americanos, como já mencionado anteriormente.

O samba foi o estilo de música novamente escolhido, e as canções *Bahia* e *Os Quindins de Iaiá* elaboradas por Ary Barroso fizeram parte do trajeto de Pato Donald e Zé Carioca. Embalados por Aurora Miranda (irmã de Carmem Miranda), que carregava quindins numa cesta, os três dançavam de modo empolgante e espontâneo.

O "samba nos pés" também contou com homens brancos dançando, cerceando a representação de negros e pardos(18). Ainda, no enredo, Pato Donald se apaixonou por Aurora, e logo após, ele e o Zé Carioca seguiram a viajem ao México rumo ao encontro de Pancho, desenho este criado na forma de um galo vermelho para representar tal país e acompanhar o ideal da Política Boa Vizinhança.

Não obstante, próximo ao término da guerra os interesses por essa política começam a se esfacelar. Em março de 1945, o presidente Rossevelt altera o nome da OCIAA e substitui Rockefeller da direção, assumindo Wallace K. Harrison (ALDIOLI, 2008, p. 128). A seguir, após o término do confronto mundial, os Estados Unidos da América, satisfatoriamente cumpre seus objetivos e se torna a principal e maior potência militar e econômica.

Em consequência, a política externa na América Latina, através da criação e da manifestação de ideologias, começou a ser deixada para trás, uma vez que a região não lhe era mais conveniente estrategicamente. Dessa forma, em 1946, o Presidente Harry Truman extinguiu a OCIAA (ALDIOLI, 2008, p. 129), e, portanto, o Zé Carioca não mais aparece na indústria cinematográfica.

O sumiço das telas do cinema não causou esquecimento na sociedade brasileira. O personagem continuou presente, em alguma medida no imaginário popular, como por exemplo, em 1950, teve sua primeira aparição em uma história de quadrinhos no Brasil, na publicação nacional da revista Pato Donald, marcada pelo início da Editora Abril.

(17) Nos Estados Unidos da América o nome dado ao filme foi *The Three Caballeros*.

(18) Não se pode dissociar o fato de que o racismo e o preconceito se mantiveram (e ainda se mantêm) latentes após a abolição da escravidão, assim, nas décadas de 1930 a 1940, a aparição do negro na indústria cinematográfica de Hollywood sobre Brasil e nos próprios filmes brasileiros foi ínfima. Somado a isto, ocorreu, em muitas ocasiões, uma apropriação da cultura afro-brasileira, excluindo os verdadeiros protagonistas desses valores e costumes. Sobre a retratação do negro nos filmes, ver: (STAM, 2015).

Já na década de 1960, a narrativa do personagem começou a dialogar mais com a estrutura brasileira, assumindo elementos e signos atrelados ao cotidiano do país, e por isso, ganhou mais adeptos às suas histórias. No ano de 1970 foi o momento que o personagem ganhou uma revista própria, e a partir daí, surgem conexões com algumas festividades brasileiras, tal como os cenários relacionados ao Carnaval ou a Festa Junina (SGORLA, 2016, p. 196).

Seguindo mais adiante, em abril de 2000, a aparição do personagem se deu através da publicação de um *graphic novel* com 84 páginas, divididos em sete capítulos, intitulado de *Zé Carioca — especial Brasil 500 anos* (RAMONE, 2003). O curioso aqui é que foi a primeira vez que Zé Carioca ganhou essa espécie de edição, ao contrário dos outros principais personagens dos estúdios da Walt Disney.

Ainda, em maio de 2016, a Editora Abril publicou a última história em quadrinhos com o Zé Carioca, distribuindo os últimos gibis sobre o personagem em julho de 2018 (PLANETA GIBI, 2020). E quem pensou que o Zé Carioca seria esquecido está enganado, pois a última novidade é que a Editora Gaúcha Culturama retomará a divulgação das histórias em quadrinhos do querido papagaio nem tão brasileiro assim.

## 4. Conclusão

A indústria cinematográfica compõe um elemento fundamental para captar e introduzir as conveniências e objetivos de uma determinada nação. Por ser tão longe do óbvio, a simples amostra de um desenho infantil nem sempre soa ofensivo ou hostil, e muito menos releva, num primeiro momento, o motivo principal da sua criação. As falas, o local escolhido, as vestimentas, o modo de agir ou pensar, todos ou quaisquer desses elementos podem ser alinhados e organizados para produzir um sentimento único em uma sociedade.

É claro que as interferências externas representam uma grande força para alocar a cultura aos seus projetos políticos, econômicos e sociais. No entanto, essa influência poderá ter uma amplitude maior ou menor a depender da barreira posta pelo governo local. Aqui, durante a vigência do Estado Novo (1937-1945), o Presidente Getúlio Vargas utilizou e controlou a cultura para atrair a classe trabalhadora do país, articulando os meios necessários para concretizar o seu objetivo, seja através das músicas, das propagandas cívicas ou dos espaços em que ocorriam suas falas ao povo brasileiro.

Assim, o Zé Carioca, feito pelos estúdios da Walt Disney, atendeu uma dimensão simbólica e perfilhou o imaginário coletivo numa forma de patriotismo e identidade nacional brasileira, embora a sua única razão de existência estava concentrada nos interesses intervencionistas e imperialistas dos Estados Unidos da América.

## Anexos

Figura 1: Cartaz do filme Saludos Amigos, 1942, do estúdio da Walt Disney.
Créditos da imagem: RKO Radio Picture Inc.

Figura 2: Partitura da música, Aquarela do Brasil. Composição de Ary Barroso.
Créditos da imagem: Cortesia de Thornbooks.

Figura 3: Cartaz do Filme The Three Caballeros, 1945, do estúdio da Walt Disney. Fonte: <https://mag.sapo.pt/cinema/filmes/caixinha-de-surpresas#&gid=1&pid=1>. Sapoma. Crédito da imagem: Não revelado.

Figura 4: Walt Disney e um grupo de artista na viajem para América Latina. Fonte: The Walt Disney Family Museu. Disponível em: <https://www.waltdisney.org/blog/walt-and-mexico-honored-friendship. Crédito da imagem: Não revelado.

Figura 5: O presidente Getúlio Vargas recebe Walt Disney (de bigode) no Palácio do Catete em 1941. Fonte: Memorial da Democracia. Disponível em: <http://www.memorialdademocracia.com.br/cultura/tio-sam#&gid=1&pid=1>. Créditos da imagem: Iconographia.

# Relação de Trabalho

# A Relação de Trabalho no Desenho Animado Bob Esponja Calça Quadrada: Quando a Arte Imita a Vida

*Adib Pereira Netto Salim*

## 1. Introdução

A primeira vez que assisti Bob Esponja Calça Quadrada foi para entender um pouco o que minha filha mais velha estava assistindo na televisão à época. De cara percebi o quanto aquele desenho de ficção trazia uma carga de situações comuns do mundo real e de minha vida em particular. Atuando na área trabalhista, estava com os olhos e ouvidos aguçados para identificar uma relação de trabalho com problemas. E foi o que percebi nos primeiros episódios que assisti, me chamando atenção a dedicação de Bob Esponja ao trabalho e ao mesmo tempo a forma nada decente do tratamento recebido de seu empregador, alguém exclusivamente preocupado em obter lucro no seu negócio. É impossível assistir o desenho e não fazer um comparativo com as situações por ele trazidas e as agruras do nosso cotidiano laboral. Bob Esponja é um trabalhador com uma dedicação ao trabalho acima da média, mesmo assim, não recebe qualquer tratamento digno de seu empregador, muito pelo contrário, é vítima de assédio moral em suas mais variadas formas. A lanchonete em que trabalha, Siri Cascudo, situada na área chamada de Fenda do Biquini, representa um meio ambiente laboral degradado, onde as condições de trabalho são ruins, a jornada de trabalho é excessiva, o salário é baixo e o empregador trata os empregados com menosprezo, deles apenas buscando extrair o máximo de trabalho, sem qualquer preocupação com o bem-estar e a saúde dos mesmos.

O presente trabalho tem por objetivo fazer uma análise da relação de trabalho envolvendo as personagens do desenho animado Bob Esponja Calça Quadrada, fazendo um comparativo entre a ficção e a realidade, ficando o estudo limitado ao campo da relação de trabalho desenvolvida dentro do modelo capitalista de produção em que nós estamos inseridos, buscando identificar as principais situações apontados no desenho e buscar a compreensão teórica do que efetivamente representam.

Para entender bem a riqueza de situações descritas na animação foi necessário assistir um certo número de episódios da série criada em 1999, nos Estados Unidos, por Stephen Hillenburg, um biólogo marinho, professor de biologia na Califórnia, também formado em artes, falecido ainda relativamente jovem em 2018. A série ainda é produzida e exibida até os dias de hoje, estando em sua 13ª temporada. No Brasil é exibida na TV fechada pelo canal Nickelodeon e na TV aberta seus direitos estão com o SBT, a partir de 2015, tendo anteriormente sido exibido até 2014 pela Globo.

Em 2014 a Paramount Pictures lançou o DVD Bob Esponja no Trabalho, contendo oito episódios que retratam o dia a dia do protagonista, resgatando inclusive o treinamento no momento da contratação. Os oito episódios analisados são: Vídeo de treinamento do Siri Cascudo, Dá para economizar uma moeda? Identidade perdida, Sirilândia, Pintores molhados, Aluno novo estrela do mar, Crustáceo de meia idade, O episódio de acampamento. Dos episódios acima listados, teve pertinência com nossa pesquisa apenas um episódio, o vídeo de treinamento, afinal os demais retratam outra situações. Sendo assim, como nosso foco é a relação de trabalho, foi necessário assistir outros episódios, além dos constantes do DVD, sendo assim, após busca no Youtube, foram também objeto de análise, devido a sua pertinência com a temática laboral, os episódios Precisa-se de ajudante, Funcionário do Mês e Medo de Hambúrguer de Siri.

É impossível assistir o desenho Bob Esponja sem lembrarmos da afirmação atribuída a de Aristóteles, em Poética, segundo a qual a arte imita a vida. Por outro lado, coisas que lá assistimos parecerem ganhar corpo em nossa realidade, arrastando-nos para a afirmação de Oscar Wilde, em A Decadência da Mentira, quando invertendo a assertiva anterior, no diálogo entre as personagens Cyril e Vivian, surge a afirmação de que a vida imita a arte muito mais do que a arte imita a vida. Acreditamos que as duas situações ocorram, mas sendo certo que no desenho animado analisado, há prevalência da análise crítica de situações do cotidiano moderno das relações de trabalho dentro do modelo capitalista de produção. Assim, vale transcrição de assertiva de DURANT (2000, p. 89) a partir da obra que recebeu o nome de Poética, de Aristóteles:

> A criação artística, diz Aristóteles, nasce do impulso formativo e da ânsia pela expressão emocional. Essencialmente, a forma de arte é uma imitação da realidade; vira espelho para a natureza.

Será importante analisarmos o meio ambiente de trabalho da lanchonete Siri Cascudo, em todas as suas dimensões, a identificação de quanto o assédio moral, por variadas formas, está presente na relação de trabalho firmada entre Bob Esponja e seu empregador Seu Sirigueijo. Não dá para deixar de analisar o comportamento do colega de trabalho de Bob Esponja, a personagem Lula Molusco, que o desenho faz questão de identificar como sendo um modelo de empregado indesejado, descomprometido com o serviço, mas que passa estranhamente passa ileso pelo julgamento do empregador, ante o modelo deficiente de gerenciamento adotado na empresa, baseado quase que exclusivamente na exploração abusiva do empregado Bob Esponja.

Para começarmos o estudo, antes mesmo de abordarmos o que se passa no primeiro episódio analisado, é preciso buscar a conceituação de meio ambiente laboral. A primeira conceituação de meio ambiente do trabalho que aqui trazemos é de Nascimento (2001, p. 739):

> O meio ambiente do trabalho é, exatamente, o complexo máquina-trabalho: as edificações do estabelecimento, equipamentos de proteção individual, iluminação, conforto térmico, instalações elétricas, condições de salubridade ou insalubridade, de periculosidade ou não, meios de prevenção à fadiga, outras medidas de proteção ao trabalhador, jornadas de trabalho e horas extras, intervalos, descansos, férias, movimentação, armazenagem e manuseio de materiais que forma o conjunto de condições de trabalho etc.

A conceituação acima limita o conceito de meio ambiente do trabalho ao de local de trabalho, não nos parecendo ter a necessária dimensão exigida pela realidade. A crítica ora feita também pode ser dirigida ao conceito difundido por Silva (2004, p. 23):

> Merece referência em separado o meio ambiente do trabalho, como o local em que se desenrola boa parte da vida do trabalhador, cuja qualidade de vida está, por isso, em íntima dependência da qualidade daquele ambiente. [...] O ambiente do trabalho é protegido por uma série de normas constitucionais e legais destinadas a garantir-lhe condições de salubridade e de segurança.

Por meio ambiente de trabalho necessitamos de um conceito que não olvide sua dimensão psicológica e que identifique o trabalhador por ele alcançado, sendo assim, adotaremos a conceituação de Feliciano (2013, p. 13), segundo a qual:

> Meio ambiente do trabalho (partindo da descrição legal do art. 3º, I, da Lei n. 6.938/1981): é o conjunto (= sistema) de condições, leis, influências e interações de ordem física, química, biológica e psicológica que incidem sobre o home em sua atividade laboral, esteja ou não submetido ao poder hierárquico de outrem.

A relação entre a proteção a saúde do trabalhador e a proteção ambiental é destacada por Sarlet e Fensterseifer (2014, p. 321):

> No conceito de ambiente do trabalho, conforme se pode apreender do que dispõe a própria CLT, há uma relação muito forte entre proteção da saúde do trabalhador e proteção ambiental. Não por outra razão, a expressão "ambiente do trabalho", prevista no art. 200, VIII, da CF/88, aparece justamente em passagem do texto constitucional que trata do Sistema Único de Saúde (SUS). No Plano infraconstitucional, a lei do SUS (Lei n. 8.080/1990), seguindo a diretriz constitucional, registra, no seu art. 6º, V, que estão incluídas no campo de atuação do SUS "a colaboração na proteção do meio ambiente, nele compreendido o do trabalho.

Sendo assim, a análise do desenho animado terá por objetivo avaliar o meio ambiente do trabalho do protagonista, suas imperfeições e seu impacto na saúde do trabalhador, procurando identificar as condutas do empregador e do colega de trabalho e analisar se de alguma forma tais ações podem caracterizar a figura do assédio moral, nas suas variadas formas, aferindo as eventuais implicações sobre a saúde física e mental do protagonista. Para tanto, segue outro conceito teórico muito importante para o nosso estudo, o conceito de assédio moral.

Ávila (2015, p. 23) relata que o assédio moral no trabalho apresenta diversas denominações:

> O assédio moral no trabalho é tratado na literatura sob diferentes visões, de acordo com as culturas e contextos. Para designar situações de assédio moral no trabalho encontram-se o uso das denominações *mobbing*, na Itália, Alemanha e países escandinavos; *bulling ou harassment*, nos Estados Unidos da América e na Inglaterra; psicoterror ou *acoso* moral, na Espanha; *harcèlement* moral, na França; *ijime*, no Japão; e assédio moral ou terror psicológico no Brasil.

Hirigoyen (2001, p. 65) conceitua assédio moral como sendo:

> Toda e qualquer conduta abusiva manifestando-se sobretudo por comportamentos, palavras, atos, gestos, escritos que possam trazer dano à personalidade, à dignidade ou à integridade física ou psíquica de uma pessoa, por em perigo seu emprego ou degradar o ambiente de trabalho.

Partiremos do conceito de assédio moral de Delgado (2016, p. 1363):

> Define-se o assédio moral como a conduta reiterada seguida pelo sujeito ativo no sentido de desgastar o equilíbrio emocional do sujeito passivo, por meio de atos, palavras, gestos e silêncios significativos que visem ao enfraquecimento de diminuição da autoestima da vítima ou a outra forma de desequilíbrio e tensão emocionais graves.

Analisaremos a relação de trabalho de Bob Esponja, desde a fase de entrevista de emprego até a execução das atividades, aferindo as cobranças excessivas de seu empregador e o comportamento nada solidário de seu colega de trabalho, fatores que somados poderão desencadear sérios problemas de saúde em nosso protagonista. Referida abordagem relativa à relação entre cobranças e saúde física e mental do trabalhador, encontra respaldo na doutrina de Wyzykowski; Barros e Pamplona Filho (2014, p. 113):

> Afora isso, observa-se ainda que o modelo de produção atual exige ritmos intensos de trabalho, com salários muitas vezes não condizentes com o tanto desempenhado, o que facilita o aparecimento de problemas psicológicos, condutas hostis e desrespeitosas e tentativas de dominação sobre o empregado por pessoas hierarquicamente superiores, pelos próprios colegas que se encontram no mesmo nível ou até mesmo a união de vários empregados contra o superior hierárquico.

Destaca Cassar (2018, p. 979):

> O meio ambiente do trabalho deve priorizar a incolumidade física, psíquica e social do empregado e demais trabalhadores (terceirizados) e, por isso, deve ser salubre, saudável, digno e íntegro. Logo não se limita ao local, ao endereço, ao ambiente interno, mas também ao serviço, mesmo que externo, às ferramentas, aos instrumentos de trabalho, à forma de execução das tarefas e ao modo como é tratado o trabalhador pelos colegas e superiores hierárquicos.

A seguir começaremos a análise de alguns episódios do desenho, pertinentes ao objeto de nossa pesquisa. Valemo-nos dos vídeos encontrados no Youtube e no DVD lançado em 2014 pela Paramount Pictures, nominado Bob Esponja no Trabalho. Não obstante o título, dele entendemos pertinente ao objeto da pesquisa, como já explicado, apenas o episódio Vídeo de Treinamento do Siri Cascudo. O episódio relativo a perda da identidade funcional, embora pertinente, fica para um próximo estudo, mas voltado para a saúde psicológica de nosso querido protagonista.

## 2. Precisa-se de um ajudante

Precisa-se de ajudante aparece como sendo o primeiro episódio da temporada 1. Nele encontramos em sua primeira cena o indicativo de um cartaz de vaga de emprego para ajudante, colocado na frente da lanchonete Siri Cascudo, situada na Fenda do Biquini, futuro local de trabalho de nosso protagonista. Ciente da vaga de emprego, Bob Esponja é tomado por um misto de sentimentos antagônicos. Ao mesmo tempo que se apresenta empolgado com a possibilidade de trabalhar no preparo do famoso hamburguer de siri, é tomado por um sentimento de baixa autoestima, onde se mostra em dúvida sob a sua capacidade laboral para se candidatar a vaga de emprego. Incentivado por seu fiel amigo Patrick Estrela, Bob Esponja se encoraja a ir até a lanchonete se candidatar à vaga de emprego. Lá chegando é recebido por seu futuro colega de trabalho, Lula Molusco, que de todas as formas tenta atrapalhar a sua contratação. Tratando o candidato com desdém, o proprietário do estabelecimento, Seu Sirigueijo, passa ao candidato uma tarefa aparentemente impossível de ser cumprida e diz a ele que se cumprir o desafio o emprego será dele. Quando Bob Esponja deixa o estabelecimento, Seu Sirigueijo e o empregado Lula Molusco caem na risada, mal sabendo que não muito tempo depois Bob Esponja retornará com a missão cumprida, justamente em momento que a lanchonete Siri Cascudo está tomada por uma avalanche de clientes ávidos por consumir e que chegaram todos ao mesmo tempo, em diversos ônibus de excursão. Bob Esponja, em meio àquela situação caótica e tendo cumprido sua parte na promessa condicionada de emprego, se considera empregado, assumindo imediatamente a cozinha da lanchonete, já em ritmo frenético, montando dezenas de sanduiches de uma só vez, sendo que todos os clientes foram devidamente atendidos, resultando em um lucro enorme para Seu Sirigueijo, que termina o episódio indo para o escritório contar todo o dinheiro arrecadado naquele dia, graças exclusivamente ao desempenho eficiente de Bob Esponja à frente da cozinha da lanchonete.

O que chama atenção no primeiro episódio é a natural fragilidade emocional de um candidato a emprego frente a uma entrevista admissional. O quanto ele se mostra vulnerável, dominado pelo medo e pela ansiedade, ao passo que no empregador se constata o indesejável comportamento de humilhar o candidato. Seu Sirigueijo, que não tendo interesse em contratar Bob Esponja, ainda assim criou um desafio para o candidato, lançando-o à rua em busca de um utensílio que acreditava não existir, de forma a gerar uma culpa do provável insucesso ao próprio Bob Esponja, afinal disse que se ele conseguisse cumprir o desafio seria contratado. Há uma perversidade na pessoa do empregador, que já sabendo não ter interesse em contratar o candidato, ao invés de liberá-lo, ainda busca fazê-lo se achar culpado pelo eventual fracasso da não contratação. Aqui se constata um total desprezo pela dignidade da pessoa humana do trabalhador, conduta reprovável.

La Cueva (2001, p. 112) nos deixou a lição de que o trabalhador é um ser idêntico aos demais, de tal sorte tem o indiscutível direito de que se lhe trate com a mesma consideração que pretenda o empregador.

Para Ruprecht (1995, p. 104) esse princípio conhecido também como princípio do valor humano, baseia-se na humanização o trabalho, em considerar o trabalhador coo um ser humano e não como mercadoria ou elemento de produção.

A situação retratada no momento da contratação da personagem Bob Esponja bem mostra a opressão exercida pelo empregador sobre o candidato ao emprego, além do papel assediador de seu futuro colega de trabalho, demonstrando que o assédio também pode partir de um colega de trabalho, como bem alerta Feliciano (2013, p. 66):

> com efeito não é difícil identificar, no imo das relações de trabalho subordinado, manifestações de cada uma das 'gerações'('ou dimensões") de direitos humanos fundamentais(i.e., aqueles direitos imensuráveis em pecúnia, por natureza inerentes à pessoa humana e constitucionalmente positivados). A diferença é que, às mais das vezes, o sujeito opressor não é o Estado, mas o empregador ou o tomador de serviços(sejam pessoas privadas, sejam pessoas jurídicas de direito público ou estatais) ;e, mais raramente, outros trabalhadores(assim, e.g., no chamado assédio moral horizontal).

A forma de agir do empregador e de seu empregado mostrou uma perversidade caracterizada pelo desrespeito a pessoa do candidato ao emprego. Como destaca Felker (2006, p. 172), "a forma de agir do perverso é desestabilizando e explorando psicologicamente a vítima por meio da dominação, de diversos e variados métodos para dificultar a reação da pessoa perseguida".

## 3. Vídeo de treinamento do Siri Cascudo

O segundo episódio analisado é o de número 19, da temporada 3, nominado Vídeo de Treinamento do Siri Cascudo, uma ferramenta padronizada de treinamento e capacitação muito utilizada em empresas dos mais variados portes, embora em sua origem era mais utilizada em grandes empresas. O vídeo começa com o narrador parabenizando quem está assistindo, no caso Bob Esponja, por ter sido contratado por um dos mais conceituados restaurantes da Fenda do Biquini, O Siri Cascudo. Em seguida começa uma breve história da vida do proprietário, Sr. Sirigueijo, sempre exaltando o que acham ser suas maiores virtudes, não obstante o vídeo mostre a prática de condutas desonestas por ele, como retirar refrigerantes de máquinas sem deixar a moeda do pagamento. O vídeo também elogia o ambiente do restaurante, afirmando terem sido feitos altos investimentos tecnológicos, quando a imagens mostram exatamente o contrário. O narrador diz que se a modernização é o coração do Siri Cascudo, os empregados são o fígado e a vesícula. Em seguida é apresentado um lema da lanchonete, P.O.O.P, uma espécie de mantra que significa, pessoas ordenam nossos preferidos hamburgueres. O lema deve ser invocado sempre que um cliente hesitar na escolha de seu pedido, devendo o empregado induzi-lo sempre à compra de um hamburguer de siri. Orientações rigorosas de higiene pessoal dos empregados e de manutenção da higiene do local de trabalho também estão no vídeo, sempre fazendo um comparativo entre o desejado e o comportamento do também empregado Lula Molusco, considerado um mal exemplo em todos os aspectos abordados no vídeo. Há também recomendações sobre a necessidade de vigilância quanto ao segredo de empresa, que no caso é a fórmula do hamburguer de siri, entretanto o segredo não é passado a Bob Esponja. Fica o registro que desde o início do episódio Bob Esponja se mostra ansioso para fazer o hamburguer de siri, o que sempre vai sendo adiado pelo narrador, sob o fundamento de que outras coisas precisam ser aprendidas antes do hamburguer. Ao final o empregado se mostra bastante cansado com tantas informações e obrigações passadas e desanimado quanto ao seu objetivo de trabalhar na montagem dos sanduiches.

A situação retratada no episódio acima, caracterizada pelo empenho do empregador em deixar o empregado alheio ao produto de seu trabalho, não permitindo que o mesmo tenha o conhecimento total do processo de produção do hambúrguer de siri, comportamento caracterizado pelo fato de que a receita dos ingredientes do produto ser omitida do trabalhador, nos faz lembrar lição de Antunes (2003, p. 118-119):

> Não creio que se possa dizer que no capitalismo avançado tal contextualidade e concretude não tem mais vigência. Essa hipótese, então, para o Terceiro Mundo industrializado, é inimaginável. E mesmo na Volvo, de Uddevalla, na Suécia, citada como o exemplo mais avançado de organização do trabalho sob o capitalismo do welfare state, também o produto continua alheio e estranho aos seus reais produtores. A decisão do que produzir não lhes pertence. E a apropriação do trabalho não é nem social e nem coletiva. Cito este exemplo atípico porque mesmo ele reafirma a regra. E isso na Suécia. Na realidade do Brasil, México, Coreia, Argentina, a desidentidade entre indivíduo e gênero humano beira a animalidade, especialmente quando se pensa nos estratos mais subalternizados das classes trabalhadoras. Isso para não falar dos gastarbeiters na Alemanha, no lavoro nero na Itália, enfim, no trabalho imigrante tão degradado na Europa que ruma para a unificação e que exclui contingentes vários do seu "bem-estar social".

Um vídeo caracterizado por trazer muitas exigências dirigidas a pessoa do empregado e sem qualquer possibilidade de abertura de diálogo com a empresa na busca por aquilo que seriam os seus fins sociais, caracterizando uma gestão antidemocrática, de imposição de procedimentos de trabalho pela chefia. Dejours (1992, p. 128) ensina que "a organização do trabalho, fixada externamente pelas chefias, pode, em certos casos, entrar em choque com o compromisso operatório favorável, que o trabalhador teria instituído espontaneamente".

## 4. Funcionário do mês

O episódio seguinte é chamado de Funcionário do mês, episódio 25 da primeira temporada. Nele Bob Esponja começa alertando Lula molusco que é o dia em que tem início a avaliação por Seu Sirigueijo para a escolha do funcionário do mês, um concurso mensal que premia com uma foto na parede o profissional mais produtivo da lanchonete. Lula Molusco então alerta Bob Esponja que referido concurso não vale à pena porque representa apenas uma forma de trabalharem mais sem receber nenhum adicional de salário. Bob Esponja não acredita no que ouve e defende os propósitos do concurso, dizendo que Lula Molusco também pode ter sua foto na parede, caso consiga se destacar em seu trabalho. Ao ouvir as palavras de Bob Esponja, Seu Sirigueijo se aproxima para dizer que ele está certo e que o concurso do mês será disputado, declarando que nenhum empregado está na frente e que Lula Molusco parece estar focado para ganhar o concurso. Referidas palavras, junto com a brincadeira de Lula Molusco em dizer que pode ser que Bob Esponja fique para trás, são suficientes para despertar um instinto de competição em Bob Esponja, que mesmo tendo ganho o concurso nos últimos vinte e seis meses, ainda se sente no dever de provar algo a mais e consequentemente de ganhar a competição, ainda que Lula Molusco não leve o concurso a sério, demonstrando total desprezo pelo certame. A partir daí, Bob Esponja é tomado pelo estresse e imaginando-se mais fraco que Lula Molusco na disputa pelo posto de funcionário do mês, acaba se enrolando na execução de suas tarefas do cotidiano, como por exemplo preparar os hambúrgueres de siri. A presença constante de Lula Molusco oferecendo ajuda e criticando o desempenho do colega contribuem para um progressivo estado de desequilíbrio emocional de Bob Esponja. Perturbado com a possibilidade de perder o concurso, Bob Esponja passa a ter comportamento de estresse, dando sinais de perturbação emocional, inclusive invadindo a casa de Lula Molusco durante a noite para desligar o seu despertador, tentando provocar um atraso de seu agora concorrente de trabalho. Descoberto, neste momento, Bob Esponja declara em alto e bom som que ele era melhor funcionário há 26 meses, então Lula Molusco se ente ofendido e aceita o desafio, sendo que o concurso passa a importar para o colega de trabalho de Bob Esponja, que então entra no páreo, sendo que para não perderem a hora, ambos passam a ficar acordados toda a noite, disputando assim quem chegará primeiro ao serviço para encerar o chão da lanchonete, passando um a ofender o outro pelo uso da expressão perdedor. Seguem-se sucessivas sabotagens de um contra o outro, voltadas a provocar a perda do horário para ir ao trabalho no dia seguinte, sem dormir, ambos passam a sofrer de cansaço físico e mental, contribuindo assim para um pífio rendimento no trabalho, bajulação ao Seu Sirigueijo e desperdício de matéria prima, com a desnecessária montagem de inúmeros sanduiches. Ao final ambos se prejudicaram em uma competição sem propósitos.

A angústia do trabalhador em ambiente de trabalho degradado é explicada por Dejours (1992, p. 108):

> Nenhum operário, como nenhum outro home, está a salvo de uma explosão de angústia. Embora seja esquemática a separação entre medo e angústia, na prática, essa ligação é bem anterior, e, frequentemente, não basta ao trabalhador sair da fábrica para ficar completamente confiante e calmo. Sobretudo se seus períodos de recuperação somatopsicológica forem cortados pela ruptura de seus ritmos de descanso (trabalho em turno alternado). A maioria dos operários precisa de remédios para dormir, mas também para se aguentar durante a jornada de trabalho. Os hipnóticos e ansiolíticos são largamente consumidos. Quando volta para casa, o trabalhador acorda de noite, angustiado, pois não sabe mais se fechou direito tal válvula. Será que pode explodir? Só ficará tranquilo no dia seguinte, quando voltar ao posto de trabalho. E pouco a pouco, toda a via do operário é atravessada pela ansiedade gerada pelo trabalho.

Sobre a estratégia de reconhecimento destinada a escolher o chamado funcionário do mês, em princípio uma forma de reconhecimento do bom desempenho, a doutrina destaca que a metodologia tem um outro aspecto a ser analisado, quase nunca percebido, o da humilhação de quem é preterido. Merecem transcrição as palavras de Soboll (2008, p. 110):

> O reconhecimento fornecido pela organização é vivenciado com contradições, pois a visibilidade é utilizada com dupla função: (i) para enaltecer os que demonstraram adesão e apresentaram resultados desejados no curto prazo; (ii) para humilhar aqueles que não foram suficientes para a empresa, num processo de julgamento de erros, com impactos específicos na identidade.

Sobre a relevância constitucional do meio ambiente de trabalho adequado, Melo (2013, p. 32) destaca:

> O meio ambiente do trabalho adequado e seguro é um direito fundamental do cidadão trabalhador (lato sensu). Não é um mero direito trabalhista vinculado ao contrato de trabalho, pois a proteção daquele é distinta da assegurada ao meio ambiente do trabalho, porquanto esta última busca salvaguardar a saúde e a segurança do trabalhador no ambiente em que desenvolve suas atividades.

Uma reflexão pouco usual, mas necessária é a de que a angústia, o medo e a ansiedade do trabalhador estão sendo usadas pela empresa para obter maior produtividade.

## 5. Medo de hambúrguer de siri

O episódio ora analisado é o de número 36 da temporada 3, com o nome de Medo de hamburguer de siri. O episódio começa com Seu Sirigueijo confeccionando um cartaz com o novo horário de funcionamento da lanchonete, de 06h00 às 23h00. Lula Molusco reage com espanto e descontentamento, enquanto Bob Esponja demostra felicidade em poder passar a mais tempo no serviço, reclamando apenas por não poder começar antes das 06h00. Ao chegar na janela e observar o novo horário de funcionamento do seu concorrente, a lanchonete Balde de Isca, que anunciava passar a funcionar 23 horas por dia, Seu Sirigueijo decide que a lanchonete Siri Cascudo irá funcionar 24h por dia. Bob Esponja fica feliz e comemora não ter que ir para casa, podendo trabalhar mais tempo. Em verdade, o plano do concorrente, Seu Plankton, era levar os empregados do Siri Cascudo a exaustão e então, quando Bob Esponja estivesse muito cansado ficaria mais fácil tirar do mesmo a tão desejada fórmula do hamburguer de siri. Trabalhando sem parar há 43 dias, Bob Esponja apresenta sinais de exaustão, com alucinações, especificamente passa a enxergar um grande hamburguer de siri que quer devorá-lo, o que acaba gerando um bloqueio para o exercício da atividade que mais gosta, preparar hamburguer de siri. Não apresentando condições psicológicas para o trabalho, Bob Esponja é aconselhado pelo próprio empregador a procurar uma ajuda profissional de um psiquiatra, sendo então quando Bob Esponja cai no consultório de Plankton, que sem obter sucesso, tenta de todas as formas extrair o segredo da fórmula de hamburguer de siri. Curado do problema de saúde, Bob Esponja volta ao trabalho e encontra Seu Sirigueijo que decidiu reduzir em apenas uma hora o tempo de funcionamento da lanchonete.

O trabalho pode desencadear doenças na pessoa do trabalhador. Algumas são inerentes ao exercício de determinada função, são chamadas de doenças profissionais e outras podem ser agravadas pelo trabalho, são denominadas doenças do trabalho. Buscando fazer uma distinção clara entre as duas situações, Oliveira (2011, p. 50):

> A doença profissional é aquela peculiar a determinada atividade ou profissão, também chamada de doença profissional típica, tecnopatia ou ergopatia. O exercício de determinada profissão pode produzir ou desencadear certas patologias, sendo que, nessa hipótese, o nexo causal da doença com a atividade é presumido. É o caso por exemplo, do empregado de uma mineradora que trabalha exposto ao pó de sílica e contrai a silicose. (...) Por outro lado, a doença do trabalho, também chamada mesopatia ou doença profissional atípica, apesar de igualmente ter origem na atividade do trabalhador, não está vinculada necessariamente a esta ou aquela profissão. Seu aparecimento decorre da forma em que o trabalho é prestado ou das condições específicas do ambiente de trabalho.

Sobre o trabalho estressante e os impactos adversos na saúde do trabalhador, como vimos no presente episódio, Martins; Cesarini e Almeida (2015, p. 401):

A modernização das relações de trabalho onde as empresas estabelecem sistemas produtivos baseados na alta competitividade, metas escorchantes, chefias rigorosas e ritmos acentuados de trabalho trazem como consequência, uma nova configuração Às doenças ocupacionais: deixam de ter caráter eminentemente físico para afetar o sistema nervoso-emocional do trabalhador.

Oliveira (2011, p. 218) divide o estresse ocupacional em duas modalidades: o estresse de subutilização ou de monotonia e estresse de sobrecarga. No presente caso analisado, o que vimos é o protagonista submetido a segunda modalidade, o estresse por sobrecarga, que segundo o citado autor:

> ocorrerá quando o grau de exigência estiver acima das potencialidades físicas ou mentais do trabalhador. Atualmente, os trabalhadores, sobretudo os que ocupam postos de comando, tomam várias decisões em curto espaço de tempo, aumentando o degaste pela densidade da carga laborativa.

O esgotamento emocional vivido por Bob Esponja em decorrência do trabalho, nos traz a necessidade de uma conceituação da patologia e a mais difundida é a de Maslach, Schaufeli e Leiter (2001, p. 397) que definem a síndrome de burnout nos seguintes termos:

> Exaustão emocional, caracterizada por uma falta ou carência de energia, entusiasmo e um sentimento de esgotamento de recursos; despersonalização, que se caracteriza por tratar os clientes, colegas e a organização como objetos; e diminuição da realização pessoal no trabalho, tendência do trabalhador a se auto-avaliar de forma negativa. As pessoas sentem-se infelizes consigo próprias e insatisfeitas com seu desenvolvimento profissional.

Até chegar ao nível de esgotamento apresentado, Bob Esponja foi submetido a uma situação de estresse máximo, inicialmente provocada pelo aumento abrupto da jornada, passando a ser de 24 horas contínuas, sem direito a descanso e depois pela quantidade de serviço que foi exigida de sua pessoa, no caso atender a uma demanda pela produção de cerca de 10 mil sanduíches. Tal situação levou nosso protagonista a uma situação de exaustão física e mental, provocada pela deterioração do ambiente de trabalho. Ao final, Bob Esponja apresenta um quadro clínico muito compatível com a síndrome de Burnout, um estado de esgotamento físico e mental cuja causa está intimamente ligada à vida profissional.

## 6. Considerações finais

A análise dos episódios relativos à relação de trabalho do protagonista Bob Esponja Calça Quadrada nos mostrou de forma clara as consequências do assédio moral no ambiente de trabalho. Identificamos diversas situações vivenciadas por nosso protagonista, desde a sua entrevista de emprego para admissão na lanchonete, seguida das instruções do treinamento, o sofrimento narrado na competição por produtividade e rendimento idealizadas e implementadas pelo empregador apenas com o objetivo de fazer seus empregados produzirem mais, sem qualquer ganho extra em t em toca de uma foto na parede e por fim o quadro de estresse provocado pelo excesso de serviço, gerando o desenvolvimento de um quadro de doença provocada pelo meio ambiente de trabalho degradado.

Por força dos episódios, vimos que tudo começa com um meio ambiente do trabalho sem higidez, fato que se torna decisivo para o mal desenvolvimento das relações humanas e o aparecimento de doenças do trabalho.

Foi um exercício muito rico, que permitiu desvelar o quanto um desenho animado feito com uma certa inspiração na realidade do universo capitalista de produção, pode desenvolver o senso crítico dos espectadores, em sua grande maioria jovens e crianças, quanto a relevantes temas socio-laborais como meio ambiente laboral, assédio moral, dignidade da pessoa humana e doenças do trabalho.

# Trabalho e Gênero

# O Papel da Mulher na Família e no Trabalho: Da Era da Pedra ao Século XXI, uma Leitura a Partir dos Flintstones e dos Jetsons

*Camilla de Lellis Mendonça*

*Ana Paula Silva Campos Miskulin*

## 1. Introdução

A série "Os Flintstones", criada pelos cartunistas norte-americanos William Hanna e Joseph Barbera, foi exibida pela primeira vez em 30 de novembro de 1960 e contou com seis temporadas, totalizando 166 episódios até 1966, com transmissão em mais de 80 países e tradução para 22 idiomas (wikipedia). Dois anos depois, em 1962, os mesmos autores criaram a animação mundialmente conhecida como "Os Jetsons". A série contempla três temporadas com 75 episódios e retrata o cotidiano de uma família de classe média "tipicamente americana" que vive no futuro (THE, 2020).

A grande diferença entre as animações está na cronologia. Os cartunistas criaram duas viagens temporais, uma de volta à Idade da Pedra, com personagens descalços e carros movidos à tração dos pés, na pequena cidade de Bedrock, e outra que remetesse ao futuro, enquanto a história dos Jetsons faz referência ao futuro, mais especificamente em 2062, em Orbity City.

Ambas as séries têm como núcleo uma família americana de classe média. A animação "Os Flintstones" tem como protagonistas o casal Fred e Wilma Flintstone e os vizinhos e melhores amigos, Barney Rubble e a esposa Betty. Fred e Barney trabalham juntos na pedreira do Sr. Stanle, enquanto Wilma e Betty são donas de casa.

A história dos Jetsons narra o dia a dia da família constituída por George, pela esposa, Jane Jetson, e pelos dois filhos do casal, Judy e Elroy. George Jetson, 40 anos de idade, é o protagonista da série e representa o provedor da família, tendo em vista que é o único que possui uma atividade remunerada. Seu trabalho consiste em apertar sistematicamente uma tecla do computador R.U.D.I na empresa Sprockets, da qual é empregado (THE, 2020).

Jane Jetson, 33 anos de idade, é dona de casa, adora mudar o visual e é uma exímia consumista, especialmente em artigos de moda e eletrodomésticos. Apesar de Jane não ter um emprego, cansam-na os serviços domésticos, motivo pelo qual convenceu George de que a família precisava de uma governanta robotizada, a Rosie, uma máquina velha, que se movimenta de forma desengonçada e é geniosa. No trabalho, a governanta é proativa, ótima cozinheira, limpa a casa, faz companhia às crianças e está sempre disponível aos patrões.

O desejo pela redução de tarefas que propiciem maior tempo de descanso e desfrute do ócio é um sentimento comum ao homem médio. Assim, ambos os desenhos animados se tornaram um sucesso à medida que transpuseram para a série o ideário daqueles que sonham com um futuro mais confortável.

O cenário futurístico dos Jetsons, fruto da imaginação dos cartunistas daquilo que se espera para 2062, também contempla tecnologias que ainda não são plausíveis, como carros voadores e tubos de teletransporte, e outras que hoje já são realidade, a exemplo de robôs (ainda que não sejam aos moldes de Rosie), telefones portáteis, esteiras elétricas, televisões de plasma que permitem chamadas em vídeo.

A série leva ao encantamento do espectador quando o aproxima, ainda que de forma fantasiosa, a um mundo em que, no apertar de um botão, louças sujas sob a mesa são recolhidas e lavadas, alimentos são escolhidos, preparados e disponibilizados instantaneamente à família, roupas são lavadas, passadas e dobradas em poucos segundos, entre outras dezenas de ações imaginadas pelos cartunistas.

É interessante observar o diálogo entre as duas animações. Curiosamente, ou propositadamente, nos Flintstones, embora a história se passe na Idade da Pedra, o cenário mostra viadutos feitos de pedra e vários equipamentos modernos com uso de animais vivos, como toca-discos, despertador, cortador de grama, máquina de lavar louça, entre outros, incompatíveis com a tecnologia existente à época, como uma sátira que evidencia o fascínio que as pessoas de todas as épocas têm por técnicas novas que lhes proporcionem conforto.

Além disso, as séries apresentam alguns pontos em comum que chamam a atenção: o núcleo familiar é chefiado por um homem, assalariado cujo trabalho ocupa um papel de centralidade em sua vida, enquanto a esposa é do lar, subserviente ao marido e satisfeita com a vida que leva. Em ambas as animações, os cartunistas tentam transmitir a mensagem de que o ideário de uma vida perfeita do ponto de vista da mulher se resume ao "privilégio" de ter uma casa e um marido para satisfazer as suas vontades.

O objetivo deste artigo é demonstrar que, não obstante todo o aparato tecnológico e evolução, os desenhos reproduzem alguns aspectos retrógrados, especialmente no tocante às características da relação de trabalho dos protagonistas e ao papel da mulher, cujo espaço ainda é reduzido. Para tanto, foi utilizado o método indutivo por meio de documentação indireta bibliográfica.

As relações familiares e de trabalho que são observadas permanecem tais como a década de 1960, à época da criação das séries, a exemplo da relação de subordinação clássica de George Jetson e Fred Flintstone aos seus empregadores, Sr. Spacely e Sr. Pedregulho, e do papel da mulher, o qual será objeto de análise deste artigo, dentro do âmbito doméstico e laboral, representado por Jane Jetson e por Rosie em "Os Jetsons" e por Wilma e Betty em "Os Flintstones".

## 2. Jane Jetson: a mulher do século XXI?

Jane Jetson, apesar de viver no século XXI, é a materialização do estereótipo da mulher ideal do século XX. Ela cumpre com o padrão que se espera em relação aos padrões femininos. Jane é jovem, magra, bonita e vaidosa, dedica-se, de forma muito afetuosa, aos cuidados de sua família e mostra-se sempre interessada em promover o bem-estar dos filhos e do marido. Porém, ao lado de toda essa idealização, ainda dentro do contexto do estereótipo da mulher, os cartunistas tentam trazer um pouco de outra realidade, mas de aspecto negativo, que é a figura da esposa dependente (e "gastadeira"), a qual manipula sentimentalmente o companheiro para conseguir o que quer. A todo momento, George vê-se diante de um impasse entre magoar a esposa, que muitas vezes age em nome dos filhos, ou satisfazê-la.

Tendo em vista que não exerce nenhuma atividade remunerada, Jane depende financeiramente de George e, em grande parte dos episódios, tenta convencê-lo durante toda a trama acerca da necessidade da compra de algum produto para a casa. O enredo do primeiro episódio aponta ainda outras desqualificações de Jane. A dona de casa aparece apertando botões de eletrodomésticos que cuidam de todas as tarefas da casa, o que parece muito fácil e nada cansativo, mas a mulher sente-se exausta ante tais afazeres. Assim, já no primeiro episódio da série, Jane articula um plano de sucesso com a orientação de sua mãe, para que George ceda em relação à contratação da governanta Rosie.

A contratação da empregada robô para substituir Jane em seus afazeres deixa evidentes, mas de forma cômica e graciosa, dois de seus defeitos: a dona de casa é consumista, gasta o pouco dinheiro do marido e é preguiçosa, afinal, como poderia ser exaustivo apertar botões que lhe trazem a comodidade de não precisar dedicar-se ativamente aos cuidados com a casa? Desse modo, o trabalho doméstico, tanto o não remunerado exercido pela dona de casa quanto o oneroso, em especial da empregada doméstica, constitui as principais evidências da desigualdade de gênero observadas no desenho, as quais merecem ser discutidas em observância aos aspectos históricos, culturais, políticos e sociais.

## 3. O papel de Wilma Flintstone

Wilma conheceu o seu marido, Fred, em um *resort* em que ela e a melhor amiga Betty trabalhavam como vendedoras de cigarros e, embora Wilma tenha trabalhado como repórter depois que Pedrita se tornou adolescente, durante a maior parte da série, Wilma não trabalhava fora, mas atuava como dona de casa.

Não há demérito algum em ser uma dona de casa, no entanto, o desenho animado, que se passa na década de 1960, apresenta um estereótipo de mulher magra e bonita que, na família tradicional, é aquela que cuida da casa, cozinha bem e, além de ser equilibrada, está sempre à disposição do marido de quem depende financeiramente, enquanto este trabalha o dia todo num emprego fixo e está sempre zangado com seu trabalho pesado como operário, após o qual chega a casa mal-humorado e só quer comer e descansar.

A abertura da série mostra, durante muito tempo, o patrão de Fred puxando a cauda de uma ave para tocar a sirene que anuncia o fim da jornada, ao que Fred imediatamente reage interrompendo a operação da escavadeira de dinossauro com a qual trabalha e escorregando por sua cauda entusiasmado, depois de ecoar o famoso grito "yabadabadoo" e se dirigir para casa após um exaustivo dia de trabalho, quando encontra Wilma de pé, após a porta com sua refeição nas mãos.

A personagem de Wilma passa a ideia de que para a mulher não se vislumbra a possibilidade de ascensão profissional, cujo papel se limita ao de coadjuvante de uma família patriarcal, em que o homem é o protagonista e as aspirações da mulher se restringem ao consumo de alguns itens, trabalhos voluntários ou à maternidade, pois somente aos homens é dado frequentar clubes como a sociedade leal dos Búfalos ou sair com amigos para se divertir, como Fred e Barney costumam fazer quando inventam alguma história para enganar as esposas e saem para jogar boliche.

Em diversos episódios, é possível constatar cenas em que há um machismo acentuado, como no episódio 19 da segunda temporada "As economias de Wilma", em que esta aparece pedindo dinheiro a Fred, pois queria comprar um presente surpresa para ele que, em seguida, descobre com Barney que Wilma estava escondendo o dinheiro na gaveta, momento em que Barney afirma que essa história acontece sempre e explica: "quando as mulheres se casam prometem honrar e obedecer, mas não há nada sobre economizar e anotações no livro"(1).

A divisão sexista do trabalho que a série retrata, em que os afazeres domésticos são atribuídos exclusivamente à mulher, vai de encontro ao pensamento que vigorava na época no sentido de que "a obrigação principal de toda mulher casada é com sua família"

(1) No minuto 06:13. Disponível em: <https://www.facebook.com/watch/?v=243923474632693>. Acesso em: 18 out. 2020.

e o trabalho remunerado da mulher, diferentemente do que ocorre com o trabalho doméstico, é uma opção que serve apenas como um luxo, para ocupar seu tempo ocioso, complementar a renda familiar e adquirir coisas extras, diferentemente da necessidade do trabalho de seu marido, conforme pregava o fundador da Manpower Inc., empresa americana de trabalho temporário que se baseava no trabalho feminino em horários flexíveis, exatamente para haver tempo hábil para os cuidados com a casa, as crianças e o marido (Weil, 2018, p. 51).

Mas o que mudou 60 anos após o lançamento da série "Os Flintstones", em relação às mulheres como Wilma Flintstone?

Ulich Beck (2011, p. 151) afirma que, se, nos anos 1960, família, casamento e profissão compunham um eixo dos planos e situações de vida, criando um vínculo de amplo alcance, agora há uma diversidade de posições tão grandes, que se torna difícil integrar conceito e a realidade. Para o autor,

> já não é evidente se duas pessoas se casarão, quando se casarão, se viverão juntas e não se casarão, se se casarão e não viverão juntas, se terão ou criarão filhos dentro ou fora da família, com a pessoa junto a quem se vive ou com a pessoa a quem se ama, mas que vive com outra pessoa, antes ou depois de fazer carreira ou mesmo durante. Tampouco é claro como tudo isso pode ser combinado, a curto ou longo prazo, ou mesmo temporariamente, com as obrigações ou ambições de manutenção, carreira e profissão de todos os envolvidos. Todas as planificações e acordos dessa natureza são por princípio revogáveis e, portanto, nos encargos mais ou menos desiguais que acarretam, dependentes de legitimação. Isto pode ser compreendido como desacoplamento e diferenciação dos elementos da vida e do comportamento (anteriormente) congregados na família e no casamento (BECK, 2019, p. 151).

Fato é que o papel das mulheres na sociedade, de modo geral, se alterou completamente, mas há questionamentos se tais mudanças implicaram eliminação das desigualdades de gênero não no plano jurídico, mas no da dimensão da realidade fática.

## 4. Rosie: a representação da desigualdade de gênero no emprego doméstico

Uma das manifestações de desigualdade de gênero reproduzidas na série é representada por Rosie, a governanta robô. A personagem aparece no primeiro episódio da temporada inaugural, quando Jane se dirige ao departamento de "aluguel de empregada".

Durante o atendimento, o vendedor apresenta à mulher dois modelos, um "direto da Grã-Bretanha", com características de pontualidade, e outro "direto da França", com uniforme e trejeitos sensuais. Tendo em vista que Jane não agrada de nenhum produto, é-lhe apresentada, como última opção entre os outros modelos de mulheres estereotipadas, Rosie, um "velho modelo que serve como demonstração", com "bastante prática", "bastante conservada" e "caseira". A governanta é levada por Jane para um dia de experiência grátis e é bastante apreciada pela família, que resolve contratá-la.

## 4.1. O emprego doméstico no Brasil

De acordo com dados oficiais do IBGE (2018), o trabalho doméstico representou 6,8% dos empregos no Brasil, dos quais as mulheres representam quase a totalidade (97%) (IBGE, 2012). Nas palavras de Simão e Hermeto (2019, p. 2), "o trabalho doméstico remunerado é uma ocupação com características próprias, já que não participa do circuito da produção de bens e serviços, mas sim da reprodução da força de trabalho".

Em conformidade com a Pesquisa Nacional por Amostra de Domicílio Contínua (PNAD contínua) realizada pelo IBGE (2014, p. 19), o trabalhador doméstico "é a pessoa que trabalhava prestando serviço doméstico remunerado em dinheiro ou em benefícios, em uma ou mais unidades domiciliares". Ainda de acordo com o estudo, as formas mais frequentes da ocupação são a empregada doméstica, faxineira, diarista, babá, cozinheira, lavadeira, passadeira, arrumadeira e acompanhante de idoso, de doente e de crianças à escola. No caso de Rosie, esta desempenha praticamente todas as ocupações descritas, haja vista que faxina, cozinha, faz companhia a Elroy, cuida das roupas e de praticamente todas as necessidades da casa.

O empregado doméstico é definido pela Lei Complementar n. 150/2015, em seu art. 1º, como aquele que presta serviços de forma contínua, subordinada, onerosa, pessoal e de finalidade não lucrativa à pessoa ou à família, no âmbito residencial destas, por mais de dois dias por semana.

Assim, confrontando a classificação da PME e a legislação trabalhista específica aos empregados domésticos, observa-se que há pontos em comum: as atividades são exercidas no âmbito domiciliar e o destinatário desses serviços são pessoas físicas, o que permite, a partir disso, ampliar a discussão para todo tipo de trabalho doméstico remunerado, e não apenas para aqueles que têm emprego formal.

O trabalho doméstico exercido como atividade remunerada surgiu sem nenhum reconhecimento, seja legal, social ou econômico. A principal razão de tal marginalização decorre do fato de que a maior parte desses trabalhadores é composta por ex-escravos, os quais, sem amparo estatal de políticas inclusivas pós abolição, foram relegados aos trabalhos de baixo prestígio social e qualificação. Desse modo, apesar de assumir-se como uma atividade livre, o trabalho doméstico surgiu no Brasil com diversas características típicas do trabalho escravo.

À época da escravidão, o trabalho doméstico era desempenhado essencialmente por escravas, ainda que houvesse, em menor quantidade, homens na função. Todavia, com a abolição da escravatura, a maior parte das escravas foi incorporada ao mundo do trabalho como empregadas domésticas mediante contrato de locação ou simplesmente permanecia prestando serviços aos ex-senhores, sendo essa a única forma de ocupação possível para essas mulheres (PEREIRA, 2011). Assim, a origem do trabalho doméstico no Brasil ocorreu desde a tríplice opressão secular de gênero, raça e classe.

Desde a abolição da escravatura, em 1888, até 1941, o trabalho doméstico foi regulamentado pelo Código Civil de 1916 como locação de serviços, no capítulo IV, seção II, dos arts. 1.216 e seguintes do Código Civil de 1916.

A primeira lei específica que buscou disciplinar o trabalhado doméstico ocorreu por meio do Decreto n. 3.078/1941, o qual também tratava a atividade como locação. A norma estipulava, entre outros requisitos formais, prova de identidade, atestado de boa conduta e atestado de vacina e saúde do trabalhador. Além disso, enumerava deveres do empregado e empregador, entre os quais destacamos como dever de o empregado "prestar obediência e respeito ao empregador, às pessoas de sua família e às que vivem ou estejam transitoriamente no mesmo lar".

A regulamentação do trabalho doméstico na seção de locação do Código Civil de 1916, bem como no Decreto n. 3.078 de 1941, evidencia os traços comuns do trabalho doméstico à estrutura escravista. O uso da palavra "locação" já reifica o trabalho, haja vista que usualmente apenas coisas são tidas para aluguel. Além disso, quando o legislador, ante o Decreto n. 3.078/1941, faz uso das palavras "obediência" e "respeito" como deveres do empregado perante o empregador, familiares e visitas deste, observa-se que a subordinação não é jurídica, mas pessoal, tal como ocorria à época da escravidão. Ademais, os vocábulos reforçam a hierarquia de classe, de gênero e de raça, presentes entre as partes.

A respeito da efetiva regulamentação dos direitos trabalhistas, com a consolidação das leis trabalhistas (CLT) em 1943, os trabalhadores domésticos viram-se excluídos do compilado. Em 1972, a Lei n. 5.859 tratou de disciplinar a profissão. Porém, o texto de lei foi elaborado de forma muito enxuta, com poucas garantias, como o direito a férias anuais remuneradas e gozo dos benefícios e serviços da Lei Orgânica da Previdência Social na qualidade de segurados obrigatórios.

Paralelamente ao lento processo de inclusão do trabalho doméstico em equidade às demais modalidades de trabalho urbano, vale destacar que, em 1962, com o Estatuto da Mulher Casada consubstanciado pela Lei n. 4.121, foi alterado o Código Civil de 1916 no intuito de, entre outras mudanças, devolver à mulher sua capacidade plena e garantir sua liberdade, ainda que jurídica, de trabalhar fora do lar.

Apesar de a mudança do Código Civil não guardar relação direta com a regulamentação do trabalho doméstico, as consequências de tais resoluções ensejaram profundas mudanças na sociedade, inclusive na dinâmica populacional, as quais, por sua vez, afetaram substancialmente a questão do trabalho doméstico remunerado. De acordo com o estudo de Simões e Hermeto (2019), a ocupação do trabalho doméstico tem envelhecido, especialmente em relação às mulheres brancas, o que sugere a inserção tardia desse grupo de mulheres nascidas entre 1950 e 1960 no mercado de trabalho.

Portanto, observa-se que a diferença na tratativa do trabalho doméstico em relação às outras ocupações remuneradas é fruto de um processo histórico amparado em uma legislação excludente, a qual colaborou para a sua marginalização. No mesmo sentido, Simões e Hermeto (2019, p. 2) destacam que "a manutenção da invisibilidade dessa ocupação é preocupante, principalmente levando em conta seu papel na perpetuação da segregação racial e na manutenção da divisão sexual do trabalho".

### 4.2. Do trabalho doméstico não remunerado ao mercado de trabalho

Segundo Helena Hirata (2015, p. 15), "a atribuição do trabalho doméstico às mulheres permaneceu intacta em todas as regiões do mundo, com diferenças de grau na sua realização, dos modelos tradicionais aos modelos de delegação", fossem essas atividades remuneradas ou não. Nesse contexto, tomando como ponto de partida o século XX, quando o seriado foi criado, o trabalho doméstico não remunerado e desempenhado pelas donas de casa foi, por muitos anos, reflexo da sociedade conservadora e patriarcal que vigorou no século XIX.

O Código Civil de 1916 encarregou-se de legitimar a subordinação da esposa ao marido, inclusive com a dependência da autorização deste para trabalhar. Segundo Maria Berenice Dias (*on-line*, p. 1), o referido diploma legal "transformou a força física do homem em poder pessoal, em autoridade, outorgando-lhe o comando exclusivo da família. Por isso, a mulher ao casar perdia sua plena capacidade, tornando-se relativamente capaz, como os índios, os pródigos e os menores".

No que diz respeito ao aspecto jurídico, a condição da mulher completamente subordinada ao marido foi modificada com o Estatuto da Mulher Casada, Lei n. 4.121 de 1962, o qual importou em alterações no Código Civil de 1916 acerca da situação jurídica da mulher casada. Entre elas, destacam-se os arts. 6º e 233: o art. 6º do Código Civil, que enquadrava a mulher como relativamente incapaz, foi alterado, de modo que a mulher recupera a sua capacidade plena; o art. 233 do mesmo diploma legal coloca a esposa ao lado do marido como colaboradora da sociedade conjugal e retira do marido o direito de autorizar a profissão da mulher.

Nessa senda, desde a década de 1960, um conjunto de fatores contribuiu para o estímulo ao ingresso da mulher no mercado de trabalho, entre os quais destacamos o Estatuto da Mulher Casada, a introdução de métodos contraceptivos modernos de alta eficácia, o processo de urbanização e o movimento feminista.

Todavia, a inserção de mão de obra feminina ocorreu de forma gradual e resultou no que Helena Hirata chama de "modelo de delegação". Nessa situação, a mulher que está inserida no mercado de trabalho depende de outra pessoa para assumir as responsabilidades domésticas, de modo que "a mulher delega a outras mulheres o cuidado com a casa, família e crianças" (2015, p. 5). Assim, em grande parte das vezes, para que o trabalho profissional exista, faz-se necessária a contratação de uma mulher para o trabalho doméstico.

O primeiro resultado prático é percebido no acentuado declínio no índice de fecundidade em todas as regiões do país, especialmente entre mulheres brancas, cujo índice caiu de 6,1 filhos em 1960 para 3,6 filhos em 1980, segundo dados estatísticos do IBGE (2006, p. 53). Em seguida, observa-se a transição de um perfil de mão de obra feminina jovem, solteira e sem filhos, predominante na década de 1970, para um perfil de mulheres com faixa etária de 30 a 39 anos, casadas e com filhos no fim da década de 1990 (PEREIRA, 2011, p. 163). Essa mudança consolida importante conquista de gênero, especialmente após a promulgação da Constituição Federal de 1988, a qual trouxe reconhecimento legal de igualdade, em direitos e obrigações, entre homens e mulheres no seu art. 5º, inciso I.

Contudo, a despeito dessa evolução, os dados no tópico anterior, os quais foram tratados e revelados pelo IBGE (2006) em relação ao perfil da mulher brasileira do século XXI, demonstram que o progresso em relação à igualdade plena de gênero ainda é lento.

A superveniência da pandemia causada pelo coronavírus serviu descortinar essa desigualdade, chamando a atenção para a sobrecarga física e emocional que incide sobre a mulher, que, muitas vezes, a impede de ter acesso à igualdade de oportunidades.

### 4.3. As atividades domésticas e a pandemia

O distanciamento social causado pela pandemia do coronavírus serviu para demonstrar quão complexas são as atividades domésticas, muitas vezes invisíveis e, pior, não remuneradas.

Segundo Ramirez (2020), se o trabalho realizado por mulheres e meninas em todo planeta fosse remunerado, isso corresponderia ao triplo do valor despendido com tecnologia (12,5 bilhões de horas diárias, o equivalente a 10,8 trilhões de dólares anuais) em todo o mundo.

Com a recomendação de ficar em casa, a relevância de atividades simples do dia a dia, como arrumar, limpar, passar e cozinhar, tornou-se cristalina e foi intensificada diante da coabitação prolongada dos membros da família, dividindo o mesmo ambiente, e da cumulação de tais atividades com outras, como cuidado com crianças em todas as suas dimensões (com acréscimo das atividades escolares) e com pessoas idosas que também não podem sair de casa.

Diante da necessidade do cumprimento das tarefas retromencionadas, tornou-se evidente que aquilo que parecia ser uma zona de conforto para certas mulheres, que não trabalham fora e contam com a renda de seus maridos, como ocorre com Wilma Flintstone, nem sempre retrata a realidade que acoberta uma jornada excessiva, cansativa e desvalorizada e uma preocupação com o montante de os ganhos serem (in)suficientes para pagar todas as despesas.

Tornou-se lugar comum o testemunho de pessoas que retiram horas destinadas ao repouso, especialmente ao sono, para trabalhar, pois, em tais horários, os filhos ainda não acordaram ou já estão dormindo e quem trabalha consegue focar as atividades laborativas sem outras interrupções que as atividades domésticas exigem.

A pesquisa "O trabalho e a vida das mulheres" revelou que 50% das mulheres passou a cuidar de outra pessoa durante a pandemia, aí inclusos idosos, filho até 12 anos, outras crianças, pessoas com deficiências e adultos saudáveis sem deficiência, o que intensificou o ritmo do trabalho doméstico (p. 32, 35).

Das mulheres entrevistadas, 35,7% se responsabilizam sozinhas pelo trabalho doméstico e de cuidado (p. 36), o que mostra que a pandemia alterou pouco a distribuição do trabalho em casa. Note-se que 64% informaram que a divisão das tarefas permaneceu inalterada, 23% relataram que o auxílio de outras pessoas com o trabalho doméstico e de cuidados diminuiu e apenas 13% disseram que a participação de outras pessoas aumentou (p. 37).

Esses dados revelam que, 60 anos após o lançamento dos desenhos animados dos Flintstones e dos Jetsons, a participação da mulher no mercado de trabalho aumentou, mas pouco se alterou em relação à divisão sexista das tarefas domésticas, extremante desgastantes e cansativas, que ainda recaem, com maior intensidade, sobre as mulheres.

A vida supostamente confortável de Wilma e Jannie, que faz com que elas apareçam nos desenhos sempre com aparência impecável e, no mais das veze, satisfeitas com a vida que levam e com o padrão financeiro que apenas a renda do marido lhes proporciona, não passa de uma ficção que não condiz com a realidade de milhares de mulheres que lutam em casa e não trabalham fora, não por opção, e sim porque, além de fatores vários, o trabalho doméstico e de cuidados dificulta o trabalho remunerado(2).

Apesar da igualdade formal preconizada pelo ordenamento jurídico, que veda qualquer tipo de forma discriminatória em razão do sexo, a pandemia revelou os auspícios de uma realidade que demonstra que o ideal está muito longe de ser atingido e ainda há muito para evoluir nessa temática.

---

(2) A pesquisa – Sem parar: o trabalho e a vida das mulheres na pandemia — apontou que 65,4% das mulheres entrevistadas afirmaram que a responsabilidade com o trabalho doméstico e de cuidado dificulta a realização do trabalho remunerado.

## 5. A (verdadeira) mulher do século XXI

Na segunda metade do século XX, iniciou-se o processo de rompimento de algumas estruturas importantes no que diz respeito ao papel da mulher na família, na economia e na política. Para tratar especificamente do perfil da mulher no século XXI e realizar comparações significativas, faz-se relevante estabelecer os indicadores a serem utilizados, para que sejam identificadas as diversidades de gênero, bem como o progresso ou retrocesso da igualdade de gênero ao longo dos anos.

O conceito de gênero deve ser compreendido como uma variável sociocultural transversal, o que significa que se aplica a outras variáveis, como raça, classe, idade e grupo étnico (EIGE, 2019, p. 4). A interseccionalidade(3) presente na questão de gênero não pode ser desprezada para fins de aprofundamento da desigualdade que subsiste entre homens e mulheres. Contudo, utilizaremos como base de discussão tão somente a análise atual e isolada de quatro indicadores, cujos dados foram apresentados no Fórum Econômico Mundial e, assim, possibilitam o delinear do perfil da mulher do século XXI, conforme se vê a seguir.

> Desde 2006, o Índice Global de Diferenças de Gênero tem medido a extensão das lacunas baseadas em gênero entre quatro dimensões-chave (Participação econômica e oportunidade, sucesso educacional, saúde e sobrevivência e empoderamento político) e acompanhar o progresso no sentido de fechar essas lacunas ao longo do tempo. Esta edição do ano do relatório comparativo de 153 países e fornece classificações de países que permitem comparações eficazes entre pares regionais. A metodologia e análises quantitativas por trás das classificações têm como objetivo servir de base para a concepção de medidas eficazes para reduzir lacunas de gênero. A metodologia do índice permaneceu estável desde sua concepção original em 2006, fornecendo uma base para análises robustas entre países e séries temporais (FÓRUM..., 2020, p. 5).

De acordo com esse relatório, de modo geral, o progresso em direção à igualdade de gênero tem ocorrido em todas as dimensões do estudo, sendo algumas mais lentas do que outras. Dos 153 países, nenhum atingiu a paridade total. Os países nórdicos, compostos pela Islândia, Noruega, Finlândia e Suécia, lideram o "ranking" no que diz respeito aos locais em que há menor lacuna ("*gap*") a ser fechada em termos de desigualdade entre os gêneros.

(3) O uso desse termo, cunhado por Kimberlé Crenshaw, tem como propósito designar a interdependência das relações de poder de raça, sexo e classe.

Tendo em vista que as animações dos Jetsons e dos Flintstones são criações norte-americanas, destacamos os escores dos Estados Unidos da América (EUA), bem como os do Brasil, a título de comparação aos dados globais. Na classificação geral, os EUA ocupam a 53ª posição, com escore de 0,724, e o Brasil a 92ª, com escore de 0,691. O 1º lugar é ocupado pela Islândia, com escore de 0,877, e o último lugar é o da Iêmen, com escore de 0,494.

Em relação aos domínios em específico, a maior disparidade de gênero global está no empoderamento político, com apenas 25%. Isso significa que existe uma lacuna de 75% a ser preenchida, para que haja equivalência na presença de homens e mulheres nas cadeiras legislativas. Há, nessa dimensão, uma melhoria gradativa de 0,75 ponto a cada ano, de 2006 a 2020, com a perspectiva de que essa lacuna seja fechada em 95 anos, caso mantenha esse ritmo (FÓRUM..., 2020, p. 16). Nesse quesito, os EUA ocupam a 86ª posição, com escore de 0,164 (FÓRUM..., 2020, p. 353), e o Brasil a 104ª posição, com escore de 0,133 (FÓRUM..., 2020, p. 103). A Islândia, com escore de 0,701, assume liderança no "*ranking*" e o Iêmen ocupa o último lugar, com escore de 0,018[(4)].

No que diz respeito à dimensão "participação econômica e oportunidades", a lacuna global preenchida é de 57,8% e apresenta, em 2020, uma regressão de 0,35 ponto em relação a 2019. No geral, esse domínio revela uma média de um crescimento muito lento de 0,19 ponto por ano, de 2006 a 2019. A estimativa é que, nessas condições, a lacuna seria fechada somente em 257 anos (FÓRUM..., 2020, p. 16). Em relação ao "*ranking*" geral, os EUA ocupam a 26ª posição, com escore de 0,759 (FÓRUM..., 2020, p. 353), e o Brasil a 89ª posição, com escore de 0,653 (FÓRUM..., 2020, p. 103). Benin ocupa o primeiro lugar, com escore de 0,847, e o Iraque a última, com escore de 0,227 (FÓRUM..., 2020, p. 12).

De acordo com o relatório "*Global Gender Gap Index*":

> As disparidades financeiras também continuam importantes. Na média, mais de 40% da diferença salarial (a proporção do salário da mulher ao de um homem em uma posição semelhante) e mais de 50% da diferença de renda (a proporção da renda total salarial e não salarial das mulheres para os dos homens) ainda precisam ser transpostos. Esses números destacam como, não apenas as mulheres em cargos semelhantes já que os homens (por antiguidade e níveis de habilidade) ainda recebem menos, mas também que as disparidades de renda são maiores do que as disparidades salariais (FÓRUM..., 2020, p. 11, tradução livre).

(4) O Iêmen ocupa, na verdade, a 151ª posição, haja vista que Papua Nova-Guiné (152ª) e Vanuatu (153ª) ingressaram no relatório apenas em 2020.

Na dimensão "saúde e sobrevivência", 95,7% da lacuna já foi preenchida (FÓRUM..., 2020, p. 14). O Brasil, com outros 38 países, ocupa o primeiro lugar, com escore de 0,980, os EUA a 70ª posição, com escore de 0,976, e a China o último, com escore de 0,926 (FÓRUM..., 2020, p. 13). Em relação ao desempenho educacional, os números são ainda mais otimistas quando comparados com os da saúde. Em termos globais, 96,1% da lacuna já foi preenchida (FÓRUM..., 2020, p. 11). Nesse quesito, os EUA ocupam 34º lugar no "ranking geral" e o Brasil 35º, ambos com escores de 1,000. O primeiro lugar é ocupado pela Austrália, com escore de 1,000, e o último pelo Chade, com escore de 0,589 (FÓRUM..., 2020, p. 12).

Em síntese, a mulher do século XXI tem amplo acesso no que diz respeito à educação e saúde, mas ainda convive com a grave desigualdade de gênero, especialmente em relação ao mercado de trabalho, no aspecto de oportunidades, de ocupação de cargos gerenciais, de salários, de tempo despendido com atividades domésticas não remuneradas e também no quesito de empoderamento político, o qual conta com baixa representatividade feminina.

## 5.1. Jane Jetson no mercado de trabalho — Releitura da personagem pela DC Comics

A editora estadunidense DC Comics lançou histórias em quadrinhos com a releitura de alguns clássicos do estúdio Hanna-Barbera Productions, sendo uma delas referente à série "Os Jetsons". Os personagens são reapresentados em versões atualizadas, inclusive em relação às suas feições, vestimentas, vocabulário, bem como ao espaço em que vivem. O propósito da editora foi atualizar e trazer criticidade à animação criada em 1960 e uma versão menos otimista acerca do futuro, especialmente em relação aos desastres naturais causados pelos efeitos climáticos.

A essência da figura de George Jetson é a mesma da versão original da animação em muitos aspectos. O protagonista ainda trabalha na empresa Spacely Sprockets e lida com praticamente as mesmas dificuldades laborais, quando comparado à versão original. Ele é o único que ainda trabalha com tecnologia antiga, com jornada de trabalho extensa e baixa remuneração. Por outro lado, vê-se que Jane Jetson foi desconstruída mediante a nova versão a ela atribuída pela DC Comics.

A personagem deixa de ser uma dona de casa consumista, sempre sorridente, meiga e comprometida com o bem-estar de sua família, para tornar-se uma mulher segura, decidida, intelectual, que ocupa um alto cargo de cientista da NASA sem, contudo, abandonar seus instintos maternos. Durante a narrativa, Jane tenta conciliar suas atribuições com o lar enquanto trabalha para salvar o planeta de um meteoro letal que se aproxima.

Na vida real, todavia, a simples análise dos dados disponibilizados pelas cinco empresas mais valiosas do planeta[(5)] demonstra que a quantidade de mulheres que ocupam cargos de liderança ainda é baixa.

Na Apple, os dados[(6)] coletados de 16 a 31 de dezembro de 2018 indicam que, dos 123 cargos destinados a executivos, apenas 26 eram ocupados por mulheres.

No relatório anual de 2020[(7)], publicado pela Google, por exemplo, consta que, apesar do aumento, a representação de mulheres em cargos de liderança na empresa chega a 26,7% (GOOGLE DIVERSITY ANNUAL REPORT 2020, p. 27). Na Microsoft, os dados revelados em 2019 apontam que apenas 19,3% dos cargos de executivos são ocupados por mulheres, as quais também ocupam apenas 25,4% dos cargos de gerência (p. 15). Na Amazon[(8)], as mulheres correspondem a 57,3% do número total de empregados, e, nos cargos de liderança, apenas 27,5% são mulheres. No Facebook, os cargos de liderança ocupados por mulheres em 2020 totalizam 34,2%[(9)].

No Brasil, de modo geral, ainda predomina a presença masculina no mercado de trabalho. Os dados do IBGE referentes a 2019 revelam que 56,8% da população que efetivamente trabalhava era composta por homens e os rendimentos auferidos por eles foram 28,7% maiores do que aqueles que foram obtidos pelas mulheres.

A releitura do desenho dos Jetsons é uma demonstração de que a preocupação com a desigualdade de gênero é percebida pela sociedade e deixa aparente uma realidade que não deveria mais existir. A reconstrução a imagem de Jane ocorreu de forma muito positiva e otimista, coadunando com o que se espera da posição da mulher no século XXI. É necessário, porém, que esse empoderamento saia das telas da TV e chegue ao mundo real, no qual há milhares de mulheres capazes, ávidas por uma oportunidade.

### *5.2. Releitura de Rosie pela DC Comics*

As "modernidades" presentes nos Jetsons de 1962 são relacionadas basicamente às facilidades promovidas pela substituição da mão de obra humana por máquinas capazes de realizar tarefas do cotidiano, especialmente aquelas relacionadas aos cuidados domésticos.

Contudo, as invenções futurísticas são atualizadas e aprimoradas pela DC Comics, a qual busca ampliá-las para outros tipos de descobertas científicas, de modo que as atividades domésticas superfacilitadas pelo emprego tecnológico deixam de ser o chamariz

(5) De acordo com notícia veiculada no *site* da revista *Forbes*. Disponível em: <https://www.forbes.com.br/listas/2020/07/as-marcas-mais-valiosas-do-mundo-em-2020/#foto5>. Acesso em: 30 out. 2020.

(6) Dados disponíveis em: <https://www.apple.com/diversity/>. Acesso em: 30 out. 2020.

(7) Disponível em: <https://diversity.google/annual-report/>. Acesso em: 30 out. 2020.

(8) Informações fornecidas no *site* da Amazon. Disponível em: <https://www.aboutamazon.com/working-at-amazon/diversity-and-inclusion/our-workforce-data>. Acesso em: 30 out. 2020.

(9) Informações disponíveis em: <https://diversity.fb.com/read-report/>. Acesso em: 30 out. 2020.

da animação e dão espaço a debates, como a possibilidade de transferir a vida terrena para um *chip* ante a eutanásia. Os escritores ainda chamam a atenção para o debate da necessidade de um corpo orgânico como única forma de vida.

Assim como a desconstrução ou reconstrução da personagem de Jane Jetson, a DC Comics também surpreendeu com a figura de Rosie. Enquanto, na versão original, a governanta robô com trejeitos humanos foi adquirida pela família Jetson para cumprir os afazeres domésticos, a versão atualizada trouxe uma situação inversa. Por livre e espontânea vontade, Rosemary, mãe de George, retira sua vida na forma humana para eternizar-se no *chip* de um robô e passa a autodenominar-se Rosie, assumindo para si as tarefas domésticas da casa dos Jetsons (COUTO, 2017).

Diferentemente da versão original em que a governanta limpa, passa, cozinha e brinca com Elroy, na releitura da animação Rosie exerce poucas atividades domésticas propriamente ditas, de modo que seu principal papel é cuidar da família como conselheira. De modo global, a realidade do trabalho doméstico tem passado por mudanças substanciais quando comparada com a da década de 1960 e é classificada como uma ocupação fadada à extinção, cuja mão de obra tem abarcado mulheres mais velhas[(10)]. Nesse sentido, na releitura trazida pela DC Comics, o trabalho doméstico tal como existe atualmente é extinto, e os robôs assumem, cada vez mais, funções e comportamentos humanos.

Fato é que, em países nos quais o índice de fecundidade é baixo[(11)], existe grande preocupação com o aumento da população idosa e a baixa quantidade de cuidadores para assisti-los, o que tem levado ao desenvolvimento de tecnologias nessa área.

No, Japão, por exemplo, estima-se que, em 2050, 39% da população venha a ter mais de 65 anos e o número de netos para cuidar deles venha a ser insuficiente. Em 2025, serão necessários 4 milhões de cuidadores, e, em 2016, esse número era apenas de 1,49 milhão (ROSS, 2016, pp. 15-16).

As fábricas japonesas estão desenvolvendo robôs para desempenhar essa atividade, semelhantes àqueles dos desenhos animados das décadas de 1960/1970, como a Rosie ou C3PO de Star Wars, os quais se tornarão realidade durante a década de 2020 (ROSS, 2016, p. 16).

A Toyota construiu um robô chamado Robina, que retrata uma mulher de 1,20 cm, de 60kg e olhos arregalados, que usa uma saia metálica branca esvoaçante. Ela é capaz de se comunicar e gesticular. Seu irmão, Humanoide, lava louça, cuida de seus pais em situações de doença e, ainda, possui habilidades, como tocar um trompete ou violino (ROSS, 2016, p. 16).

---

(10) Padrões recentes de inserção e mobilidade no trabalho doméstico no Brasil metropolitano: descontinuidades e persistências

(11) De acordo com o site *Indexmundi*, o índice de fecundidade no Japão, em 2018, era de 1,42. Disponível em: <https://www.indexmundi.com/g/r.aspx?c=af&v=31&l=pt>. Acesso em: 30 out. 2020.

Já a Honda criou o ASIMO, um robô funcional que, além de atender a comandos de voz para dar um aperto de mãos ou responder a perguntas com voz ou aceno da cabeça, é capaz de interpretar emoções humanas, movimentos e conversação (ROSS, 2016, p. 16-17).

Todo esse desenvolvimento tecnológico, no entanto, está muito distante dos lares das famílias brasileiras, nos quais o trabalho interminável de cuidar da casa, filhos e outras pessoas ainda é uma atividade totalmente manual e cuja responsabilidade paira predominantemente sobre os ombros da mulher.

Oxalá seja breve o dia em que a tecnologia seja acessível a ponto de substituir as tarefas domésticas de arrumar, limpar, passar e outras e em que a mulher finalmente dispute, de igual para igual, as oportunidades do mercado de trabalho e ocupe o lugar que merece dentro da sociedade.

## 6. Considerações finais

As séries americanas "Os Flintstones" e "Os Jetsons" tornaram-se famosas e tiveram muita aceitação do público, por retratarem talvez o projeto do que se considera uma vida ideal para muitas pessoas, que é ter uma família feliz e um emprego fixo que traga segurança para o trabalhador e para a sua família, que dele depende.

Ao mesmo tempo, as séries também fascinam porque, seja na idade da pedra, como se passa nos Flintstones, seja em 2062, como ocorre com os Jetsons, as famílias possuem os mais desejados itens de consumo, que são aparelhos domésticos modernos que facilitam a realização das tarefas de casa.

As animações têm em comum dois pontos centrais que as estruturam: a família e o emprego, pontos que hoje não mais correspondem a um único formato, pois não raro há pessoas que não têm filhos, ou mesmo que nem se casam, e o emprego tornou-se um fenômeno cada vez mais raro, substituído por trabalhos temporários ou "bicos", especialmente na era da *gig economy*.

Um ponto que merece total atenção em ambas as séries é o papel que a mulher ocupa no seio da família brasileira e na sociedade, em geral, pois, seja na idade da pedra, seja na atualidade, ou ainda seja no futuro, há maior envolvimento da mulher em tarefas domésticas e cuidado com filhos e outras pessoas, minando as oportunidades de crescimento da mulher no mercado de trabalho.

Fato é que muitas mulheres já conseguiram ultrapassar essas barreiras e alcançar elevados postos de trabalho, ocupando cargos de liderança, mas para a maioria das mulheres essas vagas só são atingíveis a ficção.

Espera-se que os entraves de diversas ordens que obstaculizam o progresso profissional das mulheres sejam removidos e cada uma delas ocupe o lugar que merecem. Esse lugar é onde elas quiserem, contanto que sejam realizadas.

# "O que Harris Sexual quis Dizer?" — A Relação entre a Cultura Machista e o Assédio Sexual no Trabalho

*Daniela de Lima Amorim*

## 1. Introdução

O presente artigo tem como ponto de partida o décimo terceiro episódio da segunda temporada do *sitcom* americano "Família Dinossauros", cujo tema central é o assédio sexual no trabalho. Em síntese, a personagem Mônica, amiga da matriarca da Família Silva Sauro (Fran), é demitida e está à procura de emprego. Surge então uma vaga na função de "derrubador de arvores" em uma empresa cujo ambiente de trabalho é absolutamente masculino. Monica é contratada e seu superior hierárquico é Harris, personagem que recebe efusivos aplausos dos amigos por sua performance com mulheres, notadamente por sua "inteligência" ao realizar abordagens de duplo sentido, com cunho sexual (de onde vem sua alcunha de "Harris Sexual").

No episódio, Mônica é mais uma vítima de Harris: o chefe a assedia sexualmente logo no primeiro dia de trabalho, utilizando-se de sua superioridade hierárquica para coagi-la. A trabalhadora não aceita a abordagem, recusa as ofertas de Harris e é demitida.

Durante o episódio, é possível observar como se manifesta sorrateiramente a cultura do machismo e até que ponto ela pode chegar. Traçando um paralelo com os exemplos esclarecedores do episódio da *sitcom*, o primeiro capítulo desse artigo analisou a formação dos modelos de identidade dentro da cultura machista.

No segundo capítulo, estudou-se a correlação entre a violência e o processo sociocultural de construção da masculinidade e da feminilidade, perscrutando-se particularmente o assédio sexual da mulher no trabalho, como ocorreu entre Harris e Mônica[(1)].

(1) Apenas para elucidar ao leitor que ainda não assistiu ao episódio em testilha, vale destacar a forma como Harris, ao se apresentar para Mônica, lança a primeira frase de assédio: "Porque não vem comigo para eu lhe

Foi analisado como a objetificação sexual da mulher — traço da cultura machista — insere-se na estrutura organizacional das empresas, tomando a forma de assédio sexual.

Cumpre salientar que o objetivo do artigo é estudar a intersecção entre a cultura machista e o assédio sexual no ambiente laboral, notadamente aquele realizado pelo superior hierárquico. Assim, a fim de que o leitor tenha acesso ao conteúdo proposto de forma direta e profunda, foi analisada a formação da subjetividade masculina e feminina dentro da cultura machista e de que forma esse processo sociocultural se sustenta dentro do ambiente de trabalho.

Para tanto, a pesquisa se baseou em pesquisa bibliográfica, com utilização de processo qualitativo, por meio do qual é possível ao pesquisador mergulhar no significado das ações e relações entre os atores sociais(2).

## 2. O que Harris Sexual quis dizer? — Os padrões de comportamento naturalizados na cultura machista

No décimo terceiro episódio da segunda temporada de "Família Dinossauros", é possível encontrar inúmeros padrões de comportamentos que inferiorizam a figura feminina quanto a sua capacidade intelectual e laboral, colocando-a na posição de objeto sexual da figura masculina e de alguém que nasceu para realizar atividades domésticas.

Esses comportamentos estão inseridos em "um sistema de representações simbólicas, que mistifica as relações de exploração, de dominação, de sujeição entre o homem e a mulher", denominado machismo (DRUMONT, 1980, p. 81).

O machismo perpetua a representação do masculino como figura dominante em uma relação polarizada e excludente entre o feminino e o masculino, por meio de um arranjo de comportamentos, atos e crenças (CASTANEDA, 2006, p. 16).

Essa polarização e a representação do masculino como figura dominante começa a ser construída a partir da infância, por meio de símbolos que naturalizam a dominação de um e a sujeição do outro. "Desde criança, o menino e a menina entram em determinadas relações, que independem de suas vontades, e que formam suas consciências" (DRUMONT, 1980, p. 81).

Os exemplos são inúmeros: as atividades atribuídas às meninas nas brincadeiras de infância são normalmente as mal remuneradas, como aquelas que envolvem tarefas domésticas; as meninas são comumente educadas a desenvolverem competências domésticas e naturalizarem a ideia de que estes não são feitos por homens, portanto, quando

---

mostrar como se derruba uma arvore: você ajeita e eu empurro. Deu para entender?". Ele se utiliza do recurso de frases de duplo sentido, sendo idolatrado pelos colegas de trabalho que o consideram divertido e inteligente.

(2) A diferença entre qualitativo-quantitativo é de natureza. Enquanto cientistas sociais que trabalham com estatística apreendem dos fenômenos apenas a região "visível, ecológica, morfológica e concreta", a abordagem qualitativa "aprofunda-se no mundo dos significados das ações e relações humanas, um lado não perceptível e não captável em equações, médias e estatísticas" (MINAYO, 2003, p. 22).

se casarem terão que assumir a demanda doméstica também do esposo; os meninos são acostumados com a ideia de que as mulheres não executam atividades intelectuais e que eles seriam os destinados a ocupar os cargos que melhor remuneram(3).

Trata-se de um processo sociocultural de construção da identidade social(4) da mulher e do homem na sociedade ocidental, que reserva ao feminino e ao masculino espaços sociais distintos. Desse modo, ao afirmar ser natural que o espaço doméstico é da mulher e que o espaço público é ocupado inteiramente pelo homem, naturaliza-se o resultado de um processo histórico sociocultural que legitima(5) a superioridade dos homens em relação às mulheres (SAFFIOTI, 1987, p. 10-11).

Esse processo de naturalização ocorre por meio da retirada da dimensão sociocultural dos papéis atribuídos ao homem e a mulher. Ou seja, "eliminam-se as diferenciações históricas" e a existência dos processos culturais de construção dos papéis, de modo que as atribuições femininas e masculinas sejam consideradas imanentes à natureza feminina e à natureza masculina (SAFFIOTI, 1987, p. 11).

É como se em todas as sociedades ao longo do tempo atribua-se à mulher determinadas atividades, porque seriam inerentes a sua natureza. Essa naturalização gera a criação de verdades absolutas como "a mulher nasceu para ser mãe" e "lugar de mulher é em casa" que são reproduzidas e transmitidas de geração para geração, perpetuando a manutenção da dominação do espaço público em mãos masculinas.

---

(3) Tais exemplos são trazidos no decurso do seriado, quando a filha de Fran, Charlene, tem nota boa em astronomia e é notada pelo professor. Ela considera tal fato horrível, pois perderá amigos. Afirma ainda que será inútil se interessar por astronomia, pois isso não lhe ajudará quando for lavar as roupas de seu marido (ou seja, atividade que considera ser aquela para a qual está destinada). Outro momento em que nitidamente se verifica a naturalização da superioridade masculina é quando Charlene tem sua maquete do sistema solar destruída pelos meninos que o fazem para que aprenda a não "colocar o nariz" onde não lhe diz respeito, pois é uma fêmea.

(4) Nesse sentido, a frase de Simone de Beauvoir: "Ninguém nasce mulher; torna-se mulher" (1980, p. 09). Esse Processo sociocultural de construção da identidade é explicado por Saffioti (1987, p. 10) com maestria: "Rigorosamente, os seres humanos nascem machos ou fêmeas. E através da educação que recebem que se tornam homens e mulheres. A identidade social é, portanto, socialmente construída. Se, diferentemente das mulheres de certas tribos indígenas brasileiras, a mulher moderna tem seus filhos geralmente em hospitais, e observa determinadas proibições, é porque a sociedade brasileira de hoje construiu desta forma a maternidade. Assim, esta função natural sofreu uma elaboração social, como alias, ocorre com todos os fenômenos naturais. Até mesmo o metabolismo das pessoas é socialmente condicionado. Pessoas que não foram habituadas a comer determinados alimentos, não raro não conseguem fazê-lo quando se encontram em sociedades que adotaram este tipo de alimentação. Se, porventura, forem obrigadas a ingeri-los, não conseguem metaboliza-los, dado o asco por eles provocado."

(5) A legitimidade, quando desafiada, ampara-se a si mesma em um apelo do passado" (ARENDT, 2016, p. 69). Nesse sentido, aplicando tal afirmação à realidade das mulheres inseridas na cultura do machismo, é fácil perceber que não raras vezes a legitimidade da superioridade masculina tem como suporte as máximas machistas naturalizadas como algo que "sempre foi assim": as mulheres sempre cuidaram da casa; as mulheres sempre cuidaram sozinhas dos filhos; as mulheres são emocionais, o que atrapalha seu desempenho nos negócios, entre muitos outros.

Essa construção da mulher como ser "emocional/subjetiva/passiva/frágil/impotente/pacífica/recatada/doméstica/possuída" e do homem como sujeito "racional/ativo/forte/potente/guerreiro/viril/público/possuidor" é pressuposto para a divisão social do trabalho a partir da atribuição dos espaços público e privado, como explana de forma esclarecedora Vera Regina Pereira de Andrade (2005, p. 84-85):

> A esfera pública, configurada como a esfera da produção material, centralizando as relações de propriedade e trabalhistas (o trabalho produtivo e a moral do trabalho), tem seu protagonismo reservado ao Homem como sujeito produtivo [...].
>
> A esfera privada, configurada, a sua vez, como a esfera da reprodução natural, e aparecendo como o lugar das relações familiares (casamento, sexualidade reprodutora, filiação e trabalho doméstico) tem seu protagonismo reservado à mulher, por meio do aprisionamento de sua sexualidade na função reprodutora e de seu trabalho no cuidado do lar e dos filhos (2005, p. 84-85).

Desse modo, o estereótipo da atividade é atribuído ao homem e o da passividade é atribuído a mulher, sendo justamente esse o "eixo da dominação patriarcal", segundo a autora acima referendada (2005, p. 85).

Tal processo de construção da inferioridade feminina empenha-se em impor retóricas de superioridade masculina na força física e na inteligência[(6)], a despeito das evidências científicas que demonstram a maior resistência do corpo feminino — o qual estatisticamente vive mais que o masculino — e comprovam que a inteligência está intimamente ligada aos estímulos recebidos para que ela se desenvolva, sendo certo que o ambiente doméstico não está entre aqueles que mais estimulam o desenvolvimento das habilidades intelectuais (SAFFIOTI, 1987, p. 13-14).

Quando os modelos de identidade do masculino e do feminino são analisados dentro da temática da sexualidade, a compreensão do masculino como atividade e do feminino como passividade trazem como consequência a objetificação sexual do corpo feminino:

> A concepção do masculino como sujeito da sexualidade e o feminino como seu objeto é um valor de longa duração da cultura ocidental. Na visão arraigada

(6) Sobre a inteligência, cumpre destacar que o episódio da *sitcom* Família Dinossauros traz exemplo de uma adolescente que é hostilizada pelos meninos, por ela elaborar uma maquete do sistema solar. Em uma matéria de astrologia, que remete a pessoas de intelecto elevado, a mensagem do seriado é que os homens não permitem o acesso das mulheres, sempre lhes lembrando que aquele não é seu lugar. Nesse sentido, a socióloga Heleieth Saffioti discorre acerca das oportunidades que são negadas a mulher no seio de uma sociedade que lhe exige o exilio doméstico, impedindo assim que desenvolva as demais potencialidades, enquanto os homens são desde a infância estimulados a desenvolverem habilidades de dominação do espaço público, dentre elas, a inteligência (1987, p. 14).

> no patriarcalismo, o masculino é ritualizado como o lugar da ação, da decisão, da chefia da rede de relações familiares e da paternidade como sinônimo de provimento material: é o "impensado" e o "naturalizado" dos valores tradicionais de gênero. Da mesma forma e em consequência, o masculino é investido significativamente com a posição social (naturalizada) de agente do poder da violência, havendo, historicamente, uma relação direta entre as concepções vigentes de masculinidade e o exercício do domínio de pessoas, das guerras e das conquistas (MINAYO, 2005, p. 23-24).

As propagandas publicitárias voltadas ao público masculino são exemplos de como a sociedade enxerga o corpo feminino. As mulheres são exibidas como o fim a ser atingido, caso o homem consuma o produto vendido. São as mulheres os objetos desejados e o os homens os seres desejantes; a mulher é a caça e o homem o caçador; a mulher sempre sensual à espera (passividade) da ação do homem (atividade) em busca do seu corpo.

Esses símbolos publicitários revelam essa concepção de masculino e feminino enraizada na cultura patriarcal que, no âmbito da sexualidade, naturaliza o corpo feminino como objeto(7).

No âmbito laboral, comentários sobre a sensualidade e aparência física frequentemente são experienciados, mesmo que a mulher esteja falando de um lugar intelectual. A título de exemplo, quando, em um ambiente absolutamente masculino, um dos homens vê uma mulher chegando para ocupar um lugar intelectual e a primeira frase por ele dita é "Nossa! Olha ela de vestido vermelho!", esse comentário — aparentemente elogioso — leva a atenção de todos ao corpo físico da mulher como objeto do homem, enquanto sujeito da sexualidade (HOMEM, 2017).

Outro ponto a ser destacado são os condicionamentos sociais gerados pela cultura machista que induzem a crença na "incontrolabilidade da sexualidade masculina". Derivada das características atribuídas ao masculino — como virilidade, força e potência — a impulsão sexual do homem foi historicamente construída como algo inato, quando,

---

(7) Traçando um paralelo, logo no início do episódio da *sitcom,* o filho mais novo de Fran, "Baby", está assistindo televisão e passa uma propaganda de cosméticos destinada às mulheres na qual se diz: "*senhoras, para terem aquelas pernas macias que os homens tanto adoram, usem o novo depilador* [...]". No curso da propaganda, após a atriz dizer que a depilação dói muito, aparece uma figura masculina e diz novamente: "*mas os homens adoram*". A mensagem implícita é de que as mulheres devem se sacrificar para satisfazerem os desejos dos homens. No processo decisório sobre como as mulheres devem tratar as suas pernas, importa menos a opinião delas e muito mais as dos homens. Traçando um paralelo com a vida real, a mensagem importante é de que o modelo de relacionamento dentro da cultura machista exige da mulher um esforço de servidão e satisfação do homem, não havendo a mesma contrapartida. Embora esse paradigma venha sendo quebrado, inclusive com a introdução de muitas propagandas publicitarias emancipatórias, com corpos femininos reais e plurais, esse modelo de feminino e masculino ainda permeia o imaginário social, tornando as mulheres suscetíveis a embarcarem em relacionamentos abusivos e outras tantas relações sociais com homens que as oprimem e violentam.

"obviamente, qualquer pessoa, seja homem ou mulher, pode controlar seu desejo, postergar sua concretização, esperar o momento e o local apropriados para a busca do prazer sexual" (SAFFIOTI, 2011, p. 27).

Nesse cenário de normalidade construído pelos condicionamentos sociais, exige-se da mulher a tolerância e compreensão em relação à "voracidade sexual" do homem. As formas de abordagem masculinas, mesmo que inadequadas, são socialmente naturalizadas, a ponto de as denúncias femininas de assédio sexual serem desacreditadas(8).

É pertinente notar, aliás, que ao mesmo tempo que a cultura machista incute a crença da incontrolabilidade sexual masculina — caraterística irracional e primeva — também lhe atribui, no contexto da ocupação dos espaços, a característica da racionalidade em contraposição a emocionalidade feminina, o que tornaria o homem mais apto ao exercício profissional.

Abaixo, a temática da dominação do homem, inferiorização feminina e violência foram analisados de modo a concatenar os pressupostos necessários ao entendimento da correlação entre a cultura machista e o assédio sexual da mulher no trabalho.

## 3. O que Harris Sexual fez?

No presente capítulo, abordou-se a correlação entre a cultura do machismo e a violência praticada contra a mulher, analisando-se de que forma os estereótipos sociais estimulam as ações de violência contra as mulheres.

Em um segundo momento, fez-se um estudo acerca de como ocorre o assedio sexual da mulher no ambiente de trabalho, de modo a reproduzir as premissas do processo sociocultural de objetificação sexual da mulher abordado no tópico anterior.

### *3.1. A correlação entre a cultura do machismo e a violência contra a mulher*

Analisada a forma como a cultura do machismo naturaliza os estereótipos de feminino e masculino que reforçam a ideologia de superioridade do homem, convém perscrutar a relação entre esse processo sociocultural e a violência, particularmente aquela perpetrada contra a mulher.

A dominação, segundo Hannah Arendt, necessita do poder como seu alicerce. Até mesmo a dominação mais despótica — como aquela ocorrida na escravidão — tem como sustentáculo a organização superior do poder. Ou seja, é na solidariedade entre os dominantes que reside o poder (2016, p. 67-68).

---

(8) Nesse sentido, pesquisa desenvolvida em 2014 sobre a aplicação das medidas protetivas de urgência para mulheres em situação de violência doméstica e familiar, aponta que: "as pesquisadoras flagraram as policiais comentando sobre o modo de se vestir das mulheres e como isso colocava sob suspeição as 'reais intenções' da mulher com a denúncia, ou quando questionaram jovens vítimas de violência sexual, também duvidando sobre o não consentimento para a relação sexual" (PASINATO *et al.*, 2015, p. 243-244).

Traçando um paralelo com a dominação dos homens em relação às mulheres, nota-se que a construção sociocultural dos modelos de identidade (explanada no tópico anterior) é a solidificação do poder como alicerce da dominação. Quando se naturaliza a passividade e fragilidade como características intrínsecas à identidade feminina em contraposição à atividade e força inerentes ao homem, consolida-se o poder do homem, sustentáculo da dominação.

A estruturação das identidades e alteridades visibilizam socialmente as distinções entre os sujeitos e grupos que podem tornar-se fonte de tensão "*ao transformar a diferença em assimetria, numa relação hierárquica de desigualdade com fins de dominação, de exploração e opressão* [...]", cujo instrumento é a violência (CHAUÍ, 1984, p. 51).

Nessa esteira, a contribuição elogiosa de Hannah Arendt para o descolamento da violência do plano da irracionalidade é de suma importância para o entendimento do tema em espeque. Segundo a autora, a violência sempre necessita de uma justificação e possui um caráter essencialmente instrumental, sendo "racional à medida que é eficaz em alcançar o fim que deve justificá-la" (2016, p. 99).

A compreensão da violência como instrumento inserido no plano da racionalidade, quando se analisa a violência perpetrada contra as mulheres, é fundamental para se extirpar dos discursos pós-agressão a retórica de que "o homem que violenta uma mulher é um monstro", "é um doente, "é um louco". Embora existam condições biológicas que possam contribuir para o desenvolvimento de comportamentos violentos, não se pode ignorar a racionalidade subjacente aos atos violentos contra a mulher, pois a formação da subjetividade masculina, voltada à dominação do feminino como objeto, faz com que o homem se sinta no direito de perpetrar as agressões.

A crença social de superioridade dos homens e os modelos de identidade criados culturalmente naturalizados desde a infância são computados no cálculo racional da agressão. Aliás, tão racionais que inclusive já sustentaram teses de legitima defesa da honra de homens que matavam suas esposas, namoradas ou companheiras por serem infiéis ou por ciúmes[(9)].

Embora a violência seja instrumento sem pressuposto de coletividade para se concretizar, é na violência coletiva que se reconhece a sua forma mais perigosa, pois o indivíduo desaparece para dar lugar a uma "coerência grupal" que torna o sujeito parte um grande organismo de violência em expansão (ARENDT, 2016, p. 86).

---

(9) Nesse sentido, recente decisão do Supremo Tribunal Federal, prolatada em 29 de setembro de 2020, demonstra que o machismo ainda incute crenças muito sólidas na sociedade civil, a ponto de o Tribunal do Júri absolver um homem que tentou matar sua companheira, confessadamente por ciúmes. Tratou-se de clara tentativa de feminicídio, motivada por ciúmes. Por 3 x 2, o Supremo Tribunal Federal manteve a decisão soberana do Júri, sendo registrado um desabafo do Ministro vencido, Luís Roberto Barroso: *"Se o Júri tiver um surto de machismo ou de primitivismo e absolver alguém, o Tribunal não pode rever e pedir um novo Júri que revalide? Não ter uma chance de se rever uma situação em que um homem tenta matar a sua mulher a facadas confessadamente?"* (MIGALHAS, 2020)

Nesse ponto, é interessante que se trace um paralelo com o episódio da *sitcom*, no qual todos os machos se unem para justificar os atos de Harris. Todos se empenham coletivamente em justificar o assédio sexual utilizando os mais diversos argumentos acerca da roupa e da reputação de Monica, bem como acerca da interpretação das palavras de Harris.

É, portanto, na percepção do poder como sustentáculo da dominação e no entendimento da violência como instrumento inserido no campo da racionalidade que se torna possível correlacionar a cultura machista e a violência perpetrada contra a mulher. Aliás, as próprias teorias edificadas e implementadas pelos atores masculinos, que restringem a liberdade e a autonomia feminina e "convertem uma relação de diferença numa hierarquia de desigualdade", constituem-se forma de violência (SOIHET, 2002, p. 13).

No próximo tópico, adentrou-se ao tema central do artigo: o assédio sexual da mulher no trabalho. Analisou-se como a construção social do corpo feminino se manifesta no ambiente laboral em forma de assédio sexual vertical.

### 3.2. O assédio sexual da mulher no trabalho como consequência da cultura do machismo

O espaço público, na divisão sexual do trabalho, foi historicamente reservado ao homem, tendo como base de justificação a racionalidade, virilidade, firmeza, perspicácia e outras tantas características atribuídas a identidade masculina, conforme já estudado no primeiro tópico.

O homem era historicamente concebido como o provedor do lar e a mulher como a dona de casa. Ao homem, o espaço público; à mulher, o espaço privado. Quando a mulher ingressa no mundo do trabalho, o impulso sociocultural de preservação da superioridade masculina se realiza por meio de múltiplas violências — " das violências masculinas domésticas aos estupros de guerra, passando pelas violências no trabalho — (as quais) tendem a preservar os poderes que se atribuem coletivamente e individualmente aos homens à custa das mulheres" (WELZER-LANG, 2001, p. 461).

Assim, a mulher continua sendo alvo de inúmeras exigências sociais e discriminações que perpetuam os modelos de identidade de gênero introjetados pelo processo sociocultural de naturalização da superioridade masculina.

Mesmo exercendo atividade profissional, à mulher continua a ser imputada a responsabilidade pelas atividades domésticas e cuidado com os filhos, o que lhe acarreta, frequentemente, a dupla jornada: em casa e no local de trabalho. Em 1987, Saffioti (1987, p. 09) já apontava que a inserção das mulheres no mercado de trabalho não retirou as atribuições sociais de cuidado com as atividades domésticas, incluindo a criação dos filhos: "trabalhando [...] na fábrica, no escritório, na escola, no comércio, ou a domicílio,

[...], a mulher é socialmente responsável pela manutenção da ordem na residência e pela criação e educação dos filhos".

No ambiente de trabalho, as mulheres são colocadas "em uma posição de subordinação no campo socioprofissional" (MONTEIRO, 2015, p. 13), tem sua capacidade intelectual questionada e hodiernamente são alvos do assédio sexual, forma de violência que se implementa majoritariamente no ambiente laboral e cujos comportamentos característicos revelam que se trata de replicações das crenças incorporadas pela cultura machista.

A Convenção n. 190 da Organização Internacional do Trabalho, ainda não ratificada pelo Brasil, aborda a temática da violência e assédio no trabalho, definindo, em seu art. 1º, alínea *"a"*, a violência e abuso como:

> un conjunto de comportamientos y prácticas inaceptables, o de amenazas de tales comportamientos y prácticas, ya sea que se manifiesten una sola vez o de manera repetida, que tengan por objeto, que causen o sean susceptibles de causar, un daño físico, psicológico, sexual o económico, e incluye la violencia y el acoso por razón de género (OIT, 2019).[10]

A alínea *"b"* do mesmo artigo da Convenção define assédios em razão do gênero como aquele que são "*dirigidos contra las personas por razón de su sexo o género, o que afectan de manera desproporcionada a personas de un sexo o género determinado, e incluye el acoso sexual*" (OIT,2019).[11]

O assédio sexual geralmente é perpetrado por um superior hierárquico do gênero masculino em face de uma subordinada do gênero feminino e os discursos do assediador podem ser mediados por meio de chantagem ou da intimidação.

No assédio sexual por chantagem — o mais comum — o agente assediador exige da vítima a pratica de conduta de natureza sexual indesejada, sob ameaça da perda de um benefício. Essa forma de assédio é a consequência do abuso de poder por parte do assediador que, no ambiente laboral, é o superior hierárquico. Já o assédio sexual por intimidação é aquele praticado por colegas de trabalho que objetivam tornar o ambiente de trabalho nocivo, prejudicando a performance laboral do pessoal por meio de "incitações sexuais inoportunas, solicitações sexuais ou outras manifestações da mesma índole, verbais ou físicas, [...] (criando) uma situação ofensiva, hostil, de intimidação ou abuso no ambiente em que é intentado" (PAMPLONA FILHO, 2005, p. 08).

---

(10) "Um conjunto de comportamentos e práticas inaceitáveis, ou de ameaças de tais comportamentos e práticas, seja manifestando-se uma única vez ou de maneira reiterada, que tenham como objetivo, que causem ou sejam capazes de causar um dano físico, psíquico, sexual ou econômico, incluindo a violência e o assédio em razão do gênero". (tradução livre)

(11) "São dirigidos contra as pessoas em razão do seu sexo ou gênero, ou que afetam de maneira desproporcional pessoas de um sexo ou gênero determinado, incluindo o assédio sexual". (tradução livre)

Analisando mais detidamente o assédio sexual por chantagem, que foi abordado no episódio "O que Harris Sexual quis dizer", nota-se que ele é realizado entre sujeitos em posição de desigualdade, na qual um tem poderes de punir o outro e se utiliza desse poder para constranger, ameaçar, chantagear. Sob as vestes de convite, o assediador realiza uma proposta à assediada, que não possui liberdade de escolha em sua resposta. "O que de fato é proposto no assédio é uma relação sexual para evitar inconvenientes na relação de trabalho" (FREITAS, 2001, p. 14).

Embora muitas vezes se queira interpretar como uma "cantada" ou forma de sedução, o assédio com eles em nada se confunde. A cantada insinua uma promessa de peripécia amorosa que visa convencer o interlocutor das vantagens que terá caso aceite. Há a liberdade de escolha daquele que recebe a cantada. Ainda, a sedução se diferencia do assédio também pela linguagem utilizada, como bem explica Maria Ester de Freitas (2001, p. 15-16):

> O assediador sexual utiliza-se de peças rasteiras como revistas ou publicações pornográficas, gestos e palavras obscenas, insinuações de humor duvidoso e maldoso, propostas de erotismo sujo.
>
> Sedução é um processo rico, que viaja fundo nos desejos e fantasias dos envolvidos; é um jogo de papéis alternados, que pressupõe um ritual cuidadoso, fundado na promessa de uma experiência extraordinária, confundindo fantasia com desejo. Seduzido e sedutor são papéis intercambiáveis e partes do mesmo jogo, lados diferentes da mesma moeda, complementos do mesmo sonho.

Sob as vestes de um ingênuo convite, como ocorre entre Harris e Mônica, o assediador intimida a vítima, acua, chantageia, ameaça, demonstra as possíveis consequências da recusa e deixa como uma única opção viável a aceitação. Caso a vítima opte por recusar, o seu "não" por vezes é ignorado e as intimidações passam a ser reiteradas exatamente como Harris Sexual fez com Mônica.

Aliás, no curso do assédio, o "não" da mulher é irrelevante, pois na cultura da dominação, "para o macho não importa que a mulher objeto de seu desejo não seja sujeito desejante" e não sendo sujeito desejante, ela também não tem direito de escolha. (SAFFIOTI, 1987, p. 18).

Até porque, dentro da cultura machista na qual se insere a relação laboral em espeque, homem e mulher são educados a entenderem a recusa feminina como um "charme", uma forma de requisitar um pouco mais de insistência e de virilidade do sujeito masculino. Essa crença quase romantizada leva o homem a não aceitar a recusa, pois ela seria uma negativa da sua virilidade e também da sua satisfação sexual. As investidas, então, tendem a ser maiores e mais recorrentes, tornando o ambiente de trabalho da mulher completamente hostil, insalubre e pernicioso.

Nesse sentido, o assédio sexual deve ser entendido como um problema organizacional e não simplesmente algo pertinente a relação privada entre as duas pessoas envolvidas, uma vez que a estrutura organizacional é o elemento fundamental das ameaças e coações que mediam o assédio sexual. Conforme ressalta Maria Ester de Freitas (2001, p. 14), "as organizações são intrinsecamente espaços de comportamento controlado e é do seu absoluto interesse coibir atitudes que possam prejudicar o seu melhor rendimento e a sua imagem".

Embora exista há tanto tempo quanto o próprio trabalho, só no início da década de 1990 que se reconheceu o assédio "como um fenômeno destrutivo do ambiente de trabalho, não só reduzindo a produtividade, mas também favorecendo o absenteísmo, devido aos danos psicológicos que envolve" (FREITAS, 2001, p. 10).

E mesmo sendo reconhecido e estudado há décadas, o assédio sexual permanece até hoje presente de forma sistêmica e constante no ambiente de trabalho. Em pesquisa divulgada em outubro de 2020, conduzida pela Consultoria de Inovação Social "ThinkEva" e a rede social profissional "LinkedIn", 47,12% das mulheres que responderam aos questionários disseram já terem sido vítimas de assédio sexual em algum momento no ambiente de trabalho. (THINKEVA, 2020).

É possível observar, portanto, que "a mudança estrutural representada pela entrada das mulheres [...] no mundo do trabalho não é suficiente para alterar a função da mulher na família, nem dá necessariamente origem a uma mudança na sua condição social" (AMANCIO, 1989, p. 33).

Isso porque é preciso mais: é urgente que a sociedade descortine a estrutura machista que sustenta o assédio sexual da mulher como forma de violência corriqueira e invisibilizada no ambiente de trabalho; é imprescindível que as empresas incorporem políticas de enfrentamento à violência contra a mulher que levem em consideração o processo sociocultural de construção da superioridade masculina e objetificação do corpo feminino. Ignorar esse processo histórico de naturalização das condutas machistas é permitir que a cada minuto mais mulheres sejam violentadas ao redor do mundo.

## 4. Conclusão

A partir do décimo terceiro episódio da segunda temporada da *sitcom* "Família Dinossauros", intitulada "O que Harris Sexual quis dizer", extrai-se como temática central o assédio sexual da mulher no trabalho que é abordado de forma crítica ao apresentar diversas cenas de opressão, humilhação e objetificação sexual da figura feminina em um contexto social absolutamente machista, no qual todos os machos estão inseridos e empenhados coletivamente a fim de manter seu *status* de superioridade.

A partir desse contexto, o presente artigo abordou as crenças e comportamentos historicamente construídos e naturalizados na estrutura sociocultural machista. A edificação das subjetividades feminina e masculina a partir de signos das características inatas ao homem e a mulher sustentam as ramificações dessa teia cultural que se espalha por todos os espaços que a mulher ocupa na sociedade.

A violência, como instrumento racional proposto a fim de alcançar o objetivo de manutenção dos estereótipos naturalizados, alcança também o ambiente laboral da mulher na figura do assédio sexual, forma de violência que se nutre da crença de superioridade masculina; de que o corpo feminino é objeto de prazer masculino; de que a vontade feminina se molda a partir da satisfação das necessidades do outro.

É urgente notarmos que a eliminação do assédio sexual da mulher no trabalho passa, necessariamente, pela desconstrução desses modelos de identidade feminina e masculina. A constatação da existência de um machismo estrutural desnuda uma rede de crenças, condutas, negações e opressões que dão condições de existência às formas de violências à mulher.

Visualizar que esse processo sociocultural promove a desigualdade de oportunidades sustentando-se em crenças de superioridade absolutamente desconectadas do mundo biológico, propicia o reconhecimento da raiz do problema e, consequentemente, torna possível à sociedade criar mecanismos, programas, métodos eficazes de emancipação feminina e desestímulo à pratica de assédio sexual no trabalho que em pleno século XXI é tema presente na vida da maioria das mulheres.

Como disse Charlene no final do episódio, "os machos tem que nos tratar com igualdade. Somos uma sociedade avançada. Quanto tempo será que isso pode demorar?".

# A Branca de Neve e o Trabalho (Invisibilizado e) não Remunerado de Cuidar

*Catharina Lopes Scodro*

## 1. Introdução

No filme "Branca de Neve e os Sete Anões" (BRANCA, 1937), a protagonista Branca de Neve, a fim de se proteger contra as intenções da antagonista Rainha Má, foge do castelo onde residia para se esconder pela floresta. Ao avistar uma pequena casa, a preocupação da princesa Branca de Neve com a necessidade de encontrar um abrigo para se alojar, a levou a limpar o local, acreditando que, caso desempenhasse as funções domésticas, os moradores a deixariam ficar por um tempo.

Observa-se que, no enredo, a protagonista passa a exercer o trabalho não remunerado de cuidado no ambiente doméstico, a partir da limpeza do local, da lavagem de roupas e do preparo de refeições. Tais atividades são relacionadas à reprodução social, de sorte que possibilitavam que os moradores da residência — os Sete Anões — se ocupassem com o trabalho produtivo, desempenhado de forma remunerada na mineração a partir do garimpo de pedras preciosas.

Esse capítulo, com base no método dedutivo (MARCONI; LAKATOS, 2003, p. 91) e valendo-se da técnica de pesquisa bibliográfica, objetiva investigar o trabalho não remunerado de cuidar desempenhado pela protagonista Branca de Neve. Para tanto, a análise abordará o enredo do filme "Branca de Neve e os Sete Anões"; as características do cuidado e da divisão sexual do trabalho; e a análise do trabalho desempenhado pela protagonista, sob a perspectiva da *ajuda*.

## 2. Branca de Neve e os Sete Anões: o enredo do clássico

De autoria de Jacob e Wilhelm Grimm, popularmente conhecidos como os "Irmãos Grimm", o conto "Scheneewittchen"(1) foi publicado no século XIX no livro de contos

(1) Nome original em alemão. Em português, pode ser traduzido para "Branca de Neve". (Tradução livre)

"Kinder und Hausmärchen"(2) e se dirigia ao público adulto e infantil. Pelo sucesso e grande repercussão, o conto sofreu diversas adaptações para a literatura, os programas de televisão e as produções cinematográficas.

Entre as versões mais populares da adaptação está o filme "Branca de Neve e os Sete Anões", conhecido, na versão original, como "Snow White and the Seven Dwarfs" (BRANCA, 1937). A produção, realizada pelo Estúdio Walt Disney Productions e dirigida por David Hand, foi o primeiro longa-metragem de animação e foi lançado nos Estados Unidos da América em 1937 e no Brasil em 1938.

No enredo adaptado, a história possui como protagonista a princesa Branca de Neve e antagonista, a Rainha Má, a qual havia sido casada com o pai da princesa e se tornado sua madrasta, obrigando-a a realizar os serviços domésticos do castelo que residia. O filme se inicia com a Rainha se questionando acerca da sua beleza ao Espelho Mágico, o qual lhe afirmava diariamente que, naquele reino, não havia ninguém mais bonita do que ela.

Todavia, certo dia, ao realizar a pergunta, o Espelho respondeu que havia alguém mais bonita do que a Rainha e que a detentora de tal beleza era a princesa Branca de Neve. Ao saber disso, a Rainha decide que Branca não deveria mais viver, ordenando ao Caçador que a matasse na floresta.

O Caçador não conseguiu concretizar a ordem da Rainha e, ao revés, revelou a Branca de Neve que sua vida estava ameaçada, orientando-a a fugir e se esconder pela floresta. Na fuga, a protagonista caminhou longos percursos e se deparou com diferentes animais, com os quais se comunicava a partir do canto. A princesa os informou que precisaria dormir e questionou onde poderia ficar.

Diante disso, os animais levaram Branca para uma pequena casa, localizada na floresta. A princesa bateu e ninguém atendeu a porta, de sorte que achou que se tratava de uma moradia de crianças. Assim, entrou na residência e se deparou com grande sujeira, pó, pratos sujos na pia da cozinha e uma vassoura com teia de aranha, o que indicava que há tempos não era utilizada.

Preocupada com a necessidade de arrumar um lugar para ficar, a princesa achou que, caso limpasse a casa, as "crianças", que ali residiam e que ela acreditava serem órfãos, a deixariam ficar por um tempo. À vista disso, Branca de Neve iniciou a limpeza da casa e, contando com o auxílio dos animais da floresta, realizaram a limpeza do local, lavando a louça, varrendo o chão, tirando pó dos móveis, removendo as teias de aranha, lavando as roupas e colocando-as no varal para secagem. Após a faxina, a princesa se deparou com pequenas camas no andar superior da residência e optou por dormir.

---

(2) Nome original em alemão. Em português, pode ser traduzido para "Contos de Fada para Crianças e Adultos" (Tradução livre). Ressalte-se que, inicialmente, os contos não eram direcionados ao público infantil (GRIMM; GRIMM, 2011).

Enquanto isso, os moradores da casa, que eram sete anões homens (Soneca, Dengoso, Feliz, Atchim, Mestre, Zangado e Dunga), desempenhavam o trabalho na mineração, a partir do garimpo de pedras preciosas. Ao fim da jornada de trabalho, os rapazes retornaram à sua residência e, ao verem-na iluminada, resolverem espiar a possível invasão.

Ao adentrarem o local, repararam que a casa se encontrava limpa, com a louça lavada, o chão higienizado, a mesa de jantar enfeitada com flores, a ausência de teias de aranha e, inclusive, a comida preparada no forno.

Surpresos com a situação da residência, os sete anões foram ao quarto e se depararam com uma mulher dormindo em suas camas. A princesa acordou, viu que se tratava de homens adultos e se apresentou como princesa, pedindo-lhes que não a mandassem embora pois a Rainha, que não sabia onde ela estava, queria matá-la e que, caso a deixassem ficar, e ela faria "de tudo", isto é, lavar, varrer, costurar e cozinhar, já que sabia "fazer boas tortas e bons pudins". Diante da oferta, os rapazes a deixaram ficar.

Enquanto isso, longe da residência dos anões, a Rainha perguntou ao Espelho Mágico se havia alguém mais bonita do que ela. O Espelho respondeu afirmativamente, revelando que o Caçador não havia matado a Branca de Neve, a qual estava viva na casa dos sete anões.

A Rainha resolveu ir à residência e, para tanto, se disfarçou de uma senhora idosa. Assim, para concretizar o plano de matar a princesa, a Rainha envenenou uma maçã, de sorte que quem a mordesse apenas poderia ser salvo pelo beijo do primeiro amor.

Na floresta, os sete anões saíram para trabalhar e pediram que Branca de Neve tomasse cuidado, já que a Rainha era má. Diante disso, Branca ficou na casa, fazendo torta de pêssego, quando a Rainha apareceu e ardilosamente oferece-lhe a maçã envenenada.

Diante da ameaça à princesa, os animais da floresta foram ao local de trabalho dos anões e os avisaram que ela se encontrava em perigo. Simultaneamente, a princesa deixou a Rainha entrar na casa e afirmou que a maçã era miraculosa e que, que a comesse, teria seus sonhos realizados.

A princesa aceitou e comeu a maçã, de modo que seguidamente se sentiu mal e não resistiu ao veneno. No filme, os anões justificaram que, por estar morta e por sua beleza, não deveria ser enterrada, mas permanecer em um esquife. Por fim, um príncipe soube da princesa e, ao encontrá-la, resolveu beijá-la, de sorte que Branca acordou e voltou à vida.

## 3. Trabalho de cuidar e divisão sexual do trabalho

O cuidado consiste na prática de assegurar o atendimento das necessidades e o bem-estar de indivíduos, de sorte que não se restringe àqueles identificados como "dependentes" (idosos e crianças, por exemplo) (GLENN, 2000, p. 87). Segundo Danièle Kergoat (2016, p. 17).

> O cuidado não é apenas uma atividade de atenção, é um trabalho que abrange um conjunto de atividades materiais e de relações que consistem em oferecer uma resposta concreta às necessidades dos outros. Assim, podemos defini-lo como uma relação de serviço, apoio e assistência, remunerada ou não, que implica um sentido de responsabilidade em relação à vida e ao bem-estar de outrem.

Nesse sentido, o cuidado, a partir de múltiplos arranjos sociais para promover o trabalho de cuidar, constitui atividade envolvida na reprodução social (ADDATI *et al*, 2018, p. 6). Tal ocupação apresenta substancial importância para garantir, além da vida, qualidade e bem-estar à existência, de sorte que está atrelada à responsabilidade com o outro.

Observa-se que o "outro" não apresenta características fixas, como, por exemplo, idade avançada, já que o trabalho de cuidar é prática necessária e inerente à vida, ao passo que todas e todos precisaram, precisam e/ou precisarão em algum momento de suas vidas (ADDATI *et al*, 2018, p. 6; MEYER, 2000, p. 1). Tal entendimento constitui uma das características do cuidado, enunciadas por Evelyn Nakano Gleen (2000).

Segundo Gleen (2000, p. 87-88), o cuidado apresenta três características principais, a saber (a) o reconhecimento de que todos necessitam de cuidado, (b) o cuidado como criador de uma relação e (c) a definição do cuidado como prática possibilita o reconhecimento de que posse ser organizado de múltiplas formas.

No que tange à (a) primeira característica (GLEEN, 2000, p. 87), a necessidade por cuidado não se restringe às crianças, aos idosos, às pessoas com deficiência ou aos doentes crônicos, de sorte que se estende àqueles vistos como adultos independentes. Para Gleen (2000, p. 87), tais independentes, considerados os que conseguem desempenhar as atividades da vida diária, podem precisar de cuidados para manter a saúde física e psicológica, em razão da ausência de tempo e/ou energia ou de condição temporária.

Já a (b) segunda característica (GLEEN, 2000, p. 87) vislumbra o cuidado como elemento criador de uma relação de interdependência entre quem oferece e quem recebe. De acordo com a autora, a despeito de o senso comum visualizar o poder da relação em quem oferece e dá o cuidado (*caregiver*), o receptor — seja em condições de subordinação ou dependência — conjuntamente possui poder e influência, já que deve responder apropriadamente para que o trabalho de cuidar ser frutífero e bem sucedido (GLEEN, 2000, p. 87). Por exemplo, a criança gritando indica possível falha no cuidado (GLEEN, 2000, p. 87).

Por fim, Gleen (2000, p. 87-88) elenca, como (c) terceira característica do cuidado, a possibilidade de sua prática ser organizada de diversas maneiras. Nesse sentido, a autora considera as múltiplas formas que as relações de cuidado podem adquirir, despontando no domicílio ou nas instituições públicas, individual ou coletivamente, bem como enquanto trabalho remunerado ou não remunerado (GLEEN, 2000, p. 87-88).

Nesse sentido, o trabalho de cuidar não se restringe ao desenvolvimento de crianças e à manutenção da qualidade de vida de idosos, na qualidade de indivíduos dependentes, visto que comporta a garantia de cuidado aos cidadãos independentes e autônomos, como os trabalhadores produtivos (ADDATI *et al*, 2018, p. 6). Tais práticas de provimento de cuidado, por serem basilares à reprodução social da vida, são majoritariamente realizadas na esfera doméstica, o que, por abarcar "atividades tão essenciais para a vida humana quanto invisíveis", lhes garante "a qualidade de um 'não trabalho" (MARCONDES, 2013, p. 251-252).

Esse atributo de "não trabalho" possui estreita relação com a divisão sexual do trabalho, a qual, para Danièle Kergoat, resulta das relações sociais de sexo, destinando a esfera reprodutiva às mulheres e a esfera produtiva — sobretudo no que tange às "funções de forte valor social agregado" — aos homens (KERGOAT, 2009, p. 67). Essa divisão pode ser percebida na diferença de realização e de dedicação quanto aos afazeres domésticos por mulheres e homens.

No Brasil, segundo dados do Instituto de Pesquisa Econômica Aplicada (IPEA) (2018, p. 25-26), em 2015, a proporção de mulheres que realizavam afazeres domésticos (taxa de afazeres domésticos) era superior à 91%. Já entre os homens, a taxa de afazeres domésticos era de aproximadamente 55% (IPEA, 2018, p. 25-26).

No que ao tempo dedicado ao trabalho, que incluiu o trabalho remunerado, o trabalho não remunerado e o deslocamento (casa-trabalho-casa), a análise concluiu que as mulheres trabalhavam 47h semanais, ao passo que os homens trabalhavam 45h semanais (IPEA, 2018, p. 25). Ao verificar a composição desse dado, o estudo mostrou a grande diferenciação do tempo semanal dedicado por mulheres e homens aos afazeres domésticos, que contemplam o cuidado.

As mulheres destinavam mais da metade (cerca de 25h) do tempo semanal dedicado ao trabalho aos afazeres domésticos, ao passo que os homens reservavam apenas cerca de 5h a tais afazeres (IPEA, 2018, p. 25). Conjuntamente, o estudo considerou que as horas de trabalho semanais em afazeres domésticos possui outras variáveis, como o estado ocupacional, a renda, o nível de escolaridade, o estado conjugal e a existência de filhos influenciam na composição do tempo dedicado ao trabalho.

## 4. As ajudas de Branca de Neve: análise do trabalho de cuidar desempenhado pela protagonista

No início do clássico "Branca de Neve e os Sete Anões", a protagonista, por ordens da madrasta Rainha Má, desempenhava os serviços de limpeza do castelo onde residia, na condição, segundo o narrador, de "criada". No filme, a percepção acerca do trabalho ordenado e, por conseguinte, desempenhado por Branca congrega a noção de castigo ao trabalho doméstico – sobretudo, às atividades de limpeza.

Posteriormente, a percepção se altera substancialmente, conferindo ao trabalho, a qualidade de *ajuda*, com fulcro nos sentimentos de gratidão e de compensação não pecuniária. Na história, Branca de Neve, para fugir do castelo e se proteger das intenções perversas da Rainha, foge pela floresta e se depara com uma pequena casa, que achou que se tratar de uma moradia de crianças.

Para se abrigar e proteger, a protagonista adentrou na residência e se deparou com grande sujeira e desorganização, de sorte que acreditou que, caso *ajudasse* os moradores com a limpeza do local, eles assentiram a sua permanência. Ressalte-se que, posteriormente, quando Branca de Neve conheceu os moradores da residência — os Sete Anões — e pediu explicitamente para ficar, a protagonista reiterou a sua intenção de *ajudá-los* com o trabalho doméstico, dizendo que faria "de tudo".

No enredo, o "fazer 'de tudo'" da personagem do sexo feminino, remetendo ao labor sem contraprestação pecuniária, se refere às atividades compreendidas no trabalho de cuidar desempenhado no âmbito doméstico, que possibilitava a prestação de serviços em mineração e garimpo pelos Sete Anões. No filme, o trabalho de cuidado contempla especialmente os atributos relacionados à limpeza, como varrer o chão, tirar pó dos móveis, lavar as roupas e estendê-las no varal para secagem, remover as teias de aranha do local, e à culinária, já que a protagonista alegou saber "fazer boas tortas e bons pudins".

Observa-se que o trabalho desempenhado pela protagonista se torna invisibilizado por ser atividade relacionada à reprodução social e ao sexo feminino pela divisão sexual do trabalho, não possuir finalidade lucrativa e ser desempenhado na casa. Conjuntamente, o trabalho desempenhado não recebe, durante o enredo, a denominação e, portanto, o reconhecimento de trabalho (não remunerado de cuidado), de sorte que a relação social estabelecida se sistematiza como *ajuda* sob a percepção de "não trabalho".

Segundo Nadya Araújo Guimarães (2019), ao analisar as relações sociais de trabalho de cuidado, é possível sistematizá-las a partir do reconhecimento de diferentes arranjos sociais reconhecidos como "circuitos de cuidado" (ZELIZER, 2002; ZELIZER, 2004; ZELIZER, 2005; ZELIZER, 2006 *Apud* GUIMARÃES; VIEIRA, 2020, p. 7). Tal sistematização reconhece três circuitos, a saber o "cuidado como profissão", o "cuidado como obrigação" e o "cuidado como ajuda" (GUIMARÃES, 2009).

O "cuidado como profissão" se refere às múltiplas formas de trabalho remunerado de cuidado, que abrange atividades profissionais tradicionais "ligadas à saúde e enfermagem" e mais recentes, como "trabalho das 'cuidadoras', domiciliares e em instituições de longa permanência" (GUIMARÃES; VIEIRA, 2020, p. 9).

Já o "cuidado como obrigação" diz respeito ao cuidado ao trabalho não remunerado no qual os serviços domésticos são realizados regular e não onerosamente por mulheres que, pela divisão sexual do trabalho no âmbito familiar, as desempenham em decorrência do "amor" e da "responsabilidade familiar" (GUIMARÃES; VIEIRA, 2020, p. 9-10). A despeito do caráter de trabalho não remunerado, tais atividades não são socialmente reconhecidas como trabalho, mas como obrigação relacionada ao status da mulher na família (GUIMARÃES; VIEIRA, 2020, p. 9-10).

Por fim, o "cuidado como ajuda" constitui trabalho não remunerado que, além de não se reconhecer como tal, não vislumbra qualquer teor obrigacional na performance. Para Nadya Araújo Guimarães e Priscila Pereira Faria Vieira (2020, p. 10), o cuidado como ajuda se sustenta e se reproduz a partir da reciprocidade presente em um grupo e/ou comunidade, que não requer contraprestação pecuniária.

Observa-se que, no cuidado como ajuda, o trabalho não remunerado se torna invisibilizado pelo reconhecimento de relações sociais pautadas nas trocas, a partir da solidariedade e da intenção de prestar ajuda, o que pode evidenciar a presença da gratidão na prestação e na recepção da atividade.

No filme Branca de Neve, o trabalho doméstico não remunerado se pautou na reciprocidade, a partir da troca da *ajuda* nos afazeres domésticos pela *ajuda* na concessão de um abrigo. Nesse sentido, se por um lado, a protagonista desempenhou as atividades domésticas pela intenção de *ajudar*, por outro, os Sete Anões lhe permitiram residir na casa por um tempo.

Portanto, o cuidado prestado por Branca assume a dimensão de *ajuda*, o que contribui para a sua invisibilização na qualidade de trabalho doméstico não remunerado. Conjuntamente, tal *ajuda* compreendia atividades essencialmente relacionadas à reprodução social, que, sem caráter lucrativo, evidenciam a divisão sexual do trabalho no enredo.

A divisão pode ser apreendida na separação, no reconhecimento e na valorização das atividades laborativas desempenhadas pelos personagens do sexo feminino e masculino no clássico. A mulher, representada por Branca de Neve, se dedicava exclusivamente às atividades domésticas, responsáveis por possibilitar a manutenção da qualidade de vida pelos Sete Anões e o desempenho da atividade laborativa na mineração e no garimpo, prestando-lhes cuidado ao preparar o que comer e o que vestir, por exemplo. Já o homem, representado pelos Anões, exerce a atividade laborativa de forma visível, reconhecida e, por conseguinte, valorizada, que, pelo caráter produtivo e de geração de riquezas, não gera dúvidas ao espectador a respeito da sua natureza de *trabalho*.

## 5. Conclusão

O capítulo se propôs a analisar, no enredo do clássico "Branca de Neve e os Sete Anões, o trabalho desempenhado pela protagonista, a partir das teorias do cuidado, da divisão sexual do trabalho e dos "circuitos de cuidado".

O cuidado consiste nas práticas que se propõem a assegurar, a partir do atendimento das necessidades e da responsabilidade com o outro, a manutenção da vida e do bem-estar dos indivíduos, na qualidade de prática necessária e inerente à vida, envolvida na reprodução social.

Já a divisão sexual do trabalho se refere à destinação de atividades com diferente valor agregado aos homens e às mulheres. Assim, se destina aos homens a esfera produtiva, amplamente valorizada pelo seu potencial de geração de riqueza, e às mulheres a esfera reprodutiva, notável pelo desempenho do trabalho não remunerado de cuidado, por exemplo.

Por fim, os "circuitos de cuidado" se referem aos múltiplos arranjos sociais que as relações permeadas pelo cuidado podem adquirir, de sorte que podem identificar o exercício do cuidar como profissão, como obrigação e como ajuda. Em relação à *ajuda*, a prestação do cuidado é desempenhada como trabalho não remunerado pautado nas trocas e na reciprocidade.

A partir da investigação do filme, o capítulo concluiu que a atividade desempenhada pela protagonista assume a dimensão de ajuda, que, na qualidade de trabalho não remunerado de cuidado, se caracteriza pela profunda invisibilização no enredo, pela relação com a reprodução social, pela ausência do elemento lucrativo e pela divisão sexual do trabalho, que destina o trabalho produtivo e valorizado aos homens (Sete Anões). Conjuntamente, a dimensão de *ajuda*, por se pautar na solidariedade, contribui para que a relação de troca seja invisibilizada como trabalho, salientando a percepção de "não trabalho".

# Trabalho Infantil

# Cidade de Deus: O Medo do Ilícito Justificando o Proibido: Ficção e Realidade do Trabalho Infantil no Brasil

*Claudirene Andrade Ribeiro*

*(...) Vive o agora, o futuro ignora*
*O amargo do sangue tá na boca*
*Vivendo o dia a dia ele descobre que sua esperança é pouca*
*(...)*
*Bate o martelo, acabou de condenar*
*Julgamento sem defesa, quem é réu vai chorar*
*Vai babar!*
*Porque o coração não bate mais*
*Agora quer correr na frente e não correr atrás*
*Idade de criança, responsa de adulto.*
(Falcão, p. 237)

## 1. Introdução

O epíteto transcrito ao início do texto revela algumas das faces do trabalho infantil que se pretende abordar no presente texto, à luz de pesquisa doutrinária, reportagens de revistas e jornais, legislação, experiências empíricas da autora e de algumas cenas do filme Cidade de Deus, que permitem discutir a relevância de se investigar, debater e combater a crença popular de que o trabalho da criança pode impedir que a mesma fique na rua e se envolva com trabalho ilícito, como forma de diminuir o trabalho infantil.

O estudo se divide em duas partes.

Na primeira parte, esclarecem-se os conceitos de trabalho ilícito e trabalho proibido e apontam-se as dicotomias relacionadas ao tema do trabalho ilícito e trabalho proibido pela doutrina e jurisprudência trabalhista que, majoritariamente, entende que o trabalho ilícito não deve encontrar proteção, ao contrário do trabalho irregular ou proibido, o que vai de encontro com a própria Convenção n. 182 da OIT, que elenca o trabalho infantil para o tráfico como uma das piores formas de trabalho infantil. Na mesma senda, comenta-se a dicotomia legislativa (inclusão da atividade para o tráfico de drogas e entorpecentes como uma das piores formas de trabalho infantil, no anexo da Convenção n. 182 da OIT e o Estatuto da Criança e do Adolescente, esse último trata o tema como um ato infracional.

Na segunda parte, com o objetivo de traçar um paralelo entre a ficção e a realidade, apresenta-se o filme Cidade de Deus e destacam-se deste, as cenas nas quais a arte imita a vida, com destaque às cenas que denotam a crença popular de que o trabalho das crianças e adolescentes é benéfico, pois as impediriam do envolvimento com o tráfico de drogas ou "com coisas erradas." Sequencialmente, discorre-se sobre a realidade do trabalho infantil no tráfico e no trabalho proibido e sobre os diversos meios de reprodução da crença popular de que o trabalho infantil serviria para impedir o envolvimento da criança e do adolescente com atividades ilícitos e os efeitos desse aspecto cultural. Por fim, levanta-se, por meio de informações secundárias, dados sobre a realidade do trabalho infantil ilícito, sobretudo para o tráfico.

A título de contribuição, apontam-se algumas soluções para o problema levantado.

## 2. O trabalho infantil no Brasil: dicotomias a serem superadas e esclarecimento dos conceitos de trabalho ilícito e proibido

No que concerne ao trabalho infantil no país, dentre as diversas dicotomias a serem superadas, encontra-se a questão da forma como trabalho da criança e do adolescente para o tráfico de drogas é tratado e ainda, o entendimento jurídico que impede o reconhecimento da prestação laboral para o tráfico como uma forma de trabalho digno da proteção trabalhista, temas que se discutirão no presente tópico.

Nos termos do art. 3º, *"b"*, da Convenção n. 182[(1)], conhecida como Convenção sobre as piores formas de trabalho infantil, de 1999[(2)], uma das piores formas de trabalho

(1) A Convenção 182 da Organização Internacional do Trabalho — OIT foi aprovada pelo Decreto Legislativo n. 178, de 14.12.1999 e promulgada pelo Decreto n. 3.597, de 12 de setembro de 2000, com vigência nacional a partir de 02 de fevereiro de 2001. Este último foi revogado pelo Decreto n. 10.088, de 2019, que consolidou todos os atos normativos do poder executivo federal, sobre as normas da OIT ratificadas pelo Brasil. No último dia 04 de agosto de 2020, a referida Convenção alçou ratificação universal depois que o Reino do Tonga depositou, formalmente, os documentos de ratificação (OIT, 2020).

(2) Assinala-se que a referida Convenção considera, para seus efeitos, a pessoa com idade inferior a 18 anos como criança, ao passo que o ECA, em seu art. 2º entende por criança a pessoa até 12 anos incompletos e

infantil, consiste na *utilização, recrutamento e oferta de criança em atividades ilícitas* como a produção e tráfico de entorpecentes, nos termos das normas internacionais(3).

No entanto, dispõe o art. 103 da Lei n. 8.069, de 13 de julho de 1990, conhecida por Estatuto da Criança e do Adolescente(4): *considera-se ato infracional a conduta descrita como crime ou contravenção penal.* Logo, a participação da criança e do adolescente é vista como ato infracional pelo Estatuto da Criança e do Adolescente, passível de sujeição à medida protetiva de internação.(5)

A criança ou o adolescente necessita ser protegida de toda forma de atividade que lhe retire o direito de ser criança, de brincar, de aprender, de sonhar, enfim, de ter uma vida plena(6).

O envolvimento da criança ou do adolescente com o tráfico é visto socialmente como algo criminoso, o que se deve a diversos fatores históricos e sociológicos como a guerra desencadeada contra os entorpecentes, a partir da globalização do controle (OLMO, 1990 e CARVALHO, 2016, *Apud* CABISTANI, 2017, p. 29), mas também pelo tratamento conferido pela justiça e pela falta de perspectivas para tais crianças e adolescentes ante a falta de políticas públicas adequadas.

Para Napolião, Menezes e Lyra (2020) a ambivalência de tratamento do trabalho infantil no tráfico resulta em escalada *dramática* em locais como o Rio de Janeiro, no qual a violência urbana, sobretudo, o tráfico de drogas se encontra arraigado na mentalidade das pessoas, de modo que a criança que labora para o tráfico é tida como criminosa, ao invés de sofredora. Soma-se a isso o *populismo penal* difundido entre os operadores do

---

como adolescente, dos 12 aos 18 incompletos. No presente artigo, considerando o que é usual e consolidado pelo Estatuto da Criança e do Adolescente, adota-se a expressão consagrada pelo mesmo, inclusive porque é permitido pela Lei Maior, o trabalho a partir de 16 anos, nas condições adiantadas no item anterior.

(3) O Decreto n. 6.481, de 12 de junho de 2008, regulamentou os arts. 3º, alínea *"d"* e 4º da Convenção aprovou a Lista das Piores Formas de Trabalho Infantil (Lista TIP).

(4) A Lei n. 8.069, de 13 de julho de 1990, adotou a doutrina da proteção integral

(5) Na esfera penal, a imputabilidade inicia-se a partir dos 18 anos, nos termos do art. 228, CF/88, c/c art. 27, do Código Penal e art. 104 da Lei n. 8.069, de 13 de julho de 1990, também denominada de Estatuto da Criança e do Adolescente.

(6) Os arts. 1º e 3º da referida lei referem-se à questão da doutrina da proteção integral. O parágrafo único do art. 3º, incluído pela Lei n. 13.257, de 2016, reforça o princípio constitucional da igualdade de que trata o art. 5º, *caput* da CF/88 aplicado às crianças e adolescentes. Diz o referido dispositivo legal: *os direitos enunciados nesta Lei aplicam-se a todas as crianças e adolescentes, sem discriminação de nascimento, situação familiar, idade, sexo, raça, etnia ou cor, religião ou crença, deficiência, condição pessoal de desenvolvimento e aprendizagem, condição econômica, ambiente social, região e local de moradia ou outra condição que diferencie as pessoas, as famílias ou a comunidade em que vivem.* Todavia, não obstante a beleza da letra da lei, a realidade demonstra que as crianças que vivem nas comunidades carentes nem sempre encontram igual acolhida por parte do poder judiciário ou mesmo por parte da sociedade quando se encontram em condições de vulnerabilidade.

direito, agravado pela ideia de que visam alcançar riqueza e não o ganha pão[(7)], o que dificulta o avanço no sentido de considerar o trabalho para o tráfico como uma forma de exploração do trabalho infantil.

Não bastasse, dentro do próprio direito do trabalho, constata-se que a diferenciação entre trabalho ilícito e trabalho proibido é bastante nítida e que o trabalho ilícito tende a sequer ser considerado trabalho por parte da doutrina, logo, não merecedor da proteção jurídico-estatal, ainda que presentes os demais requisitos da relação de emprego,[(8)] pois após a verificação destes, para fins de produção de efeitos, devem-se observar também os aspectos jurídico-formais, que respeitam, com algumas adaptações, em razão das particularidades do direito do trabalho, os requisitos dos contratos em geral, como previsto no art. 104, CC/02: objeto lícito[(9)], possível, determinado ou determinável, capacidade das partes e forma prescrita ou não defesa em lei. (GODINHO, 2019, p. 622).

Ao presente estudo interessa esclarecer os efeitos advindos da ausência dos requisitos licitude do objeto e capacidade das partes.

A capacidade do empregador é regulada pelo direito civil e não sofre alterações para fins trabalhistas. Assim, qualquer pessoa física ou jurídica que possua capacidade para assumir os atos da vida civil pode figurar em tal condição, enquanto para o trabalhador, a capacidade plena é adquirida aos 18 anos, conforme dispõe o art. 402 da CLT[(10)].

Nos termos do art. 7º, XXXIII da CF/88[(11)], é proibido o trabalho noturno, perigoso ou insalubre ao menor de 18 anos e de qualquer trabalho, salvo na condição de aprendiz, ao menor de 16 anos. Em decorrência deste dispositivo Constitucional, combinado com os arts. 402 e 405 da CLT, Godinho (2019, p. 622) apregoa a *capacidade/*

---

(7) A cena mostrada no filme Cidade de Deus, na qual o adolescente envolvido no tráfico determina que um adolescente da classe média lhe compre roupas exemplifica esse ideário popular em torno do trabalho da criança e do adolescente para o tráfico de drogas. Também de acordo com a notícia da Amerj (2019), a juíza da Vara da Infância e Juventude do Rio de Janeiro afirma que o pagamento de dívidas com o tráfico ou a aquisição de bens de consumo *da moda* é o motivo que leva os jovens a praticar infração criminal. A pesquisa destaca também a falta de políticas públicas como o programa piloto da prefeitura chamado de Liberdade Assistida, no qual 480 jovens contaram com apoio de assistentes sociais e outros profissionais e tiveram taxa de reincidência de 4% apenas, contra 53% da média apurada no levantamento realizado pela Vara da Infância e Juventude do Rio de Janeiro nos anos de 2017 e 2018.

(8) Principal modalidade de contrato protegido pelo direito do trabalho, cuja aferição ocorre a partir da presença dos elementos fático-jurídicos da pessoalidade, onerosidade, pessoa física, subordinação e não eventualidade, nos termos do art. 2º, c/c art. 3º, da CLT.

(9) Para efeitos trabalhistas interessa, sobretudo, o aspecto da licitude do objeto.

(10) Na esfera civil apenas com o Código Civil de 2002, Lei n. 10.406, de 10 de janeiro de 2002, por meio do art. 5º, caput, a capacidade plena, ou seja, a habilitação para a prática de todos os atos da vida civil também passou a ser adquirida aos 18 anos, pois até então prevalecia a idade de 21 anos, prevista no art. 9º do Código Civil anterior.

(11) Os novos limites foram estabelecidos por meio da EC n. 20, de 15/12/1998, que elevou os anteriores, 14 e 12 anos, respectivamente.

*incapacidade relativa do obreiro para atos da vida trabalhista.* Disto se infere que o trabalho do adolescente entre 16 e 18 anos, em horário noturno ou em ambiente insalubre e/ou perigoso e o trabalho do menor de 16 anos em qualquer atividade, salvo na condição de aprendiz, é proibido ou irregular.

O requisito da licitude do objeto, previsto nos arts. 104, II, e 166 do CC/02 é acolhido pelo direito do trabalho, que não reconhece a validade jurídica da atividade que se enquadre em algum tipo penal. Godinho (2019, p. 625) esclarece que toda a estrutura do direito do trabalho foi construída a partir do trabalho humano como fator de *transformação da natureza e de agregação de valores à vida social. Não há como se confundir tal dinâmica com a atividade ilícita, a criminalidade (...).* Para o referido autor, aquele que participa de uma atividade ilícita, ainda que em prol de um negócio estruturado como atividade empresarial, na qual se observe hierarquia de cargos e funções, sequer pode ser considerado como realizador de um trabalho, mas como alguém que exerce apenas uma atividade.

O TST também firmou entendimento semelhante ao da doutrina, por meio da OJ n. 199 da SBDI-I, que dispõe sobre o trabalho para o jogo de bicho e diz ser nulo totalmente o contrato, requisito de validade do ato jurídico em razão da ilicitude do objeto.

Todavia, o entendimento doutrinário e jurisprudencial predominante é pela relativização da regra, caso o objeto da prestação laboral não se encontre diretamente a ela relacionado, ou caso o trabalhador não tenha conhecimento da atividade ilícita para a qual corrobora. (GODINHO, 2019, p. 626)[(12)].

A diferença entre a atividade ilícita e a proibida é explicada por Godinho (2019, p. 625): *ilícito é o trabalho que compõe um tipo legal penal ou concorre diretamente para ele; irregular é o trabalho que se realiza em desrespeito à norma imperativa vedatória do labor em certas circunstâncias ou envolvente de certos tipos de empregados.* (itálico nas palavras ilícito e irregular no original)

O posicionamento doutrinário e jurisprudencial supraindicado ressoa na prática jurídica relacionada às questões de envolvimento de crianças e adolescentes com o tráfico de drogas. Cabistani (2017, p. 63)[(13)] apontou a existência de tema específico para os casos de exploração sexual comercial dentro do tema 7.1.2, que trata de *outras atividades*

(12) Também o TST tem firmado jurisprudência neste sentido, conforme se infere da ementa do acórdão proferido pela 3ª Turma da SBDI-I que após afirmar que alguns casos de atividade ilícita, o trabalho prestado para estas é apenas proibido e poderia ser executado em qualquer local, como o trabalho de segurança para a atividade de jogo do bicho, conclui não ser justo negar a proteção a tais trabalhadores, por lhes negar direitos e beneficiar o empresário que atua na ilegalidade. (BRASIL. TST. Processo: AIRR – 1021-85.2016.5.11.0012).

(13) Trata-se de pesquisa empírica realizada no banco de dados do Sistema MPT Digital junto à Procuradoria Regional do Trabalho da 4ª Região, no período de 2009 a 2017, com o intuito de obter dados quantitativos e qualitativos acerca da atuação do Ministério Público do Trabalho em casos de denúncias que envolvem trabalho infantil para o tráfico.

*ilícitas* e não encontrou tema específico para o trabalho infantil para o tráfico, o que serve de indicativo de que o órgão reserva maior atenção ao primeiro tema.

A pesquisa suprarreferida também revelou que entre 2012 e 04.09.2017 não foram interpostas ações que envolvessem trabalho infantil e tráfico de drogas na justiça do Trabalho. Indicou ainda que dos 155 procedimentos que em princípio diziam respeito a criança ou adolescente no comércio ilegal de entorpecentes, 111 indicavam Notícia Fato (NF) antes de seu número e 44 apontavam para Inquérito Civil (IC). Um deles, apesar de indicar NF não havia sido diretamente arquivado, mas continha diligências realizadas. Os 110 remanescentes tinham sido analisados por algum Procurador do Trabalho e estavam arquivados sem a instauração de algum tipo de investigação, o que equivale a 71%[(14)].

Os principais argumentos utilizados para o arquivamento foram de quatro ordens:

> 1º – inexistência de relação de trabalho[(15)]; 2º – os aspectos criminais e ilícitos da atividade afastam a atuação do MPT; 3º – os fatos da denúncia dizem respeito ao direito de família e à necessidade de medidas de proteção para a criança ou para o adolescente e 4º – ainda que fosse admitida a existência de trabalho, a prioridade de atuação no caso em concreto não é do MPT (CABISTANI, 2017, p. 71).

Rezende (2015, p. 257), discorre sobre os caminhos percorridos pelo Ministério Público na propositura de 03 (três) Ações Civis Públicas[(16)], das quais se destacam aqui o entendimento do juízo de primeira Instância, na ação de número 678-86.2012.5.24.0006, no sentido de que mesmo que se pudesse entender pela existência de trabalho, no caso em exame, a contratação de uma pessoa para a distribuição de entorpecentes, seja esta maior ou menor de idade, não configuraria ***relação de trabalho protegida pelo direito laboral, mais uma relação criminosa.*** (negrito na citação original).

O recurso interposto para a segunda Instância foi admitido para reformar a sentença de primeira Instância, no que diz respeito à impossibilidade jurídica do pedido.

---

(14) Após o levantamento inicial, a pesquisa excluiu 13 dos 110 procedimentos encontrados inicialmente, isso por não dizer respeito diretamente ao trabalho de menor do tráfico, restando 97 que foram, efetivamente, pesquisados.

(15) Ainda que 56 decisões tenham apontado mais de um motivo para o arquivamento, 60,2% das decisões pelo arquivamento deveram-se ao entendimento de que não se tratava de relação de trabalho, o que parece evidenciar que o entendimento doutrinário que diferencia trabalho ilícito do trabalho proibido, no âmbito do direito do trabalho, é dominante mesmo no âmbito do Ministério Público do Trabalho. (CABISTANI, 2017).

(16) A autora fala em três ações civis Públicas acerca do tema, mas comenta efetivamente as de números 0000712-76.2012.5.24.0001 e 678-86.2012.5.24.0006, que tramitam em segredo de justiça. A primeira teve os pedidos julgados parcialmente procedentes e encontrava-se em fase de execução, na tentativa de localização de bens. A segunda é objeto de maior detalhamento no artigo, que questiona as decisões ali proferidas.

Contudo, se decidiu pela extinção da ação por ausência de interesse de agir, sob o argumento de que a questão apenas seria apurada e reprimida de modo eficaz, no âmbito penal(17) (RESENDE, 2015).

A decisão de segunda Instância parece refletir muito das dificuldades verificadas no âmbito da doutrina e jurisprudência trabalhista em matérias que dizem respeito à questão do trabalho ilícito, porquanto não se olvida que o trabalho escravo também constitui tipo penal definido pelo art. 149 do Código Penal e também é julgado na esfera criminal pela Justiça Federal, mas que nem por isso deixa de ser analisado no âmbito da justiça laboral, em tutelas de urgência, inibitórias, ressarcitórias e indenizatórias, sendo estas últimas largamente utilizadas nas ações com pedidos de indenizações por danos morais coletivos e individuais.

## 3. Entre ficção e realidade: a influência da condicionante cultural para a continuidade do trabalho infantil no país

A luta pela eliminação do trabalho infantil no mundo ganhou força com campanhas empreendidas pela Organização Internacional do Trabalho, principalmente, a partir da década de 80 do século passado, nas quais o Brasil tem sido parceiro.

Ao falar sobre a diminuição do trabalho infantil no país, com base nas estatísticas, Oliveira (2014, p. 47) aponta como motivos principais: a) a integração brasileira ao Programa Internacional do Trabalho Infantil (IPEC)(18); b) o Programa de Erradicação do Trabalho Infantil (PETI)(19); c) a participação da sociedade civil, inclusive, por meio dos conselhos municipais, estaduais e nacional de direitos da criança e do adolescente. Entretanto, o referido autor chama atenção para a permanência do trabalho infantil e a necessidade de se conhecer os fatores condicionantes para a existência deste como forma de auxiliar em seu combate(20), sobretudo no que concerne ao trabalho rural e doméstico.

Contudo, dados da Pesquisa Nacional por Amostras de Domicílios (PNAD) contínua (IBGE, 2017), revelam que em 2016, 1.8 milhões de crianças de 5 a 17 anos

(17) No referido artigo a autora aponta outras decisões judiciais paradigmas em sentido contrário à proferida nos autos em que fora proferida a decisão de segunda instância e o recurso para o TST, ainda não julgado por ocasião da publicação do artigo.

(18) O referido programa foi criado pela OIT em 1992, mesmo ano em que implementado no Brasil. Tem como objetivo a eliminação progressiva do trabalho infantil. As ações do programa no Brasil se dão em conjunto com o Plano Nacional de Prevenção e Erradicação do Trabalho Infantil e Proteção do Trabalhador Adolescente. (ILO Brasil).

(19) O programa hoje se encontra integrado ao Bolsa Família.

(20) O autor destaca que a dificuldade de convencer os operadores do direito acerca da incompatibilidade do trabalho infantil com a legislação foi menor, mas que as razões legais não *impressionavam as pessoas para quem a perversão da rua deveria ser superada pelo "trabalho" disciplinador* mesmo que ferindo a norma maior do ordenamento jurídico. Na ocasião, o autor relata ter ouvido de alguém que assistia a palestra: *"Também a fome é inconstitucional"* (Aspas no original).

trabalhavam no país, das quais 190 mil em situação de trabalho infantil por terem de 5 a 13 anos e 808 mil também eram consideradas em tal condição ante a falta de registro em Carteira de Trabalho e Previdência Social (CTPS)[(21)].

Os dados do Observatório da Prevenção e Erradicação do Trabalho Infantil[(22)] (2019) confirmam a informação acima. No período de 1992 a 2015, 5,7 milhões de crianças e adolescentes deixaram de trabalhar no Brasil, o que significou uma redução de 68%. Não obstante, o país ainda contava com 2,7milhões de crianças e adolescentes em tal condição.

A continuidade do trabalho infantil deve-se a diversos fatores, que se entrelaçam e se complementam[(23)] (OLIVEIRA: 2014, p. 47). Segundo esse autor pode-se apontar para fins didáticos, como fatores que contribuem para a situação:

> 1. econômico macro: modelo econômico concentrador; 2. econômico micro: nível de renda familiar; 3. interesse econômico por mão de obra mais barata e "dócil"; 4. social: deficiência sistema escola: falta de tempo integral ou de programas sócio-educativos no contraturno escolar; 5. cultural: controle social; fatalidade da pobreza; dilema fechado e sofístico em relação ao pobre — ou o trabalho que dignifica e disciplina, ou a rua que perverte[(24)];

(21) Informações da Rede Peteca asseguram que em 2016, o IBGE alterou a metodologia de pesquisa e começou uma nova série histórica. Até 2015 a pesquisa era realizada no mês de setembro e passou a ser ao longo de cinco trimestres, em partes diversas do ano e levava em conta a produção para o consumo próprio, a exemplo da pesca e do plantio de alimentos, o que deixou de ser feito. Ademais, a amostra deixou de ser de 1100 municípios e passou a 3.464. Outro fator de forte impacto foi o fato de que a pesquisa excluiu as crianças que trabalhavam para consumo próprio, dando a impressão de uma diminuição do trabalho infantil no país. Logo, os dados de comparabilidade ficam dificultados.

(22) O observatório da Prevenção e Erradicação do Trabalho Infantil é uma ferramenta lançada pelo Ministério Público do Trabalho, no ano de 2019 e tem como objetivo realizar o cruzamento de dados públicos acerca do tema com vistas ao planejamento das políticas públicas (RIBEIRO, 2019).

(23) Como afirma Oliveira (2014), o conhecimento dos aspectos que motivam o trabalho infantil se revela importante para auxiliar em seu combate. Os aspectos podem ser elencados didaticamente para facilitar o estudo, mas estão intrinsecamente interligados, mormente, aqueles relativos ao nível de renda familiar e de falta de políticas públicas compensatórias, como revelam dados noticiados pelo Instituto Brasileiro de Geografia e Estatística (IBGE), em 2018, o atraso escolar relativo à frequência ao ensino médio dos jovens de 15 a 17 anos de idade era quatro vezes maior entre os 20% da população com os menores rendimentos (33,6%), do que nos 20% com os maiores rendimentos (8,6%). Ademais, 11,8% dos jovens dessa faixa etária entre os 20% com os menores rendimentos haviam abandonado a escola sem concluir a educação básica obrigatória. Esse percentual foi oito vezes maior que o dos jovens nos 20% com os maiores rendimentos (1,4%). As informações acima, ainda que não digam respeito diretamente ao trabalho infantil mostram que o abandono escolar entre a população com menores rendimentos é muito mais elevado do que entre aqueles com maior rendimento.

(24) Essa dificuldade de sensibilizar diversos setores da sociedade no sentido de que a educação e não o trabalho precoce é que pode proporcionar um futuro melhor às crianças é apontada no 2º e no 3º Plano

6. políticas: ausência ou insuficiência de políticas públicas ao menos compensatórias.

Razão assiste ao autor quando afirma que os fatores se correlacionam, na medida em que o fator cultural, que aqui também se refere como crença popular ou como mito e que se explorará na análise aqui proposta, muitas vezes, se confunde com as condicionantes econômicas e sociais, pois muitos pais não têm outra opção para deixar o filho em razão de não contar com uma rede de apoio social e se encontram no dilema de deixar o filho sozinho em casa, sujeito a vários tipos de violência e acreditam que é melhor encaminhar o filho para algum tipo de trabalho. Também se relaciona com a questão econômica, na medida em que as famílias que contam com melhores condições econômicas colocam seus filhos em colégios com turno integral ou os matriculam em diversos cursos complementares (artes, esportes e cursos de línguas) no contraturno da escola e, geralmente, contam com a presença de um responsável pelo apoio e acompanhamento destes, no período em que não estão na escola.

A situação acima enfatizada poderia ser diferente se o Estado contasse com um apoio em tempo integral para as crianças e adolescentes, mas não é o que acontece na vida real, algumas vezes bem retratada pela arte, que imita a vida ou vice-versa.

No presente tópico, inicialmente, exploram-se algumas cenas do filme Cidade de Deus que retratam a preocupação do pai em livrar os filhos do envolvimento com o tráfico de drogas, ainda que para tanto tenha que levá-los para um trabalho proibido, no caso, o comércio de peixe nas ruas da cidade.

Na sequência foca-se em discursos populares que apontam o trabalho infantil como uma forma de combate aos males da rua e a importância do conhecimento do fator cultural para o combate ao trabalho infantil proibido.

Por fim, com base em levantamentos secundários acerca do envolvimento dos menores com o tráfico de drogas no Brasil e as dificuldades relatadas por autoridades que atuam nas Varas da Infância e da Juventude, no que concerne à falta de oportunidades sociais para as crianças e adolescentes que não encontram escola integral e não têm com quem ficar enquanto os pais trabalham levanta-se a discussão acerca da necessidade de se

Nacional de Prevenção e Erradicação do Trabalho Infantil e Proteção ao Adolescente Trabalhador. Este último tem, dentre as diversas ações previstas, o apoio e incentivo de pesquisas e estudos em relação ao narcotráfico e o envolvimento de crianças e adolescentes, a ser exercido em médio prazo. (BRASIL, 2019-2022) Acerca do aspecto aqui estudado, conferir também Medeiros (2020 p. 21-22). O autor aponta para a permanência do que denomina de *falsos dogmas* usados na defesa do trabalho infantil, os quais são enumerados em nove grupos, rebatidos um a um com argumentos que enfatizam os prejuízos morais, psíquicos, educacionais, de repetição do ciclo da desigualdade social e dos direitos de cidadania reconhecidos pela CF/88 às crianças e aos adolescentes.

investir em políticas públicas integradas para possibilitar o combate eficiente do trabalho infantil ilícito.

### 3.1. A ficção: O filme Cidade de Deus — A arte imita a vida ou a vida imita a arte?

O filme Cidade de Deus é uma obra de ficção, mas tem por base algumas histórias enunciadas por Paulo Lins, em obra com o mesmo nome, que se passa na favela homônima, nascida na década de 1960, no Rio de Janeiro (AUGUSTINI, 2002). A obra foi sucesso de público[(25)] e dividiu a crítica (DUTRA, 2008),[(26)] haja vista que permite diversas abordagens, desde as de cunho sociológico, como as da degradação social vivida por diversos personagens até as de cunho psicológico (que ressalta a divisão entre bons e maus)[(27)], passa pela questão da violência e da corrupção policial, em face de moradores de favelas e de pobres de periferias urbanas em geral, a violência contra a mulher, a dificuldade de acesso aos serviços urbanos básicos nas favelas e periferias.[(28)]

Contudo, levanta-se aqui a abordagem que mostra as poucas ou quase inexistentes oportunidades para as crianças que crescem naquela localidade, com destaque às do sexo

---

(25) Público acumulado de 3.307.746 expectadores, segundo informações de Wikipédia, acesso em 1º.10.2020.

(26) Conti (2002) considera que o filme se encontra no mesmo nível da obra em que se baseou e destaca a verossimilhança conseguida pelo diretor ao contratar atores amadores, muitos dos quais crianças residentes em favelas cariocas para os papéis de quase todos os personagens, com exceção de Matheus Nachtergaele, ator já profissional já conhecido. Ademais, destaca a adoção da *forma narrativa, que combina elementos de propaganda e de videoclipe* como método que garantiriam *a dimensão fundadora, inédita* do filme. O autor ressalta ainda o fato de o filme conferir humanidade a *traficantes que só aparecem nas páginas policiais mortos, ou presos*. O filme foi indicado ao Oscar nas categorias de Melhor direção, melhor roteiro adaptado, melhor fotografia e melhor edição. (WIKIPEDIA).

(27) Augustini (2002) relata a existência de habitantes do bairro que estariam insatisfeitos com o sucesso do filme e afirmam que o mesmo não retrataria corretamente a comunidade e seus diversos trabalhadores e os motivos da violência. Contudo, a referida autora destaca que esse não seria um motivo de questionamento pelo telespectador e sim o *tom maniqueísta* presente na trama, que a seu ver coloca o bairro dividido *por um invisível muro entre os "bons" e os "maus"* e sem possibilidade de mudar de lado. Ainda conforme a matéria em comento: *A maldade é atribuída a este ou àquele personagem desde seu nascimento, resultando em crianças excessivamente más. As pessoas nascem aqui predestinadas a esta ou aquela conduta.*

(28) Mais uma vez a autora não pode deixar de lembrar-se de sua infância, que embora vivida em grande parte em meio urbano, não tinha acesso aos serviços urbanos básicos como água (e aqui não se trata da água encanada apenas, mas também a água de poço), energia e outros equipamentos que a urbanização já proporcionava no final da década de 70, início da década de 80, do século passado em grande parte das cidades brasileiras. As dificuldades de acesso aos serviços urbanos ainda persistem nos dias atuais. Informativo do IBGE (2020) sobre as Características gerais dos domicílios e dos moradores 2019, com base na Pesquisa Nacional de Amostra de Domicílios Contínua — Pnad contínua, mostram que apenas 85,5% dos domicílios do país contavam com abastecimento de água pela rede geral de abastecimento diariamente; 68,3% com rede de esgotamento sanitário ou fossa séptica ligada à rede geral. As desigualdades são maiores em se considerando os aspectos regionais, porquanto, no primeiro quesito, os índices são de 94,8%, 97%, 94,9%, 69,0% e 89,0%, respectivamente para as regiões Sudeste, Sul, Centro-oeste, Nordeste e Norte. Mas é no segundo quesito que as desigualdades regionais se mostram mais evidentes, pois as taxas são de 88,9%, 68,7%, 60,0%, 47,2% e 27,4%, respectivamente para as regiões do Sudeste, Sul, Centro-oeste, Nordeste e Norte.

masculino e de cor negra, que são mais envolvidas no crime organizado, mormente, o tráfico de entorpecentes desde tenra idade, em função mais simples, denominadas de aviãozinho, na sequência, passam a olheiro, depois vapor, soldado, e, por fim, gerente.(29)

A trama se desenvolve por meio da sensível e inquietante narrativa do personagem Buscapé, garoto negro e pobre que sonha em ser fotógrafo profissional, embora cresça em um mundo em que a maioria de seus amigos e, inclusive, o seu irmão mais velho, Marreco, esteja envolvido com o tráfico de drogas, roubos e outras formas de violência.

A obra é realista e trágica, difícil de ser assistida em razão da dura realidade social que escancara, seja pela violência simbólica, seja pela violência real(30), seja pelo fato do enredo envolver diversas histórias que se cruzam e entrecortam para serem retomadas depois.

O nascimento da favela homônima em 1960 e a mudança dos primeiros moradores para o local, como seu crescimento, na medida em que se desenrola a trama são retratados no filme.

---

(29) O funcionamento do comércio de tráfico e o crescimento na carreira do tráfico são descritos no filme, nos seguintes termos: *Vender drogas é um negócio como qualquer outro, o fornecedor entrega o peso e no cafofo é feita a endolação. O trabalho de endolação é a linha de montagem do tráfico. Tão chato quanto apertar parafusos. A maconha é embalada num pacotinho chamado "dólar". A cocaína é embalada em papelote e depois em trouxinhas de dez ou pacotinhos de cem. O tráfico tem até plano de carreira. Os garotos menores começam a trabalhar como aviãozinho. Recebem uma boa grana para levar e trazer refrigerantes, mandar recados, esses tipos de coisas. Depois eles passam para olheiros, quando a polícia aparece, a pipa desce do céu e todo mundo sai saindo. De olheiro, o cara passa para vapor vendendo a droga na favela. Pintou sujeira, o vapor tem de evaporar rapidinho. O soldado é um cargo mais responsa. Ele fica na contenção. Se o cara for esperto e bom de conta ele pode virar gerente da boca. O gerente é o braço direito do patrão.* (PERSONAGEM BUSCAPÉ, cena entre os 47'34" a 48'38").

(30) A autora conhecia o filme por meio de leitura de comentários e resenhas e sabia que havia muitas cenas de violência implícita e explícita, logo, nunca o assistira nem o faria não fosse o projeto de livro que reuniria Cultura Pop e Direito. Ao ter conhecimento do projeto do presente livro, a autora quis muito participar. Recorda-se do dia em que os colegas do grupo de estudo entusiasmados com o projeto começaram a comentar filmes e desenhos que assistiram na infância e os filmes/desenhos que iriam explorar em seus artigos. Na ocasião percebera a autora que a dura realidade da pobreza e do trabalho infantil a afastara do rico universo lúdico proporcionado pelos desenhos e filmes animados. A autora não compartilhara deste universo, não em razão de se tratar de outra geração, mas em razão de sua condição econômica-social na infância e na adolescência. Por esta razão foi que escolheu abordar a questão do trabalho infantil e a falta de perspectivas para as crianças da periferia. Neste particular, em muito a autora se identificou com a fala do ministro João Oreste Dalazen que, em um seminário sobre a infância e adolescência, descortinou sua dor ao relatar ter sido garoto pobre trabalhador e por ter se envolvido desde cedo com o trabalho infantil ter se tornado um "homem sério, sem graça nenhuma". Esta talvez seja uma das faces mais ocultas do trabalho infantil e que é desconsiderada por aqueles que dizem que o trabalho infantil é benéfico e que não atrapalha o desenvolvimento humano. É comum a autora ouvir de advogados que a mesma é um exemplo, pois embora tendo trabalhado em serviços domésticos e braçais durante toda a infância e a adolescência, conseguiu se tornar juíza.

Várias histórias são contadas, com destaque para a do personagem e narrador Buscapé[31], Zé Pequeno[32], Cenoura[33], Mané Galinha[34], Bené, Cabeleira[35], os moleques do Caixa-Baixa[36]. As mulheres ocupam um lugar secundário no filme, basicamente sendo retratadas como as mulheres, namoradas ou paixões dos bandidos, como as personagens de Berenice[37], Angélica[38], a esposa do Paraíba[39]. Apenas uma personagem, dona Zélia[40], aparece como traficante, que assumiu a função após a morte do marido e por ter que criar as filhas. Geralmente, em comum, o papel reservado às mulheres no filme é o de tentarem convencer os companheiros a desistir do trabalho no tráfico.

---

(31) Buscapé é um menino romântico, muito habilidoso com a câmera, mas sem a mesma habilidade com as mulheres e que por tal razão permanece virgem durante quase toda a trama. Tem o irmão mais velho envolvido no crime, razão pela qual o pai, peixeiro, o coloca para trabalhar como vendedor ambulante de peixe. Quando criança não sabe qual profissão quer seguir, mas sabe que não será a de peixeiro, porque fede nem a de bandido ou de policial, porque tem medo de tomar tiro.

(32) Ao início da trama o personagem é chamado de Cadinho. O nome é trocado após uma visita do personagem a um terreiro de macumba. É apresentado como uma pessoa má, que desde criança sente prazer em matar, bater e ameaçar moradores da favela e que, praticamente, controla o tráfico de drogas no bairro, não conseguindo apenas tomar a boca de Cenoura, outro traficante rival. Zé Pequeno participa de seu primeiro assalto num motel do bairro, o qual fora por ele mesmo planejado. Por ser criança é deixado como olheiro por seus comparsas, mas pelo prazer de matar, sem que os parceiros saibam, ele entra no local do assalto e mata funcionários e clientes que já haviam sido assaltados e foge do bairro com medo dos próprios comparsas, os quais levam a culpa pelas mortes.

(33) Cenoura é um traficante que herda os negócios de Grande, para o qual trabalhava. Posteriormente Grande foi preso pelos policiais e morto em um presídio. Durante boa parte da trama é o principal inimigo de Zé Pequeno, cujo objetivo é tomar a sua boca de drogas, mas não o faz porque seu parceiro, Bené, é amigo de Cenoura e o defende verbalmente.

(34) O personagem aparece pela primeira vez na cena em que Buscapé e o colega tentam assaltar um ônibus. Mas sua história é relatada depois que outras histórias se desenrolam e quando Zé Pequeno tenta dançar com sua namorada, que o recusa e dança com o namorado, o que gera ciúmes no traficante, que dias depois estupra a namorada de Mané Galinha e ainda metralha a casa em que este vive com a família, mata seu irmão e seu tio e isso faz com que o personagem, de boa índole, queira vingança.

(35) Cabeleira, Marreco e Alicate formam o "trio ternura", grupo que comete pequenos roubos na favela.

(36) A turma é formada por cerca de 6/8 crianças que realizam pequenos assaltos na favela até serem expulsas por Zé Pequeno, que proíbe assaltos no local e atira em um dos integrantes para amedrontar todos os integrantes do grupo é uma das cenas mais violentas do filme, na qual o bandido determina que a criança escolha se quer levar um tiro no pé ou na mão. A vingança a Zé Pequeno termina sendo feita pelo grupo.

(37) Berenice aparece pela primeira vez no filme como uma mulher pela qual a personagem Cabeleira se apaixona e que tenta fazê-lo desistir do crime. Quando estão indo embora da favela, o companheiro é morto pela polícia e Berenice sai da favela. Muito tempo depois, ela aparece dançando com outro homem em um bar na favela e referida por Bené como sendo a mulher do seu falecido irmão.

(38) Angélica é filha de um sargento da polícia militar e namorada de Thiago, usuário de drogas que frequenta o morro em busca de drogas. Depois de terminar com Thiago, Angélica é apresentada para Bené e se apaixonam e passam a sonhar em viver num sítio, ao estilo Hippie.

(39) É referida como a esposa de Paraíba, paquerada por Marreco quando este passa à frente de sua casa vendendo peixe. Tem um caso com o mesmo após uma amiga lhe falar sobre os prazeres do sexo e é flagrada na cama pelo marido, que a espanca e enterra viva no quintal da casa.

(40) Dona Zélia Atua como traficante e costuma dar drogas a adolescentes que lhes prestam alguns favores sexuais, mas termina tendo o negócio tomado por Grande, seu preferido.

As diversas e entrecruzadas histórias retratadas no filme evidenciam que a vida das crianças que se envolvem no tráfico de drogas ou nos assaltos costuma ser breve. A morte prematura passa a ser parte da realidade destas crianças e jovens que, muitas vezes, morrem ou até matam antes dos 18 anos, como mostra a cena em que uma criança que exerce a função de aviãozinho é encaminhada pelo personagem Zé Pequeno à boca de Cenoura para lhe dar um recado de que irá matar o personagem Mané Galinha,[41] que está escondido no "cafofo" de Cenoura e ouve o recado. Após Cenoura dar um tapa na nuca do garoto (com idade aproximada de 9/10 anos), Galinha tenta desvencilhá-lo da ideia de trabalhar no tráfico por ser apenas uma criança[42], este lhe responde: *Que criança? Eu fumo, eu cheiro. Já matei e já roubei. Sou sujeito homem.*

As brincadeiras das crianças se passam nas ruas, nas calçadas ou num campo de futebol sem gramado e, constantemente, são interrompidas por cenas de violência. Os sonhos infantis estão relacionados a ganhar algum dinheiro para comprar doces, drogas ou algum objeto de consumo, como a cena que mostra Dadinho cobiçando as joias do já traficante Cenoura e outros que se exibem num bar[43] ou a cena em que o personagem Bené, ainda adolescente determina a Thiago (usuário de classe média que frequenta o local) que lhe compre roupas parecidas com as que ele usava, pois quer demonstrar poder.[44]

A favela passa por momentos de tranquilidade e de violência. O mesmo tráfico que lhe impõe a violência por meio do assassinato de assaltantes e estupradores e impõe a lei do silêncio, também a protege por meio do medo que impõe aos pequenos assaltantes com o objetivo de que o local se torne seguro aos comerciantes, isto é, como uma forma de fazer com que os usuários possam frequentar o local sem medo de ser assaltados e também a fim de evitar a atenção dos policiais que, muitas vezes, fazem vista grossa dos crimes ou participa destes, por meio de corrupção direta e indireta.

Neste universo, interessa de perto ao presente estudo, a cena na qual o pai de Buscapé e de Marreco, após ver o filho mais velho envolvido com o crime, desesperado, chama os filhos para trabalhar e os coloca na venda de peixe, com um carrinho de mão, de porta em porta, o que reflete a crença popular de que o trabalho dignifica o homem, de que o trabalho árduo é mais benéfico à criança que à exposição aos males da rua.

---

(41) O personagem é mostrado como uma pessoa boa, que acaba entrando para o tráfico e para o roubo por questão de vingança, já que teve o tio e o irmão morto e a casa metralhada pelo bando de Zé Pequeno, além da namorada estuprada por este último, como também presenciam cenas de violência brutal no ambiente em que vivem numa espécie de banalização do mal.

(42) Nas palavras do personagem Galinha: *O que você tem na cabeça moleque. Você tá vendo que tá fazendo bobagem com sua vida, cara, andando com aquele maníaco, aquele tarado lá para cima e para baixo, um montão de cara armado? Você tá maluco, rapaz? Você é uma criança rapaz!*

(43) Percebendo o poder dos traficantes por meio de suas vestes e joias, Dadinho conclui que assaltar não compensa e que o negócio é vender drogas.

(44) No início da sequência da cena tem-se a impressão de que o jovem traficante matará o usuário, que é chamado para uma disputa de uma corrida de bicicleta que é ganha pelo traficante, que ao findar o percurso, atravessa sua bicicleta na frente da do usuário.

A cena tem início com a agressão física do pai ao filho. Após dar um tapa na cara do filho, questiona: *por que você faz isso Renato? Tu acha que eu sou otário rapaz? A partir de hoje, cê vai trabalhar comigo e teu irmão que é menor que tu vai junto pra tomar conta de você.* Amedrontado Buscapé assiste à cena. Ao final o pai diz que se pegar o filho com dinheiro de crime vai lhe arrebentar inteiro e conclui: *vão trocar a merda dessa roupa, vão trabalhar é hoje*[45]. Na sequência, Buscapé conclui para si mesmo que ter irmão bandido é a maior roubada. *Sempre acaba sobrando pra gente.*

Após o pai sair do quarto simples que é ocupado por um beliche de duas camas, uma cantoneira com um livro grosso, uma cortina de renda numa janela simples e uma bolsa de compra na parede, o irmão mais velho retira a arma da calça e diz a Buscapé: *fica tranquilo, o pai só tá assim porque tá nervoso comigo, mas daqui a pouco ele fica numa boa, você vai ver.*" Buscapé pega a arma na mão e a olha. Mas o irmão também quer protegê-lo do envolvimento com o crime e ao vê-lo pegar a arma que guardara numa caixa de madeira sem o pai saber diz que ele deve estudar, já que é mais inteligente que o irmão e não pegar a arma. Consegue arrancar deste a promessa de que não pegará na arma. Buscapé diz que só estuda, porque não gosta de trabalhar fazendo força.

Embora não sejam as cenas centrais do filme, elas chamam a atenção e despertam uma necessária abordagem para o combate ao trabalho infantil: a correlação entre teoria e prática, entre ficção e realidade, em meio a diversos ramos do saber em qualquer temática.

Graças ao seu talento como fotógrafo, Buscapé consegue escapar do futuro reservado à maioria dos personagens que aparecem no filme.[46]Porém não escapa do trabalho infantil proibido e só se esquiva do trabalho ilícito por força do destino, isso porque cada uma das tentativas de assalto foi frustrada por circunstância alheia ao seu planejamento.[47]Antes de conseguir trabalhar como fotógrafo, por determinação do pai, ele

(45) A cena se passa com cerca de 19/20 minutos do filme.

(46) Assim como Buscapé, o fato da autora ter se distanciado de sua realidade social, mais que romantizado, deve ser visto como um fato que escancara a realidade do(a) chamado(a) *negro(a) único(a)*, em que o(a) protagonista se percebe diferente do restante de seu grupo, o que, se por um lado, gera a ideia de heroísmo, de poder fazer diferente, por outro lado, esconde a violência oculta da dor do não pertencimento à nova realidade em que está inserida.

(47) O personagem tenta assalto armado em três ocasiões, sempre ao lado de seu amigo de infância. Na primeira tenta assaltar um ônibus e se depara com um cobrador que os reconhecem como moradores da favela e os aconselham a deixar o local para fugir da violência e das drogas, conta-lhes sobre suas experiências de vida e seus sonhos e lhes oferecem a possibilidade de passar a roleta do ônibus sem pagar a passagem de um deles. Em decorrência do tratamento que recebem e por terem sido reconhecidos, desistem. A segunda tentativa também é infrutífera, pois a balconista da padaria que almeja assaltar o paquera e este, lisonjeado, não conclui o planejado. Por fim, intenta assaltar um visitante da favela que está num fusca e lhes pede informações, mas este também lhes reserva um excelente tratamento e ainda se deparam com uma cena em que policiais recolhem os corpos de pessoas mortas por bandidos da favela.

experimenta o trabalho como vendedor de peixe, na companhia do irmão. Também labora como ajudante de serviços gerais em um supermercado fora da favela e ainda como entregador de jornais.

Uma injustiça sofrida no trabalho lícito junto a um Supermercado quase leva Buscapé para o mundo do crime. Após trabalhar um tempo apenas especificado como *um tempão*, *ganhando mixaria* e sonhar em ser dispensado sem justa causa para conseguir sacar seu FGTS e comprar uma câmera fotográfica com o dinheiro, Buscapé é dispensado sob a falsa imputação de justa causa por ter sido reconhecido pelos moleques da caixa baixa que assaltam o supermercado e isso levanta no gerente, a certeza de que Buscapé participara deste de alguma forma. Logo depois de ser dispensado, ele vê Bené e Zé Pequeno brincando de cavalo de pau, cada um em uma moto e entende que aquilo parece ser uma mensagem de Deus de que a *honestidade não compensa.*

### 3.2. A permanência/reforço do mito do trabalho infantil como libertador dos males da rua no ideário popular nacional

Como as diversas histórias narradas em Cidade de Deus, o fator cultural alberga diversas dimensões, que se entrelaçam e se retroalimentam. Ao mesmo tempo em que a inserção precoce da criança no trabalho colabora para a reprodução das desigualdades sociais e da divisão social do trabalho, na medida em que tendem a continuar trabalhando em atividades antes exercidas pelos pais, também impede que a criança se rebele com a situação em que se encontra, uma vez que lhe sobra pouco ou nenhum espaço para questionar a realidade social em que está inserida.

Street (1914, p. 379), em relato do início do século passado afirma ter aproximadamente 300 crianças entre 12 e 14 anos trabalhando 10 horas diárias em sua fábrica, mesma carga horária dos adultos e que tais crianças, em grande parte possuíam algum grau de parentesco com outros funcionários estas se ativavam em serviços leves, às vezes, no mesmo ambiente de trabalho que os parentes e que seus funcionários se esforçavam para conseguir as colocações para seus filhos e parentes e que quando lhe afirmava que o trabalho seria precoce para os mesmos ou intentava diminuir as horas de trabalho, obtinha a resposta de que o trabalho para as crianças era necessário, pois estas auxiliavam nas despesas familiares e que ademais, *julgam melhor para eles trabalharem na fábrica do que ficarem em casa, ao abandono, e sem fiscalização.*

Faleiros (2019, p. 85), discorre sobre manutenção deste *mito* tanto no aspecto cultural quanto das *relações de produção* no final do século passado. Os versos de Olavo Bilac refletem essa ideologia: ... *É preciso, desde a infância, Ir preparando o futuro; Para chegar à abundância, É preciso trabalhar...*

O mito em comento oferece lugar a muitos questionamentos acerca da idade mínima de 16 anos para outro trabalho que não o de aprendiz[(48)] como uma das formas de reduzir a participação de adolescentes no trabalho para o tráfico, o que chegou a encontrar eco em um movimento de algumas autoridades judiciais no país.

Em matéria produzida para o Jornal Estado de Minas Gerais, após apontar o crescimento das infrações por parte de crianças e adolescentes de 12 a 18 anos no tráfico de drogas e entorpecentes, Cruz (2019) relata que as magistradas Riza Aparecida Nery e a desembargadora Valéria Rodrigues, respectivamente, juíza e superintendente da Vara da Infância e da Juventude de Belo Horizonte, defenderam o trabalho para adolescentes a partir de 14 anos como principal forma de oportunidade para os adolescentes, que precisariam do dinheiro para ajudar em casa.

Ainda no sentido do reforço ao trabalho infantil como benéfico, no âmbito do poder executivo, desde o início de seu governo, o atual presidente do Brasil[(49)] romantiza o trabalho infantil. Em recente discurso a empresários do setor de Bares e Restaurantes, conforme reportagem de Maia para o jornal *O Globo* (25.08.2020), após relatar que aos dez anos laborou em um bar sem carteira assinada, disparou: *Bons tempos onde menor podia trabalhar. Hoje ele pode fazer tudo, menos trabalhar, inclusive cheirar um paralelepípedo de crack, sem problema nenhum.*

Na esteira da imprensa, reportagem recente da *TV Record*[(50)] narra a ação do Ministério Público do Trabalho no caso em que o comerciante identificado por Paulo César, dono de uma relojoaria, o qual atende uma criança de 10 anos com uma caixa de engraxate nas costas para, supostamente, comprar um relógio de R$ 30,00 para presentear o pai no dia dos pais. Ele a questiona no intuito de saber como ela teria juntado o dinheiro e quantos dias teriam demorado a fazê-lo, ao que a criança responde que teria sido um tempão.

O relojoeiro então entrega uma sacola de presente com o relógio e devolve o dinheiro à criança como numa ação solidária e lhe diz: *O trabalho dignifica. Eu sei que você é criança, mas não é pecado trabalhar. Criança pode trabalhar. Seja honesto e nunca envolva com coisa errada, tá bom?*[(51)]

---

(48) Em recente decisão, o STF decidiu pela Constitucionalidade da regra que proíbe qualquer trabalho, salvo na condição de aprendiz ao menor de 16 anos, por meio do voto do Ministro relator Celso de Melo.

(49) Em julho de 2019 o presidente havia afirmado que o trabalho de colher milho em uma fazenda em São Paulo quando tinha nove a dez anos não lhe teria "prejudicado em nada" (MAIA, 2020).

(50) Direito da Faculdade de Araputanga postou no grupo organizado para debater questões da disciplina de Direito do Trabalho, um vídeo intitulado Comerciante que viralizou história de engraxate é notificado por apologia do trabalho infantil, veiculado pelo Youtube, questionando a opinião dos operadores de direito do grupo. Nove minutos após a divulgação do vídeo no grupo, outro aluno responde: *se estivesse na boca vendendo drogas, o MP não faria isso, a justiça em nosso país é uma bosta* (opinião de um aluno do curso de Direito).

(51) A reportagem noticia ainda que a matéria tivesse sido contada pelo Domingo Espetacular e que três semanas depois o comerciante teria sido intimado a prestar esclarecimentos. O repórter Paulo Henrique

Chama atenção no vídeo em comento a fala do pai da criança trabalhadora em comento, segundo o qual o comerciante não teve má intenção, mas ao contrário, teria feito um gesto de solidariedade. Eis as palavras do pai: *Ele fez essi, essi vídio só pra ajudar o garoto. Cê entendeu? Ele não fez um gesto maldoso e sim um gesto bom. Agradeci ele ...*

Também digno de registro é a fala do advogado mostrado ao final da reportagem ao argumentar que o dono da relojoaria não teria defendido, *de forma alguma, o trabalho infantil.* Finalizando o vídeo que traz a reportagem em comento(52), o advogado Vinícius Maciel diz:

> O procurador do Trabalho, ele vive num mundo, digo, digo, com sinceridade, que me parece que é fora da realidade, fora do que deve acontecer e ele cai simplesmente na teoria das letras, porque ter a ousadia de falar que o Paulo César cometeu incitação ao trabalho infantil é completamente fora da realidade do que o povo brasileiro entende como correto (Fala do advogado VINÍCIUS MACIEL, 2020).

A derradeira parte do comentário do advogado que aparece no vídeo parece apropriada no que diz respeito ao pensamento popular de que o trabalho infantil é correto e, por si só, desmente a conclusão do advogado, no sentido de que o vídeo do comerciante não incitaria o trabalho infantil, na medida em que o mesmo se vale justamente da crença popular para divulgar a ideia de que o trabalho dignifica o homem, inclusive o infantil.

Sem menosprezar os demais aspectos que influenciam na continuidade do trabalho infantil, entende-se que o aspecto cultural precisa ser considerado nas campanhas em favor da erradicação do trabalho infantil, quer seja por meio de campanhas educativas, que devem talvez envolver os próprios adultos que foram submetidos ao trabalho infantil em reflexões sobre as perdas daí advindas.

### 3.3. A realidade do trabalho infantil no tráfico e a ausência de políticas públicas para o cuidado das crianças e jovens

A dificuldade de compatibilizar as disposições normativas e erradicar o trabalho infantil, sobretudo, em suas piores formas, permanece ainda nas questões ideológicas e

---

Santos, de Goiânia – GO informa que para não ser processado o dono da relojoaria teria assinado um termo de ajuste concordando em participar de campanha contra o trabalho infantil e que ele não deveria se manifestar sobre o vídeo, sob pena de multa de R$ 10.000,00.

(52) O espaço dedicado ao Ministério Público do Trabalho para tratar sobre a situação de vulnerabilidade em que se encontrava a criança exposta no vídeo é mínimo e a reportagem parece bastante tendenciosa a destacar a conduta do *parquet* como incorreta. Até a data de 8 de setembro de 2020, o vídeo contava com 4.630 visualizações e 334 curtidas, das quais apenas 22 eram negativas, conforme dados informados pela mesma página logo abaixo do título do vídeo no canal Youtube, o que parece refletir muito da arraigada crença de que o trabalho dignifica e que a criança que trabalha, ainda que, irregularmente, deve ser enaltecida por seu comportamento e não protegida pelo ordenamento jurídico, pela família, Estado e Sociedade.

sociais que, muitas vezes, servem de incentivo a outras formas de trabalho infantil como medida de evitar o envolvimento das crianças e adolescentes com o tráfico.

A gravidade do problema e a dificuldade de enfrentá-lo é relatada pela promotora Vera Aparecida Cardoso Bogalho Frost Vieira, titular da 28ª Promotoria da Infância e Juventude de Campo Grande, ao repórter Coelho Neto, em reportagem da revista Veja (2017), na qual afirma que as crianças e adolescentes ficam na rua fora do período da escola, porque a mãe trabalha fora e, com isso, acabam sendo atraídos pelos traficantes. A promotora defende a escola em tempo integral para fazer frente ao problema.

A mesma solução (ensino integral[53] em escolas públicas de base), ao lado de outras políticas públicas integradas[54] como a destinação de vagas ao Programa Jovem Aprendiz e capacitação de professores para que os adolescentes sejam efetivamente integrados ao sistema escolar, ao lado de outras medidas como o planejamento familiar[55], criação de mais mil vagas no sistema socioeducativo do Rio de Janeiro também são fatores indicados pela juíza Vanessa Cavalieri como importantes para a alteração do perfil do jovem infrator no estado[56].

Nos termos do art. 7º, item 2, da Convenção em comento, levando em conta a relevância do papel da educação para a eliminação do trabalho infantil, o país signatário deverá implementar medidas efetivas com vistas a obstar que as crianças sejam inseridas nas piores formas de trabalho infantil, bem como propiciar que aquelas que sejam retiradas de tal contexto tenham acesso à educação fundamental gratuita e, se possível, à formação profissional, além de constatar quais são as crianças expostas a tais formas de trabalho e observar a maior vulnerabilidade das meninas.

Pesquisa realizada com 100 jovens internados no Degase em 2019[57]revela que o trabalho tem lugar de destaque na vida dos mesmos, seja em razão da crença decorrente do *senso comum* que vê o trabalho em contraponto ao tráfico de drogas[58] e relaciona *as*

---

(53) A maioria das famílias (85%) é chefiada por mulheres (mães ou avós), sem a presença do pai e muitas crianças e adolescentes não são acompanhadas e orientadas durante o crescimento.

(54) No plano teórico, Oliveira (2014, p. 48) destaca que a eficácia do combate ao trabalho infantil depende de sua capacidade de propor soluções, ou seja, a necessidade de que a coibição do trabalho infantil seja acompanhada de caminhos palpáveis, mesmo que ligadas a políticas *compensatórias públicas.*

(55) A juíza apontou que a média de irmãos dos infratores é de 4, o que estaria acima da média nacional.

(56) Exemplo de projeto social que pode auxiliar no combate à reincidência dos jovens no tráfico, a juíza Cavalieri afirma que experiência piloto de liberdade assistida com 480 jovens que tiveram o apoio de assistentes sociais e outros profissionais, abaixou a taxa de reincidência para 4%, contra a taxa de 53% apurada entre os 4.842 jovens apreendidos, no período de 2017 e 2018 (AMAERJ, Notícias 27 de março de 2019).

(57) A pesquisa foi realizada por meio da aplicação de um questionário com perguntas abertas e fechadas com 100 adolescentes que cumpriam medida de internação na cidade do Rio de Janeiro, em razão do tráfico de drogas, no período de agosto a dezembro de 2019. Contou ainda com uma abordagem qualitativa, como entrevistas abertas e anotações em caderno de campo (NAPOLIÃO, MENEZES E LYRA, 2020, p. 5-6).

(58) Ainda segundo a pesquisa, 19 jovens entrevistados declararam ter abandonado o derradeiro trabalho para entrar no tráfico e 21 disseram que abandonaram a escola pelo mesmo motivo (NAPOLIÃO, MENEZES E LYRA, 2020, p. 25).

*ideias de ressocialização e reinserção na sociedade à internalização do trabalho como valor*, seja porque trabalhavam antes do envolvimento com o tráfico de drogas. Dos cem entrevistados, 85 afirmaram que trabalharam em outras atividades que não o tráfico antes do envolvimento com este, sendo que 11 começaram a trabalhar com idade inferior a 12 anos, 30 entre 12 e 13 anos e os demais 44, com 14 anos ou mais, ou seja, mais da metade dos jovens ingressou no mundo do trabalho antes da idade mínima permitida para o aprendiz, que é de 14 anos[(59)] (NAPOLIÃO, MENZES E LYRA, 2020, p. 25).

Assim como no universo do filme Cidade de Deus, a violência homicida se mostra presente na vida das crianças e dos adolescentes que cumprem medidas socioeducativas no Degase, vale frisar que 39% dos entrevistados perderam alguém da família desta forma (tios, primos ou outros), sendo que em 12% dos casos, a perda foi de alguém mais próximo, como irmão ou pai. Os assassinos eram policiais em 17% dos casos.

## 4. À guisa de contribuição: sugestões para enfrentar o problema

No filme Cidade de Deus, a sociedade brasileira mostra-se violenta com a maioria de suas crianças e de seus adolescentes, os quais são expostos muito cedo às situações de extrema desigualdade social, de realidade nua e crua no lugar dos sonhos, de trabalho duro substituindo o tempo de brincar e de fantasiar. De ser chamado a pensar que se trabalhar desde tenra idade conseguirá construir um futuro melhor para sua família, como se tivesse que carregar todo o peso da desigualdade tecida durante séculos por uma estrutura social e política que valoriza a exploração social a qualquer custo, ainda que a custo de renegar a infância a seus infantes.

O tecido social que mantém a exploração da mão de obra infantil é o mesmo que reproduz o modelo dominante, no qual a criança pobre começa a trabalhar junto com os pais, muitas vezes, levada por estes para acompanhá-los em seus trabalhos, seja porque não possuem uma estrutura social apta para acompanhar o desenvolvimento das crianças quando não estão na escola, seja porque precisam completar a renda familiar, ou ainda pela somatória das duas variantes. Disto resulta a tendência de manutenção do *status quo* social, no qual às camadas mais pobres da sociedade resta reproduzir o modelo de divisão social e até mesmo territorial do trabalho.

Assim, a diminuição do trabalho infantil verificada nas duas últimas décadas não impede a subsistência deste e mesmo o seu aumento, a depender da manutenção do mito de que o trabalho desde tenra idade é mais benéfico à criança que o abandono da rua, como se o cuidado com as crianças e adolescentes também não fosse uma responsabilidade do Estado, da família e de toda a sociedade.

(59) Assim como Buscapé e as crianças da fábrica de Street (1914), a maioria é composta por jovens que trabalharam em outra atividade antes do tráfico, declararam que o primeiro trabalho se dera em ocupação como "bico" como ajudante do pai (pedreiro) ou da mãe (no emprego de doméstica desta), trabalho em lava jato ou comércio informal. Somente 12 haviam trabalhado em comércio formal. (NAPOLIÃO, MENZES E LYRA, 2020, p. 25)

Em regra, o tratamento conferido pelo Poder Judiciário ao trabalho infantil no ilícito, em especial na atividade do tráfico de drogas também parece ignorar a Convenção n. 182 da CLT, no sentido de considerar que ali ocorre uma exploração de trabalho infantil.

Do ponto de vista trabalhista, sugere-se uma revisão do conceito de nulidade total do trabalho ilícito quando encetado por crianças ou adolescentes, de modo que se reconheça validade ao mesmo e se exija o pagamento dos direitos decorrentes da relação e, principalmente, que Ministério Público do Trabalho possa agir em conjunto com os ramos encarregados da persecução criminal e os juízes do Trabalho também dialoguem com outros setores da sociedade civil organizada e com os órgãos estaduais aos quais os conselhos tutelares se vinculam.

Urge a criação de programas de educação integral até a idade em que o jovem possa se inserir no mercado de trabalho, ou até que possa ficar em casa sozinho enquanto os pais trabalham, sem que isto represente uma séria ameaça de assédio por parte do crime.

Qualquer política pública em prol da erradicação do trabalho infantil deve envolver os pais e a sociedade civil organizada. Para tanto, parece inadiável o reconhecimento das questões culturais solidificadas na mentalidade de muitos pais e da própria sociedade e o trabalho conjunto da justiça do trabalho e dos envolvidos com a questão da Vara da Infância e Juventude, no âmbito da justiça comum. Necessário se faz que todos os atores estejam envolvidos no processo, falem a mesma linguagem e desenvolvam ações perante aos conselhos tutelares e aos pais, para alcançar resultados diversos dos atuais, nos quais o caminho quase sempre é a internação dos jovens, pois essa tem se mostrado mais como uma medida punitiva que como medida protetiva ou socioeducativa, a considerar o percentual de reincidência demonstrado em diversos levantamentos.

O reconhecimento destes elementos poderá servir como poderoso instrumento no combate ao trabalho infantil e na formação de uma nova consciência social-coletiva, de modo que os versos de Falcão, citados ao início do texto: *"(...) Vive o agora, o futuro ignora. (...) Idade de criança, responsa de adulto"*, deixem de ser atuais e verdadeiros, para tão somente integrar o belo mundo da poesia.

# Cinderela e o Trabalho Doméstico Infantil

*Christiane Moraes Cardoso*

## 1. Introdução

Quem nunca ouviu falar de pelo menos um dos contos infantis eternizados pelos desenhos de Walt Disney? Um dos mais famosos e queridos é o da Cinderela, longa-metragem de grande sucesso de público e bilheteria do estúdio em 1950.

A fábula infantil, que ganhou fama após a versão escrita e publicada em 1697 por Charles Perrault, presente originalmente na coletânea de contos "Histórias ou Contos do tempo passado com Moralidades" (*Histoires ou Contes du temps passé avec des Moralités*) e também conhecida como "Contos da Mamãe Gansa" (*Contes de Ma Mère l'Oye*) (SOUZA; MICHELLI; GARCIA; BATALHA, 2019, p. 110), foi intitulada originariamente como "*Borralheira*" ou "*A Chinelinha de Cristal*" e conta a história de uma menina órfã que, após a morte do pai, foi colocada pela madrasta para fazer os trabalhos da casa.

No conto, a vida da menina tem uma reviravolta após encontrar sua fada madrinha, que concede a ela a oportunidade de ir ao baile, organizado pelo Rei para encontrar uma pretendente para que seu filho: o príncipe. Com o vestido mágico, sapatinhos de cristal e uma carruagem feita de abóbora, a menina chega ao baile, dança com o príncipe, mas, como a magia acabava à meia noite, ao sair correndo deixa para trás o príncipe, que nem seu nome sabia, e um dos sapatinhos.

Após muitas outras maldades feitas pela madrasta e suas filhas, a menina consegue mostrar ao príncipe que ela é a dona de seu coração e do sapatinho perdido, casando-se com ele e conquistando o tão famoso: "felizes para sempre".

Na fábula, a menina maltratada e colocada para realizar os trabalhos domésticos, sonhava em viver como qualquer outra menina, sonhava em viver como viviam suas duas meias-irmãs, as filhas da madrasta, que no conto nos parecem ter idades próximas a de Cinderela. A "gata borralheira", que ganhou esse nome justamente por sempre estar malvestida e suja pelas cinzas expelidas pelo forno a lenha da época em que passa a história, sonhava em ter vestidos, em poder ir aos bailes, em passear pelo reino, ao invés de trabalhar na limpeza da casa, de preparar a comida, de arrumar a cozinha, de cuidar dos caprichos da madrasta e suas duas filhas... Sonhava com uma vida que nunca teria até a fada madrinha e o sapatinho de cristal aparecerem.

A história da Cinderela se repete todos os dias, não a parte do príncipe e do final feliz, infelizmente, mas a parte dos maus tratos, da usurpação da infância sadia e do trabalho doméstico infantil.

## 2. A verdadeira história das milhares de Cinderelas do Brasil

Na vida real muitas meninas sonham em viver como qualquer outra criança, sonham em poder estudar, em poder brincar, em poder crescer sem o peso da responsabilidade e da obrigação de sustentar suas famílias. Mas o que deveria ser regra garantida pela Constituição Federal[(1)], não passa realmente de sonhos para muitas delas.

Umas dessas histórias da vida real foi contada por Maria de Fátima Dias dos Santos para a elaboração deste artigo. Nascida em Itaobim, cidade pequena do interior do estado de Minas Gerais, com 49 anos na data em que foi realizada a entrevista, mãe de três filhos e avó de duas meninas, iniciou no trabalho doméstico com seis anos e meio de idade.

Maria de Fátima conta que por ser de uma família pobre, seus pais não tinham outra escolha a não ser colocar os filhos mais velhos (na faixa entre 6 e 12 anos de idade) para ajudar no sustento da casa. Conta que o pai trabalhava como segurança em uma escola, a mãe cuidava dos filhos (dez no total) com idades que iam de 12 anos até alguns dias de vida, e os filhos "que já estavam na idade de trabalhar", segundo critério de seu pai, tinham que arrumar algum serviço.

> Na época, minha irmã mais velha, "Nai", **com 12 anos, trabalhava como garçonete na rodoviária da cidade** e estudava a noite; "Di", meu irmão **de 10 anos, vendia leite** de uma fazenda vizinha, não estudava e **o seu pagamento era "em leite"** que levava para nossa família; "Dega", que tinha **8 anos, não estudava porque minha mãe precisava que ela ajudasse**, cuidando dos meus irmãos menores e dos trabalhos de casa; meus outros irmãos, "Vando" com 5 anos, "Nildo' com 4, João com 3, "Beto" com 2, "Pri" com 1 ano e Tânia, que tinha alguns dias de vida, por serem muito pequenos, ficavam em casa e não iam para a escola (SANTOS, 2020).

(1) Art. 227: É dever da família, da sociedade e do Estado assegurar à criança, ao adolescente e ao jovem, com absoluta prioridade, o direito à vida, à saúde, à alimentação, à educação, ao lazer, à profissionalização, à cultura, à dignidade, ao respeito, à liberdade e à convivência familiar e comunitária, além de colocá-los a salvo de toda forma de negligência, discriminação, exploração, violência, crueldade e opressão.

Eram doze pessoas para serem alimentadas com apenas três trabalhando: o pai e os irmãos mais velhos, que, destaca-se, tinham na época 12 e 10 anos de idade.

Uma professora da escola onde o pai de Fátima trabalhava perguntou a ele se algum de seus filhos poderia cuidar do filho dela de 2 anos enquanto ela e o marido trabalhavam. O pai então mandou Maria de Fátima à casa da professora, lá ela teria um teto, comida e roupas em troca dos serviços prestados.

Fátima, até então uma criança de 6 anos e meio de idade, de um dia para o outro passou a cuidar de outra criança de 2 anos de idade, a limpar a casa, a fazer comida e a lavar a louça. "Eu era tão pequena que 'pra mim' alcançar o fogão eu tinha que colocar um banquinho 'pra' poder cozinhar" (SANTOS, 2020).

Lembra que todos os dias tinha que passar um escovão no chão e encerá-lo. Lembra do cheiro forte da cera que precisava ser diluída num balde com água antes de ser usada e de como seus braços doíam para esfregar o chão depois que a cera secava para deixá-lo brilhando, caso contrário, a professora mandava começar tudo novamente.

> O escovão tinha um cabo de madeira, parecido com o de uma vassoura, e tinha a ponta de ferro. Era muito pesado e meus braços doíam porque eu não tinha força "pra" esfregar o chão. Levava mais de duas horas "pra" esfregar tudo. Mas aí, quando a professora chegava, me mandava esfregar tudo de novo porque não "tava" com o brilho que ela queria. Claro que não "tava", eu não tinha força! Eu chorava todos os dias... só queria ir "pra" casa (SANTOS, 2020).

Na entrevista, Maria de Fátima destaca que além da criança de 2 anos a professora tinha mais dois filhos: um menino de 6 anos (a mesma idade de Fátima) e uma menina de 9. Segundo ela, ambas as crianças estudavam na escola que a professora lecionava e nenhuma delas trabalhava, apenas estudavam na parte da manhã e a tarde ficavam em casa assistindo televisão.

A professora então decidiu colocar Fátima para estudar no período da tarde na escola em que dava aulas. Fátima então arrumava a casa, preparava e servia o almoço, arrumava a cozinha e só então ia para a escola. Lá ficava das 12h às 15h, retornando à casa da professora no horário do intervalo para cuidar da criança de 2 anos, que nesse período ficava com o marido da professora, que criava porcos no quintal. Só passou de ano porque a patroa a colocou em sua sala de aula e assim controlava melhor sua "presença".

Nesse momento se faz necessário uma pausa na história dessa "Cinderela" chamada Maria de Fátima. Como destacado, a menina tinha apenas 6 anos e meio de idade quando a professora lhe "contratou" para fazer os trabalhos domésticos de sua casa. A professora lecionava para crianças da idade de Fátima, que tinha a mesma idade de um de seus filhos, e mesmo assim, mesmo presumindo-se tratar de uma profissional que conhece, cuida e preza pela saúde e pelo bem estar das crianças, colocou o filho de outra pessoa para fazer um trabalho tão pesado, um trabalho sobre humano de cuidar de uma casa, o trabalho que não colocaria nenhum de seus filhos para fazer, um trabalho que apenas um adulto, de estruturas óssea e muscular formadas conseguiria aguentar.

A Cinderela dessa entrevista recebia como pagamento: comida, uma cama para dormir durante a semana e roupas usadas que a filha da professora não queria mais.

Quando completou 9 anos, Fátima implorou ao seu pai para lhe tirar de lá. "Tinha 9 anos e todo o meu corpo doía" (SANTOS, 2020). Foi então que seu pais conseguiram outra casa de família para que ela fosse trabalhar. A nova família morava distante da casa de seus pais, por isso a menina saiu de casa já sabendo que poderia não mais voltar. Para essa família, muito mais abonada e dona da rodoviária da cidade, Fátima trabalhou dos 9 aos 17 anos.

> Assim que cheguei, fui sozinha na escola que tinha perto da casa dos meus patrões e fiz a matrícula com todos os papéis que eu tinha da escola anterior. Eu sabia que queria estudar e me matriculei na quarta série. Mas, depois de um tempo, não consegui mais estudar, porque minha patroa cobrava serviço no período da noite também. No começo eu só tinha que cuidar de um filho "de criação" dela que tinha 4 anos. Mas depois, como ela mandou a cozinheira, a faxineira e o jardineiro embora, sobrou "pra mim" fazer tudo. Desmaiei várias vezes na cozinha de tanta canseira! Numa dessas vezes estava servindo o jantar e desmaiei, não vi mais nada. Minha patroa me socorreu e quando eu acordei, voltei a trabalhar como se nada tivesse acontecido. Nessa época eu já tinha de 12 para 13 anos de idade" (SANTOS, 2020).

Essa patroa de Maria de Fátima tinha quatro filhos no total: uma moça de 18 anos de idade, um garoto de 16, uma menina de 13 anos e o menor, de criação, de 4 anos.

Note que a história se repete. Fátima ainda era uma criança de 12 anos de idade, segundo o conceito trazido pelo Estatuto da Criança e do Adolescente em seu art. 2º, e mesmo assim era submetida ao trabalho infantil e doméstico. Situação que a patroa jamais permitiria à sua filha de 13 anos, pouco mais velha que Maria de Fátima.

**Histórias como essa evidenciam que para algumas pessoas o trabalho infantil doméstico pode ser flexibilizado a depender de quem for o executor desse labor**, ou seja, para a criança em situação de pobreza ou de rua[(2)], o trabalho infantil dignifica, mas

(2) Para Lima (2002, p. 6), o Fundo das Nações Unidas para a Infância (UNICEF) divide as crianças em dois grupos: crianças na rua e crianças de rua. A primeira considera as que vivem com a sua família, que podem

para o filho de uma família com mais condições, se aplicam as proteções e os direitos da Constituição Federal, do Estatuto da Criança e do Adolescente e das Convenções ns. 138 e 182 da OIT.

Mas a história não para por aqui. Para completar, Maria de Fátima ainda era destratada e humilhada:

> Os filhos eram arrogantes igual a mãe. Queriam tudo na mão. Achavam que eu era escrava deles. Gritavam quando queriam alguma coisa e eu tinha que parar tudo o que 'tava" fazendo "pra" atender. Podiam "tá" do lado do filtro, que eu tinha que parar tudo e levar água "pra" eles. Eu era bastante humilhada, tratada como lixo, não era tratada como gente. (SANTOS, 2020).

Maria de Fátima disse ainda na entrevista que, além de pensarem que ela estava lá para servi-los, como se fosse uma escrava, eles ainda diziam **que ela era mal-agradecida, por não reconhecer tudo o que a família fazia por ela**, pois davam a ela um teto para morar, comida e roupas "de marca" (que as filhas da patroa usavam e depois davam a ela quando não queriam mais) e sempre ajudavam a família mandando mantimentos quando pediam.

Um pouco mais velha, já com seus 17 anos, decidiu dar um basta naquela situação e avisou a patroa que iria embora. Pegou uma mala velha que tinha e colocou as poucas roupas que havia ganho da família. Mesmo com tudo pronto, a patroa pediu um último favor: para que ela lhe comprasse uns parafusos na cidade. Fátima foi, quando voltou pegou sua mala, agradeceu e partiu. Ao chegar na casa dos pais, abriu a mala e no lugar das roupas a patroa havia colocado pedras embrulhadas em jornal.

A maldade realmente não existe apenas nas fábulas e contos infantis.

Mas a história dessa Cinderela merece um final feliz, pelo menos para esse triste capítulo de sua vida.

Ainda com 17 anos foi contratada para fazer o café da manhã e da tarde dos funcionários e arrumar a cozinha de um laticínio que havia na cidade. Foi seu primeiro registro em carteira.

> Eu não sabia nem o que significava ser registrada, nem carteira de trabalho eu tinha. Um moço que fazia a contabilidade da empresa que me ajudou a "fazer" a carteira. Quando contei minha história para o dono do laticínio, ele me disse que lá eu ia receber um salário porque a época da escravidão

ter habitação ou mesmo viver na rua, em terrenos baldios, prédios abandonados etc., mas passam muito do seu tempo a deambular ou a trabalhar na rua, voltando para as suas famílias ao fim do dia. As crianças de rua são aquelas que permanecem em maior tempo na rua, com pouco ou quase nenhum contato com a família.

> já tinha acabado fazia tempo. E aí, quando eu recebia meus pagamentos, a primeira coisa que fazia era levar "pra" mãe, porque em casa eles passavam muita necessidade" (SANTOS, 2020).

A Cinderela dessa história recebeu seu primeiro salário com 17 anos de idade, mesmo trabalhando desde os seus 6 anos e meio. Empregou seus esforços e sua saúde por mais de dez anos em uma das piores formas de trabalho infantil: o trabalho doméstico, assim classificado pela Convenção n. 182 da OIT e regulamentado pelo Decreto n. 6.481, de 12 de junho de 2008, que aprovou em seu anexo a Lista com as Piores Formas de Trabalho Infantil (Lista TIP).

Depois Fátima foi trabalhar para os filhos do dono do laticínio, numa república na cidade de Governador Valadares, também no estado de Minas Gerais.

> Foi com eles que me reconheci como gente. Eu achava que não tinha valor, mas lá todo mundo era igual. Eles saiam para jantar e me levavam, iam para os barzinhos da cidade e me levavam também. Eu limpar a casa não significava nada demais para eles (SANTOS, 2020).

Com 19 anos de idade, Maria de Fátima resolveu trabalhar em São Paulo, na casa de outra família onde ficou por vinte e três anos! Tinha registro em carteira e todos os direitos reconhecidos pela Constituição Federal.

Atualmente trabalha em outra casa de família, mas conseguiu montar uma loja temperos e outra de ração para animais de estimação junto com seu marido. Seus filhos mais novos de 10 e 14 anos estudam e ela não pensa em colocá-los para trabalhar tão cedo, pois sabe da importância de se ter uma boa base educacional, já que só voltou a estudar quando se mudou para São Paulo e pode então estudar através do método Supletivo.

Os pais de Fátima são vivos e moram em São Paulo também. Construíram uma casa num terreno por ela comprado. Outra parte mágica da vida dessa Cinderela é que ela não tem qualquer sentimento ruim por seus pais, muito pelo contrário: "Eu amo meus pais. Sei que fizeram o que fizeram pela dificuldade que a gente passava na roça." (SANTOS, 2020).

A parte triste de tudo isso? Os reflexos do trabalho doméstico realizado desde os 6 anos e meio de idade são sentidos até hoje: tem muitas dores e lesões nos joelhos e precisará fazer uma cirurgia em um deles, em decorrência de subir e descer escadas, carregar peso, limpar janelas... desde muto jovem.

## 3. Da proibição do trabalho infantil e a pandemia por Coronavírus

Segundo dados de 2016 do IBGE — ultrapassados (NÚMEROS CAEM..., 2018) e baseados em mudança de metodologia muito questionada por excluir da pesquisa as crianças que trabalham na produção de seu próprio sustento (RIBEIRO, 2020b) — o índice de trabalho infantil doméstico no país era considerado em (duvidosa) queda.

Com a pandemia por coronavírus, instituições como a UNICEF e a Organização Internacional do Trabalho (ILO, 2020) passaram a alertar que a quantidade de crianças inseridas em atividades laborais pode ter se agravado mundialmente, em especial pelo discurso de que são menos impactadas pelo novo vírus, pelo aumento no número de adultos desempregados e pela extinção inclusive de postos de trabalho formais e informais.

Com o aumento da situação de vulnerabilidade econômica, aumentou também a necessidade das famílias buscarem em suas crianças uma forma de sustento, expondo-as ainda mais ao trabalho infantil, em especial ao trabalho doméstico.

> Dados recentemente divulgados em relatório conjunto da Comissão Econômica para a América Latina e o Caribe (CEPAL) e da Organização Internacional do Trabalho (OIT) apontam que somente na América Latina e no Caribe, aproximadamente **326 mil crianças e adolescentes entre 5 e 17 anos devem buscar trabalho** como resultado da crise econômica e social pós-pandemia. A projeção das duas agências da Organização das Nações Unidas (ONU) é que mais de 10 milhões de famílias retornem à pobreza ou extrema pobreza (RIBEIRO (2020a).

O trabalho infantil é proibido na maioria dos países. No Brasil é proibido o trabalho noturno, perigoso ou insalubre para o menor de 18 anos e de qualquer tipo para o menor de 16 anos, salvo na condição de aprendiz acima de 14 (art. 7º XXXIII da Constituição Federal).

Essa mudança na faixa etária proibindo qualquer tipo de trabalho para os menores de 16 anos, proporcionada pela Emenda Constitucional n. 20 de 1998, foi objeto de recente decisão proferida pelo Ministro Celso de Mello do Supremo Tribunal Federal, na Ação Direta de Inconstitucionalidade (ADI) n. 2096.

Em sua decisão o Ministro entendeu pela constitucionalidade do dispositivo, mantendo a idade de 16 anos como a mínima para o início do trabalho infanto-juvenil, sob pena de, vindo a se permitir a diminuição da idade novamente para os 14 anos, significar **em incompreensível retrocesso social**[(3)]. A decisão foi mantida por unanimidade pelo Plenário do Supremo Tribunal Federal no dia 09 de outubro de 2020 (BRASIL, 2020).

Mesmo sendo mantida a proibição de qualquer tipo de trabalho para os menores de 16 anos no Brasil, a sociedade ainda terá que enfrentar os efeitos diretos e colaterais

(3) Acórdão na íntegra disponível em: <http://www.stf.jus.br/arquivo/cms/noticiaNoticiaStf/anexo/ADI2096acordao.pdf>.

da pandemia por Covid-19: **o trabalho infantil**, que sempre esteve ligado em grande parte à pobreza (Convenção n. 182 da OIT), à vulnerabilidade econômica das famílias e à falta de esperança, **aumentará exponencialmente**, caso não sejam aplicadas imediatamente políticas sociais integradas à fomentação da educação fundamental e gratuita e que estimulem o crescimento econômico sustentável.

O trabalho infantil castiga a criança não só física e psicologicamente, mas a impede de crescer experimentando as fases do aprendizado e da brincadeira saudável, necessárias à formação de cidadãos conscientes.

## 4. Conclusão

Como relatado neste artigo, muitas são as Cinderelas espalhadas pelo mundo. Crianças como a Gata Borralheira dos contos infantis de Charles Perrault, na vida real são encaminhadas por suas famílias para prestar serviços, muitas vezes domésticos, como único modo de ajudar no sustento de suas casas. Não nascem em famílias ricas e nem encontram o príncipe encantado no baile antes de perderem o seu sapatinho de cristal.

> Segundo dados do IBGE de 2016, os últimos disponíveis, **2,4 milhões de crianças e adolescentes de 5 a 17 anos estavam em situação de trabalho infantil no Brasil**. Destes, **1,7 milhão exerciam também afazeres domésticos de forma concomitante ao trabalho ou estudo**. O problema afeta, em especial, meninas e meninos negros. Do total em trabalho infantil no Brasil em 2016, 64,1% eram negros. Na Região Norte, este percentual era ainda maior, 86,2%, seguido da Região Nordeste, com 79,5%, e do Centro-Oeste, com 71,5%. No Sudeste e no Sul eram 58,4% e 27,9%, respectivamente (UNICEF, 2020).

Instituições que combatem o trabalho infantil preveem que o número de pessoas em trabalho infanto-juvenil tenha se agravado em decorrência da pandemia por coronavírus e destacam, mais do que nunca, a necessidade de criação de políticas que visem a efetiva eliminação das piores formas de trabalho infantil, que fomentem a importância e deem acesso à educação fundamental gratuita e criem possibilidades de retirar todas as crianças de qualquer tipo de trabalho, de modo também a auxiliar suas famílias na manutenção de suas necessidades.

O trabalho doméstico realizado por todas as Cinderelas do mundo, de encantado e mágico não tem nada. Tem-se o **trabalho doméstico** como uma das piores formas de trabalho infantil, como forma de trabalho análogo à de escravo (como percebido na entrevista concedida para a elaboração deste artigo), e como forma de trabalho suscetível de prejudicar a saúde e a segurança da criança e do adolescente.

No caso de Maria de Fátima Dias dos Santos, entrevistada para a elaboração deste artigo, nas primeiras casas em que trabalhou, pode-se observar o mesmo comportamento nas "patroas": a) as duas tinham filhos na mesma idade de Maria de Fátima; b) nenhuma delas colocava seus filhos para realizar as tarefas domésticas dela exigidas; e c) deram tratamento diferente a uma criança de origem humilde e vulnerável (à Maria de Fátima, no caso) do que dariam a seus filhos, de origem mais abastada.

Logo, por óbvio não existem histórias reais com fadas madrinhas, príncipes encantados, sapatinhos de cristal e carruagens advindas de abóboras, como na fábula da Cinderela, mas existem histórias de vida como a descrita no conto, onde crianças são expostas às piores formas de trabalho infantil, como o trabalho doméstico, para ajudar no sustento de suas famílias e muitas vezes recebem apenas comida e roupas usadas e puídas como "remuneração", sacrificando sua educação e estudo por não terem tempo ou condições de se concentrar nas escolas.

De todo modo, além da urgência de implementar políticas governamentais e sociais que objetivem eliminar toda e qualquer forma de trabalho infantil; também é preciso mais **empatia** e **respeito** pelo próximo.

Quando um adulto passar a tratar uma criança com o cuidado, a preocupação e o carinho com que gostaria que seu filho fosse tratado, a sociedade estará certamente respeitando e vivendo o patamar mínimo civilizatório para todos os cidadãos.

# Uberização das Relações de Trabalho

# Matrix e o Fetiche do Capital na Uberização

*Erazê Sutti*

## 1. Introdução

Matrix, um filme lendário com mais de 20 anos, lançado em 1999, ainda mexe com nossos sentidos — até porque está mais atual do nunca. A distopia em confusão com a realidade, a inversão entre concreto e imaginário, a mistura de prismas e fatos, Matrix é excelente projeção do fetiche (objeto que se cultua por se atribuir valor ilusório, mágico e/ou sobrenatural) que domina o ser humano, muitas das vezes, contra sua própria consciência e liberdade.

E tal distopia se resume a uma narrativa passada em um futuro mundo totalitário, opressivo, no qual o ser humano não tem liberdade e muito menos controle sobre si mesmo. Na obra, a humanidade está aprisionada por uma simulação, embora não tenha consciência disso. Essa realidade virtual, "A Matriz" (o modelo), foi criada pelas máquinas para manter a população humana sob seu domínio e sugar a sua energia.

Matrix, assim, é um sistema inteligente e artificial que manipula a mente das pessoas e cria a ilusão de um mundo real enquanto usa os cérebros e corpos dos humanos para produzir energia, e, assim, retrata o conflito entre o sofrimento humano e sua falsa vida livre de dores é tratado como uma das chaves de "novo" mundo, "real" apenas no imaginário, valorizando imagens e sensações criadas para um falso sentimento de "liberdade" na prisão de si mesmo.

Esse sistema dominante digital passa, portanto, a ser o Mundo oficial e conhecido, enquanto a vida real, no plano humano e físico, ocorre no submundo e sob consciência de alguns poucos humanos despertos, que lutam em resistência ao sistema Matrix.

Dicotomia de fundo essa que bem resgata o dilema de Descartes ao se questionar o que, de fato, seria real e concreto, motivo pelo qual chegou, dentro de um raciocínio de excluir tudo aquilo que poderia ser uma projeção de sua mente e não realidade em sua essência, na tese de que existe uma única verdade que não pode ser questionada: a nossa existência, resumida na célebre frase "penso, logo existo" — quatro séculos atrás, em seu "Discurso do Método" — Matrix mexe com isso ao brincar, exatamente, com nosso pensamento iludido.

E esse é o cerne da proposição deste artigo: abordar, em conexão ao sentido ilusório da submissão em Matrix, seja diante da farta evolução histórica de lutas operárias, seja diante das renovadas relações de trabalho, principalmente aquelas por plataformas digitais, tão reais quanto camufladas pelo fetiche do capital, e ainda para "ser" o que não é, parecer uma relação autônoma e de liberdade empreendedora do ser humano trabalhador relacionada aos negócios com o vasto universo de consumidores e demais empreendedores — dominados sentindo-se "livres" em suas próprias amarras.

Situação de ilusão essa que atua, neste sentido, contra a formalização de relação de emprego e, inclusive, por boa parte dos explorados, tendo em vista que tal cenário ocorre cada vez mais distante do olhar consciente, cada vez mais enfeitiçado pelo fetiche decorrente das plataformas tecnológicas desse novo sistema "uberizado" de explorar a mão de obra, que ocorre de uma forma ainda mais precarizante e na tentativa de escapar das normas protetivas históricas da relação de emprego, mistificando a submissão do mão de obra sob o manto da falsa liberdade empreendedora, sequestrada pela ausência de opção na sobrevivência e total dependência do sistema tecnológico, que faz parte da concepção do (mega) negócio, do serviço em si, da finalidade econômica em si. Discussão abordada com sobriedade no artigo de Ana Paula Silva Campos Miskulin e Daniel Bianchi (FELICIANO, 2019, p. 184-200).

As bases da *uberização* aplicadas, em seus conceitos (e não só no negócio propriamente dito) e na forma de execução dos trabalhos, ainda mais através da intensificação do teletrabalho em mais atividades produtivas, permitirão, cada vez mais e lamentavelmente, a aproximação do universo de ficção Matrix à realidade do controle pleno da tecnologia sobre o humano, com leituras digitais instantâneas de tempo, comportamentos, sentimentos e concentração do "colaborador/empreendedor" no cumprimento das atividades pela produtividade, em conveniente abstração do ambiente de trabalho comum e do sentido de todo, distante do conceito de linha de uma de produção centralizada e da função social do trabalho, reduzindo o ser humano em unidade produtiva em si, mercantilizado como jamais imaginado e, finalmente, objeto parte do capital como peça inerente a meio de produção.

## 2. Capitalismo e seu fetiche

Faz parte do capitalismo o fetiche que ilude e faz do produto algo além de sua utilidade, de seu valor social de utilidade e em benefício da sociedade civilizada em torno do ser humano, tornando, de um lado, o produto, o patrimônio, a propriedade, objetos com um valor social potencializado, e, de outro lado, a relação para sua produção, através de outros seres humanos que fornecem sua força de trabalho e tempo de vida, subvalorizado, permitindo a desconexão entre a produção em si e o produto, gerando a mais valia, o lucro necessário para o acúmulo sequencial de capital. É a relação capital-trabalho no âmago do sistema capitalista potencializado pela Revolução Industrial desde o século XVIII e que ainda molda nossa atual sociedade globalizada.

Com a evolução da tecnologia, a relação capital-trabalho vai se aprimorando cada vez mais em benefício do primeiro em detrimento do segundo, no aprofundamento do fetiche e das renomeações convenientes do que é ou deveria ser: desarticulou-se a linha de produção única da era "fordista" para células descentralizadas do "toyotismo", o empregado passou a ser denominado um abstrato "colaborador", o objetivo do trabalho foi "deslocado" (desfocado) do produto-fim com o aumento da terceirização globalizada, o valor do ser humano passa a ser cada mais medido pelo "mercado" em detrimento do sentido de vida em sociedade — são todas alterações convenientes e a serviço do capital em seu anseio de cumulação e dominação.

E essa tal "evolução" da atualidade, significa, diante da história nua e crua, uma verdadeira involução civilizatória, em clara reação do que já foi discutido e convencionado pela humanidade no Pós-1ª Guerra mundial.

Faz mais de 100 anos que a humanidade organizada internacionalmente constatou e firmou um pacto pela qual o único meio de se evitar Guerras e mortes por exploração desenfreada do ser humano pelo poder, principalmente o econômico, seria estabelecer critérios mínimos civilizatórios, verdadeiros patamares de regramentos estabelecidos em benefício da humanidade em si, do ser humano em sua dignidade e não enquanto produto ou mercadoria: criou-se a OIT (Organização Internacional do Trabalho) em 1919, exatamente nas negociações de paz diante a Grande Guerra Mundial iniciada em 1914.

A relação de emprego passou, consequentemente, a ser objeto de maior atenção, já que, apesar de alguns regramentos esparsos diante das muitas mobilizações de trabalhadores que se intensificaram desde meados do século XIX, somente no início do século passado, também com as greves de um movimento sindical que se organizava e fazia greves, os ordenamentos jurídicos foram se estruturando neste sentido de reconhecer alguns direitos e em harmonia, em grande parte, com esse paradigma internacional que gerou a OIT, também fruto da mobilização internacional de trabalhadores.

E no Brasil, isso não foi diferente, já que a CLT (1943) foi resultado tanto da consolidação das normas esparsas já existentes e pontuais, quando da pressão internacional desse direito do trabalho regulado.

## 3. Patamares civilizatórios mínimos — Submundo real

Diferentemente de Matrix, portanto, onde o sistema virtual ilude o ser humano para lhe sugar sua força vital sem dor e sofrimento, o sistema capitalista real dos últimos dois séculos, desde a Revolução Industrial, foi explorando o ser humano trabalhador até lhe retirar suas opções de vida, suas energias sociais, sua vida familiar e comunitária, com submissão ao trabalho para sobreviver, com jornadas exaustivas, inclusão de mulheres e crianças em situação ainda mais precária, com geração de muitas sequelas por acidente de trabalho e doenças relacionadas à ausência de qualquer limite na exaustão e na forma de trabalho, destruindo o núcleo familiar e social em torno da necessidade de sobrevivência.

Assim, fazendo um recorte já das mobilizações operárias formadas além do território nacional nos últimos 150 anos, a luta da classe trabalhadora, levando-se em conta a sua organização, provocara, já em 1864, o surgimento da Assembleia Internacional dos Trabalhadores, que ocorreu em Paris e aconteceu em confluência com o manifesto comunista de Marx e Engels (1848), tendo em vista que pleiteava uma legislação social internacional, defendendo a união dos trabalhadores para elevar a discussão sobre a necessidade de regulação internacional do trabalho — portanto, seis décadas antes da OIT (SUTTI, 2019).

Em consonância, outros congressos e diferentes conferências ocorreram nos anos seguintes, destacando-se, entre eles, os encontros de Berlim (1890), Bruxelas (1897) e Zurique (1897), e o Congresso de Paris, realizado em 1900, de onde surgiu a "Associação Internacional para a Proteção Legal dos Trabalhadores", cuja missão era de investigar e divulgar as questões trabalhistas mais relevantes; em 1914, tal organização já era composta por 15 países.

Citando Karl Marx, constata-se que ele já desvendava, em meados do século XIX, em sua mais relevante obra, "O Capital" (1867), que a *"divisão manufatureira do trabalho é um método especial de produzir mais-valia relativa ou aumentar a autovalorização do capital à custa dos trabalhadores"*. Sua teoria demonstrou que lucro do Capital, fonte de sua acumulação, decorria diretamente da exploração da mão de obra — e esse é o ponto a ser lembrado até os dias atuais, com mais ou menos cortinas tecnológicas de fumaça.

Assim, com a alteração, historicamente nada voluntária, da detenção dos meios de produção na fórmula política da Revolução Industrial, com a expulsão dos camponeses do campo e a formação de um exército de pessoas precisando vender sua mão de obra para subsistir, a pressão do capital acentuava a exploração ultrapassando limites nas extensas jornadas superiores a 13h/16h ao dia, nas péssimas condições de trabalho e de miséria consequente, especialmente, com o uso de mulheres e crianças de forma ainda mais vil, situação em que a classe trabalhadora viu seu trabalho livre se transformar em mercadoria dentro de um sistema de mercado sem regulação humanitária.

Diante dos problemas, as relações de trabalho passaram a ser de massa, coletivas, ainda mais porque as cidades foram se deformando para criar aglomerados de trabalhadores desestruturados em torno das fábricas, tanto pela distância destas dos centros, quanto pelas extensas jornadas mediante miseráveis salários, inviabilizadores dos deslocamentos.

A lei, por sua vez, servia ao capitalista (e ainda serve), detentor do Poder (e não apenas do poder econômico), criminalizando os movimentos de trabalhadores, combatendo as lutas operárias com violência.

No decorrer das décadas, chegando ao final do Século XIX, os acidentes de trabalho, a miséria, as péssimas condições de trabalho que foram se agravando diante do aumento de produção, ou seja, todas as explorações desse modelo geraram sofrimentos que ultrapassaram as barreiras das fábricas e tomaram a sociedade nas cidades, tanto que surgiu o uso desses temas na produção cultural de artistas nas ruas, através da pintura, da literatura, do teatro e demais formas de manifestação.

Apesar desse quadro de tensão diante da exploração dos trabalhadores enquanto item da mercadoria, normas de proteção não tiveram sucesso para regular a situação, ainda que haja apontamentos de tentativas nada concretas e, inclusive, pontuais, mas sem o condão de efetividade: há notas doutrinárias sobre uma norma inglesa nos idos de 1802 para limitar a jornada de crianças, mas que, de fato, não se concretizou; há ainda registros de uma lei francesa para limitar jornada de crianças, mas que também, de fato, não se efetivou.

Consequentemente, é certo que as leis formuladas no século XIX não foram concretizadas para limitar a exploração no trabalho — e nem tinham tal objetivo, fruto coerente do Estado Liberal (*Laissez-faire*) imperante.

Convém ainda se observar, por relevância histórica, a origem do Dia do Trabalho (1º de maio) no ano de 1886, na industrializada cidade americana de Chicago, onde milhares de trabalhadores foram às ruas reivindicar melhores condições de trabalho, entre as quais, a redução da jornada diária de trabalho de 13 (treze) para 8 (oito) horas, ocasionando uma grande greve geral dos trabalhadores nacional nos Estados Unidos, mas sem sucesso no pleito (DEL ROIO, 2016, p. 71-78). Apesar de ter marcado a história, não foi dessa greve que os trabalhadores de Chicago obtiveram algum direito, "apenas" mais uma reação extremamente violenta do governo.

Portanto, isso não significa que, durante o Século XIX, não havia discussões e embates sobre a necessidade de uma regulação estatal mínima para enfrentar os problemas do Estado Liberal, mas, pela ausência de efetividade no resultado concreto, ainda não existiam elementos para configurar um direito do trabalho, apenas sintomas como ponto de partida do surgimento de um futuro direito social pela preocupação com as consequências da exploração mercantil da mão de obra, e, mormente, pelos acidentes de trabalho e suas consequências sociais.

Caso já houvesse um direito social neste contexto histórico do século XIX, ele seria profícuo para superar a relação contratual desigual, inserindo solidariedade como obrigação jurídica nas relações sociais, permitindo ao Estado interferir na realidade social de todos, nos vínculos sociais, alterando a concepção do indivíduo diante do Estado, para uma concepção social e coletiva.

Já no início do Século XX, algumas legislações operárias esparsas começaram a surgir, mas isso ocorreu nas bases do direito civil, sem evidenciar uma legislação trabalhista (SOUTO MAIOR, 2017, Vol. 1 – Tomo 1, p. 235).

Apesar das discussões e dos conflitos, certo é que o modelo capitalista não encontrou freios suficientes, e essa ausência de regramentos civilizatórios na exploração mercantil da classe operária provocou tensões econômicas internacionais suficientes para eclodir a 1ª Grande Guerra Mundial em 1914, ainda mais porque a relação dos Estados estava bastante interligada com a atividade industrial, e atuante nas conquistas de mercados internacionais, e isso tudo sendo construído ao lado de uma frágil, mas conveniente, situação de "paz armada".

Neste sentido, a crise pela 1ª Grande Guerra Mundial serviu, então, para tornar necessário um primeiro marco civilizatório, capaz de viabilizar, ao menos, a discussão de Nações sobre limites à exploração mercantil das pessoas, dos povos e das nações, em busca de um pacto capaz de se evitar novas guerras.

De outro lado, cumpre-se ressaltar, havia também o temor das revoluções operárias contra o sistema capitalista, tal qual a citada Revolução Proletária na Rússia de 1917. O desafio, portanto, era "pacificar" para se evitar guerras entre nações e revoluções entre classes, ameaças aos sistemas político-social e de produção.

E essa fase de internacionalização dos direitos dos trabalhadores tomou, desse modo, outra dinâmica com a criação da Organização Internacional do Trabalho (RIBEIRO, 2008, p. 16) em 1919, fruto desse vital marco civilizatório capitalista, e surge com suas bases fundamentais estabelecendo a possibilidade de um direito social internacional, cuja concepção penetrou as constituições federais dos países que estabeleceram o chamado "constitucionalismo social", ápice do Direito Social e de um Estado Social.

Veja-se que, por um direito social do trabalho limitando o Estado Liberal, então permissivo à descomunal exploração do trabalho pelo lucro, o art. 427 do Tratado de Versalhes (Planalto – Decreto n. 13.990, de 1920) estabeleceu métodos e princípios importantes, dentre os quais:

> 1. o princípio diretivo de que o trabalho não há de ser considerado como mercadoria ou artigo de comércio;
>
> 2. (...)
>
> 3. a adoção da jornada de oito horas;
>
> 4. a adoção de um descanso semanal de vinte e quatro horas, sempre que possível nos domingos;
>
> 5. a supressão do trabalho das crianças e a obrigação de impor aos trabalhos dos menores de ambos os sexos, as limitações necessárias para permitir-lhes continuar sua formação e assegurar seu desenvolvimento físico.

Somente por esses quatro preceitos acima referidos, extrai-se um direito fundamental mínimo dos trabalhadores, seja nos limites à jornada de trabalho e nos parâmetros de idade e para dignidade ao trabalho infantil, seja por enfrentar e vedar a abordagem mercantil sobre a mão de obra.

Ressalta-se, mais uma vez, que a participação direta de trabalhadores nas discussões dos problemas relacionados ao capital-trabalho representa uma reviravolta na história da humanidade, como exercício da ideia de democracia (SOUTO MAIOR, 2017, p. 253).

Também é relevante o fato de que, durante os seus primeiros 40 anos de existência, a OIT dedicou parte expressiva dos seus esforços à elaboração de normas internacionais do trabalho e à garantia da sua aplicação.(1) Só em suas primeiras duas décadas, entre os pacíficos anos de 1919 e 1939, foram formuladas 67 convenções e 66 recomendações na OIT. Contudo, cumpre se ressalvar que a maioria dos países demoraram a aderir às convenções — e, quando ocorreu, foi de forma parcial — como resultado das mesmas mazelas que resultaram nas disputas por mercados, causas da 1ª Guerra Mundial.

Analisando-se a formulação inicial da OIT, constata-se que suas normas visavam, sobretudo, as condições de trabalho, tanto que a primeira convenção, adotada em 1919, regulamentava a duração do trabalho no limite de 8 (oito) horas ao dia e, na semana, de 48 (quarenta e oito) horas.

Assim, o histórico da integração das Convenções nos ordenamentos dos países signatários demonstra que a demora na regulamentação de direitos aos operários se deveu menos ao reconhecimento social dos direitos trabalhistas, e mais às disputas capitalistas entre as economias nacionais, tendo em vista que um país condicionava a vigência de sua ratificação a uma Convenção à equivalente adesão de outros países — concorrentes! (SOUTO MAIOR, 2017, p. 264).

A própria crise de 1929, nos EUA, serviu para a adoção de políticas públicas intervencionista na linha de Keynes, adotadas por Roosevelt pelo *New Deal* — tanto que os americanos só ratificaram em 1938 sua primeira Convenção da OIT.

Com a deflagração da 2ª Grande Guerra Mundial em 1939, as atividades da OIT, consequentemente, ficaram bastante prejudicadas, praticamente paralisadas.

Até que, em 1944, as Nações integrantes da OIT elaboram a "*Declaração de Filadélfia*" na Conferência Internacional do Trabalho, a qual passou a integrar o corpo da Constituição da OIT como anexo, compondo, ainda hoje, a "Carta dos Fins e Objetivos". Esta Declaração, de tão importante, antecipou e serviu de modelo à Carta das Nações Unidas e à Declaração Universal dos Direitos do Homem.

---

(1) OIT, *site* em Portugal: Disponível em: <https://www.ilo.org/public/portugue/region/eurpro/lisbon/html/portugal_visita_guiada_01a_pt.htm>.

Pela "Declaração da Filadélfia", tem-se, provavelmente, a primeira manifestação internacional que ***eleva os direitos sociais ao nível dos demais direitos humanos***, afirmando que todos devem gozar do direito de viver com segurança econômica e oportunidades iguais.

Em virtude de seu teor relevante ao direito social como limite no sistema capitalista, resgatando e aprofundando a importância dos princípios e fundamentos da OIT (SOUTO MAIOR, 2017, p. 364) instituídos pelo Tratado de Versalhes (1919) e por suas Convenções e recomendações formuladas até a 2ª Grande Guerra Mundial (1939), é importante a transcrição, com inserções de grifos e destaques, de teor da Declaração, integrante da Constituição da OIT (1944) como anexo (SCALERCIO, 2017, p. 16):

> A Conferência Geral da Organização Internacional do Trabalho, reunida em Filadélfia na sua vigésima sexta sessão, adopta, neste décimo dia de Maio de 1944, a presente **Declaração dos fins e objetivos da Organização Internacional do Trabalho**, bem como dos **princípios** nos quais se deveria inspirar a política dos seus Membros.
>
> **I** – A Conferência afirma novamente os **princípios fundamentais** sobre os quais se funda a Organização, isto é:
>
> a) **o trabalho não é uma mercadoria**;
>
> b) a **liberdade de expressão e de associação** é uma condição indispensável para um **progresso** constante;
>
> c) a **penúria**, onde quer que exista, constitui um **perigo** para a **prosperidade** de todos;
>
> d) a **luta contra a carência** deve ser conduzida com uma energia inesgotável por cada nação e através de um esforço internacional contínuo e organizado pelo qual os representantes dos trabalhadores e dos empregadores, colaborando em **pé de igualdade** com os dos Governos, participem em discussões livres e em decisões de carácter democrático tendo em vista promover o **bem comum**.
>
> **II** – Convencida de que a experiência demonstrou plenamente o fundamento da declaração contida na Constituição da Organização Internacional do Trabalho, e segundo a qual só se pode estabelecer uma **paz duradoura com base na justiça social**, a Conferência afirma que:
>
> a) **todos os seres humanos, qualquer que seja a sua raça, a sua crença ou o seu sexo, têm o direito de efetuar o seu progresso material e o seu desenvolvimento espiritual em liberdade e com dignidade, com segurança econômica e com oportunidades iguais**;
>
> b) A realização das condições que permitem atingir este resultado deve constituir o objetivo central de qualquer **política nacional e internacional**;
>
> c) todos os programas de ação e medidas tomadas no plano nacional e internacional, nomeadamente no domínio econômico e financeiro, devem ser apreciados deste ponto de vista e aceites apenas na medida em que pareçam favorecer, e não prejudicar, o cumprimento deste objetivo fundamental;
>
> d) cabe à Organização Internacional do Trabalho examinar e considerar à luz deste objetivo fundamental, no domínio internacional, todos os programas de ação e medidas de ordem econômica e financeira;

e) ao executar as tarefas que lhe são confiadas, a Organização Internacional do Trabalho, depois de ter considerado todos os fatores econômicos e financeiros pertinentes, está autorizada a incluir nas suas decisões e recomendações todas as disposições que considerar apropriadas.

**III** – A Conferência reconhece a obrigação solene de a Organização Internacional do Trabalho secundar a execução, entre as diferentes nações do mundo, de programas próprios à realização:

a) **do pleno emprego e da elevação do nível de vida**;

b) do emprego dos trabalhadores em ocupações nas quais tenham a satisfação de aplicar toda a sua habilidade e os seus conhecimentos e de contribuir da melhor forma para o **bem-estar comum**;

c) para atingir esse objetivo, da concretização, mediante garantias adequadas para todos os interessados, de possibilidades de formação e meios próprios para facilitar as transferências de trabalhadores, incluindo as migrações de mão de obra e de colonos;

d) da possibilidade para todos de uma **participação justa nos frutos do progresso em termos de salários e de ganhos, de duração do trabalho e outras condições de trabalho, e um salário mínimo vital para todos os que têm um emprego e necessitam dessa proteção**;

e) do **reconhecimento efetivo do direito de negociação coletiva** e da cooperação entre empregadores e os trabalhadores para a melhoria contínua da organização e da produção, assim como da colaboração dos trabalhadores e dos empregadores para a elaboração e aplicação da política social e econômica;

f) da **extensão das medidas de segurança social** com vista a assegurar um rendimento de base a todos os que precisem de tal proteção, assim como uma **assistência médica completa**;

g) de uma **proteção adequada da vida e da saúde** dos trabalhadores em todas as ocupações;

h) da **proteção da infância e da maternidade**;

i) de um **nível adequado de alimentação, de alojamento e de meios recreativos e culturais**;

j) da garantia de **igualdade de oportunidades no domínio educativo e profissional**.

**IV** – Convencida de que uma utilização mais completa e mais alargada dos recursos produtivos mundiais, necessária para o cumprimento dos objetivos enumerados na presente Declaração, pode ser assegurada através de uma ação eficaz no plano internacional e nacional, nomeadamente através de medidas que tendam a promover a **expansão da produção e do consumo**, a evitar flutuações econômicas graves, a realizar o **progresso econômico e social** das regiões cuja valorização esteja pouco desenvolvida, a assegurar uma maior estabilidade dos preços mundiais das matérias-primas e dos gêneros e a promover um comércio internacional de elevado e constante volume, a Conferência promete uma colaboração integral da Organização Internacional do Trabalho com todos os organismos internacionais aos quais poderá ser confiada uma parte da responsabilidade nesta grande tarefa, assim como na **melhoria da saúde, da educação e do bem-estar de todos os povos**.

**V** – A Conferência afirma que os princípios enunciados na presente Declaração são plenamente aplicáveis a todos os povos do mundo e que, se nas modalidades da sua aplicação tem de ser devidamente considerado o grau de desenvolvimento social e econômico de cada povo, a sua aplicação progressiva aos povos que ainda são dependentes, assim como àqueles que atingiram o estado de se governarem a si próprios, é um assunto que **diz respeito ao conjunto do mundo civilizado**.

Consequentemente, na 29ª reunião da "Conferência Internacional do Trabalho" (Montreal, 1946), o texto em vigor da "Constituição da Organização Internacional do Trabalho", já sob a influência da "Declaração de Filadélfia", foi alterado e cuja transcrição do seu "Preâmbulo", com inserções de alguns grifos e destaques, considera-se relevante para a compreensão da OIT:

> Considerando que a **paz** para ser **universal e duradoura** deve assentar sobre a **justiça social**;
>
> Considerando que existem **condições de trabalho** que implicam, para grande número de indivíduos, **miséria e privações**, e que o **descontentamento** que daí decorre **põe em perigo a paz e a harmonia universais**, e considerando que é urgente **melhorar essas condições** no que se refere, por exemplo, à **regulamentação das horas de trabalho**, à fixação de uma **duração máxima do dia e da semana de trabalho**, ao **recrutamento da mão de obra**, à **luta contra o desemprego**, à garantia de um **salário que assegure condições de existência convenientes**, à **proteção dos trabalhadores contra as moléstias graves ou profissionais e os acidentes do trabalho**, à **proteção das crianças, dos adolescentes e das mulheres**, às **pensões de velhice e de invalidez**, à defesa dos interesses dos trabalhadores empregados no estrangeiro, à afirmação do princípio "**para igual trabalho, mesmo salário**", à afirmação do princípio de **liberdade sindical**, à organização do ensino profissional e técnico, e outras medidas análogas;
>
> Considerando que a não adoção por qualquer nação de um **regime de trabalho realmente humano** cria obstáculos aos esforços das outras nações desejosas de melhorar a sorte dos trabalhadores nos seus próprios territórios.

Neste contexto internacional, apenas dois anos após à referida 29ª Conferência da OIT, nascia, em dezembro de 1948, a "Teoria dos Direitos Humanos" com a "Assembleia Geral das Nações Unidas", na qual restou aprovada a "*Declaração Universal dos Direitos Humanos*", já sob forte influência americana e de seu Plano Marshall. A internalização dos direitos humanos foi uma resposta contra as atrocidades da 2ª Guerra, notadamente aquelas praticadas pelo nazismo.

Em proeminência, cumpre-se transcrever pela importância de seu teor, com inserções de alguns grifos, partes relevantes dos arts. 23 a 26 da "Declaração Universal dos Direitos Humanos" e que se relacionam com o trabalho dentro do sistema capitalista:

> **Art. 23.** (...)
>
> I. Todo ser humano tem direito ao trabalho, à livre escolha de emprego, a condições justas e favoráveis de trabalho e à proteção contra o desemprego.
>
> II. Todo ser humano, sem qualquer distinção, tem direito a igual remuneração por igual trabalho.
>
> III. Todo ser humano que trabalha, tem direito a uma remuneração justa e satisfatória que lhe assegure, assim como à sua família, uma existência compatível com a dignidade humana e a que se acrescentarão, se necessário, outros meios de proteção social.
>
> IV. Todo ser humano tem direito a organizar sindicatos e a neles ingressar para proteção de seus interesses.
>
> **Art. 24** – Todo ser humano tem direito a repouso e lazer, inclusive à limitação razoável das horas de trabalho e às férias remuneradas periódicas.

**Art. 25.** (...)

I. Todo ser humano tem direito a um padrão de vida capaz de assegurar a si e à sua família saúde, bem-estar, inclusive alimentação, vestuário, habitação, cuidados médicos e os serviços sociais indispensáveis e direito à segurança em caso de desemprego, doença invalidez, viuvez, velhice ou outros casos de perda dos meios de subsistência em circunstâncias fora de seu controle.

II. A maternidade e a infância têm direito a cuidados e assistência especiais. Todas as crianças, nascidas dentro ou fora do matrimônio, gozarão da mesma proteção social.

**Art. 26.** (...)

I. Todo ser humano tem direito à instrução. A instrução será gratuita, pelo menos nos graus elementares e fundamentais. A instrução elementar será obrigatória. A instrução técnico-profissional será acessível a todos, bem como a instrução superior, esta baseada no mérito.

Apesar disso, a "***Teoria dos Direitos Humanos***" desprezou as construções teóricas em torno do direito social, tendo em vista que não fez a crítica do capitalismo pela supressão da verdadeira liberdade por indução dos interesses econômicos, assim como pelas desigualdades humanas produzidas em consequência disso, relegando o direito social, por influência americana, a um plano secundário (SOUTO MAIOR, 2017 – p. 378 e 389).

De outro lado, juntamente com formulações doutrinárias históricas, o direito social conquista maior reconhecimento enquanto ***direitos humanos*** sob o prisma não individual, com a "*Declaração de Princípios Sociais da América*" (1945), a "*Declaração Americana dos Direitos e Deveres dos Homens*" (1948) e sua "*Carta Interamericana de Garantia Sociais*", e "*Convenção Americana de Direitos Humanos*" (1969 – *Pacto de San José da Costa Rica*). Pelo Pacto da ONU de 1966, há o reconhecimento do princípio da autonomia sindical, organizações sindicais supranacionais e do direito à greve como direito humano (SOUTO MAIOR, 2017, p. 389-410 e p. 456).

Fato é que, diante do Pós-2ª Grande Guerra Mundial, o capitalismo passou por 3 décadas gloriosas, onde foi possível, aos europeus, viver sob o Estado de Bem Estar Social, e, aos americanos, experimentar grande progresso com altos salários e benefícios trabalhistas e previdenciários pela alta demanda.

Mas o capital seguiu sua busca epidérmica por se reinventar, e desconstituir o valor social do trabalho e sua percepção coletiva diante do produto. Nada como uma crise, própria do ciclo capitalista, para oportunizar profundas alterações a favor da acumulação do capital.

## 4. Direito do trabalho é coletivo — É social

Pelo relato histórico acima, a relação capital-trabalho estava objetivada na luta operária coletiva na busca por limites, por direitos, por patamares civilizatórios mínimos nessa relação econômica e que deve respeitar o ser humano.

Assim, constata-se que o direito social do trabalho nasce e tem seu sentido enquanto coletivo, já que a relação é coletiva em sua característica social no sistema capitalista, na divisão capital-trabalho, na divisão em classes sociais daqueles que precisam trabalhar para sobreviver e, de outro lado, daqueles que possuem os meios de produção e exploram os primeiros.

Neste contexto das mobilizações sociais e das grandes guerras, bem como da luta coletiva entre uma maioria trabalhadora e uma minoria da elite econômica dominante, o Capital precisou se reinventar em seu poder do fetiche e da abstração, tudo para não ser vencido em seu maior objetivo: acumulação de riqueza. Capital, esse, expressão desta minoria-elite, foco antagônico da crescente organização sindical daquela maioria, de outro lado, somando-se com a progressão dos sistemas políticos para uma democracia mais consistente com Estado de Direito, o chamado Estado de Bem Estar Social na Europa, também limitante do tal livre mercado.

## 5. A "virada de mesa" na história e a formação de nossa Matrix

E assim, a despeito do avanço social até logo após o fim da Segunda Guerra Mundial, as crises foram imprescindíveis para a reengenharia das Nações em seu núcleo de poder e a favor dos objetivos do Capital em sua acumulação.

Neste sentido, através da Crise do Petróleo de 1973 (SOUTO MAIOR, 2017 – p. 437), que veio para abalar a economia mundial, somada à criação do Toyotismo, que modificou a lógica de produção, assim como à viabilização da globalização da economia, adveio o fortalecimento do modelo capitalista liberal ainda mais agressivo, através de um Neoliberalismo estruturado contra o modelo de Estado Social e contra o direito social do trabalho, engendrando, dentre tantos acontecimentos, o emblemático "*Consenso de Washington*", representante de um pensamento econômico específico, um capitalismo de finanças e influente nos "mercados emergentes".

Veja-se que o referido Toyotismo já existia desde 1960, enquanto modelo de produção propagado para ser "mais eficiente" economicamente do que o modelo Fordista das grandes indústrias, disciplinando o planejamento de fabricação sem estoques desnecessários e com estrutura descentralizada de organização, o que, também, apontava a quebra da organização dos trabalhadores (então facilitada no modelo fordista e seu ambiente centralizado de produção), retirando-lhe de uma grande linha de produção para dividir em células; e mais, afetando a própria identidade funcional dos trabalhadores ao fomentar a multifuncionalidade e a terceirização como bases de retomada do terreno perdido na relação de exploração do trabalho pelo capital.

Neste cenário e com a possibilidade de sucesso no contexto da forte crise capitalista, substrato do próprio modelo de acumulação do capital, deflagrou-se o processo de construção da hegemonia do liberalismo econômico extremado no Ocidente dos anos 1970 (DELGADO, 2017 – p. 17).

Esse pensamento liberal reformulado vem, portanto, como contraponto ao *Welfare State* (representante de um modelo multifacetado, normatizador e intervencionista), propondo, então, uma atuação estatal restrita a um modo muito substantivo, na gestão monetária e em condições favoráveis ao mercado privado; sustentando, em síntese, na linha da velha matriz (*Laissez-faire*) oriunda dos séculos XVIII e XIX, o primado do mercado econômico privado na estruturação e no funcionamento da economia e da sociedade, com a submissão do Estado e das políticas públicas a tal prevalência (DELGADO, 2017 – p. 24).

Assim, com a hegemonia cultural, política e econômica pela matriz neoliberal (ou ultraliberal) de pensamento, surge a elaboração e a organização das políticas públicas de desvalorização do trabalho e do emprego no capitalismo ocidental — e que vigora até os dias atuais (DELGADO, 2017, p. 71).

Com a intensificação do processo de globalização econômica e a consolidação do neoliberalismo, reforça-se a ideia (estratégica) de não intervenção estatal nas relações particulares, sobretudo na relação capital-trabalho, a fim de não obstaculizar o crescimento econômico. Nessa conjuntura, os direitos trabalhistas sofrem uma acomodação aos interesses econômicos das empresas, então, face à acentuação de precárias condições de trabalho, a OIT inicia, na década de 1990, o processo de identificação dos direitos fundamentais no trabalho (ARAÚJO, 2008).

Neste processo de desconstituição histórica, a classe trabalhadora mudou bastante e em pouco tempo. Também se transformou o ambiente em que ela se encontrava e no qual formava sentimentos e juízos (POCCHMANN, 2017, p. 112-113).

Em seguida, o avanço tecnológico com a internet e a digitalização algorítmica dos sistemas, como se abordará em seguida, gera nova transformação nas possibilidades operacionais do sistema de produção e, por conseguinte, no sistema capitalista, agora em sua fase de Capitalismo Financeiro, ainda mais abstrato, somado com a revolução tecnológica digital.

Cabe se destacar que as alterações trazidas pela tecnologia digital e seu uso nada social pioram ainda mais o cenário de mobilização e representatividade das trabalhadoras e dos trabalhadores, dentre os quais e principalmente os chamados de "infoproletariados", nas palavras de Ricardo Antunes na obra "O Privilégio da Servidão" (ANTUNES, 2018).

## 6. Relação de Emprego *versus* Relação pela "Livre Exploração"

A chave mestra, provavelmente, dessa chamada acentuação da "virada de mesa" estava e ainda está no reconhecimento da relação de emprego, na consciência de sua existência e da sua proteção enquanto direitos humanos fundamentais sociais, e na possibilidade dessa conexão para a organização coletiva dos trabalhadores, sistema esse que permitiria, dentro de um verdadeiro Estado Democrático de Direito, à maioria dos cidadãos e das cidadãs, também trabalhadores por essência, enfrentar a relação capital-trabalho no sentido de lhe impor limites dentro do atual sistema capitalista, estabelecer direitos sociais e para beneficiar o interesse coletivo e público em detrimento do lucro.

A relação de emprego é, portanto, o resultado da relação capital-trabalho no sistema capitalista, é ela inerente ao uso (em exploração) da mão de obra para gerar lucro pelo resultado fim dessa produção. Mas, por sua vez, o capital reinventa, frequentemente, a "realidade vista" (plástica social — fetiche) para tentar distanciar esse conceito-chave na organização preponderante das mobilizações operárias internacionais que originaram, inclusive e por exemplo, a OIT em 1919, bem como influenciaram as democracias e as cartas constitucionais dos Estados mais organizados por mais algumas décadas seguintes, incluindo a CF brasileira em 1988, mesmo diante do neoliberalismo em forte progresso por pressão dos norte-americanos e ingleses, principalmente.

Com a imposição ilusória do discurso da economia como uma "ciência exata" (e não social, como a academia assim a define), do "livre Mercado", enquanto uma vontade não populista e de austeridade de um "Estado mínimo em benefício das pessoas", da produção descentralizada "toyotista" para cindir a organização operária e lhe tirar a coesão mais fácil nas grandes linhas de produção do modelo fordista, assim como terceirizar a produção e retirar dos trabalhadores a consciência do que produzem, de fato, ao final e do quanto sua mão de obra significa no produto, um Capital com roupagem renovada surge e retoma a linha inversa do Estado de Bem Estar Social, contra os direitos sociais enquanto direitos humanos fundamentais e capaz de desarticular as democracias em sua capacidade e sua consciência de discutir o republicanismo e o interesse público.

## 7. Matrix *versus* Relação de Emprego

Assim, não foi à toa que a relação de emprego foi e ainda deve ser o centro dessa base civilizatória mínima, porque é da relação de emprego que a relação capital-trabalho produz seu objetivo principal no sistema capitalista: a acumulação de capital pela exploração da mão de obra na produção do produto-fim, em sentido genérico, já que o produto pode ser também diferentes tipos de serviços e, nos dias de hoje, capital por capital, o crédito que reina no capitalismo financeiro.

Neste sentido, a nossa Matrix laboral, no sentido da ilusão de algo para esconder as essências, passo a passo foi se formando desde a década de 60 e nesse roteiro em que um dado "senso de realidade" à vista da humanidade passa a ser diferente na imposição de um "cenário" de uma "sociedade" não de pessoas, mas de grandes empresas, conglomerados de empresas que superam países e se consolidam como o mito "Mercado", protagonista lúdico de uma falsa democracia e de uma fantasiosa liberdade.

Os patamares mínimos civilizatórios de antes passam a ser demolidos pela sobreposição de outros falsos pilares sociais e, principalmente, foram marginalizados quando a própria relação de emprego passa a ser desconstituída dentro do sistema capital-trabalho, seja pela terceirização tradicional que camufla produção em serviço deslocado do produto, seja pela terceirização tecnológica da "uberização", que camufla produção em local (plataforma).

A relação de emprego, em um primeiro momento, passou a ser escalonada na produção em células e ainda mais seccionada com a globalização, bem como, com a terceirização, antes sob o pretexto de necessária diante da profunda especialização, e que passou a servir de implemento de ainda mais descentralização da produção e, por consequência, da classe trabalhadora, que foi perdendo sua identidade diante do produto final para o qual sua força de trabalho e seu tempo de vida foram utilizados.

Mas não parou por aí, porque a relação de emprego, mesmo precarizada, ainda tem características e normativas que lhe confrontavam com a retirada de direitos, porém, com o regresso nos limites civilizatórios, tem-se uma majoração cada vez mais desmedida da exploração — mesmo objeto daquelas lutas sociais do século XIX e início do século XX, e que culminou com a criação da OIT em 1919 e Estados de Bem Estar Social no pós segunda guerra.

Assim, a própria relação de emprego passa a ser, cada vez mais, atacada em sua essência para ser (parecer) desconstituída em outras formas de relação de trabalho e sem a mesma proteção social do direito do trabalho, como se constata com as diversas e precárias prestações de serviços, cujas essências contrariam essa história evolutiva entre capital-trabalho e do objeto real por trás das cadeias produtivas, do verdadeiro interesse do grande capital, agora ainda mais abstrato e por trás de grandes conglomerados e do sistema financeiro, que atingiu, do ponto de vista do capitalismo, seu maior êxito na acumulação de capital.

## 8. Uberização

Esse cenário tenebroso está ainda em crescente alteração no mesmo sentido precarizante, agora com as possibilidades de exploração da mão de obra através da tecnologia digital e das chamadas plataformas tecnológicas, tendo a UBER como um de seus ícones principais, mas que, na verdade, divide esse posto com outros tantos gigantes da rede.

Em valioso artigo, Guilherme Guimarães Feliciano e Olívia de Quintana Figueiredo Pasqualeto discorrem sobre reflexões e dados da Gig economy, uberização, futuro do trabalho e direitos fundamentais, acrescentando perspectivas pela frente, mas já apontando as mazelas da atualidade na relação fato/norma (FELICIANO, 2019, p. 13-20).

Fato é que, com as plataformas tecnológicas no momento atual, a relação de emprego passa a ser camuflada com maior requinte e controle algorítmico, possibilitando uma subordinação sistêmica e não mais meramente pessoal (física — analógica) na relação jurídica.

Veja-se que, apesar da relação ser a mesma quanto aos objetivos que almeja, sua forma lúdica permite ainda maior precarização trabalho ao afastar da exploração direta do capital e ludicamente, o ser humano empregado, seus direitos fundamentais, o conceito de trabalho decente e as restrições de não mercantilização do ser humano, tudo por meio do controle algorítmico.

Indiscutível é que os instrumentos algorítmicos da Tecnologia da Informação exercem um papel indispensável no controle de dados e na sua utilização para ordenar o trabalho e coordenar as empresas, e, pela automação crescente no mundo do trabalho, passa a ter o poder de conciliar os algoritmos com a gestão humana, culminando com uma forma de subordinação peculiar (REIS, 2019).

Somado a isso, enormes são os desafios dos trabalhadores organizados em sindicatos e diante da realidade de transformações tecnológicas e de pressão neoliberal, que começa a romper a barreira social entre a classe trabalhadora "estável" (em redução) e as trabalhadoras e trabalhadores intermitentes, em tempo parcial, precarizados, subempregados e desempregados, ainda mais se não houver forte organização para ampliar a representatividade em todos os setores e recortes, para abarcar o conjunto da classe trabalhadora, diferentemente do cenário atual, muito corporativista e pouco classista (ANTUNES 2018).

## 9. Matrix & Uberização

E a ficção se aproxima da realidade quando toda essa história de mais de 150 anos na relação capital-trabalho tem suas bases esfaceladas pelo fetiche do Capital, fazendo muitos dos trabalhadores explorados pela Uberização defenderem essa relação negocial de "empreendedorismo" e negando a própria condição de empregado, como se isso fosse um demérito.

A nossa Matrix, portanto, faz com que um indivíduo se submeta a uma "lúdica--não relação de emprego" (formalmente/materialmente fraudada) por vontade própria, negando suas bases e os direitos históricos consequentes, refutando a coletividade como único meio de preservação de direitos sociais e fundamentais. E mais, esse mesmo explorado e sem opções de sobreviver, passa a participar e contribuir voluntariamente com o discurso de empreendedorismo (individual — empresa de si mesmo), da meritocracia, da concorrência entre trabalhadores e para sua sobrevivência, sem perceber que o valores pagos são cada vez menores e as jornadas cada vez maiores.

A conexão de Matrix em nossas mentes, através de um massivo bombardeio de ideias e projeções, faz com que o senso comum da sociedade, incluindo o Estado através de seu Poder Judiciário, "compre" também essa ideia, ainda mais porque o próprio magistrado tende a não se sentir classe trabalhadora, deixando de refletir, deixando de ter consciência de classe, e de consciência democrática e, inclusive, de consciência de civilização na evolução da humanidade em suas bases históricas de mais de um século de lutas sociais contra a exploração desmedida e insustentável na relação capital-trabalho, deixando de ver a essência dessa relação de trabalho em si, seus objetivos, seus fundamentos, sua razão de existir enquanto patamar civilizatório e direitos humanos fundamentais sociais laborais.

## 10. Conclusões

O fetiche do capital aprisiona o ser humano da mesma forma com que fica aprisionado aquele ligado ao cabo da trama Matrix, sob a ilusão de um mundo sem conflito e digitalmente criado, "autêntico" somente para aqueles que não tem consciência da realidade e não conseguem ver sua condição de objeto em um sistema que retira de si a humanidade e sua liberdade, seu senso de civilização e do que importa e sempre importou nessa trajetória de evolução que resultou na vida em sociedade.

E dentro desse sistema capitalista-Matrix, o fetiche renovado transforma a relação do trabalhador precarizado e explorado pela plataforma tecnológica como um "autônomo-empreendedor", rejeitando, inclusive direta e espontaneamente, sua condição de empregado, submetendo-se a um negócio globalizado, que domina a atividade empresarial em todas as suas faces, e que retira dos demais agentes o poder de alterar as amarras intrínsecas, seja do consumidor, seja do motorista ou do entregador uberizado, por exemplo, tendo em vista que essas pontas do sistema comercial não se interligam sem a plataforma e nem sobrevivem no negócio sem a intervenção de Matrix-Uber.

Mas essa fórmula tecnológica de plataforma, dia após dia, demonstra-se mais poderosa em controlar as atividades e sob uma nova intensidade de subordinação, ainda mais sofisticada, mas não menos controladora, tornando o "empregado-não empregado" ainda mais abstrato na relação capital-trabalho, portanto, ainda mais mercadoria e menos ser humano, ainda mais solitário e menos classe trabalhadora, ainda mais descartável e menos digno.

Nas sábias palavras de Carelli (2017, p. 140), enquanto o taylorismo/fordismo centrava-se na subordinação do trabalhador a uma racionalidade que lhe restava exterior, agora o foco está na sua programação, pela apresentação de metas, regras e medida dos resultados do trabalho por meio de indicadores estatísticos.

Ainda mais porque, conforme muito bem esclarece Daniela Muradas Reis, a tecnologia endereçada aos aplicativos de serviços não revela efetivo rompimento do emprego, mas tão somente novo revestimento da subordinação. Esse revestimento, apesar de sofisticado — por usar algoritmos como sistema de controle — não resiste a uma análise de conteúdo sem que se perceba, claramente, os velhos elementos de sujeição/subordinação (REIS, 2017, p. 158); o que, nos ensinamento de Carelli, ainda se depreende que a tal "autonomia" aparentemente concedida, no fundo, trata-se de uma "autonomia na subordinação", pela qual os trabalhadores não devem seguir mais ordens, mas sim a "regras do programa": uma vez programados, na prática, os trabalhadores não agem livremente, mas exprimem "reações esperadas". O algoritmo, cujos ingredientes podem ser modificados a cada momento pela sua reprogramação ("*inputs*"), garante que os resultados finais esperados ("*outputs*") sejam alcançados, sem a necessidade de dar ordens diretas àqueles que realizam o trabalho (CARELLI, 2017, p. 141).

E o alcance dessa nova fórmula tecnológica, que não afasta a clássica subordinação jurídica em si, alcança várias outras possibilidades de precarização quando aliada à terceirização plena, a "pejotização" e o teletrabalho, só para citar alguns exemplos tenebrosos.

Cenário pelo qual vale a pena tentar se desligar do cabo aprisionante desse nosso universo Matrix, resgatando a crítica histórica para enxergar as essências das relações em suas várias faces, seja em seus objetivos na indelével relação capital-trabalho, seja nos objetivos na relação social dentro de parâmetros dignos e civilizatórios de organização das pessoas dentro da sociedade e sob os pilares mínimos dos direitos humanos fundamentais sociais laborais.

# A Versão Digital do *Big Brother*: O "Duplipensamento" e a "Novilíngua" no Contexto da "Uberização" das Relações de Trabalho — Reflexões sobre 1984, de George Orwell

*Daniel Bianchi*

*"O capital é trabalho morto, que como um vampiro vive apenas da sucção de trabalho vivo, e vive tanto mais quanto mais trabalho vivo suga."*
Karl Marx, *O Capital* (2013, p. 307)

## 1. Introdução

*1984*, de Goerge Orwell se tornou um clássico da cultura pop. No presente artigo, procuramos comparar a ordem social hiper controlada e opressora narrada por Orwell, no referido livro, com o nosso contexto atual, marcado pela implementação do projeto político neoliberal e pela uberização das relações de trabalho, que prometem combater um dos problemas centrais do capitalismo do século XXI: o desemprego estrutural.

Portanto, tendo como pressuposto o cenário narrado pela filósofa Marilena Chauí (2012, p. 104), qual seja, que desde o final do século passado o capitalismo deixou de operar por inclusão, isto é, deixou de conseguir colocar um número cada vez maior de pessoas no mercado de trabalho assalariado, com a promessa de um consumo crescente para toda a sociedade, e passou a operar por exclusão, pois o capital financeiro, o monetarismo e o desenvolvimento tecnológico dispensa o trabalho e o consumo de massa. Assim, a partindo de tal pressuposto, procuramos refletir, ao longo deste texto, sobre o drama de viver sob uma ordem social que depende da exploração do trabalho para se desenvolver, mas que vem empregando cada vez menos. Em outras palavras, discorreremos sobre o como, no atual contexto, o domínio do "Grande Irmão" se torna ainda mais dramática, eis que sua fome insaciável por mais trabalho é incompatível com o contexto de desemprego estrutural.

Para tanto, reconstituiremos a teoria do valor-trabalho de Marx e alguns dos conceitos centrais do marxismo, particularmente o conceito de ideologia e de fetichismo da mercadoria, com o intuito de destacar suas conexões com as formas de dominação totalitárias apresentadas nas utopias negativas de George Orwell, sobretudo *1984* e *A revolução dos bichos*. Além disso, acreditamos que, feitas tais conexões, restará evidente um dos fatores que levam ao fortalecimento do projeto político neoliberal, que naturaliza a destruição dos direitos sociais tanto quanto a destruição do próprio planeta, revelando-se incompatível com o bem-estar da humanidade.

## 2. Na "novalíngua" do século XXI, empregado é "colaborador" e heteronomia é autonomia

Em 2019, comemorou-se o 70º aniversário da primeira edição de *1984*, de George Orwell. Trata-se de um clássico da literatura, frequentemente rotulado de "ficção científica política", com uma distopia cujo alerta para o perigo do totalitarismo não perdeu a força.

Há quem diga que o livro *Frankstein, ou o Prometeu Moderno*, de Mary Shelley, publicado em 1831, é a primeira obra de ficção científica da história e, também, um alerta sobre os perigos da ciência moderna, que desencadeia forças (criaturas) que não podem ser controladas pelos próprios criadores. Nessa perspectiva, o livro de Mary Shelley seria uma crítica ao iluminismo e às consequências da racionalidade liberal, típica do mundo moderno. Uma crítica inovadora, eis que não se dá pela via do conservadorismo.

Alguns anos depois, ainda no século XIX, Marx publicava *O Capital*, que é a história de uma criatura monstruosa, que tem muito em comum com a criatura do livro de Shelley e também com a de *1984*, o "Grande Irmão". Marx chegou a chamar essa criatura de vampiro, como na passagem destacada na epígrafe deste texto, e revolucionou a história da política e do pensamento ao abrir seu livro explicando que a modernidade é o momento da história em que a humanidade passou a dar vida a objetos que ela própria cria, e, se não bastasse, a humanidade teria sucumbido ao domínio dessas suas criaturas (o mercado e as mercadorias, por exemplo). Enquanto as coisas (criaturas) ganham vida, as pessoas (criadoras), após um processo de reificação, acabam cumprindo papel de meras coisas/objetos, pois, dentro da ordem social moderna, capitalista, as pessoas teriam se tornado reféns das vontades das suas criaturas. Em outras palavras, em O Capital, Marx procurava narrar o funcionamento de uma organização social que cria monstros incontroláveis, uma ordem social altamente racionalizada e organizada, que tem como finalidade a satisfação das necessidades da própria ordem social. O que deveria ser um meio para a satisfação das necessidades humanas passou a ser o fim. A finalidade da ordem moderna não é a satisfação de necessidades humanas concretas, mas a satisfação do mercado e das mercadorias. E satisfação do mercado somente é possível por meio da exploração do trabalho de seres humanos.

Em abril de 2017, o jornal *"New York Times"* publicou uma reportagem em que mostra como a empresa Uber desenvolveu truques psicológicos, inspirados, inclusive, em técnicas de videogame, para estimular os motoristas a trabalharem por mais tempo e em locais e horários que interessam mais à empresa do que ao próprio motorista (SCHEIBER).

Segundo a notícia, a Uber vem realizando um "extraordinário experimento em ciência comportamental", para o qual contratou centenas de cientistas (e, vale notar, segue sem contratar sequer um único motorista). Dentre as técnicas usadas por esses cientistas contratados pela Uber, há mensagens que tentam convencer o motorista "parceiro" a aceitar a próxima corrida antes mesmo de encerrar a atual, além de alertas de que o motorista está prestes a conseguir determinada quantia de dinheiro naquele dia e que, por isso, não deveria desligar o aplicativo naquele momento, estimulando o motorista a trabalhar mais.

Hélio Schwartsman, colunista do jornal Folha de S. Paulo, refletindo sobre a notícia do *New York Times*, formulou questão que permite avançar o debate a respeito da suposta autonomia dos motoristas em relação à Uber: "o que a Uber tem a ver com o livre-arbítrio? Muito", responde o próprio colunista da Folha. Para ele, uma vez que a Uber não contrata seus motoristas, surge uma dificuldade, "a empresa não pode determinar onde nem por quanto tempo cada condutor deve atuar. A solução foi desenvolver formas mais ou menos sutis de incentivá-lo a fazer o que interessa à Uber" (SCHWARTSMAN).

Quanto às consequências das técnicas de manipulação empregadas pela Uber, Schwartsman argumenta que, se os cientistas sociais e neurocientistas citados na reportagem do *New York Times* estiverem corretos, isto é, se os motoristas de Uber realmente não possuem livre arbítrio, então corremos o risco de nos tornarmos "autômatos a serviço de empresas e políticos"[(1)], já que consumidores e eleitores também são manipulados por publicitários, marqueteiros e "as técnicas usadas estão se tornando cada vez mais científicas e eficientes".

(1) De acordo com o dicionário Houaiss, autômatos, em sentido figurado, é o indivíduo de comportamento maquinal, executando tarefas ou seguindo ordens como se destituído de consciência, raciocínio, vontade ou espontaneidade.

*1984*, a utopia negativa escrita por George Orwell, trata justamente desse risco de nos tornarmos autômatos. Para Erich Fromm, com *1984*, Orwell formulou a seguinte advertência: "A menos que o curso da história se altere, os homens do mundo inteiro perderão suas qualidades mais humanas. Tornar-se-ão autômatos sem alma, e nem sequer terão consciência disso".

A "novalíngua", idioma oficial de Oceânia, é a expressão dessa condição desumana, marcada pelo "duplipensamento", em que se perde totalmente a consciência da verdade e, por consequência, qualquer resquício de "livre arbítrio":

> a pessoa não mais está dizendo o oposto do que pensa, mas pensa o oposto do que é verdadeiro. Assim, por exemplo, se ela desiste completamente de sua independência e de sua integridade, se passa a ver-se como algo pertencente ao estado, ao partido ou à corporação, então dois e dois são cinco, ou "Escravidão é liberdade", e ela se sente livre porque não tem mais consciência da discrepância entre verdade e falsidade (FROMM, 1961 *apud* ORWELL, 2003, p. 376).

O 'duplipensamento' já está conosco e não é meramente algo que acontecerá no futuro, em ditaduras. Esse é o ponto essencial para a compreensão do livro de Orwell, ainda segundo Fromm.

De fato, em tempos de "uberização", quando, graças ao uso das novas tecnologias, nunca foi tão fácil controlar cada movimento do trabalhador, fala-se que os trabalhos por meio das tecnologias digitais inviabilizam a regulação protetiva por parte do Estado justamente porque trazem muita autonomia para os trabalhadores. Assim, por exemplo, flexibiliza-se direitos trabalhistas porque, na "novalíngua", o super controle é liberdade, é valorização do livre-arbítrio.

Ignora-se o fato de que, como argumentam os pesquisadores Ricardo Antunes e Vitor Araújo Figueiras (SAKAMOTO), as novas tecnologias tornam muito mais rápido, preciso e incontroverso identificar todos os aspectos da relação de trabalho, antes dependente de testemunhas, papéis e inspeções in loco, e que agora estão detalhadamente disponíveis na rede e nas bases de dados das empresas, para cada trabalhador tomado isolada ou coletivamente: jornadas de trabalho, descansos, pagamentos, tarefas etc. Para acessar essas informações, basta ao Estado requisitá-las e apreendê-las. Ainda de acordo com Antunes e Figueiras, isso já foi feito, por exemplo, em Nova York. Também a efetivação das normas se tornou tecnicamente muito mais fácil. Ao invés de audiências, compromissos, procura por bens, basta tão somente interpelar diretamente a plataforma, sob ameaça ou realização de bloqueio e interceptação para impor limites de horas, descanso, intensidade, férias, pagamentos mínimos, horas extras, ou qualquer outro direito.

Contraditoriamente, contudo, talvez nunca tenha sido tão difícil impor normas de proteção ao trabalho. Afinal, no contexto dominado pela ideologia neoliberal, as instituições e os próprios trabalhadores tendem a introjetar o discurso empresarial, em especial o do empreendedorismo, e passam a acreditar que são "colaboradores" ou "parceiros" do Grande Irmão a quem estão a serviço. No vocabulário empresarial do Grande Irmão, estaria ocorrendo uma "democratização" dos meios de produção, eis que agora basta ter um computador, carro ou mesmo bicicleta para a ganhar dinheiro sem ter um chefe, sem ser controlado. "Não pense em crise, trabalhe", diz o slogan(2). "O sucesso só depende de você".

Assim, considerando que a voz do Grande Irmão, no capitalismo do século XXI, é despersonalizada, que é a voz do próprio mercado mundial anônimo, vejamos como os escritos de Orwell nos permite compreender a atualidade de alguns dos conceitos chave da interpretação marxista da história do ocidente, particularmente dos conceitos de ideologia e de fetichismo da mercadoria. Tais conceitos, como nos referimos acima, apresentam uma crítica dialética da noção iluminista da razão, que remonta às origens do projeto político liberal clássico, marcado pelo pressuposto de que a sociedade é o conjunto de indivíduos iguais porque livres e racionais, e revelam que o risco a que se referem Schwartsman e Erich Fromm, de nos tornarmos autômatos a serviço do Estado e do mercado, não é novidade e remonta aos escritos dos primeiros críticos da Era moderna.

## 3. Da voz de Deus à voz do Grande Irmão

Os pensadores iluministas acreditavam que, com as revoluções burguesas, que decretaram o fim da Idade Média, a humanidade teria tomado as rédeas da história e da sociedade. Com Kant e, mais tarde, com Hegel, o discurso filosófico da modernidade encontra seu apogeu.

Para Kant, os comportamentos humanos são condicionados pelos "imperativos categóricos" do dever, da liberdade, da autonomia pessoal e da igualdade. Nesse sentido, o Estado moderno seria uma consequência racional, criado para garantir os referidos imperativos categóricos (TAVARES LEITE).

Esse período marca o chamado triunfo da razão humana e da economia de mercado, em que o eixo da reflexão jurídica, por exemplo, passa a ser o indivíduo autônomo e seus direitos naturais. O poder político passa a ser justificado na vontade dos homens e não mais na vontade divina, uma vez que Deus, nesse sentido, não passaria de uma

(2) Um painel, afixado à beira da rodovia Castelo Branco, em São Paulo, foi citado por Michel Temer, em seu primeiro discurso como presidente interino da República: "Há pouco tempo, eu passava por um posto de gasolina, na Castelo Branco, e o sujeito botou uma placa lá: 'Não fale em crise, trabalhe'. Eu quero ver até se consigo espalhar essa frase em 10, 20 milhões de outdoors por todo o Brasil, porque isso cria também um clima de harmonia, de interesse, de otimismo, não é verdade?", disse. Disponível em: <https://www1.folha.uol.com.br/poder/2016/05/1771069-citada-por-temer-placa-nao-fale-em-crise-fica-em-posto-desativado.shtml.>

abstração criada pela própria humanidade, que não mais poderia ficar refém de suas abstrações.

Entretanto, de acordo com Max Weber, em *A ética protestante e o "espírito" do capitalismo*, embora se tratasse de "*momento excepcionalmente propício à inclinação de duvidar até mesmo da tradição religiosa e de se rebelar contra as autoridades tradicionais em geral*" o que ocorreu não foi eliminação dos poderes eclesiásticos, mas a substituição de uma autoridade eclesiástica por outra, mais afinada com os valores da burguesia ascendente:

> a valorização religiosa do trabalho profissional mundano, sem descanso, continuado, sistemático, como o meio ascético simplesmente supremo e a um só tempo comprovação o mais segura e visível da regeneração de um ser humano e da autenticidade da sua fé, tinha que ser, no fim das contas, a alavanca mais poderosa que se pode imaginar da expansão dessa concepção de vida que aqui temos chamado de 'espírito' do capitalismo (WEBER, 2004, p. 156).

Ainda de acordo com Weber, a centralidade do trabalho na vida moderna e, consequentemente, a acumulação de dinheiro e a mitigação de momentos de lazer "é pensado tão puramente como um fim em si mesmo, que do ponto de vista da felicidade ou da utilidade para o indivíduo parece algo transcendental e completamente irracional. O homem é dominado pela geração de dinheiro, pela aquisição como propósito final da vida. A aquisição econômica não mais está subordinada ao homem como um meio para a satisfação de suas necessidades materiais:

> Essa inversão da ordem, por assim dizer, "natural" das coisas, totalmente sem sentido para a sensibilidade ingênua, é tão manifestamente e sem reservas um *Leitmotiv* do capitalismo, quanto é estranha a aquém não foi tocada pelo seu bafo" (WEBER, 2004, p. 46-47).

Mas são os pensadores anticapitalistas, como Piotr Kropotkin e Karl Marx, críticos radicais da ordem social surgida com a modernidade, que procuraram demonstrar os efeitos deletérios do fato de a humanidade ter se subsumido à lógica do capital. É a partir da crítica desses autores que se colocou em xeque a crença iluminista no triunfo da razão humana e do livre-arbítrio. A humanidade não tomou as rédeas da história e tal como ocorre na Oceânia, narrada por George Orwell:

> a nova forma de industrialismo gerencial, na qual o homem constrói máquinas que agem como homens e desenvolve homens que agem como máquinas, conduz a uma era de desumanização e completa alienação, na

> qual homens são transformados em coisas e se tornam apêndices do processo de produção e consumo. (FROMM, 1961 *apud* ORWELL, 2009, p. 378).

Em *O Capital*, Marx procura demonstrar que por trás do aparente triunfo da razão humana existe um verdadeiro sistema impessoal de dominação, em que predomina a "vontade" das coisas (mercadorias), em vez da vontade das pessoas. A humanidade, instrumentalizada pelo sistema que ela própria criou, torna-se um conjunto de autômatos a serviço do eterno crescimento econômico, que somente ocorre graças à exploração do trabalho humano.

Nessa perspectiva, ao contrário do que afirma Kant, o comportamento humano não é condicionado pelos "imperativos categóricos", mas pelas exigências do mercado. E qual é a vontade das mercadorias? Transformar o valor das coisas em "mais valor" (o dinheiro em mais dinheiro) — ou, em outras palavras, "fazer a economia crescer". Para tanto, as mercadorias precisam instrumentalizar os seres humanos, já que a valorização do valor somente seria possível por meio da exploração do trabalho humano. A mercadoria e o dinheiro deixam de ser meros meio de troca para se transformarem em fim si mesmos. Numa relação de meios e fins, a humanidade (criadora) teria se transformado em meio a serviço dos fins do mercado (criatura). Marx chamou de capital esse movimento do dinheiro e da mercadoria como fim e não como um meio de troca.

Portanto, nessa perspectiva de Marx, livre arbítrio não passaria de mais uma abstração da sociedade burguesa, sociedade esta que se encontra refém de uma ordem social desprovida de controle, que tem como base um sistema econômico que se autonomizou e que precisa instrumentalizar a humanidade para garantir sua própria sobrevivência. Isto é, por trás da ideia de livre arbítrio, de autonomia da vontade individual e de sujeitos de direito, o que se vê, na perspectiva de Marx, é um grande sistema que a todos mobiliza para atender as suas próprias necessidades, que nada tem a ver com a satisfação das necessidades humanas do estômago e do espírito, mas com a necessidade de fazer a economia crescer (fazer o valor virar mais valor), por meio da exploração do trabalho, seja ele qual for (trabalho em abstrato), já que o trabalho humano seria a essência do valor.

Passados 135 anos do falecimento de Marx, algumas de suas principais teses ainda mantém força explicativa. Afinal, vivenciamos o fenômeno da uberização e do empreendedorismo criativo, enquanto técnicas que buscam intensificar o trabalho, a partir da intensificação do controle, da hierarquização e, também, da propaganda que dá a essa superexploração uma aparência de maior liberdade e autonomia individuais, atribuindo aos próprios indivíduos a responsabilidade pelos seus "sucessos" e "fracassos". Nesse contexto, ganha relevância aquilo que Marx chamava de ideologia, que seria tanto uma espécie de "dominação de classe" quanto também uma forma de "dominação impessoal", exercida pelo próprio capital. É a ideologia que torna possível a manutenção desse sistema impessoal de dominação, imposto pelo capital, que faz com que sejamos reféns das abstrações que, inconscientemente, criamos.

É nesse sentido que também o Direito se revela um fenômeno ideológico essencial para tal dominação, uma vez que ele tem como base uma premissa falsa, qual seja, de que as pessoas são autônomas, em vez de autômatos. Motivo pelo qual o Direito somente interpela as pessoas como "sujeitos de direitos", e não como sujeitos sujeitados à ordem capitalista, não como autômatos à serviço de uma classe ou, mais do que isso, a serviço de uma abstração, que é o valor e sua necessidade insaciável de valorização.

O Direito do Trabalho no Brasil, adaptado a essa realidade é o próprio "duplipensamento" descrito por Orwell, eis que, em vez de cumprir sua função de proteger a parte vulnerável da relação de trabalho, como, em tese, se propõe a fazer, na prática, contraditoriamente, quase nunca é aplicado. Ou seja, embora, na aparência, as normas trabalhistas sejam superprotetoras, na prática, as relações de trabalho no Brasil são marcadas pela profunda precarização.

A propósito, convém lembrar que praticamente 50% do mercado de trabalho brasileiro funciona na informalidade, sendo que muitos daqueles que são registrados como empregado só conseguem tentar efetivar seus direitos trabalhistas após serem demitidos e, no Judiciário, se sentem coagidos a fazerem acordos distantes das expectativas, de modo que há pouca efetividade desse ramo do Direito. Ainda assim, para o projeto político neoliberal, é preciso destruir por completo esse e os demais direitos sociais, pois uma vez que não se consegue mais explorar a força de trabalho da massa de desempregados, que se super-explore a força de trabalho daqueles que ainda conseguem arrumar um trabalho.

Portanto, uma possível explicação marxista para a necessidade que "Grande Irmão" possui para destruir os direitos sociais é que, de acordo com a teoria do valor-trabalho, a economia capitalista precisa crescer indefinidamente, para sempre, para a manutenção do seu próprio bem-estar. E isso só seria possível se a taxa de exploração do trabalho (taxa de mais-valia) também aumentasse indefinidamente. Porém, contraditoriamente, o próprio capitalismo criou as condições para que o trabalho se tornasse supérfluo, criando assim um obstáculo para o crescimento econômico. Sem uma solução efetiva para o problema, o capital passa a super-explorar os poucos que ainda trabalham, enfraquecendo os direitos trabalhistas. Eis a situação absurda, de um lado, uma massa de desempregados, que precisa ter sua força de trabalho explorada para poder garantir sua sobrevivência, mas que não consegue emprego. De outro, um sistema econômico que precisa explorar o maior número de trabalho possível, para poder crescer e oferecer um patamar civilizatório mínimo, mas que, por uma série de fatores, dentre eles a automação gerada pelo desenvolvimento tecnológico, não consegue absorver a massa de desempregados.

## 4. I can't breathe![3]

Em texto publicado na *Folha de S. Paulo*, em junho de 2003, o sociólogo e ensaísta alemão, Robert Kurz, afirma que, muito embora a obra de George Orwell seja lembrada como um alerta contra as tentações dos regimes totalitários que existiram ao longo do século XX, poucos se dão conta de que sua utopia negativa há muito tempo se tornou realidade e que vivemos hoje no mais totalitário de todos os sistemas, cujo centro é formado pelo próprio "ocidente democrático". No darwinismo social do século XXI, "nada impedirá que o 'pensamento único' dos donos da economia e do planeta chegue à pergunta crucial: como livrar-se dos trabalhadores desempregados e subempregados?".

Diante da intensidade da destruição do meio ambiente, isto é, sob uma ordem social que vem se mostrando incompatível com a manutenção do próprio planeta e, consequentemente, no limite, da própria humanidade, as parábolas orwellianas, se forem lidas a contrapelo, diz R. Kurz (2003), nos leva "a reconhecer a nós mesmos como os prisioneiros de um sistema amadurecido, cujo totalitarismo faz '*A Revolução dos Bichos*' e '*1984*' parecerem quase inocentes".

Ainda que se considere tais afirmação exageradas, é inegável que "as grandes obras filosóficas e as grandes parábolas literárias se caracterizam justamente por dizerem muitas vezes mais do que seus próprios autores sabiam e por lançarem uma luz surpreendente sobre as condições posteriores, que na época do surgimento dessas obras não podiam ainda serem levadas em conta". Ou seja, muito embora Orwell estivesse pensando no totalitarismo de Estado, sua crítica a um sistema social baseado na manipulação das pessoas, transformadas em autômatos, também pode ser estendida ao poder do mercado de distorcer a realidade e desumanizar as pessoas.

Com os avanços tecnológicos que vêm ocorrendo desde o final do século XX, intensifica-se o caráter anônimo do poder. Despersonalizado, o "Grande Irmão" de Orwell pode ser interpretado como "metáfora de uma matriz anônima de controle sistêmico, que no totalitarismo econômico atual funciona de maneira muito mais coercitiva que nas ditaduras políticas da primeira metade do século 20" (Kurz, 2003).

Em tempos de uberização das relações de trabalho, para além da coerção externa, intensificou-se a interiorização das formas de coerção social. Ou seja, as pessoas se tornam déspotas de si mesmas. O fim em si mesmo (irracional) da lógica do capitalismo, segundo Karl Marx, marcada pela necessidade de crescimento econômico constante, isto é, pela necessidade interminável de "valorização do valor", por meio da exploração de "trabalho abstrato", obriga as pessoas a se autorregularem, reprimindo-se a si próprias em nome das leis sistêmicas anônimas.

(3) "I can't breathe" (em português, "não consigo respirar") é uma frase usada, desde 2014, em protestos relacionados ao movimento "Black Lives Matter", nos Estados Unidos. "I can't breathe" foram as últimas palavras pronunciadas por Eric Garner e por morte, dois homens negros, que morreram sufocados, em 2014 e 2020, respectivamente, por policiais brancos.

A voz do "Grande Irmão", nesse contexto, é a voz do mercado mundial anônimo, que agoniza em busca de mais trabalho para tentar, em vão, satisfazer suas necessidades. Em vão, eis que se trata de um verdadeiro paradoxo necessitar e exigir mais trabalho quando se criou as condições para descartar e impedir a absorção de trabalho.

A "polícia do pensamento", por sua vez, neste contexto de revolução tecnológica e controle por algorítimo, acaba funcionando de forma muito mais refinada do que todas as polícias secretas tradicionais, inclusive a retratada em *1984*. Inclusive, porque no neoliberalismo o ideal passa a ser a auto-observação e o auto-controle do "empresário individual de si mesmo".

Segundo E. Fromm, em *1984*, "Orwell demonstra a ilusão que é pressupor que a democracia pode continuar existindo num mundo que se prepara para a guerra nuclear". Hoje, para além do perigo representado pelo armamento nuclear, espalhado por vários países ao redor da Terra, também podemos dizer que o neoliberalismo e o consequente aprofundamento da precarização dos direitos sociais (destruição dos direitos trabalhistas, por exemplo) acaba criando um ambiente de "salve-se quem puder". Consequentemente, preparar-se para o mercado de trabalho do século XXI, passa a equivaler, cada vez mais, a preparar-se para a guerra. Não por acaso, *A arte da guerra*, livro de Sun Tzu se tornou um "*best seller*".

Pierre Bourdieu afirma que o neoliberalismo é uma "utopia" que se tornou um projeto político, que se impõe por meio de instituições aparentemente neutras, capazes de atribuir roupagem técnica a atos políticos que interessam apenas a uma minoria. O negativo é adaptado para funcionar como positivo: "no caso concreto, 'menos Estado', redução de cobertura social e aceitação da generalização da precariedade salarial como uma fatalidade, inclusive, um benefício" (BOURDIEU, 2002, p. 17). E, no entanto, a promessa desse projeto político neoliberal insiste em não efetivar. Assim, vale para o neoliberalismo aquilo que Isaiah Berlin (2002) escreveu sobre o projeto político socialista, isto é, que "os ovos são quebrados, mas a omelete continua invisível, apesar de todo sacrifício, agonia e morte".

E se, como alega Bourdieu, o neoliberalismo é realmente uma utopia, então é preciso destacar que ele se contrasta bastante com as demais utopias formuladas pelo pensamento ocidental. Afinal, trata-se de uma utopia que não tem como meta o bem-estar da humanidade, o que torna ainda mais evidente a atualidade da obra *1984*. Como afirma Ben Pimlott, no posfácio desse livro, "a inovação de Orwell foi abolir o fim. Enquanto outras ideologias se justificaram em termos de um objetivo futuro, o *Socing*, a doutrina do Partido da Oceânia, não tem uma meta" (PIMLOTT, 2003). Nesse sentido, o neoliberalismo equivale ao *Socing*, eis que, ao contrário das utopias tradicionais, não se relaciona com a busca de um ideal de bem-estar da coletividade, de sociedade justa e harmônica. A meta do neoliberalismo é a mesma do *Socing*, é baseada no "equilíbrio do sofrimento", do modo explicado por O'Brian a Winston: "Se você quer formar uma imagem do futuro, imagine uma bota pisoteando um rosto humano — para sempre". *I can't breathe!*

# Abordagens Interdisciplinares

# Os Modernos Garotos do Riquixá — Reflexões sobre o Precariado Uberizado

*Caio Leal Messias*

## 1. Introdução

Este artigo se propõe a pensar a seguinte questão: Seria o trabalhador uberizado um moderno menino do riquixá? A comparação da condição do precariado moderno uberizado brasileiro e internacional com os trabalhadores chineses dos anos 1920-1930, como se verá a seguir, não é de todo disparatada. Descontadas as diferenças históricas e econômicas, resta ainda uma série de coincidências bastante perturbadoras. É sobre essas estranhas coincidências que queremos nos debruçar. Há aqui, certamente, algo que se repete na História: Uma nova tecnologia de transporte barato, uma Nova República em crise (se pensarmos no caso do Brasil especificamente), a desilusão dos sonhos individualistas de pessoas pertencentes às classes pobres e empobrecidas que, levados a acreditar serem empreendedores individuais e animados por promessas de redenção capitalista pelo trabalho duro diário, arriscam a própria saúde, vida familiar e sanidade mental em jornadas extenuantes, muito superiores ao que o corpo humano, mesmo jovem, pode suportar.

Karl Marx certa vez escreveu: "Hegel observa em uma de suas obras que todos os fatos e personagens de grande importância na história do mundo ocorrem, por assim dizer, duas vezes. E esqueceu-se de acrescentar: a primeira vez como tragédia, a segunda como farsa" (MARX, 2008, p. 19). Parafraseando o grande pensador, poderíamos dizer, observando as semelhanças existentes entre os antigos e modernos puxadores de riquixá, que também a história dos personagens invisíveis, dos personagens humilhados, explorados e esquecidos, repete-se duas vezes: a primeira como tragédia, a segunda como farsa. O fato tecnológico da uberização, por sua vez, misturando antigo e moderno, em uma nova e ilusória promessa de ganho fácil para as massas empobrecidas, não deixa de ter sua importância histórica, certamente será lembrado nos livros de história como um grande acontecimento, pois gera enormes lucros. Existe algo de falso, porém, em sua apresentação como algo inédito. O Uber, o Rappi, entre tantas outras facilidades modernas, tem, como forma de revolução tecnológica, seu predecessor trágico na hoje obsoleta tecnologia do antigo riquixá. A farsa moderna já foi encenada, por assim dizer, há muito tempo atrás. Sem direitos e sem descanso, antigos e modernos puxadores de riquixá parecem, ontem e hoje, fadados ao mesmo destino triste.

A historiografia tradicional centrou-se por muito tempo sobre os grandes personagens e sobre os ditos grandes fatos históricos. Abordagens mais modernas e humanizadas, por sua vez, preferem mostrar as pessoas comuns que vivem e constroem, com suas próprias vidas, os grandes acontecimentos e transformações da história da humanidade. A revolução tecnológica dos aplicativos de transporte e de entrega, centralizando ganhos de milhares de trabalhadores, trabalhadores despidos de todos os seus direitos trabalhistas e através do mundo todo, certamente é um dado digno de nota para a História dos grandes fatos e personalidades. A vida das pessoas que vivem essas transformações, porém, vale enfatizar, deveria também receber a mesma atenção. Pois essas vidas revelam os detalhes, em geral cruéis e desumanos, do funcionamento da grande máquina de exploração capitalista. Cabe à arte, muitas vezes, esse papel de redescobrir o ser humano por trás das grandes transformações sociais e tecnológicas. Buscamos por isso, no espírito da coletânea de artigos em que este texto se insere, expressões da cultura POP que retomam a vida desses personagens tão próximos de nós e ao mesmo tempo tão esquecidos.

Com o objetivo de aprofundar nosso conhecimento sobre a vida desses trabalhadores e responder à questão proposta por esse trabalho: "Seria o trabalhador uberizado um moderno menino do riquixá?"; vamos discutir algumas obras de arte que buscam retratar os dramas e as dificuldades da vida do trabalhador precarizado, atuantes no transporte individual "autônomo" de pessoas e mercadorias. Para pensar a vida do antigo puxador de riquixá chinês, basearemo-nos em um grande clássico da literatura chinesa do século XX: *"O garoto do riquixá"*, do célebre Lao She (SHE, 2017). Esse romance inspirou diversas obras, entre elas, destacamos o filme de 1982: *"Rickshaw Boy"*, de Ling Zifeng; E a ópera *"Rickshaw Boy"*, do compositor Guo Wenjing, com libreto de Xu Ying, que estreou na China em 2014. De outro lado, para pensar a vida do trabalhador uberizado, o puxador de riquixá moderno, nos valeremos do filme europeu "Você não estava aqui", lançado em 2019 e dirigido pelo britânico Ken Loach, o mesmo diretor de *"Eu, Daniel Blake"*, lançado em 2017.

Recomenda-se ao leitor que veja as duas obras, o livro de Lao She e o filme de Ken Loach, com seus próprios olhos e vivencie, por si mesmo, como o autor deste artigo, a estranha experiência de *déjà vu* causada por essa perturbadora sobreposição. Há algo de inquietante familiar(1) nessa experiência, algo que já sabíamos inconscientemente, mas redescobrimos com horror: Sim, é muito fácil e muito espantoso reconhecer traços do moderno uberizado no antigo puxador de riquixá. Ambos os informais, o antigo e o moderno, estão imbuídos da mesma ilusão capitalista, a ilusão de que com trabalho duro, pelo esforço individual, pode um homem sozinho arrancar-se da lama puxando a si mesmo pelos próprios cabelos, como se fora um novo Barão de Münchhausen(2).

Não havia na China Republicana dos anos 1920-1930 ainda, é verdade, os aplicativos de celular modernos para dirigir o trabalho dos informais, o Riquixá era já, no entanto, é preciso reconhecer, uma solução barata de transporte informal. O senhor Liu Si (personagem de Lao She), como tantos outros proprietários de riquixás, ganhava em cima desses trabalhadores alugando-lhes esse equipamento. Forma bastante primitiva de exploração do trabalho informal, principalmente quando comparada com os modernos aplicativos de celular – grandes empresas multinacionais que sequer precisam ser proprietárias dos carros e bicicletas, usados pelos uberizados modernos, para ganhar sobre seu trabalho. A lógica da exploração, contudo, traz estranhas coincidências, nota-se em ambos os casos um mesmo padrão: a ilusão do trabalho autônomo; a negação dos direitos trabalhistas; a promessa de solução de dificuldades econômicas de toda uma massa de pobres e empobrecidos pelo trabalho individual, duro e incansável. O resultado, como se nota, é muito semelhante: a formação instantânea de uma enorme classe de trabalhadores que não se reconhece como classe, de trabalhadores que sequer se reconhecem como trabalhadores. Uma multidão de "empresários individuais", cujo capital se reduz ao corpo e ao próprio meio de transporte ou, muitas vezes, nem isso (pense nos entregadores que se valem de bicicletas de aluguel para fazer suas entregas ou nos motoristas que precisam alugar o carro com o qual trabalham), e cujo traço comum indelével é um fanático e insustentável individualismo.

## 2. Modernos e antigos Garotos do Riquixá

Em tempos de pandemia de Coronavírus, acostumamo-nos a receber entregas de comida e todo tipo de mercadoria através de aplicativos. Como muitos professores universitários, tive a sorte de continuar meu trabalho remotamente. Isso certamente não seria possível sem o trabalho de milhares de trabalhadores informais que se expõem todos os dias para ganhar o seu pão como associados dos mais diversos aplicativos. Diante desse quadro, uma questão se impõe: Quem são essas pessoas que, através de suas entregas e corridas, tornam nossa vida possível e confortável em meio ao caos? Finalmente reconhecidos como essenciais, pelo menos pela grande mídia, esses anônimos levam uma vida dura, plena de sonhos e dificuldades, vivenciando uma experiência que aos poucos

(1) Referência transparente a um dos conceitos mais famosos de Freud. Cf. O artigo "l'inquiétante étrangeté" (FREUD, 1985).

(2) Referência a uma das mais célebres aventuras do Barão de Münchhausen (BÜRGER, 1990).

se universaliza: a experiência do trabalho informal, desprotegido e incerto, via aplicativos de celular.

A enorme impessoalidade dessa complexa operação comercial, intermediada por satélites, calculada por computadores, paga como dinheiro de plástico, gera uma forte e evidente desumanização das relações sociais. Dois anônimos se encontram, talvez uma única vez em suas vidas, em uma grande megalópole do mundo subdesenvolvido, para efetivar uma entrega encomendada pela internet. Há ali um encontro fantástico, um encontro entre dois mundos, dois universos que se ignoram. De um lado o jovem de classe média mais ou menos bem-sucedido, trabalhando em casa de pijama, de outro o entregador desconhecido, máscara cobrindo o rosto, roupas de motoqueiro preta. Dois seres que não se conhecem, dois mascarados sem rosto na fria metrópole cinzenta.

Diferentemente do Senhor Cao (personagem de Lao She), professor universitário socialista da Beiping dos anos 1930 (Beijing foi renomeada como Beiping pelos nacionalistas de Chiang kai-Shek em 1928, perdendo sua condição de capital; sendo mais tarde renomeada de novo como Beijing e recuperando seu status de capital após a revolução chinesa de 1949), o professor universitário moderno é também um precarizado, não pode ter um entregador/ motorista particular a sua exclusiva disposição. O Senhor Cao moderno se vale, para receber suas entregas e para o transporte essencial, de aplicativos de celular, como todos os habitantes dos bairros de classe média paulistanos. Pois bem, justamente em umas dessas inúmeras interações robotizadas, eis que ocorre um fato novo (!), um contato breve, um evento totalmente fora do protocolo, uma conversa (!!!). Diálogo que lembra, estranhamente, o relato de Xianzi — o Camelo do livro de Lao She — de sua triste situação ao Senhor Cao, democrata imbuído de preocupações sociais. O professor precarizado moderno, porém, diferentemente do Senhor Cao do romance, não tem como ajudar o puxador de riquixá 2.0. Em sua impotência, apenas escuta o desabafo inesperado, emendado logo por um pedido de desculpas. Afinal, no mundo comercial, como é de bom tom, não deve o entregador aborrecer o cliente com seus problemas pessoais.

Aquele entregador moderno estava nervoso, preocupado. Sua vida e seus sonhos, como os de Xianzi, o garoto do riquixá de Beijing, dependiam totalmente do sucesso em seu novíssimo trabalho como entregador de aplicativo. O garoto não era tão garoto, tinha cabelos brancos, cinquenta anos ou mais. Não sabia muito bem ainda como usar a máquina de pagamentos, tinha medo de incomodar o jovem de pijama com questões inúteis. Sem emprego e sem perspectivas, como milhares no Brasil em crise, este homem apostava tudo em sua nova carreira, seu novo empreendimento individual. Na solidão de seu drama, por descuido e por desespero, deixou escapar algumas palavras sobre sua condição social para um desconhecido. Sem esperanças, é claro, que esse desconhecido pudesse fazer nada para ajudá-lo, nada além de um segundo de compreensão e alguma explicação sobre como escolher entre débito e crédito na máquina de pagamentos.

Algumas risadas depois, risadas nervosas, deslocadas, os dois homens se separam para sempre. O portal se fechou. Poderia ser uma cena de filme, mas era apenas uma cena da vida real.

Algum leitor desavisado, que achou todo esse texto muito interessante até aqui, deve ter já se perguntado algumas vezes: "Que diabos é um riquixá?". Os aplicativos de entrega e transporte individual, em versões chinesas, estão presentes também na China moderna. Tais aplicativos se universalizam rapidamente. A lógica da exploração do trabalho informal, potencializada pelos aplicativos é a mesma no mundo todo. O riquixá, improvável precursor da atual revolução tecnológica, não circula mais pela China, no entanto, da mesma forma que antigamente, é normal não se saber mais do que se trata no mundo ocidental, visto que deixou de ser uma opção de transporte generalizada e corrente, tornando-se antes, via de regra, apenas mais um atrativo turístico dos bairros históricos de Pequim, onde o viajante, em troca de pagamento, pode gozar da maravilhosa sensação de ser carregado por alguns quarteirões, em um carro de duas rodas puxado por um ser humano, um seu semelhante. O riquixá é hoje, sobretudo, uma curiosidade, sobrevivendo ainda, em alguns lugares, em sua versão modernizada, puxada por uma bicicleta. A título meramente ilustrativo, segue abaixo, em sua versão original, uma foto[(3)] dessa antiga e "elegante" solução para o transporte nas grandes cidades.

Antes de continuar, na perspectiva de esclarecer um pouco mais essa desconcertante comparação entre tecnologias do passado e do presente, retomaremos, de forma

(3) Essa foto ilustra a capa do livro Rickshaw Beijing, de David Strand (STRAND, 1989).

pontual, as diversas obras da cultura POP, citadas na introdução, que nos ajudarão a ilustrar a realidade.

## 3. O livro de Lao She e a China dos anos 1920-1930

Começaremos pelo livro de Lao She. Publicado em 1937, trata-se de um dos grandes clássicos da literatura chinesa pré-revolucionária. O livro conta a história de um puxador de riquixá nos anos 1930. Nesse romance, o personagem popular é visto de uma perspectiva realista e de crítica social. Xianzi é um homem calado, focado no trabalho, um ser super individualista que acredita na promessa liberal de ascensão social pelo trabalho. Ele não tem vícios, seu único vício é trabalhar e poupar. Seu sonho de ser independente, ser dono de sua própria vida e de seu próprio negócio como puxador de riquixá, ou seja, ser dono de seu próprio veículo, sofre uma série de reveses. Por mais que tente juntar dinheiro e trabalhar duro, seu projeto acaba sempre prejudicado pelas incertezas da vida na grande cidade. O ponto principal da narrativa gira em torno do ter ou não ter os próprios meios de trabalho.

Lao She explica desde o início do primeiro capítulo que "Em Beijing, há várias categorias de puxadores de riquixá: [a primeira delas é aquela em que estão] os jovens vigorosos e de pés ligeiros, que só alugavam riquixás vistosos e trabalhavam a qualquer hora, pegando e largando passageiros a seu bel-prazer" (SHE, 2017, p. 11). Xianzi faz parte desse grupo de afortunados, homens que podem ainda contar com boa saúde e energia. Ele não tem, contudo, seu próprio riquixá, precisa alugá-lo por um valor diário. Mecanismo pelo qual são explorados os informais naquele contexto. Durante a narrativa, vemos que o personagem chega a comprar um riquixá, mas acaba tendo o veículo requisitado por uma tropa de soldados e é feito prisioneiro. Evento comum em uma China que sofre com guerras civis e a invasão estrangeira japonesa. Xianzi, entretanto, foge dos soldados, levando consigo alguns camelos. É nesse momento que ganha o apelido de Camelo Xianzi.

A volta para o trabalho e para a luta diária — para juntar de novo o dinheiro suficiente para comprar um novo veículo — é muito dura, o personagem, de revés em revés, torna-se cada vez menos esperançoso nas forças de seu próprio trabalho. Em um segundo momento, Xianzi sofrerá o assédio de Huniu, a filha do Senhor Liu Si, um empresário que possui vários riquixás e os aluga para os informais. Xianzi, por fim, é obrigado a casar-se com Huniu, após uma cena de sedução. Ela lhe dá o dinheiro para comprar um novo riquixá, mas perde o apoio financeiro do pai. A sorte do casal, por mais que Xinazi se esforce no trabalho, é funesta. E eles acabam de novo afundando na pobreza.

Note que o mecanismo de exploração gira, nesse contexto, em torno de alugar riquixás para os informais. Tecnologia de exploração bem menos eficiente do que os modernos aplicativos de celular, que conseguem ganhar mais apenas colocando em contato motorista (ou entregador) e passageiro/cliente. Assim, os acionistas de hoje, por trás dos aplicativos, não precisam alugar veículos, que são de propriedade, via de regra, do próprio informal. Exceção feita aos "empreendedores individuais" que, na atualidade, ainda alugam bicicletas ou carros para fazer as entregas e corridas. No entanto, mesmo nesses casos, a bicicleta ou carro é de outra empresa ou banco, e não do próprio aplicativo. A lógica de exploração é, portanto, diferente, sendo muito mais efetiva e refinada em nossos dias. O informal, porém, seja no presente, seja no passado, continua sem direitos trabalhista e sem proteção social. Abandonado à própria sorte, ganha apenas se trabalhar e não pode contar com ninguém além de si mesmo.

Lao She chama atenção para o fato de Xianzi ser jovem e trabalhador, qualidades que não impedem o personagem de afundar cada vez mais fundo na pobreza. Há claramente um problema estrutural, a crença de Xianzi de que pode sair da pobreza por suas próprias mãos pelo trabalho duro, uma lógica duvidosa que lembra as façanhas do Barão de Münchhausen, é desmentida ao longo de toda a narrativa. Xianzi, o Camelo, apelido que faz referência imediata à condição animalizada que lhe impõe seu trabalho penoso, é explorado e enganado por todos. Por mais que trabalhe, o que ganha é tão pouco que é impossível poupar sem colocar em risco a própria saúde. Vemos então um personagem que luta contra todas as probabilidades. Ele faz longas jornadas, come mal, dorme pouco, protege-se mal do frio intenso, tudo para economizar. Como autônomo, não tem nenhum direito, nenhuma proteção social. O "empresário individual" Xianzi não se pode dar ao luxo de ficar doente ou ter uma família, o que ganha dá mal para se manter. E é justamente isso que acontece, Xianzi se casa com Huniu, uma mulher pouco preocupada com fazer economias; Seu fardo aumenta, ele trabalha mais. Por fim, Xianzi cai doente de tanto trabalhar. Sem ajuda e sem recursos, sua ruína financeira é certa. O resultado esperado de uma vida de excessos laborais é a doença. Após uma longa jornada sob a chuva em um dia frio, nem mesmo o jovem e forte Xianzi pode suportar a fadiga. A doença consome tudo que tinha poupado. O pobre puxador de riquixá aprende então, da forma mais dura, que não tem direito a ficar doente ou ter uma família.

Nem todos os puxadores de riquixá são jovens. Vemos no livro personagens já idosos nessa condição, trabalhando acima de suas capacidades físicas para garantir o sustento de suas famílias. Essas pessoas podem colapsar e morrer a qualquer momento nas ruas. Trabalhar longas jornadas é, porém, a única forma de ganhar o suficiente para viver. Situação que lembra muito, tristemente, a dos motoristas e entregadores de aplicativo de nossos dias. Xianzi vê nesses homens maltratados pela vida um futuro ao qual quer escapar. Sua sorte, embora diferente, não será melhor do que a desses velhos desenganados. Notamos, pela narrativa, que muitas dessas pessoas nem sempre foram puxadores de riquixá, vários deles tiveram outros empregos anteriormente. Fazem parte de uma classe média empobrecida, pessoas que nunca imaginaram um dia ter que se submeter a esse tipo de trabalho ou que nele entraram iludidas com a promessa de ter algum grau de autonomia financeira e controle sobre o próprio tempo. No inverno de Beijing, para esses trabalhadores vulneráveis: "A única esperança era caírem mortos na estrada, como cães. Dizia-se que aqueles desgraçados que morriam congelados à beira das estradas e pelas ruas tinham sempre um sorriso nos lábios" (SHE, 2017, p. 109).

Xianzi vê tudo isso, mas não tem tempo para se preocupar. Jovem, pode ele ainda enfrentar as durezas da vida sem sucumbir. Confiante em seu trabalho, ele acredita que não terminará seus dias puxando um riquixá velho, faminto e congelando nas ruas. Cego pelo individualismo, a importância da solidariedade de classe não ocorre aos pensamentos do autônomo. Poderíamos reduzir o pensamento de Xianzi ao velho ditado inglês: "Cada um por si e o diabo que pegue o último". "Xianzi não queria saber de nada nem de ninguém. Tudo o que lhe interessava e o preocupava era o seu próprio dinheiro e o sucesso futuro" (SHE, 2017, p. 110). O desenrolar da narrativa prova, contudo, o erro grosseiro de seus cálculos individualistas. Xianzi descerá todos os degraus da escala social e não realizará nunca seu sonho de ser independente financeiramente, tornando-se um próspero proprietário de sua própria empresa individual. Toda essa história soa estranhamente atual, principalmente quando pensamos na ideologia, o canto de sereia que empolga os novos ventos da uberização.

Ao lado da narrativa da luta infrutífera do Camelo Xianzi para prosperar em um mundo capitalista nascente, selvagem e hostil, temos a descrição de suas condições de vida, as condições da classe trabalhadora chinesa. A pobreza e a privação são imensas. Um grau de miséria que rivaliza com *"Os miseráveis"* de Victor Hugo (HUGO, 1998), com *"O cortiço"* de Aluísio de Azevedo (AZEVEDO, 2017) e que lembra as condições da classe trabalhadora na Inglaterra da época de Engels (ENGELS, 2015). As perspectivas para os pobres de Beijing não são nada animadoras, o trabalho autônomo como garoto do riquixá é claramente uma miragem. Huniu, filha de um proprietário de riquixás, que vive de explorar os trabalhadores informais via aluguel de carros, tenta direcionar Xianzi nessa direção. Explorar um seu semelhante é a melhor chance de sair de sua própria posição desvantajosa. Impossível não pensar no capitulo LXVIII, *"O Vergalho"*, do livro *"Memórias Póstumas de Brás Cubas"* de Machado de Assis, no qual o escravo Prudêncio — anteriormente alforriado pelo pai de Brás Cubas — agora livre, maltrata, da mesma forma que foi maltratado antes, seu próprio escravo pessoal. "Era um modo que o Prudêncio tinha de se desfazer das pancadas recebidas — transmitindo-as a outro" (ASSIS, 2011, p. 157). O liberto vira possuidor de escravos. O puxador de riquixá não tem melhor perspectivas do que explorar outros puxadores de riquixá. Notem que, na atualidade, devido ao progresso dos mecanismos de exploração, nem mesmo essa alternativa subsiste para os puxadores de riquixá moderno, o precariado uberizado não tem como escapar por essa porta. Não basta comprar carros ou bicicletas para alugar, a exploração do informal ligado ao transporte de pessoas e mercadorias progrediu em outra direção, o aplicativo tira do uberizado moderno até mesmo a possibilidade de se tornar um moderno Senhor Liu Si.

O Camelo Xianzi não terá a sorte de se tornar um explorador do trabalho informal alheio. O trabalhador incansável terminará sua existência derrotado. O Sísifo moderno (CAMUS, 2014), confrontado com o absurdo do mundo liberal ultracapitalista, desiste, deixa rolar a pedra. Entrega-se finalmente à toda maldade da cidade, tornando-se uma espécie de marginal, mais um membro do lupemproletariado. Vemos nessa narrativa realista da tragédia de um jovem de origem rural que tenta fazer a vida na cidade grande e acaba derrotado, entregando-se a todos os vícios, a influência de uma literatura inglesa de crítica social, sobretudo Charles Dickens, que Lao She muito admirava. Vemos nesse livro, como pano de fundo do drama individual, uma China que se moderniza, uma espécie de modernização conservadora carregada de contradições e sofrimento social. Um país convulsionado por guerras (civis e contra forças estrangeiras), o êxodo rural e a marginalidade estão entre as tematicas que dão a este clássico uma dimensão universal. O herói, um homem sem vida social, que quer progredir apenas pelo trabalho individual, por si mesmo, e que não acredita em soluções coletivas, fracassa completamente. O individualismo fracassa.

Muitos veem em Xianzi um pouco da vida do próprio Lao She. Isso não é totalmente verdadeiro. Inicialmente, é verdade, Lao She viveu a pobreza em Beijing — cidade então com mais de um milhão de habitantes — principalmente depois da morte de seu pai, um soldado da etnia Manchu. A escrita do livro *"O garoto do riquixá"*, porém, o torna famoso e dá uma outra direção a sua existência. Lao She, contudo, continuará sempre um escritor progressista, preocupado com as questões sociais chinesas. Lao She nasceu em 1899, ainda sob o Império da Dinastia Qing. Seu pai morre em 1901, em conflitos de rua entre as forças imperiais chinesas e a Aliança das Oito Nações (que reunia oito nações imperialistas), durante a Rebelião dos Boxer (movimento que se colocava contra a submissão da China e a ocidentalização do país). A queda da Dinastia Qing em 1912 (pela Revolução Xinhai, que funda a República de Sun Ya-Tsen), Dinastia originária do norte da China, da etnia Manchu da Manchúria, tornou a vida dos antigos funcionários Manchus (a burocracia mandarim), ligados à Dinastia Qing, na antiga capital Beijing, bastante dura. Muitos acabaram reduzidos à miséria, depois de perderem suas rendas como funcionários do Império, tendo alguns se tornado puxadores de riquixá. "à medida que sua situação financeira se tornava cada vez mais precária, os Manchus começam a aceitar qualquer trabalho que pudessem encontrar. Milhares se tornam policiais e soldados. Dezenas de milhares puxaram riquixás. Outros encontraram trabalho como vendedores ambulantes, empregados domésticos, prostituas, atores ou contadores de histórias" (STRAND, 1989, p. 13). A infância de Lao She é marcada, portanto, por todos esses acontecimentos e reviravoltas. O Movimento do 4 de maio de 1919, levante estudantil anti-imperialista, da mesma forma, marca profundamente sua juventude.

Lao She, que tinha se convertido ao cristianismo, passa uma temporada dando aulas de chinês na Universiade de Londres (de 1924 a 1929). Em sua volta para a China, influenciado pela literatura ocidental, o escritor escreverá diversos livros, entre eles "O menino de Riquixá" em 1937. Livro que só recentemente, em 2017, foi traduzido para o português diretamente do chinês. Escritor de origem pobre, Lao She faz parte dos intelectuais que pensam a China pré-revolucionária. Em vez de se dedicar a escrever sobre os operários de Wuran e Shanghai — cidades que se industrializavam rapidamente —, como faziam outros escritores da época, Lao She foi estudar esta parcela tão particular da classe trabalhadora, os puxadores de riquixá na decadente Beijing.

Em algumas cidades, como Shanghai, modernos enclaves e infraestruturas transformaram a vida urbana. A própria cidade se tornou um enclave em meio a um interior pré-industrial. Na maioria das outras cidades, especialmente aquelas como Beijing, localizadas no interior da orla marítima da China, as mudanças foram menos decisivas". Poucas cidades da China, na década de 1920, pareciam tão tradicionais e chinesas e, ao mesmo tempo, abrigava o essencial da vida urbana moderna e ocidental (STRAND, 1989, p. 5 e 7).

O puxador de riquixá, muito presente em Beijing, faz parte de uma categoria da classe trabalhadora que não se liga ao proletariado industrial, sujeito revolucionário clássico no marxismo. Quem diria, naquela época, que os informais se tornariam tão economicamente relevantes? Há, certamente, algo de profético na curiosidade de Lao She por esses trabalhadores autônomos pobres.

Em 1938, Lao She liderará a Associação Nacional de Resistência dos Escritores e Trabalhadores, colocando-se contra a agressão imperialista japonesa. Escritor progressista, Lao She não segue, no entanto, os mandamentos do realismo socialista soviético, colocando-se sempre em uma posição de certa neutralidade. De 1946 a 1949 o autor está nos EUA, promovendo seus livros. Depois da Revolução de 1949, Lao She será reconhecido como um Artista do Povo Chinês. Sua não adesão total ao cânone marxista no período pré-revolucionário será, no entanto, tragicamente relembrada quando da Revolução Cultural Chinesa. Agredido e humilhado por guardas vermelhos, Lao She cometerá suicídio em 1966, afogando-se em um lago. O suicídio de Lao She expressa bem o drama de toda a intelectualidade de sua geração(4).

* * *

Voltando a essa figura, o garoto do riquixá, devemos destacar um ponto essencial: Xianzi não tem consciência de classe. Certamente os puxadores de riquixá constituem uma parcela da classe trabalhadora com características particulares que a distinguem do operariado fabril ou do campesinato. Esses informais, contudo, não se veem como uma classe. O sentimento individualista parece prevalecer no autônomo, que se ilude com sua condição de "empresário individual", patrão de si mesmo. No passado, como hoje, ele se vê sozinho, lutando por conta própria, único responsável por seu sucesso ou fracasso. Isso

(4) Cf. "Lao She and the Chinese Revolution" (VOHRA, 1974).

certamente dificulta um movimento de solidariedade entre os trabalhadores reduzidos a essa condição. E isso simplesmente porque não se veem como trabalhadores e sim como empresários autônomos. Essa autopercepção equivocada dificulta a sindicalização. Enfrentando seus problemas individualmente, perdem os informais do riquixá e do aplicativo sua força enquanto coletividade com interesses comuns.

O individualismo de Xianzi é um traço muito evidenciado por Lao She, trata-se de fato de um ponto fundamental. Da mesma forma que o camponês franceses no 18 Brumário constituem uma classe apenas como batatas em um saco constituem um saco de batatas, também os puxadores de riquixá e os informais modernos, apesar de serem uma classe em si, estão longe de ser uma classe para si, consciente de sua condição. Por conta de seu individualismo e da ilusão de autonomia: "São, consequentemente, incapazes de fazer valer seu interesse de classe em seu próprio nome, quer por meio de um Parlamento, quer por meio de uma convenção" (MARX, 2008, p. 116).

Em Beijing dos anos 1930, cidade não industrializada, o serviço como puxador de riquixá era uma alternativa de subsistência para uma classe trabalhadora sem outras possibilidades. Nas grandes cidades do presente, como São Paulo, que passa por um processo de desindustrialização e por um aumento do setor de serviços no peso da economia nacional, o trabalho como motorista ou entregador de aplicativo, seja com carro ou bicicleta, torna-se rapidamente a única possibilidade de trabalho para milhares de informais. Há aqui uma curiosa coincidência. A Beijing que ainda não tinha se industrializado e a São Paulo que se desindustrializa, cidades tão afastadas no tempo e no espaço, igualmente empurram milhares para o trabalho informal, e nos vemos diante dos antigos e modernos puxadores de riquixá, e revivemos como farsa o que já era uma promessa trágica no passado. A promessa liberal do passado lembra tristemente a proposta neoliberal do presente. Deve, por fim, o trabalhador, que não se reconhece como trabalhador e que não é visto pela lei como empregado, sobreviver como pode, entregando-se a jornadas excessivas e colocando sua saúde em risco. Presos em uma lógica individualista, esses elementos não conseguem atuar como classe e sucumbem à engrenagem capitalista. Não há muito de novo, finalmente, no riquixá moderno. O puxador de riquixá chinês era já, pode-se dizer, uma forma de precariado *avant la lettre*(5). O proletário precarizado não é uma novidade e sua exploração mais ou menos organizada pelos serviços de entrega e transporte não configura uma novidade completa. Simplesmente, concluímos, os aplicativos da era da uberização são um Senhor Liu Si muito mais eficiente. Fica a questão: Seria o precariado de hoje capaz de se rebelar contra esse estado de coisas?

## 4. O filme de Ken Loach e o mundo da atualidade

Ricky, personagem principal do filme "Você não estava aqui", o puxador de riquixá moderno, traz claramente essas mesmas características: ausência de consciência de classe

(5) Para mais informações sobre o conceito de precariado, Cf. "Precariado: a nova classe perigosa" (STANDING, 2013).

e individualismo exacerbado. Quando um colega de trabalho perde a linha de transporte pela qual era responsável, por não poder trabalhar por conta de problemas pessoais, Ricky rapidamente se apresenta para tomar o seu lugar, colocando seus próprios interesses acima dos problemas pessoais do colega de classe. Repete assim Xianzi, que não se incomodava ao roubar viagens de colegas mais velhos para comprar seu próprio riquixá. Ricky também não se incomodará em tomar a linha do colega para comprar sua própria van. É realmente um: "cada um com seus problemas".

As coincidências entre o autônomo inglês que trabalha para um aplicativo de entregas no século XXI e o puxador de riquixá da Beijing dos anos 1930 não param por aí. O mesmo sentimento os motiva. Eles acreditam piamente que podem vencer pelo próprio trabalho, ignorando todas as probabilidades adversas. Eles não se veem como empregados explorados, como precariado, e sim como empresários autônomos, donos de seu próprio destino. Podem, em tese, trabalhar o quanto quiserem, podem parar quando desejarem, não têm patrão. A realidade, porém, é bastante diferente do sonho, as jornadas se alongam, o contato social diminui, o sucesso nunca chega. Ricky também não conseguirá pagar sua van.

Tratemos um pouco, portanto, do filme de 2019, esse filme de Ken Loach, que tanto nos faz pensar no antigo puxador de riquixá chinês. Assustadoras coincidências que nos fazem ver que a modernidade dos aplicativos, tão elogiada pelos economistas como o futuro do setor de serviços, o suprassumo da inovação, nada mais é do que uma ressurreição moderna do riquixá, uma retomada em nível mais eficiente da velha exploração do precariado urbano. Ricky, como Xianzi não tem grande formação. Xianzi é um jovem camponês iletrado, que acaba de chegar em Beijing. Ricky é um pai de família de meia-idade, com baixa qualificação que já fez de tudo para sobreviver, sobretudo no setor da construção civil. Cansado do trabalho pesado nas obras, Ricky decide trabalhar sozinho, por conta própria, quer ser seu próprio chefe. Ele começa então a prestar serviços para uma empresa de entregas que trabalha com um aplicativo (algo equivalente a uma forma de pejotização). Não há contrato, Ricky é autônomo. Não trabalha para o aplicativo, trabalha com o aplicativo. A empresa não se responsabiliza por nada, Ricky está por conta própria, sem direitos e sem nenhuma proteção. Não recebe salários, apenas comissões. A empresa não exige nada, exceto disponibilidade. Ricky é, em tese, dono de seu próprio destino.

Uma pergunta na entrevista junto a um representante da empresa chama nossa atenção: "Trará sua própria van ou alugará uma conosco?". Basta substituir a palavra van por riquixá e estamos de volta a 1930! Ricky comete o mesmo erro de Xianzi, ele quer comprar sua própria van. Começa aí todo o seu pesadelo. O que ganha com as jornadas longas e exaustivas é rapidamente drenado pelos pequenos imprevistos quotidianos. Ricky tem família, tornar-se-á um pai ausente. Os problemas apenas se acumularão, assim como as dívidas. Logo sua situação se tornará insustentável. Arruinado e esgotado, o autônomo sentirá logo o peso de sua suposta liberdade. Ricky parece não saber algo de que Xianzi rapidamente se deu conta, um puxador de riquixá não se pode dar ao luxo de sustentar uma família. A esposa de Ricky, cuidadora com contrato de zero hora, que só ganha se trabalhar, não está em melhor condição do que o marido para salvar a família. O drama familiar se desenrola diante de nossos olhos como uma profecia que se autorrealiza. O filho de Ricky terá problemas com a polícia, sua filha terá problemas psicológicos, a esposa ficará abalada e Ricky, vítima de um assalto violento, não receberá nenhum dia de folga para se recuperar. A cena final do filme revela toda a força desintegradora da "empresa individual" de Ricky. Ainda machucado pela surra no assalto, o pai acelera a van para fugir de seus familiares, que imploram para que fique em casa. Ricky não pode ficar em casa, Ricky precisa estar sempre disponível, do contrário perderá tudo: a casa, a van e a própria família, que, no fim das contas, já perdeu há muito tempo. Um homem que trabalha 14 horas por dia, seis vezes por semana, não pode dizer que realmente faz parte da própria família. O sonho de tornar-se seu próprio chefe termina levando-o para uma trágica prisão virtual. Ricky é livre para se matar de trabalhar, assim como é livre para se virar se tiver qualquer tipo de problema pessoal. Ricky está completamente por conta própria. Tudo é escolha sua, mas no final, percebemos que ele não tem muita escolha.

O empreendedorismo de Ricky é o mesmo que move todos aqueles que acreditam poder tornar-se patrões de si mesmos por meio da uberização. Seja os que já tem seu veículo, seja os que não o têm — como os que alugam bicicletas para trabalhar ou os que, como Ricky, compram ou alugam uma van para fazer entregas — todos estão movidos pela mesma necessidade e pela mesma ilusão. Em uma sociedade onde o direito ao trabalho não é garantido, as pessoas precisam sobreviver. O trabalho com aplicativos parece ser uma solução inteligente. O manto que parecia leve, contudo, logo se mostra pesado como uma capa de metal. A suposta flexibilidade de horários transforma-se rapidamente, sob o peso da necessidade, em longas e exaustivas jornadas de trabalho. O sonho logo se torna um pesadelo. Ricky passa a viver para trabalhar, a família é a primeira vítima desse processo de desumanização. Ricky não tem mais tempo para si, a disponibilidade para o aplicativo se torna cada vez mais asfixiante. Ricky, como Xianzi, só tem tempo para rolar sua pedra morro acima. Ricky também é um Sísifo moderno. A modernização das relações trabalhistas lembra, estranhamente, os primórdios do capitalismo. Estaríamos regredindo? Tudo indica que sim. Atrás de uma promessa vazia de ser seu próprio patrão, senhor de seu próprio tempo, esconde-se a faceta mais cruel da uberização, a armadilha do trabalho autônomo.

Ricky é só um novo Xianzi. A esposa do moderno puxador de riquixá logo se dá conta disso. Em uma discussão como o patrão que não é patrão, ela explode: "Autônomo? Como assim? Trabalhando 14 horas por dia, seis dias da semana pra você? Ele trabalha pra você, chama isso de autônomo? Como você e sua empresa podem tratar as pessoas desse jeito?". Ricky tem a sorte de ter uma pessoa com quem discutir. No universo da uberização isso é um verdadeiro luxo, tamanho o avanço da desumanização nas relações de trabalhistas. Ricky é patrão só na aparência. Analisando mais de perto, é evidente que se trata de um membro do precariado moderno. Xianzi ainda tinha a possibilidade de ser, de fato, dono de seu próprio negócio, caso conseguisse a proeza de não morrer de fome e exaustão antes de conseguir juntar de suas misérias o suficiente para comprar seu próprio riquixá. A condição de Ricky é um pouco pior. Mesmo que tenha seu veículo, o precariado uberizado da atualidade não é nunca dono de sua própria miséria. Ele depende sempre do aplicativo para conseguir suas corridas, suas escravidão é eterna. Apesar de todas as semelhanças, fica claro que o puxador de riquixá moderno não tem nenhuma escapatória. Por isso talvez o tom tão trágico no filme de Ken Loach. Ter o seu próprio riquixá já não traz nenhum centímetro a mais de liberdade ao informal moderno, acorrentado por cadeias virtuais, algorítmicas, ele está condenado a, no máximo, trocar de aplicativo quando se revoltar contra seus opressores. Sua liberdade se resume a escolher quem o vai explorar.

O motorista e o entregador de aplicativo do Brasil, vale notar, não está melhor que Ricky ou Xianzi. O fenômeno da uberização se universaliza rapidamente, na velocidade da internet. Os diversos países lidam de formas muito variadas com o problema. Alguns proíbem aplicativos como o Uber em suas jurisdições, justamente por perceberem os efeitos deletérios de sua difusão. Outros têm uma postura mais errática, como é o caso do Brasil, onde os tribunais, na ausência de uma política mais protetiva do trabalhador por parte do mundo político, vacilam entre considerar ou não a relação entre o uberizado e o aplicativo uma relação de emprego. Enquanto isso, a exploração, as jornadas excessivas e a desproteção do trabalhador se impõem como uma realidade de fato.

## 5. Comparações

No passado, o riquixá oferecia para as pessoas recém-chegadas do campo o tipo de trabalho temporário e não qualificado que elas procuravam. Do mesmo modo que o Uber hoje, em meio à crise, oferece aos recém-chegados de outras modalidades de trabalho, o trabalho temporário que procuram. O temporário, porém, logo se pereniza e o provisório se torna definitivo. No passado, a tecnologia era o próprio equipamento. Hoje a tecnologia não é o veículo, mas sim a intermediação do aplicativo entre motorista e cliente. Há um refinamento, a questão não é mais quem é o dono do equipamento e sim a intermediação em si. Chama nossa atenção a proporção que essa nova economia ganha no presente. No passado:

> A importância atribuída aos riquixás e aos puxadores de riquixá por escritores e estudiosos baseava-se tanto na natureza singular do veículo, quanto no grande número de riquixás presentes nas cidades chinesas. O puxar riquixá era um espetáculo público na Beijing dos anos 1920. Sessenta mil homens faziam cerca de meio milhão de corridas por dia em uma cidade com pouco

> mais de um milhão de habitantes. O sociólogo Li Jinghan estimou que um em cada seis homens na cidade entre dezesseis e cinquenta anos era um puxador. Os puxadores de riquixá e seus dependentes representavam quase 20% da população de Beijing (STRAND, 1989, p. 20-21).

Inventado no Japão, nos anos 1860, o riquixá surge como um meio de transporte para deficientes físicos e convalescentes. Pneus de borracha, rolamentos, entre outros melhoramentos técnicos, o transformam em uma alternativa de transporte individual barato na China, Índia e em todo o sudeste asiático. A adição de uma bicicleta nos anos 1940 o torna ainda mais veloz e atrativo.

> Os primeiros riquixás importados do Japão e de propriedade privada, aparecem nas ruas de Beijing em 1886 e provocaram polêmica imediatamente. Carroceiros irritados com a competição 'lançaram as horriveis coisas estrangeiras, que degradavam o homem ao nível do animal' em um canal. Naquele tempo, liteiras puxadas por mulas e carroças, cavalos, liteiras suportadas por varais e carrinhos de mão, forneciam o único outro meio de transporte pessoal na cidade (STRAND, 1989, p. 24).

Essa briga entre puxadores de riquixá e carroceiros lembra estranhamente a disputa entre taxistas e uberizados da atualidade. Por fim, o riquixá venceu a carroça puxada por cavalos, como o Uber venceu o taxi. Ou melhor, em ambos os casos houve uma acomodação, uma repartição do mercado, coexistindo ambas as modalidades. Desse modo, o riquixá se instalou em Beijing, assim como o Uber em São Paulo, como mais uma das novas tecnologias importadas do exterior — assim como as avenidas largas e a eletricidade.

> Os riquixás chegaram e se multiplicaram em Pequim como resultado do empreendedorismo privado e não de um planejamento formal ou governamental. Mas o efeito foi o mesmo. O riquixá modernizou o transporte urbano e acelerou o movimento de pessoas pela cidade de modo comparável à maneira pela qual o telegrafo acelerou a comunicação entre cidades e fábricas aceleraram a produção (STRAND, 1989, p. 26)

A uberização, por sua vez, não teve o mesmo efeito de acelerar o movimento, ela apenas popularizou o transporte individual privado e facilitou entregas. Seu efeito maior foi o de estimular o setor de serviços e dar possibilidades de trabalho para uma classe média empobrecida e também para os membros das classes mais pobres, desde que providos de um veículo ou capazes de, em último recurso, alugar um carro ou bicicleta.

O riquixá e o Uber, no passado e no presente, são meios de transporte individual acessíveis às classes médias. "As classes médias de Beijing, não os ricos, eram os principais usuários de riquixá" (STRAND, 1989, p. 28). O transporte individual deixa, desse modo, de ser um luxo para abastados. Estudantes, jornalistas e funcionários públicos podem dele se servir com frequência. O riquixá permitia, no passado, que o cliente chegasse em seu destino sem ter os pés sujos de lama; O Uber, hoje, permite-lhe chegar sem ter que esperar um ônibus lotado. Chegar de Uber hoje, como de riquixá há um século atrás, é ainda uma questão de status. Um luxo que só perde para o chegar com seu próprio carro de luxo ou dirigido por um motorista particular. O riquixá ou Uber é ainda o segundo modo mais glamouroso de se deslocar pela cidade. A diferença está, talvez, em que naquela época se poderia comprar um riquixá particular e contratar um puxador mensalista, o que era um luxo enorme. Hoje em dia essa possibilidade não mais existe, no máximo, podemos chamar um Uber de luxo, um Uber Black. Rodar em riquixá ou em Uber é sinal de status na sociedade de consumo, uma forma de distinção social, é o que separa a classe média bem-sucedida da classe média empobrecida que puxa o riquixá moderno ou dos ciclistas pobres que lhes trazem suas encomendas.

O antigo puxador de riquixá provinha, em geral, das classes mais pobres. Ele estava, porém, acima da massa de miseráveis que sofriam privações mais sérias. Ganhava em média, de forma variável, mais ou menos o mesmo que um policial ou atendente de loja. Há notícias de que o riquixá podia ser também uma forma de complemento de renda para professores pobres, funcionando como um bico noturno na Beijing da época de Xianzi. O Uber, igualmente, pode ser também, hoje em dia, um complemento de renda, um bico. O motorista de Uber é, na atualidade, porém, membro de uma classe média baixa ou de um proletariado capaz de adquirir ou alugar seu próprio veículo. São pobres ou empobrecidos, mas não miseráveis. Com muito trabalho, e sem imprevistos, podem ganhar o suficiente para ter uma vida decente.

Na Beijing dos anos 1930, a quantidade de puxadores nas portas de parques e estações era enorme, as brigas entre puxadores, puxadores e passageiros e com a polícia eram cenas corriqueiras. Os puxadores eram a fatia mais numerosa da classe trabalhadora da cidade. Abundavam as anedotas sobre antigos mandarins (funcionários públicos contratados por concurso na era imperial), príncipes e generais, enfim, membros de toda sorte de classes empobrecidas pelas reviravoltas sociais da época, reduzidos ao trabalho penoso de puxar um riquixá para sobreviver.

Hoje, como no passado, o autônomo tem origens sociais variadas. Pode-se encontrar pessoas egressas de todas as profissões que, por motivos diversos, encontram-se nessa posição. O puxador de riquixá, como o uberizado, é, muitas vezes, alguém que perdeu um emprego anterior mais estável. Esse tipo de trabalho não qualificado é sempre uma opção quando o mercado de trabalho se torna mais estreito. Os mais vulneráveis são logo empurrados para o "empreendedorismo". O Uber é muitas vezes a opção mais imediatamente acessível para uma classe média empobrecida em tempos de economia imprevisível. É um último recurso para os que descem e também uma "oportunidade" para os que saem da pobreza mais dura. É justamente essa diversidade de trajetórias um dos elementos que dificulta o reconhecimento desses autônomos como uma classe para si. Eles veem essa condição como uma condição provisória e pensam seus problemas sobretudo de um ponto de vista individual.

Há certamente algo que assusta os intelectuais de classe média do passado e do presente quando pensam sobre os trabalhadores autônomos, os puxadores de riquixá antigos ou modernos. Em um tempo de incertezas econômicas como a nossa, quem sabe se o professor universitário precarizado que hoje vos escreve não será um motorista de Uber ou ciclista entregador de encomendas amanhã? "Puxadores de riquixá perturbavam os intelectuais em parte porque sua vocação parecia atrasada e desumana. Mas os puxadores de riquixá também serviam como ásperos lembretes de quão precárias as ambições por posições e status poderiam ser em uma era republicana" (STRAND, 1989, p. 33).

Isso levanta logo uma outra questão: Não haveria uma evidente contradição entre chamar um Uber e correr o risco de ser tornar motorista de Uber no mês seguinte? Entre criticar a exploração do trabalhador autônomo pelos aplicativos e ter tais aplicativos instalados em seu próprio celular? Entre estar em uma classe média eventualmente mais afortunada e se valer dos serviços de um semelhante empobrecido, em momento desafortunado? Muitos intelectuais socialistas da China do passado criticavam seus pares que, ao mesmo tempo que criticavam a exploração do trabalho alheio e a opressão de classe, se valiam do riquixá. Essa crítica não seria válida ainda hoje em relação aos aplicativos?

> Escrevendo em 1919, poucas semanas depois do incidente de 4 de maio, um colunista da revista Nova China apontou as contradições morais envolvidas quando uma pessoa que subscreve valores modernos contrata um riquixá: um puxador de riquixá é um ser humano igual a nós... Nós falamos sobre democracia e humanismo, sobre todos serem tratados igualmente e terem oportunidades iguais. Como então podemos sentar em um riquixá com o puxador trabalhando como um boi ou um cavalo na chuva e na lama?! Exortando-o a arriscar sua vida correndo... mais rápido... mais rápido... mais rápido... (STRAND, 1989, p. 34).

Não poderíamos adaptar essa admoestação para os dias de hoje pensando em todos esses uberizados que trabalham longas jornadas sem nenhuma proteção ou segurança social ou em todos esses entregadores de moto ou bicicleta que tomam chuva e pedalam longas distâncias sob o sol para trazer nosso combo de sushi ou nossa salada *caesar* vegana? Não seria obrigação do cliente consciente colocar-se ao lado desses trabalhadores e exigir seu reconhecimento como empregados desses aplicativos, merecedores de todos os direitos garantidos pela CLT e da proteção social que merecem como irmãos trabalhadores? Não seriam ontem como hoje, o riquixá e o Uber, símbolos de atraso e exploração, e não de modernidade e progresso, como se quer propagandear? Não seria o Uber hoje ainda mais odioso pela exploração digital desumanizada representada pelo sistema de controle por algorítimo? Não seria o Uber a vergonha de toda uma classe média que, no fundo, é insensível à condição precaria de um seu semelhante? Não seria a uberização hoje a prova do atraso e da superexploração do trabalhador no capitalismo moderno, como o riquixá era no passado a prova do atraso da China no início do século XX? Deixo essas questões para o leitor.

* * *

A realidade vivida por Ricky ou Xianzi não é muito diferente da vivida por muitos brasileiros na atualidade. O capitalismo de plataforma parece ter se tornado um dado universal no novo mundo dos aplicativos. Com promessas de flexibilidade e autonomia, essas plataformas seduzem o trabalhador e o motorista logo acaba preso à uma situação que facilmente foge a seu controle. Basta um imprevisto, uma doença, um acidente...

> "... a Uber, afirma oferecer um aplicativo que, por meio da tecnologia, ajuda o motorista a tomar decisões sobre quando e como encontrar a demanda por serviços de transporte. Prometem promover acesso a trabalho flexível, sem turnos ou horários fixos, que permite que dirijam quando queiram. A remuneração dos motoristas, segundo a empresa, depende da demanda por viagens, sendo que nos momentos em que houver mais usuários realizando chamadas, os ganhos serão mais altos" (KALIL, 2019, p. 17).

Há, no entanto, uma grande distância entre o prometido e o que os trabalhadores realmente vivem na prática.

> Em nossa pesquisa feita com motoristas da Uber na cidade de São Paulo, os trabalhadores relataram diversas situações, como as seguintes: 'trabalho por volta de 16 horas por dia, 7 dias da semana. Ganho em média R$ 1.500 por semana, mas tirando todos os custos que tenho, sobra R$ 400. O preço da tarifa está defasado em relação aos aumentos de combustível' e 'o valor das corridas é baixo considerando os custos de manutenção que se tem com o veículo. Esse gasto deixará de ser feito, pois os ganhos são baixos. Não fazendo manutenção, todos ficam em risco. A Uber exige que os carros sejam fabricados a partir de determinado ano. Contudo, é muito difícil trocar de veículo com os atuais preços das tarifas' (KALIL, 2019, p. 17-18).

Em uma pesquisa com 100 motoristas de Uber em São Paulo (KALIL, 2019, p. 152 e seguintes), descobriu-se que 23% têm ensino superior, o que mostra como o desemprego e a falta de perspectivas econômicas empurra para o aplicativo uma quantidade considerável de trabalhadores com qualificação superior. 53% dos entrevistados trabalham mais de 10 horas por dia, 68% trabalham mais de 5 dias por semana, 77% dependem das corridas para viver. 35% dos entrevistados compraram um carro para trabalhar no aplicativo. 29% alugavam um carro para fazê-lo. Não são poucos, ao que tudo indica, os que vivem um pesadelo como o de Ricky, personagem confrontado com a necessidade de parcelar ou alugar um carro para poder trabalhar, situação de extrema vulnerabilidade, onde, uma doença, por exemplo, pode colocar tudo a perder. Se pensarmos no livro de Lao She, foi também uma doença que destruiu as últimas possibilidades de vida melhor de Xianzi. Se tivermos em conta que trabalhar mais de dez horas por dia, mais de cinco dias por semana, não é certamente algo muito saudável, tanto para o corpo, como para a vida social, notamos logo que aqueles que alugam ou parcelam a compra de um veículo para trabalhar nessas plataformas são os "empreendedores" mais vulneráveis. Para esses trabalhadores, no passado como atualmente, não há nenhuma rede de proteção social. Estão realmente dependentes da própria sorte.

Como "autônomo", o trabalhador tem certa autonomia para determinar sua jornada, a quantidade de horas de trabalho ou viagens feitas por dia. A situação de precariedade e a dependência desses trabalhadores em relação ao aplicativo para sobreviver os obriga, contudo, a trabalhar muito mais horas do que o razoável para poder sobreviver de forma descente. Eles são confrontados ainda com os gastos relativos com a manutenção do equipamento (seja um veículo automotor ou bicicleta). Os ganhos no final do mês, muito irregulares, descontadas todos os gastos e possíveis punições, podem ficar até mesmo abaixo de um salário mínimo. Há uma clara desigualdade nessa relação, o autônomo, sujeito a um sistema informatizado obscuro, logo se torna um escravo do algorítimo.

> O sistema de avaliação das plataformas é centrado em uma série de incentivos e sanções aos trabalhadores. A qualidade e a quantidade do trabalho disponível se relacionam ao *status* do trabalhador na plataforma, em que atividades bem pagas e mais atrativas são reservadas para os que têm melhores avaliações, enquanto os que têm as piores notas ficam circunscritos às tarefas de menor valor e podem sofrer punições, como suspensão ou exclusão da plataforma.

É difícil calcular o número de pessoas que vivem de trabalhos ligados a aplicativos hoje. Trata-se se um grupo de composição muito flutuante. Algumas pessoas podem trabalhar nessas plataformas apenas esporadicamente, outras a tem como único emprego, outras utilizam o aplicativo apenas como complemento de renda, as situações são muito variáveis. É impossível saber exatamente quantas pessoas trabalham nessas plataformas. Segundo Kalil (KALIL, 2019, p. 129), algumas pesquisas chegam a afirmar que até 22% da população dos EUA (45 milhões de pessoas) já passou, pelo menos uma vez, por alguma modalidade de trabalho nessas plataformas.

> Cristiano Codagnone, Fabienne Abadie e Federico Biagi compilaram dados disponíveis entre 2013 e 2015 de 39 plataformas em todo o mundo e concluíram que há mais de 52,5 milhões de trabalhadores executando serviços no capitalismo de plataforma" "No Brasil, não há estimativas sobre o impacto das plataformas digitais no mercado de trabalho. No máximo, há algumas plataformas que divulgam o número de trabalhadores que prestam serviço. De qualquer forma, o Instituto Global da consultoria McKinsey identificou um grande potencial para o crescimento do capitalismo de plataforma no país até 2025. De acordo com o relatório de 2015, é possível vislumbrar a criação de 2,7 milhões de postos de trabalho em tempo integral, aumentando a taxa de emprego em 2,6% (KALIL, 2019, p. 129-130).

Por outro lado, as decisões judiciais sobre existir ou não vínculo de emprego entre a Uber e os motoristas são ainda bastante conflitantes. Havendo decisões, em nível dos diversos Tribunais Regionais do Trabalho, tanto no sentido da existência do vínculo, quanto de sua inexistência, de acordo com os critérios estabelecidos pela CLT. Recentemente, a 5ª Turma do TST, em 05.02.2020, rejeitou por unanimidade a tese favorável à existência de vínculo (processo n. TST-RR 1000123-89.2017.5.02.0038). Segundo o Ministro Breno Medeiros, não haveria subordinação, dada a "ampla flexibilidade do trabalhador em determinar a rotina, os horários de trabalho, os locais em que deseja atuar e a quantidade de clientes que pretende atender por dia". A 4ª Turma do TST, em 09.09.2020, assumiu posicionamento semelhante (processo n. TST-AIRR-10575-88.2019.5.03.0003). Pelo bem desses trabalhadores, esperamos que as demais turmas do TST tenham uma visão diferente da questão.

A relação de trabalho que se desenvolve no mundo dos aplicativos foge da tradicional definição de relação de emprego da CLT (definida em seus arts. 2º e 3º – pessoa física, pessoalidade, não eventualidade, onerosidade e subordinação). O controle e a supervisão não são feitos pela própria plataforma, é o próprio trabalhador que internaliza esse papel. De modo que as plataformas podem alegar ausência de subordinação, dada a suposta flexibilidade do trabalhador. Logo, seria importante pensar uma nova legislação que abarcasse essas novas formas de trabalho ligadas à revolução digital, protegendo e garantindo direitos trabalhistas para os modernos puxadores de riquixá. Se a CLT não garante proteção ao motorista e entregador de aplicativo, é urgente alterar a legislação de forma a permitir que esses trabalhadores sejam definitivamente reconhecidos como empregados, dada a precariedade e dependência em que se encontram em relação às grandes plataformas digitais.

Uma forma natural de se conseguir a efetivação desses direitos seria via luta sindical. O individualismo e a negação da condição de trabalhador pelos próprios membros da classe dificultam, em última análise, esse caminho. Entre as dificuldades encontram-se:

> Do ponto de vista da representação e defesa de interesses trabalhistas, identificam-se legislações que inibem ou desestimulam a ação sindical, a complexidade em se construir laços de solidariedade entre trabalhadores que não realizam as suas atividades no mesmo espaço e de forma simultânea, a disseminação de um viés individualista do trabalho que desenvolvem a partir da construção da imagem de empreendedores e a recusa das plataformas em tratar das demandas dos trabalhadores por uma perspectiva coletiva. (KALIL, 2019, p. 269).

A ação coletiva continua a ser, contudo, a melhor forma de garantir direitos para essa parcela do precariado urbano.

## 6. Conclusão

Discutimos nesse artigo pontos que aproximam, estranha e perturbadoramente, os puxadores de riquixá da China do início do século XX, dos trabalhadores uberizados do século XXI. Individualistas e iludidos por uma visão deturpada de empreendedorismo, os garotos do riquixá de ontem e de hoje tem uma enorme dificuldade em atuar coletivamente. A falta de direitos e de proteção social aproxima o autônomo precarizado do presente daquele do passado. Vemos como as promessas do liberalismo e do novo neoliberalismo digital não evoluíram muito ao longo do tempo, apesar de toda a tecnologia dos aplicativos modernos, a vida de um Ricky não é muito melhor do que a de um Xianzi. Ambos são explorados dentro de um mesmo espírito capitalista selvagem e predatório. Se Xianzi trabalhava como um camelo, Ricky, como fica claro no filme, trabalha como uma mula. Em um caso como no outro, todo esse trabalho não leva a melhores condições de vida, a vulnerabilidade é tamanha que qualquer doença ou imprevisto pode pôr tudo a perder, esses personagens estão cronicamente desprotegidos, sem amparo legal ou social, resta-lhes apenas definhar pela pobreza e pelo excesso de trabalho. A promessa de liberdade torna-se logo uma prisão.

Pode-se argumentar que a lógica da exploração não é mais a mesma na atualidade. Ricky não conhece o seu senhor Liu Si, ter ou não o veículo não é mais o ponto central, não é mais por aí que se prende o puxador de riquixá. Mesmo que comprasse seu carro, Ricky não estaria livre da exploração pela plataforma digital. Concordamos com esse argumento. De fato, a situação de Ricky é, nesse ponto, como se pode notar, muito pior do que a de Xianzi. Oprimido em uma relação desumanizada, escravizado por um algorítimo, Ricky não tem sequer a possibilidade de explorar seus semelhantes, comprando riquixás e tornando-se um novo senhor Liu Si. Sua precariedade e dependência em relação ao aplicativo é absoluta.

Mudar o final dessa história, superando o mito do barão de Münchhausen liberal, depende, ao que tudo indica, de uma ação coletiva dos próprios trabalhadores. O individualismo dos "autônomos", contudo, dificulta esse movimento decisivo. Enquanto isso, o judiciário tende a interpretar a CLT de forma desfavorável a essa categoria, não reconhecendo seu vínculo empregatício com as plataformas de aplicativos. A necessária mudança da legislação para afirmar os direitos desses trabalhadores não está entre as prioridades da classe política. Em meio a crise da Nova República, o precariado uberizado, desorganizado e inerte, é esquecido pelos Poderes. Como na República chinesa em crise dos anos 1920-1930, a condição desfavorável do precariado explorado de hoje se torna mais uma vez o exemplo extremo do descaso do capitalismo liberal pelo ser humano.

Na primeira vez que traduziram o livro de Lao She para o inglês, o final trágico foi transformado em um final feliz. É fácil mudar o final de um romance, mais difícil é mudar a história dos Rickys e Xianzis da vida real. Não adianta tentar romantizar e chamar de empreendedorismo o que é só, em essência, uma luta desesperada pela sobrevivência. Mudar o nome das coisas, chamando de empresários aqueles que são, na realidade, apenas trabalhadores sem direitos, ao contrário do que pensam os ilusionistas neoliberais, não muda em nada a realidade. Dar um final feliz para a história do precariado uberizado exige mais do que mudar arbitrariamente o nome das coisas. Chamar um trabalhador de empresário, como se sabe, não é suficiente para resolver seus problemas econômicos concretos, reais e urgentes.

# O Coringa e o Riso que Educa[1]

*Danilo Silvério*

## 1. Introdução

Assisti ao *Coringa* (*Joker*, 2019) no final do mês de outubro de 2019, pouco depois de estrear no Brasil, portanto. Quase um ano depois, creio que não seja mais necessário sugerir que, antes de ler esta breve análise, façam o mesmo e assistam ao filme — mesmo porque o acesso a ele já está bem mais fácil, uma vez que se encontra disponível para locação, ou mesmo compra, em serviços de streaming e em alguns canais de televisão pagos. De qualquer forma, não considero isso uma obrigatoriedade, mas o protocolo nos obriga a alertar sobre a existência dos *spoilers*. Considerando que já tenham realizado suas escolhas, vamos ao que interessa. Antes de assistir ao filme, já havia me deparado com uma série de colunas críticas sobre a história e todas elas eram encabeçadas por um título *psico*-alguma-coisa — a definição corrente, por sinal, é a de que se trata de um suspense psicológico. A exceção foi uma postagem estéril de rede social, com a qual me deparei muito por acaso, de um sujeito bastante incomodado com o fato de, segundo ele, o filme do diretor Todd Phillips ter transformado o seu tão adorado Coringa dos quadrinhos em pouco menos que um pobre ressentido de esquerda que queria acabar com os ricos empreendedores que tanto fazem pela sociedade. Parece que o rapaz responsável pela postagem, visivelmente uma espécie de protótipo do microempreendedor futuramente bem-sucedido, percebeu, aparentemente sem querer, de que trata afinal o filme — e ficou consternado com sua descoberta. Como minha formação em literatura pouco dialoga com a ciência que tomou seu prefixo emprestado à Psique, aceito para mim a tarefa de situar o embate entre o ressentimento do Coringa e a consternação de Mr. Wayne a partir das relações entre a forma da narrativa e o processo social em curso no tempo do enredo – situado em 1981.

(1) Uma versão reduzida deste artigo foi publicada na ocasião do lançamento do filme no *site* da tero: <http://www.terotcs.com/com-voces-o-coringa/>.

## 2. A centralidade do *Joker* e de sua perspectiva

Antes de tudo, é preciso lembrar que, para a tradição anglo-saxônica, pelo menos desde Shakespeare, a figura do *Joker* (do *Clown*, do *Jester*, do *Fool* e suas variantes(2)) remete à voz da razão, num contexto em que o mundo parece fora de eixo. Assim, os ditos e as charadas do *Joker* podem conduzir ao riso, mas esse é um riso reflexivo, que educa, que esclarece e que se impõe como crítica. A necessidade do recurso a essa figura é bastante conhecida: Shakespeare apresentava suas peças tanto aos nobres da corte quanto aos súditos mais humildes do reino e certamente não poderia expor o que pensava, ainda que por intermédio de suas personagens, de modo direto. Como o *Joker* é aquele que, a princípio, não sabe o que diz, que não tem crédito algum por sua falta de seriedade, Shakespeare acaba por usá-lo em passagens específicas de suas peças como instrumento de sua crítica mais contundente. No entanto, para quem já teve contato com a dramaturgia do bardo, resta claro o fato de que essa figura do bobo da corte, embora presente, só aparece esporadicamente em suas peças.

Não é o que ocorre no filme *Coringa*. Aqui temos uma narrativa inteira protagonizada pelo *Joker* — e tudo quanto o que ele diz deve, conforme o peso da tradição apresentada em nossa premissa, ser levado a sério, pois é ele, por excelência, a voz da razão em meio à convulsão social em que se encontra a fictícia Gotham de Mr. Wayne(3). Interessante notar que aqui ainda não há o Batman sedento por vingança, pois seu pai, ao menos por ora, está vivo e prestes a concorrer à prefeitura de Gotham. O enredo aliás é, também, sobre Mr. Wayne — mas nesse caso ele aparece como uma das manifestações possíveis da causa ausente(4) — algo que, por sua vez, nas narrativas em geral, é raramente desvelada pelo telespectador. Conforme Fredric Jameson, a causa ausente é a história acessível somente por meio do texto literário (no nosso caso, por meio do filme). É uma história textualizada no inconsciente político.

---

(2) A figura do *Clown* [palhaço], por exemplo, aparece em quatro das *High Comedies* de Shakespeare (*Love's Labour's Lost, A Midsummer Night's Dream, The Merchant of Venice e As You Like It*); em uma *Problem Play* (*Measure for Measure*); e em um de seus *Late Romances* (*The Winter's Tale*). O *Fool* [bobo, tolo], por sua vez, está presente em uma ou duas das *Great Tragedies* (*King Lear* e *Othello* [se assim caracterizarmos Roderigo]); e também em uma peça de *Tragic Epilogue* (*Timon of Athens*). Por fim, o *Jester* [bobo da corte] se faz presente em um dos *Late Romances* (*The Tempest*). A categorização das peças é aquela adotada por Harold Bloom (1999, p. XI-XII).

(3) Tal recurso talvez tenha sido levado às últimas consequências com tamanha maestria apenas por William Faulkner, em 1929, com *The Sound and the Fury*. Embora, no romance, apenas Benjy seja deficiente mental, é perfeitamente possível abordar as perspectivas de seus irmãos na mesma chave formal.

(4) What Althusser's own insistence on history as an absent cause [according to Spinoza's idea of the 'absent cause'] makes clear, [...], is that he does not at all draw the fashionable conclusion that because history is a text, the 'referent' does not exist. We would therefore propose the following revised formulation: that history is *not* a text, not a narrative, master or otherwise, but that, as an absent cause, it is inaccessible to us except in textual form, and that our approach to it and to the Real itself necessarily passes through its prior textualization, its narrativization in the political unconscious. (JAMESON, 1982, p. 35).

Nesse sentido, se a análise da História a partir do modo de produção é uma categoria central no marxismo e, em 1981, o que triunfava era o modo de produção capitalista no alvorecer de sua versão neoliberal, a causa ausente do filme, embora não seja um elemento empiricamente presente, pode ser, a princípio, identificada no sentido histórico de uma Gotham (New York?) que sofre, a partir de uma política de Estado agressiva, a expansão de uma economia de mercado sem qualquer regulação e que oprime, sobretudo, o trabalhador — outra categoria fundamental para destrinçar as engrenagens do capitalismo, uma vez que ela implica todo um sistema de relações produtivas que, por sua vez, permeia, justamente, as relações de classe nessa obra cinematográfica[(5)]. Está claro que, fosse a análise tão simples assim, o trabalho não precisaria ir adiante. Ocorre que, na representação narrativa, o único elemento que pode revelar a causa ausente, ou a totalidade[(6)], é justamente a forma — como conteúdo histórico sedimentado.

No caso do filme *Coringa*, a forma, como sublinhado anteriormente, está assentada na centralidade da figura do Joker, de sua perspectiva. Ademais, como veremos, essa perspectiva será imprescindível para desvelar a causa ausente e sua relação com os mecanismos de classe, uma vez que toda a, por assim dizer, condição mental do protagonista foi moldada por uma série de abusos... de classe.

Nesse sentido, foi bastante estranho notar, por exemplo, que muitos espectadores na sala de cinema ou duvidassem da palavra da pobre Penny (centavo, tostão, em inglês)[(7)], ou que se sentissem incomodados com suas revelações — com cochichos impertinentes ao pé do ouvido alheio e sacolejos abruptos em suas confortáveis poltronas. Suponho, talvez, ou que tenham cometido os mesmos abusos de Mr. Wayne sobre a mãe do Coringa (esse incômodo bastardo), ou ainda que simplesmente atribuam mais credibilidade ao milionário (incapaz de ler uma simples carta, para atender a um pedido de ajuda) do que à sua ex empregada. Se pensarmos no preço dos ingressos para os cinemas há um ano, contudo, fica muito fácil deduzir quais classes sociais têm frequentado esses espaços ultimamente e, consequentemente, porque tenham se condoído tanto por Mr. Wayne... O dito bastardo, aliás, também é outra figura problemática para as peças de Shakespeare, mas nem será preciso ir tão longe na análise nesse caso específico. Não há dúvidas de que o Coringa é o filho indesejado de Mr. Wayne com sua empregada (e

---

(5) "If therefore one wishes to characterize Althusser's Marxism as a structuralism [...], it is a structuralism for which only *one* structure exists: namely the mode of production itself, or the synchronic system of social relations as a whole. This is the sense in which this 'structure' is an absent cause, since it is nowhere empirically present as an element, it is not a part of the whole or one of the levels, but rather the entire system of *relationships* among those levels" (JAMESON, 1982, p. 36).

(6) "Lukács' conception of totality may here be said to rejoin the Althusserian notion of History or the Real as an 'absent cause'. Totality is not available for representation" (JAMESON, 1982, p. 54-55).

(7) Penny Fleck é seu nome todo. Se Penny é algo de pouco valor (centavo), Fleck é uma nódoa, uma mancha (em inglês). A partir disso, várias associações podem ser feitas. De qualquer forma, parece claro que a mãe de Arthur não passa de uma pequena nódoa sem valor, facilmente removível ou descartável.

lamento muito por isso, se acaso ainda havia alguma desconfiança de sua parte a esse respeito). Nem seria preciso, no caso, o recurso à cena em que figura a imagem de uma foto assinada pelo patrão de sua mãe (com os dizeres: "Amo seu sorriso"), que o Coringa encontra em meio às recordações guardadas por Penny. Ou então todo o processo de internação psiquiátrica de Penny, em que ela se vê obrigada a assinar os papéis de adoção (de seu filho legítimo), a fim de livrar Mr. Wayne daquela paternidade. Bastaria aquele soco na cara dentro do banheiro. Lembremos que, nesse momento, Mr. Wayne nega a paternidade a Arthur antes mesmo de ele dizer que era seu filho. Em análise do discurso, quando negamos algo de que não somos acusados, costumamos chamar a isso, dado o contexto, de confissão. O próprio prontuário de Penny é repleto de contradições, que confundem Arthur de maneira irreversível. O assistente administrativo que lê o prontuário revela, claramente, que Arthur é o filho de Penny. Anexo ao prontuário, todavia, há também os papéis de adoção que Penny se vê forçada a assinar — e por que só no momento da internação, uma vez que à época Arthur já estaria com cinco anos? Se as empregadas ao menos soubessem guardar segredos...

Mas também não se trata apenas da rejeição de um filho bastardo por um pai milionário. A recusa da paternidade é só uma expressão da negação de uma série de outras coisas, sobretudo de conforto material, no caso de Arthur, mas também de afeto (pois não suponho que Mr. Wayne fosse capaz de expressar ternura nem para com o seu herdeiro legítimo — e não há nenhuma cena que prove o contrário). O fato é que os papéis que Penny eventualmente é obrigada a assinar dizem respeito, também, a artifícios de ordem legal para que seu filho bastardo não tivesse direito a qualquer herança do pai. Penny, portanto, nunca foi louca (como supõem os telespectadores menos atentos). Como sói ser muito comum, ela é feita de louca (na ocasião em que se vê vítima de uma relação abusiva) por quem pode pagar por isso. Quem sofre as consequências desse abuso é não apenas ela, mas sobretudo seu filho, Arthur — a quem ela impunha uma felicidade que não existia. Como anota o próprio Coringa em seu diário, o doente mental tem que viver como se a doença não existisse. É assim que Happy (como Penny chama seu filho) acaba manifestando uma síndrome em que ri descontroladamente em situações que não pressupõem, necessariamente, o riso. Fingir, gargalhando, que não está doente, acaba sendo a própria doença social de que é vítima. O cartãozinho que ele costuma entregar às pessoas quando é acometido pelo seu riso compulsivo lembra muito aqueles dos pedintes nos semáforos de São Paulo — impossibilitados de falar, impedidos de ter voz, eles nos entregam um cartãozinho pedindo por ajuda.

## 3. O ofício e o trabalho

Voltando muito brevemente ao Período Elisabetano, a figura do *Jester*, na virada para o século XVII, estava mais próxima ao exercício de um ofício – bem ou mal remunerado, dependendo do contexto. Em 1981, contudo, o papel de *Joker* é apenas mais um trabalho entre tantos, mas nesse caso não restam dúvidas: a ocupação é sempre precária e mal paga. O rebaixamento é um fato imperativo. Ao perder seu emprego como palhaço de porta de loja, carregando uma placa para cima e para baixo, o Coringa, contudo, não recorre à mendicância — ele busca o antigo sonho do stand-up, que seria uma forma mais atualizada e até mesmo prestigiada, digamos, de exercer seu ofício. Como é usual em todo comediante do gênero, o *Joker* anota suas piadas em um caderninho. O problema é que seu caderno de piadas é, na verdade, um diário que sua terapeuta do serviço social recomendara a ele que escrevesse durante o tratamento. Como Arthur não pretende fazer um espetáculo em que se exponha para rir de si mesmo, o resultado da performance é naturalmente ambíguo e patético e acaba sendo maldosamente explorado por um famoso apresentador de talkshow que vive de zombar da desgraça alheia. Antes de chegarmos a esse momento, porém, há todo um percurso em que o Coringa exerce sua empatia com quem o trata humanamente (sua mãe, sua terapeuta, o anão, a vizinha, etc.) e sua fúria com quem o trata como escória (os três rapazes de Wall Street no trem, Mr. Wayne, o amigo que lhe empurra uma arma, o apresentador do programa de *talkshow*, etc.).

Certamente, por essa altura da análise, um ou outro leitor já esteja indignado: "mas o Coringa é um psicopata!". Conforme exposto, não sou versado em psicologia. Mas posso afirmar categoricamente que o que ele aprendeu com sua terapeuta do serviço social, sem sombra de dúvida, não foi nada sobre psicopatia, senão sobre consciência de classe. O desfecho dos encontros semanais entre os dois é ele ficar furioso, alegando que ela, efetivamente, nunca o escutara, e ela, por sua vez, explicando a ele que o Estado (neoliberal, se não me falha a análise) não está interessado em prover mais aquele tipo de assistência de forma gratuita — e, mais importante, que o Estado não se importa com ele, assim como não se importa com ela e, principalmente, com seu *trabalho*. Ademais, psicopata não tem empatia. O psicopata, de acordo com a premissa de toda série televisa do gênero, planeja seus crimes. Não é a síndrome da qual Arthur sofre que faz dele um assassino. Fosse o Coringa um doente mental (como um *serial killer*), jamais deixaria Gary, o anão, sair andando de seu apartamento após presenciar o brutal assassinato de Randall, o dono da arma. Ao contrário, Arthur reconhece que Gary fora o único até ali que se portara, de fato, como seu amigo, demonstrando empatia, por exemplo, quando Arthur é despedido por ter entrado num hospital infantil com uma arma — ao contrário de Randall, que, para se safar como proprietário do revólver, acaba mentindo sobre toda a situação. O Coringa, da mesma forma, não planejou matar os três homens no trem (foram os três que o atacaram, sem saber que ele possuía uma arma e que poderia usá-la em sua legítima defesa). Não planejou matar Randall, que lhe empurrara uma arma. O Coringa mata a própria mãe, de fato, mas lembremos que seu ato está fundado na descoberta de um prontuário que, ao que tudo indica, fora totalmente falseado para responsabilizar Penny e safar Mr. Wayne. Difícil, ademais, nessa altura da narrativa, saber se o que Arthur sente por sua mãe é pena, amor ou ódio... ou ainda se a sufoca no travesseiro por não querer mais vê-la sofrer, afinal. Pode até ser tudo isso ao mesmo tempo[8]. Por fim, o Coringa não planejou nem mesmo matar Murray Franklin, o apresentador do *talkshow* (seu plano, como fica claro no filme, era matar a si mesmo diante das câmeras, num gesto de autopiedade que deleitaria Mr. Wayne). O que começa a mudar tudo no meio do caminho, como afirmei acima, é o soco na cara que Mr. Wayne desfere no nariz de Arthur dentro do banheiro.

Agora, o Coringa, após tentar se reerguer honestamente como comediante de *stand up*, não só tem ciência de que o trabalho, seja ele qual for (o seu, ou o de sua terapeuta), não recebe respeito e reconhecimento social algum, mas também de que esse mesmo trabalho é alvo de deboche e desprezo por parte de quem detém o monopólio da representação da vida naquele momento histórico (o programa de televisão de Murray, como sucedâneo metonímico da *mass media*).

## 4. A redenção

É nesse momento, em que o soco na cara da consciência de classe passa a atuar, que o protagonista começa a se libertar de sua síndrome e a se colocar contra todos aqueles que ou zombam dela, ou a alimentam. Claro está que se trata de um sujeito em depressão, mergulhado em uma vida de privações e dificuldades. O dado mais relevante, nesse sentido, são as alucinações que Arthur tem com sua vizinha. Tudo o que ele busca, em seus delírios, é uma vida social — e eis o dado mais importante, uma vez que o distúrbio deixa de ser encarado como um problema exclusivamente individual e ganha uma dimensão relacional. Ao excluir a filha da vizinha de seus pensamentos, por exemplo, o Coringa sonha com uma noite de sexo, com uma companhia no hospital ao visitar sua mãe, com alguém que se importe com a sua performance no *stand-up*, etc. O filme, nesse caso, recorre a um didatismo desnecessário — sobretudo para quem sabe o que é a depressão, ou mesmo que já tenha sofrido de depressão. O que a pessoa deprimida busca, afinal, é um sentido para a vida — e o sentido da vida, como nos ensina a literatura, sempre estará na relação com o outro. O susto da vizinha ao vê-lo sentado em seu sofá, mal lembrando de seu nome, é mais do que o suficiente para que saibamos que tudo o que houve entre ele e ela não passou, na verdade, de um delírio do *Joker*, que se

---

(8) Já que mencionamos Faulkner anteriormente, notória, nesta cena, é a sutil referência a Shakespeare. Arthur, antes de matar a mãe, num momento de consciência e de revelação sobre si mesmo, diz que pensava que sua vida fosse uma tragédia, mas que acabara de descobrir que se tratava de uma comédia. Isso nos faz lembrar as palavras de Macbeth, ao saber da morte de Lady Macbeth:

Life's but a walking shadow, a poor player
That struts and frets his hour upon the stage,
And then is heard no more. It is a tale
Told by an idiot, full of sound and fury,
Signifying nothing.
(*Macbeth*, Act 5, scene 5, lines 16–27).

esvai justamente quando ele é privado de seus medicamentos, uma vez que não será mais atendido pela terapeuta do serviço social.

Assim, seja qual for a abordagem que se tome para a análise, é impossível fazer uma leitura adequada dessa narrativa ancorada apenas na perspectiva do indivíduo. Mesmo se levarmos em conta que, formalmente, a perspectiva dessa narrativa é a do Coringa, o filme, afinal, se inicia num contexto de greve geral dos catadores de lixo, chamando, portanto, nossa atenção para o aspecto social e coletivo daquele enredo (a perspectiva do Coringa, portanto, é sobretudo uma perspectiva de classe). Ademais, após o assassinato no trem dos três rapazes, todos eles funcionários de Mr. Wayne, esse mesmo movimento grevista ganha proporções de revolta social contra os ricos da cidade — como alertam os jornais, sobre um suposto "sentimento anti riqueza". Adiante, a suspeita de que um homem vestido de palhaço tenha cometido o crime faz os grevistas todos usarem máscaras de palhaço — sobretudo após a infeliz declaração de Mr. Wayne dizendo que, para ele, todos os trabalhadores não passavam de palhaços.

A essa altura da análise talvez já tenha ficado bastante claro de que modo a forma narrativa que sustenta o filme se relaciona com o processo social em curso, por meio da causa ausente e do inconsciente político ali manifesto. Ainda assim, sejamos explícitos. Em 1981 o neoliberalismo era algo ainda incipiente, nas figuras de Margaret Thatcher, na Inglaterra, e de Ronald Reagan, nos Estados Unidos — Reagan, aliás, toma posse como presidente em 20 de janeiro de 1981. Passados quase quarenta anos, é muito mais fácil para quem se situa no presente identificar esse momento pós-crise do capitalismo como crucial para o início do desenvolvimento de um verdadeiro credo em defesa da economia de mercado e do Estado mínimo — credo batizado, justamente, de neoliberalismo. Para quem vivia o primeiro ano da década perdida, contudo, essa percepção histórica certamente não era tão nítida assim — embora seus efeitos perversos já fossem sentidos pela classe trabalhadora. É justamente por isso que a figura de Arthur é estruturante para todo o enredo. Ele é o sujeito que, excluído desde o nascimento de todas as benesses que o capitalismo reserva a poucos afortunados, nos revela todo o processo de exploração que recai sobre a classe trabalhadora — precarizada já naquele momento. O inconsciente político dessa obra-prima do cinema desperta, tanto para Arthur quanto para o telespectador, no momento em que Mr. Wayne, a encarnação dessa causa ausente chamada neoliberalismo, desfere um soco na cara do próprio filho renegado dentro de um banheiro, numa noite de celebração em que assistiam a um filme de Chaplin, rindo largamente da cena em que o eterno vagabundo arrisca sua vida, desfilando de patins próximo a um vão aberto de mezanino[(9)]. É o Estado, outrora responsável pelo bem-estar social de seus cidadãos, desferindo um belo golpe na cara de quem agora, por necessidade, vai buscá-lo e só encontra ali uma violenta ausência.

---

(9) Trata-se do filme *Luzes da Ribalta*, de 1952. Nesse longa-metragem de Charles Chaplin, um palhaço relativamente bem-sucedido cai em desgraça, entrega-se ao alcoolismo e à própria loucura.

Juntando tudo, após a exposição vexatória da performance de *stand-up*, em vídeo, no talkshow, Arthur acaba convidado pela produtora de Murray para ir pessoalmente ao programa. Sua triste figura faz rir o público, que clama por ele. O *Joker* aceita o convite e, no caminho do teatro, dois detetives (agentes policiais) em perseguição ao Coringa, acabam sendo linchados, também no trem (esse espaço tão democrático de nossas grandes cidades), por um grupo de grevistas, com máscaras de palhaço, que se dirigiam para uma grande manifestação. A aparição do Coringa no programa com o rosto pintado incomoda o diretor da atração, pois poderia parecer escárnio e zombaria diante do recente assassinato dos três jovens de Wall Street, ou do linchamento dos dois homens da lei dentro de um trem. Nesse momento, contudo, o Coringa já tem consciência de que o riso é uma questão de perspectiva. Se humilhar os pobres até à morte é engraçado, matar os ricos e opressores a seu serviço também pode ser libertador — ao menos para ele próprio, uma vez que as pessoas demonstram enorme empatia pelos três rapazes de Wall Street quando o Coringa confessa seu crime. Ademais, nessa altura, seu movimento não é mais individual (se é que alguma vez o foi). Por mais que o próprio Arthur negue uma intenção política, sabemos que, numa representação artística, todo ato, voluntário ou não, é político por excelência(10). Nesse sentido, os grevistas, à revelia do que pensa o *Joker*, incorporaram sua revolta e sua máscara — tanto que um deles acabará por assassinar Mr. e Mrs. Wayne, deixando órfão o filho legítimo.

Durante a entrevista, ao invés de se matar, como vinha ensaiando no sofá de sua casa e mesmo no camarim (minutos antes de aparecer diante das câmeras, portanto), o Coringa (assim batizado pelo próprio Murray), conforme adiantado, resolve falar de todos os crimes que cometeu — mas também dos crimes cometidos por Mr. Wayne. E, ao identificar no apresentador um desses opressores à serviço do status quo, o Coringa dispara um tiro na cabeça de Murray em frente às câmeras. É a sua recusa pessoal e, sobretudo, coletiva (uma vez que mata o sujeito numa transmissão ao vivo, para que todos vejam), de dizer um sonoro "não" ao vexame público e à opressão de classe. O Coringa, todavia, sairá do teatro preso. No caminho, há uma tentativa para libertá-lo. E eis que temos uma daquelas imagens que vão entrar para a história do cinema: um Coringa ferido, cercado pelos grevistas que o ovacionam, em pé sobre um carro de polícia com dois cadáveres fardados dentro e pintando em seu rosto um sorriso feito de seu próprio sangue. Simplesmente antológico!

---

(10) "It is in detecting the traces of that uninterrupted narrative, in restoring to the surface of the text the repressed and buried reality of this fundamental history, that the doctrine of a political unconscious finds its function and its necessity. [...] there is nothing that is not social and historical — indeed, that everything is'in the last analysis' political. The assertion of a political unconscious proposes that we undertake just such a final analysis and explore the multiple paths that lead to the unmasking of cultural artifacts as socially symbolic acts." (JAMESON, 1982, p. 20).

O assassinato de Murray pelo Coringa, diante das câmeras, é, certamente, um exemplo do *ato social simbólico* de que nos fala Jameson. Não pretendemos, contudo, nos estender sobre a teoria, demasiado complexa para os interesses desta breve análise.

Assim como nós, Arthur e Penny também gostavam de assistir ao programa de talk show juntos, a fim de se divertirem, num tempo em que a consciência de classe não passava de uma quimera. Nesse contexto, o palhaço de porta de loja, depois de um dia inglório de trabalho, ainda podia sonhar com uma participação amigável no *talk show* de Murray, por quem seria respeitado e tratado como um sujeito cordato e sensível. Tudo muda, no entanto, quando Arthur encarna o Coringa em meio a um movimento grevista e nega aquele riso, fruto de um desprezo de classe insuportável para quem, ao cabo, vira o alvo do ridículo: "Você é horrível, Murray... Você fez piada de mim...".

## 6. Considerações finais

Após esse percurso analítico, talvez soe estranha a sugestão de que o filme esteja tratando de tudo quanto apontamos até aqui. Afinal, por que voltar quarenta anos na história para abordar algo que nos parece tão óbvio no presente? Bem, justamente porque nada é óbvio — fosse assim, não haveria tanta gente descontente saindo das salas de cinema para escrever análises calcadas unicamente na suposta psicopatia do protagonista (vale lembrar que a síndrome de que sofre Arthur, de fazê-lo rir descontroladamente, nada tem que ver com o quadro psicótico de um *serial killer*, como querem acreditar os telespectadores). O que Todd Phillips intentou foi, justamente, nos apresentar o ovo da serpente, o momento em que nasce o atual estado de coisas por que passa o mundo globalizado. E por que faz isso? Talvez porque queira nos alertar sobre o fato de que a crise cíclica do capitalismo da segunda metade dos anos de 1970[(11)] produziu mecanismos de exploração muito mais sofisticados do que os que eram praticados até ali – ao menos daqueles que foram empregados ao longo da Era de Ouro do pós-guerra. Em 2008 o capitalismo sucumbiu a uma nova crise, reconhecidamente mais grave do que a dos anos de 1970 e mesmo do que a de 1929, sob vários aspectos. E o que estamos presenciando desde então é surgir, do ovo, uma serpente ainda mais letal em sua exploração impiedosa do trabalho humano — e só não consegue enxergar esse fato quem, num mundo de gente oprimida, está sentado no confortável assento do opressor.

(11) O que houve, de fato, foi uma sucessão de crises desencadeadas pela alta abrupta no preço do barril do petróleo, em 1973 (em decorrência das sanções impostas pelos países produtores no contexto da Guerra do Yom Kippur). A economia global, desde o abandono do padrão ouro-dólar em 1971 (adotado desde Bretton Woods), já vinha passando por transformações sensíveis e a crise energética operou como um catalisador nesse processo, uma vez que o choque de oferta de um insumo imprescindível (o petróleo) implicou, por um lado, uma pressão inflacionária sem precedentes para quem o importava e, por outro, um aumento de liquidez, por parte dos países árabes (que recebiam mais pelo que vendiam), que acabou alimentando o mercado de eurodólares e, consequentemente, um novo ciclo de investimentos para manter o ritmo da produção ao redor do mundo. Um novo choque do petróleo, em 1979, dessa vez por conta das convulsões políticas no Irã, foi a pá de cal nessa crise, uma vez que os empréstimos em eurodólares haviam sido contratados a juros flutuantes e o resultado foi o calote generalizado, levando os países subdesenvolvidos a uma década perdida (do ponto de vista econômico).

Contudo, engana-se quem julga o Coringa derrotado por aparecer, efetivamente, preso ao final do filme — pois mesmo encarcerado deixa atrás de si um terrível rastro de sangue. Prenderam o homem, mas a sua máscara continua presente entre os trabalhadores. Os grevistas, como no Chile e na França da contemporaneidade, continuam nas ruas (acaso seriam todos psicopatas?). E é por isso que, para a elite, é aparentemente confortável e segura a leitura dessa narrativa unicamente na chave do indivíduo, quando é possível internar no hospício, prender, dar um soco na cara e, eventualmente, mandar matar quem incomoda. É por isso também que a postagem na rede social revelava muito sobre a perspectiva de classe do sujeito que expressava seu inconformismo para com o diretor do filme. Ao sujeito, desejo que tenha boa sorte na sua empreita rumo ao sucesso. Ao diretor, desejo que tenha vida longa. E aos palhaços do mundo, que se unam!

# Indústria Americana: Resenha Política

*Salvador Schavelzon*

## 1. Introdução

O filme documentário Indústria Americana (*American Factory*, 2019) começa com um discurso religioso de um homem negro, nos Estados Unidos, pedindo pregarias na frente das câmeras. Depois música envolvente com imagens de uma fábrica da GM que deixa de funcionar. Uma pessoa chora no chassi de um carro que se encontrava em processo de fabricação e, num papelão escrito com caneta, se lê "The End". Imagens de uma fábrica fechada buscam sensibilizar explorando um lugar comum na memória da sociedade norte americana, o das cidades industriais que viveram o fechamento em massa de fábricas enquanto o regime de acumulação se transformava.

É triste o fechamento de uma fábrica? Sim quando pensarmos nos muitos que de imediato terão dificuldades. Os que menos ganham na bonança são também os que mais perdem nas crises. O fechamento da fábrica da GM que é mostrado no começo do filme originou a perda de 10 mil empregos. Mas a fábrica é também um lugar sombrio, que não pode ser dissociado da exploração intrínseca ao seu funcionamento, e cujo espaço e tempo são as do próprio capitalismo, pelo qual não é bem luto ou lamento o que exige a situação de atividades encerradas. Teve uma época em que a fábrica era associada à modernização e progresso como valores positivos, celebrados inclusive fora do mundo capitalista. Mas não estamos mais nessa época.

Na sequência das primeiras cenas do filme, vemos um casal chinês que chega nos Estados Unidos. O filme se situa no caso de uma das fábricas fechadas que a partir de 2010 começaram a reabrir com investimento chinês. É feliz a reativação de uma fábrica? Talvez para os capitalistas. Para a maioria traz apenas um alívio efêmero, de conseguir pelo menos pagar as contas, em caso de ser contratados, mas sem nada para comemorar. O documentário vai mostrar que um otimismo inicial vai ser seguido de desilusão, trabalho duro, expectativas frustradas.

No realismo capitalista (FISHER, 2020), sabemos já que não temos nada para comemorar nem que esperar, e também que não temos nenhuma alternativa para fugir, só temos relíquias, nostalgia e ruínas. O filme mostra a organização de uma festa, as celebrações não escapam do destino burocratizado da vida empresarial. Mas talvez na China haja motivos para comemorar. Assim, talvez os empresários chineses da FUYAO GLASS AMERICA, animados pelo processo de abertura de fábricas do outro lado do mundo e de expansão do capital, estejam fora desse realismo pós-moderno de fim da história. Como para os ingleses do século XIX, para eles a história não acabou e trabalhar, ou fazer uma fábrica funcionar, parece ainda fazer sentido.

Não sabemos. O documentário nos permite acessar mais como pensam os norte-americanos. Apesar de que também são entrevistados, a forma com que os chineses vivem e sentem ficará no filme sempre como um mistério. A humanidade dos norte-americanos aparece retratada de forma mais acessível, com histórias que adentram mais na vida deles. Nenhuma história na fábrica parece ser de trajetória feliz. Como pátria dos gerentes, no filme, a China aparece como ameaça estrangeira em trem de invadir, a fábrica (ou as fábricas) são um cavalo de troia que imporá formas bárbaras na administração, talvez como prenúncio de um avanço na sociedade em geral. Na sua humanidade, os trabalhadores dos Estados Unidos se mostram sem disciplina e a capacidade de trabalho que os chineses esperam.

Em conversa com os funcionários chineses da nova fábrica, o presidente da empresa busca apelar a sentimentos nacionais, afirmando que não importa onde serão enterrados: se foram paridos por mães chinesas serão sempre chineses, porque a China é como uma mãe, e a China é eterna. Mais importante que o dinheiro, continua falando o *Chairman* bilionário para os trabalhadores, é como mudará a percepção dos norte-americanos sobre os chineses. De certo, o filme não é sobre uma fábrica particular, nem sobre relações de empresários e trabalhadores. Se trata de um encontro entre nações.

"O mundo está olhando para nós", diz um empresário de hierarquia, em outra entrevista. Se as personagens norte americanas do documentário são mais que nada trabalhadores que falam sobre seu trabalho, os chineses são apresentados na realização de uma incursão bélica, de invasão silenciosa sem armas de guerra. Os chineses aparecem como coletividade, com objetivos para além da dimensão da vida individual. Representam o País, pondo em jogo a imagem da China num país estrangeiro. Eles são soldados numa guerra econômica e geopolítica que encontra trabalhadores que apenas trabalham, sem a noção que o filme adere, ao igual que empresários e chineses. Os norte-americanos entraram na guerra mais para o final do filme, quando também aparecerão como categoria coletiva para além das vidas particulares, mas veremos que a narrativa bélica do filme progressista se mostrará ingênua e até involuntariamente enganadora.

## 2. Trabalho e Estado Nação

Na planta desativada da GM em Ohio foi alocada uma fábrica de vidro para carros. Contratará 2.200 norte-americanos e 200 chineses. A exploração e trabalho, com condições de trabalho duras, como excessivo calor em fornos e funções repetitivas extenuantes, se insere na temática principal de encontro entre duas culturas associadas a duas nações. Em cada cena, é o jogo de identificação-diferenciação entre os códigos dos dois países que aparecem numa dança contínua de oposição, que o filme percorre.

Os trabalhadores dos Estados Unidos desconfiam. Um afirma ter visto chineses verter produtos químicos no rio. A ideia dá conta de um lugar comum de percepção nacionalista em chave colonial: os estrangeiros se beneficiam das riquezas, e não respeitam as leis locais. Algo parecido ao que pessoas do mundo todo pensam dos Estados Unidos. Mas os norte-americanos da classe trabalhadora, que no filme brasileiro Bacurau aparecem atirando em nordestinos, aqui vivem uma vida sofrida de exploração que se torna mais dura por causa do regime de trabalho imposto pelos chineses.

A fábrica se transforma no cenário do encontro de chineses e norte-americanos, numa relação de subordinação dos trabalhadores norte-americanos frente ao rigor asiático um tanto autoritário. Um trabalhador se queixa que os supervisores chineses se aproximam falando o que deve ser feito sem nenhuma explicação. Quando há reclamos ou recusa, eles simplesmente dizem que é o que deve ser feito e se retiram. Há um estranhamento, com os modos de dirigir a atividade, onde um modo norte americano aparece como preferível, por ser menos hierárquico, pelo menos nas formas. O conflito entre trabalhadores e gestão capitalista dessa fábrica aparece assim como manifestação desse conflito entre duas culturas.

O encontro envolve hierarquia e comando, como se fosse uma colonização imperial, sendo vivida aqui nos poros da vida de uma fábrica. Só o mundo global contemporâneo, hiper filmado e avançando rapidamente na vida econômica antes do que na política, permite um ponto de observação que remete à micro-história ou à etnografia. O filme remete a um conflito entre nações, mas não temos a geopolítica das relações internacionais ou grandes fluxos econômicos que aqui são retratados. O mérito do filme, mas também o que pode ser criticado como exageração descuidada, é o acesso a esse nível de observação e retrato de uma realidade que é tema de interesse político geral.

Os chineses com cargos hierárquicos na empresa não dissimulam distância, não tem uma cordialidade no trato, como existe em sociedades que constroem relações no trabalho e além, de aparência menos hierárquica. Os chineses, no filme, ordenam, comandam e não se misturam com os subordinados. Em imagens de trabalhadores em fábricas do mesmo grupo, captadas na China, os trabalhadores subalternos aparecem de forma bem diferente dos norte-americanos, em formação alinhada, gritando ao uníssono frases de motivação e orgulho, opostos à imagem desorganizada e menos homogênea dos trabalhadores dos Estados Unidos, definidos por gerentes chineses como "lentos, com baixa produção e conversadores demais".

No estereótipo -ou realidade- do filme documental que organiza imaginários no filme, e na ideia sobre a China que se constrói nos Estados Unidos, os chineses trabalham mais (tem menos dias de descanso por mês), e tem melhores resultados. Gerentes norte-americanos, depois de visitar as plantas industriais na China querem impor aos trabalhadores do Estados Unidos critérios novos de organização do trabalho. No filme, eliminaram espaços de sociabilidade e impuseram uma revista rápida, em pé, não mais a reunião em mesas com os supervisores.

Os chineses parecem não estar encontrando a forma de gerir que conseguem na China, ou que os capitalistas norte-americanos conseguem. Dizem que quando tentam liderar os trabalhadores, eles ameaçam com ir ao sindicato. Os americanos exigem melhor salário, algo fora do lugar, para os chineses, que dizem que na China os trabalhadores têm que merecer o trabalho para receber. O presidente da empresa, inclusive, diz que o importante não é o dinheiro que ganhe nessa fábrica, mas a percepção que os estadunidenses sobre os chineses.

Nas aulas e falas de preparo, os chineses são ensinados que os norte-americanos seguem sua personalidade, exceto coisas ilegais tudo pode ser feito e tudo pode ser dito, inclusive piadas com o presidente, que não tem consequências. É a questão cultural que sobressai no documentário na hora de pensar a implantação de uma fábrica chinesa. Os norte-americanos são práticos, óbvios, não escondem nada e falam o que pensam, não se preocupam muito por ser elegantes e não querem abstração e teorias na vida cotidiana.

De acordo com o universo construído pelo filme, para os chineses o trabalho aparece ligado a noções de honra e responsabilidade não presentes entre os trabalhadores dos Estados Unidos, para quem o trabalho é apenas uma obrigação pesada feita para ganhar dinheiro e da qual sempre que possível é bom fugir. Certamente podemos nos perguntar se de fato essa representação é generalizada, homogênea, majoritária e, até, real. Estaríamos entrando num território difícil que é o que tem levado à antropologia se afastar de qualquer ideia fixa, essencial ou homogênea de "cultura"(1). O filme, no entanto, apresenta o confronto entre dois tipos construídos na disputa entre autoridade e forma de trabalho, onde norte americanos e chineses lidam uns com os outros e se apresenta, assim, como choque cultural.

Na vida norte-americana, e inclusive dentro da história do seu cinema documentário recente, o fechamento de fábricas, o fim do regime de acumulação fordista (HARVEY 1992), as cidades fantasmas como resultado da desterritorialização da produção é um

(1) Sahlins, Roy Wagner, Schneider escreveram textos definitivos sobre isso.

lugar comum(2). O sentido com que entendemos a história recente do trabalho é o do avanço da precariedade, o desemprego, o fim de um sonho (capitalista). O estado de Bem Estar, que raramente existiu, mas que criou um forte imaginário, hoje se encontra substituído como imaginário, nas fábricas ou na ausência delas, por falta de segurança, maior exploração e autonomia impondo maiores responsabilidades aos trabalhadores.

O tema do avanço da China na economia mundial e na concorrência com a que ainda é a primeira economia mundial, é também um assunto de grande interesse e preocupação na cultura norte americana e na sua política atual. Hoje nos Estados Unidos (e além, vide o conflito atual com o vírus e a vacina que vêm da China), em nome do avanço chines se fundamentam políticas e ganham eleições. O filme encontra então dois importantes temas da política e cultura norte americana, e da história atual do capitalismo: fábricas fechadas e a China. Talvez por isso entendemos que depois dos créditos do filme apareçam os diretores conversando com Michelle e Barack Obama, produtores do filme.

O filme de Steven Bognar, Julia Reichert e Jeff Reichert venceu o prêmio Oscar a melhor filme estrangeiro em 2019. A curadoria dos filmes da categoria internacional foi feita com um claro viés progressista(3). A escolha do jury do Óscar poderia sinalizar um interesse no conflito de classe. Dessa forma a perspectiva que organiza a matriz política da esquerda operária, teria vencido filmes com ênfases diferentes: tradições, machismo, um olhar sobre a barbárie da guerra ou as emoções de uma menina herdeira de uma das maiores empresas do Brasil, quando a presidenta progressista que ela apoiava, foi destituída.

Na interposição das diferenças culturais entre norte americanos e chineses, no filme, não é exatamente a busca de reconstrução da experiência de classe sempre vivida a partir da cultura, como na perspectiva do marxismo influenciado por Gramsci, Thompson e os estudos culturais ingleses. Também não se trata de um conflito entendido em chave imperialismo, colonial, da geopolítica que hoje escala uma disputa global, embora algumas falas possam levar a trama para esse lado. No final do filme um texto leva a discussão para o problema da automação, que a tecnologia chinesa acelera. O que de fato organiza os depoimentos e montagem do documentário é uma questão nacionalista e nostálgica, como veremos, sobre como os chineses perturbam o que seria um mundo do trabalho aceitável, nos moldes do que era usual no passado e que o novo capitalismo ameaça.

---

(2) Inclusive *Roger & Me*, primeiro filme do documentarista mais conhecido do país, Michael Moore, na sua cidade natal Flint, fortemente afetada pelo fechamento de fábricas da GM.

(3) O macedônio *Honeyland* destaca métodos de apicultura tradicionais, em xeque quando uma empresa busca administrá-la conforme outra lógica de produção, e os sírios *For Sama* e *The Cave*, sobre uma médica que sofre machismo e a cotidianidade na cidade bombardeada de Alepo. Concorria também o documentário brasileiro Democracia em Vertigem, que narra a queda da Dilma Rousseff.

## 3. Nostalgia fordista e neoliberalismo

Indústria Americana é um filme documentário com estrutura dramática que agradou espectadores e Hollywood. O que dá a curva que organiza o filme foi um conflito pontual, referente à negativa da Fábrica a acolher um sindicato, que deriva numa reivindicação que é resolvida com uma votação dos empregados da fábrica, conforme as leis. Depois de apresentar o choque de culturas, o filme mostra como é encaminhada a votação, e seu desfecho, negativo para os partidários do sindicato.

Esse ponto permite novamente enfrentar duas culturas organizacionais, e apresenta os norte-americanos lutando pela liberdade e essa sociedade de Bem Estar, que hoje tem uma nostálgica sobrevida para boa parte da esquerda social democrata, progressista, ou democrata. Na era do capitalismo neoliberal, o que cabe para a esquerda que disputa a administração do Estado com os conservadores e ultraliberais é uma defesa discursiva, na maioria das vezes, simbólica, de um mitologizado Estado presente.

Previsivelmente, o lugar que ocupa a China nesta disputa política alinhada com o que se tornou esquerda e direita no mundo é o do totalitarismo, como monstro que combina o pior do comunismo e o pior do neoliberalismo para uma esquerda que mostra que entre comunismo e capitalismo fica com o liberalismo, capitalista, embora com sindicato e discurso social. Para não ser injusto, digamos que esse lugar político poderia derivar uma defesa firme de direitos. É isso que o sindicato representa. Sabemos, no entanto, que um sindicato não é garantia de que direitos serão respeitados e o capitalismo o incorporou faz tempo a seu modo de funcionamento, inclusive como administradores diretos da exploração nas fábricas.

A defesa da implantação do sindicato, no filme, é retratada como uma luta épica, contra o poder dos chineses, como representando um espírito norte americano do trabalhador médio, que defende, no fundo, a sua cultura e razão cultural... a sua forma menos rígida e disciplinada de fazer as coisas, mesmo no País onde o capitalismo do século XX adquiriu sua forma mais acabada. É através da campanha pela implantação do sindicato que os trabalhadores norte-americanos saem do lugar ensimesmado nas suas vidas e se organizam coletivamente, na narrativa do filme, contra o exército hierárquico e mais organizado dos chineses.

Os gerentes chineses, auto críticos, avaliam que é preciso melhorar a gestão para apaziguar o que vem como uma "rebelião sindical". Declaram que o senador Brown, que foi invitado para uma festividade e criticou a fábrica por não ter sindicato, não é mais bem vindo. O presidente do grupo diz que a fábrica será fechada se um sindicato chegar. A esquerda norte americana, dos democratas progressistas aparece como personagem coletiva com quem o espectador de esquerda ou progressista, se organiza e existe, contra os chineses.

Na visita de funcionários da fábrica norte americana a China o documentário mostra o conceito chinês de sindicato. Numa sala da empresa aparece Mao Zedong e os seguintes máximos dirigentes do partido comunista chinês, cabeça do Estado Chino. Sem apoio do governo, diz quem conduz a visita, a empresa não chegaria longe demais. O sindicato aparece junto ao Estado e a empresa, como engrenagens que devem caminhar juntos. Todos estamos no mesmo barco, diz o funcionário hierárquico. Se o barco afunda, todos perdem os empregos, afirma.

Vemos capitalismo selvagem na versão chinesa, de fato, que um documentário de esquerda retrata. Nossa leitura crítica, no entanto, se pergunta quanto fora do capitalismo selvagem estaríamos com um sindicato independente. Normalmente, provavelmente, o capitalismo consiga mais legitimidade e mais lucro pelo caminho norte americano, e temos nesse lugar um ponto de conflito que preencherá parte da história do capitalismo global das próximas décadas. Se observamos o papel dos sindicatos no capitalismo atual, ao mesmo tempo, vemos que sua independência é algo raro, porque de fato no ocidente sindicatos e empresa, no fordismo ou no neoliberalismo, caminham juntos.

Em algum lugar do Mil Platòs (1997) Deleuze e Guattari se perguntam porquê o capitalismo não começou na China onde, antes que na Europa, existiam todas as condições necessárias para a realização do capitalismo (fortuna, capacidade técnica, mercado desenvolvido, trabalhadores livres, etc). Era uma questão explicada pelos autores em termos de agenciamentos coletivos do desejo e fluxos sociais liberados num momento contingente. Na China, quando suficiente carvão era coletado nas minas, o Estado fechava as minas em lugar de escavar sempre mais, na lógica da expansão permanente.

Hoje os chineses parecem ter aprendido a lógica do sempre mais. E ainda fariam isso combinando o espírito capitalista com uma lógica disciplinada de trabalho, ausente nos Estados Unidos e milenar na China. O sindicato, interfere com esse espírito do trabalho que, na China, estaria antes inclusive do que a busca de retribuição econômica. Os norte-americanos trabalham por dinheiro, os chineses trabalham para que o trabalho seja bem feito. O sindicato aparece associado à lógica da reclamação, não da luta. Num comício, um trabalhador norte americano se queixa que a filha manicure ganha mais do que ele. Seria dessa forma, ficamos pensando, que a China vai um dia superar os Estados Unidos como principal força econômica mundial.

Os votantes contrários à implantação do sindicato venceram com 868 votos contra 460 trabalhadores que eram favoráveis. A empresa contratou a assessoria de um Instituto de Relações Laborais, que se diz que recebeu um milhão de dólares, e que organizou a campanha contra o sindicato, simulando uma consultoria neutral. Embora é de esperar que essa maioria seja de composição complexa, e perto de mil funcionários não votaram, o documentário não explora essas controvérsias, se contentando com construir uma ideia limitada de trabalhador, aquele que luta pela implantação do sindicato. É esse o trabalhador modelo do filme, que acaba representando uma luta contra o próprio Império do Meio.

O filme mostra argumentos clássicos na defesa dos interesses patronais, como explicação da derrota: gratitude pelo emprego, reconhecimento da importância da reabertura das fábricas. Essas representações poderiam abrir para outras concepções sobre o trabalho que não aparecem no filme, preocupado em construir o choque de culturas opondo o trabalhador que teria, com espontaneidade e rebeldia norte americana, algo a dizer contra a forma chinesa.

A maioria dos votantes e grande número de abstenção, de fato, parecem dizer que tem outros trabalhadores para além do que o documentário destaca, e que enfrenta a chefia para pleitear a implantação do sindicato. Um dos poucos trabalhadores contrários ao sindicato que foram entrevistados diz que são os que não são bons trabalhadores, preguiçosos, irresponsáveis, os que querem o sindicato. Para além da manipulação do resultado pela pressão e intervenção da empresa, é possível que o sindicato não empolgue de fato aos trabalhadores tanto como os espectadores de classe média progressista podem achar.

Na entrevista de Michel e Barack Obama com os diretores, o ex presidente celebra que o filme mostre a voz das pessoas. Mas a voz que aparece é muito editada por um roteiro que impõe o retrato de um choque cultural, e a voz dos chineses não aparece tanto como a norte-americana, não sai do lugar da alteridade. Essa alteridade, aparece representada como autoritária, generalizando a posição do dono da fábrica, contrário ao sindicato e representante da violência capitalista que o filme questiona não na lógica geral de funcionamento, mas por uma questão simbólica e lateral.

## 4. Conclusão

O filme Indústria Americana narra desde dentro de uma fábrica um aspecto atual da realidade do capitalismo global. O filme mostra como a economia se vive na vida, e não só na política dos acordos comerciais, ou macroeconomia. É possível mostrar o lugar da China na Economia a partir de um conflito da ordem da administração empresarial. No filme, os norte-americanos ocupam um lugar inicialmente pouco engajado, muito focados nas próprias vidas e não no conflito geopolítico em pauta. No final, esses mesmos trabalhadores se tornam protagonistas de uma luta época pela implantação do sindicato.

É possível ver nessa votação a resistência da classe trabalhadora ou, até a cultura norte americana lutando contra a forma autoritária dos chineses? É a aposta do filme. Mas numa leitura política é importante mostrar como nesse tipo de resistência que não abre de fato um confronto com o que oprime e explora, é como o capitalismo se reproduz, no campo das boas intenções e bons pensamentos progressistas.

Não haveria filme se os chineses soubessem, como qualquer gestor norte americano, que o sindicato é fácil de manipular. Mas os chineses no filme, menos mostrados, mas que se percebem sem jogo de cintura e com formas que, aparecem como rígidas, brutas, numa empolgação que nas celebrações se torna cafona e pouco atraente. O realismo capitalista e a cultura norte americana não sabem assimilar o que a China é. O retrato da China aparece como um culturalismo de estereótipo e exageração.

Para além das boas intenções, do conflito real entre formas de ser, o documentário teve sucesso também por maus motivos: um progressismo democrata, do senador Brown, Obama ou Biden, que se enfrenta aos chineses não para imaginar uma vida melhor. Na toada do capitalismo que poderia ser bom, com sindicato, sem totalitarismo rígido chinês, somos levados a acreditar numa luta época que não é tal.

Enquanto o capitalismo funciona de forma igualmente injusta com qualquer verniz cultural ou idiossincrático, nos encontramos novamente com um filme norte americano que caricaturiza o inimigo estrangeiro da política internacional do país. Como foram os alemães, os russos e os árabes, agora os chineses ameaçam uma cultura da liberdade, espontaneidade e poder falar qualquer coisa.

O filme alimenta um mito. O mito do progressismo neoliberal. O desafio é entender se existe um lugar que não seja nem a tolerância desencantada do modo chines, nem da esperança vá do sindicato. É possível, na época do realismo capitalista onde o fim do capitalismo parece mais difícil que o fim do mundo, imaginar uma luta anticapitalista ou de melhoria substancial da vida da classe trabalhadora, qualquer que seja a crença cultural do administrador?

Como habitual no cinema, a cultura, a identidade, a forma específica são tomadas como material que cria espetáculo, narrativa, mitologia que reproduz a forma do mundo, por novos e velhos caminhos. No final do filme se menciona a chegada da automação, que gerará desemprego, como será que o cinema trata a violência capitalista que sustentará de forma perversa formas de trabalho precárias e de exploração. O embate nacionalista de estereótipos poderá ajudar a candidatos populistas de esquerda ou de direita a ganhar eleições se mostrando como representantes do povo.

Os chineses administram fábricas sem sindicatos, com empregados mal pagos que são obrigados a ter vários empregos, porque a legislação e economia norte americana permite e impõe isso. Outras formas de exploração também muito duras se vivem nas fábricas chinesas, inclusive na fabricação das grandes marcas norte americanas. Será que a Nike tem um sindicato forte nas suas plantas de Bangladesh? Imaginamos muitas formas interessantes de documentar e retratar um mundo capitalista de grandes corporações que ganham cada vez mais e pagam menos. Ficamos atentos aos próximos filmes a serem produzidos por Michelle e Barack Obama. Sem dúvida há muito para mostrar numa fábrica para além do confronto nacionalista de estereótipos culturalistas.

# Paradoxos do Capitalismo e Destruição Criativa. Uma Resenha de Schumpeter a Partir de *Dark*

*Angelo Antonio Cabral*

*Der Anfang ist das Ende*
*und das Ende ist der Anfang.*

## 1. *Dark*: uma introdução

*Dark* é uma premiada série alemã de drama, suspense e ficção científica, criada por Baran bo Odar e Jantje Friese e eleita em votação popular no site *Rotten Tomatoes* como a melhor série original Netflix. A série se passa na cidade de Winden, na Alemanha, que sofre o impacto do desaparecimento de uma criança, que expõe os segredos e as conexões ocultas entre quatro famílias locais, enquanto elas lentamente desvendam uma sinistra conspiração de viagem no tempo que abrange várias gerações.

Ao longo de suas três temporadas, *Dark* explora as implicações existenciais do tempo e seus efeitos sobre a natureza humana. É a primeira série original alemã da Netflix, tendo estreado sua primeira temporada completa no dia 1º de dezembro de 2017. Após as críticas positivas, a série foi renovada para uma segunda temporada, lançada no dia 21 de junho de 2019. No trailer de lançamento da segunda temporada, a série foi anunciada como "*uma história contada em três ciclos*", cujo final ocorreu em sua terceira e última temporada, lançada no dia 27 de junho de 2020.

Apesar de ser inicialmente comparada a *Stranger Things*[(1)] — ambas partem do desaparecimento de uma criança — a série ganhou fama por sua trama complexa e temas envolvendo viagens no tempo e conceitos de física. Em uma votação realizada pelo site *Rotten Tomatoes*, *Dark* foi eleita como a melhor série da Netflix, vencendo a própria *Stranger Things* e enfrentando a também aclamada *Black Mirror*[(2)] na final. *Dark* também

---

(1) "*Stranger Things* é uma série de televisão americana dos gêneros ficção científica, terror, suspense e drama adolescente criada, escrita e dirigida pelos irmãos Matt e Ross Duffer para a plataforma Netflix. Os irmãos Duffer, Shawn Levy e Dan Cohen são também os produtores executivos. Ambientada na cidade fictícia de Hawkins, no estado de Indiana na década de 1980, a trama da primeira temporada se passa no ano de 1983 e concentra-se do desaparecimento do estudante Will Byers, e apresenta a jornada de seus amigos para o encontrarem, até que no caminho, encontram uma estranha garota com poderes telecinéticos, que escapou de um laboratório que usava crianças como cobaias para experimentos sobrenaturais. A segunda temporada, intitulada *Stranger Things 2*, se passa um ano depois, e lida com as tentativas dos personagens de retornar à normalidade e as consequências causadas pelos acontecimentos da primeira temporada, mas Will, fica com sequelas do Mundo Invertido. A terceira temporada, intitulada *Stranger Things 3*, se passa no verão americano de 1985, onde os personagens precisam lidar com o início da adolescência e de novos eventos sobrenaturais após a abertura de um shopping na cidade e a chegada de uma perigosa equipe russa que planeja abrir o portal do mundo invertido. A série apresenta em seu elenco os nomes de Winona Ryder, David Harbour, Finn Wolfhard, Millie Bobby Brown, Gaten Matarazzo, Caleb McLaughlin, Noah Schnapp, Natalia Dyer, Charlie Heaton, Joe Keery, Cara Buono e Matthew Modine, enquanto Sadie Sink, Dacre Montgomery, Sean Astin, Paul Reiser, Maya Hawke, Priah Ferguson e Brett Gelman foram incluídos no elenco em temporadas posteriores. Os irmãos Duffer desenvolveram a premissa da série em meados de 2015, e no roteiro original, o projeto se chamaria *Montauk*, e seria ambientado na cidade de mesmo nome localizada em Nova Iorque, abordando as teorias da conspiração envolvendo os experimentos secretos do governo americano em uma base militar na cidade no início da décadas de 1980. Após a definição do roteiro, os irmãos Duffer incluíram várias referências aos elementos culturais daquela década, como filmes de ficção científica, terror sobrenatural e ação e aventura, bem como videogames, animes e música, além de inúmeras referências a obras de Steven Spielberg, John Carpenter e Stephen King, considerados as grandes inspirações dos irmãos Duffer para a realização do projeto. Eles também se inspiraram em estranhos experimentos que aconteceram durante a Guerra Fria e em teorias da conspiração do mundo real envolvendo experimentos secretos do governo. Após seu lançamento, *Stranger Things* recebeu aclamação do público e da crítica especializada, que elogiaram a caracterização, ritmo, atmosfera, atuações, trilha sonora, direção, roteiro e homenagens a filmes do gênero da década de 1980. Devido sua popularidade, a série acabou gerando alguns produtos, como livros, brinquedos, videogames e histórias em quadrinhos... A primeira temporada foi disponibilizada pela Netflix em 15 de julho de 2016 e contém oito episódios, sob roteiro e direção dos irmãos Matt e Ross Duffer e produção de Shawn Levy. Em 31 de agosto de 2016, a Netflix renovou a série para uma segunda temporada de nove episódios, que foi lançada em 27 de outubro de 2017. Em dezembro de 2017, a Netflix anunciou uma terceira temporada de oito episódios, que começou a ser produzida em abril de 2018 e foi lançada em 4 de julho de 2019. Em 30 de setembro de 2019, a Netflix renovou a série para uma quarta temporada, que ainda está sem previsão de estreia devido a pandemia de Covid-19" (WIKIPEDIA, Stranger_Things).

(2) "*Black Mirror* é uma série de televisão britânica antológica de ficção científica criada por Charlie Brooker e centrada em temas obscuros e satíricos que examinam a sociedade moderna, particularmente a respeito das consequências imprevistas das novas tecnologias. Os episódios são trabalhos autônomos, que geralmente se passam em um presente alternativo ou em um futuro próximo. A série foi transmitida pela primeira vez na emissora Channel 4, no Reino Unido, em dezembro de 2011. Em setembro de 2015, a Netflix comprou a série, encomendando uma terceira temporada de 12 episódios, no entanto, os episódios encomendados foram divididos em duas temporadas de seis episódios; a quarta temporada foi lançada na Netflix em 29 de dezembro de 2017. Em 5 de março de 2018, a Netflix confirmou a quinta temporada da série, que foi lançada em 5 de junho de 2019. Sobre o conteúdo e a estrutura da série, Charlie Brooker disse que "cada episódio tem

ganhou o prêmio Grimme-Preis, o mais importante da televisão alemã (WIKIPEDIA, *Dark*).

O público acompanha tudo o que aconteceu na pequena cidade de Winden nos anos de 1920, 1950 e 1980, do século XX e em 2019 e 2020 e 2052, a partir de cíclicas viagens no tempo (ciclos de 33 anos). Os acontecimentos não são mostrados de forma linear ou cronológica; e os personagens aparecem em diferentes fases das suas vidas: crianças, adultos e idosos.

As viagens no tempo são possíveis porque, em uma caverna do bosque de Winden, existe um "buraco de minhoca"(3) — *uma característica hipotética do espaço-tempo que funcionaria como um "túnel" entre dois momentos distintos*. O surgimento do buraco de minhoca está ligado de alguma forma a uma explosão que aconteceu em 1986 na usina nuclear que existe em Winden (1986 é uma referência ao acidente de *Chernobyl*).

Acontece que, como apresentados em Dark, os acontecimentos ao longo do tempo não se influenciam apenas na ordem que parece lógica. "*O tempo não influencia apenas o futuro: o futuro também influencia o passado. É igual à questão do ovo ou da galinha. Eles estão conectados*", afirma o personagem H.G. Tannhaus. Na primeira temporada, o público é apresentado ao personagem Noah, que tem o objetivo de criar uma máquina do tempo para estabilizar as viagens cíclicas de 33 anos e controlar o que acontece no mundo. Nos anos 1980, com a ajuda de Helge, Noah construiu uma máquina do tempo em um quarto acima da caverna onde está o buraco de minhoca, e passou a conduzir diversos testes com crianças.

Em 2019, porém, um garoto chamado Mikkel Nielsen viaja no tempo sem passar pelos experimentos. Ele se perde na caverna e entra sem querer no buraco de minhoca, indo parar em 1986. Mikkel vive a experiência de conhecer seus pais adolescentes, e não

---

um elenco diferente, um cenário diferente, até mesmo uma realidade diferente, mas todos se tratam da forma que vivemos agora — e da forma que podemos estar vivendo daqui a 10 minutos se formos desastrados". A série recebeu aclamação da crítica e aumento de interesse internacionalmente (principalmente nos Estados Unidos), depois de ter sido adicionada à Netflix". (WIKIPEDIA, Black_Mirror).

(3) Na física, um buraco de minhoca é uma característica topológica hipotética do contínuo espaço-tempo, a qual é, em essência, um "atalho" através do espaço e do tempo. Um buraco de minhoca possui ao menos duas "bocas" conectadas a uma única "garganta" ou "tubo". Se o buraco de minhoca é transponível, a matéria pode "viajar" de uma boca para outra passando através da garganta. Embora não exista evidência direta da existência de buracos de minhoca, um contínuo espaço-temporal contendo tais entidades costumam ser considerado válido pela relatividade geral. O termo buraco de minhoca (*wormhole* em inglês) foi criado pelo físico teórico estadunidense John Archibald Wheeler em 1957. Todavia, a ideia dos buracos de minhoca já havia sido proposta em 1921 pelo matemático alemão Hermann Weyl em conexão com sua análise da massa em termos da energia do campo eletromagnético. O nome "buraco de minhoca" vem de uma analogia usada para explicar o fenômeno. Da mesma forma que uma minhoca que perambula pela casca de uma maçã poderia pegar um atalho para o lado oposto da casca da fruta abrindo caminho através do miolo, em vez de mover-se por toda a superfície até lá, um viajante que passasse por um buraco de minhoca pegaria um atalho para o lado oposto do universo através de um túnel topologicamente incomum (WIKIPEDIA, Buraco_de_minhoca).

consegue voltar para casa — tampouco convencer alguém de que veio do futuro. Ao aceitar sua nova realidade, ele é adotado e ganha o nome de Michael, o suicida do início da primeira temporada. Michael é casado com Hannah e pai de Jonas, o protagonista da série. Jonas, aliás, conhece o pequeno Mikkel Nielsen, sem fazer ideia, é claro, de que Mikkel e seu pai são a mesma pessoa. Justamente por não saber lidar com a situação do desaparecimento de Mikkel (ou seja, o seu próprio acontecendo novamente) que Michael pratica o suicídio. Jonas, em depressão pela morte do pai, começa a investigar o que poderia ter levado Michael ao suicídio — ponto de partida para o desenrolar dos mistérios da série. No fim da primeira temporada, Jonas viaja até 2052 e descobre que a civilização foi majoritariamente destruída por um Apocalipse, em 27 de junho de 2020 (data na qual estrearia a 3ª Temporada da série), fruto da explosão da Usina Nuclear de Winden — que lançou sob a "Zona da Morte" a matéria escura que seria utilizadas pelo próprio Jonas (na figura mais velha de Adam), como instrumento para realizar viagens no tempo fora do ciclo de 33 anos proporcionado pelo buraco de minhoca existente no Bosque de Winden.

*Dark* brinca diversas vezes com um paradoxo famoso entre os entusiastas das viagens no tempo, o Paradoxo de Bootstrap[(4)]: o Jonas de 2019 só sabe o que fazer porque

(4) "Por causa da possibilidade de influenciar o tempo passado enquanto viaja no tempo, uma forma de explicar por que a história não muda é a posição de que essas mudanças já estão contidas auto consistentemente na linha do tempo passado. Um viajante do tempo tentando alterar o passado neste modelo, intencionalmente ou não, só estaria cumprindo o seu papel na criação de história, não o modificando. O princípio da autoconsistência de Novikov propõe que laços causais contraditórios não podem se formar, mas que os consistentes podem. No entanto, um cenário pode ocorrer em que itens ou informações são passadas do futuro para o passado, que se tornam os mesmos itens ou informações que são posteriormente passados para trás. Isso não apenas cria um loop, mas uma situação em que esses itens não têm origem discernível. Itens físicos são ainda mais problemáticos do que peças de informação, uma vez que devem ordinariamente idade e aumento de entropia de acordo com a segunda lei da termodinâmica. Mas, se a idade em qualquer quantidade é diferente de zero em cada ciclo, não pode ser o mesmo item a ser enviado de volta no tempo, criando uma contradição. Outro problema é o "paradoxo reverso do avô", onde tudo o que é enviado para o passado permite o tempo de viagem em primeiro lugar (como salvar a vida de seu próprio passado, ou o envio de informações vitais sobre o mecanismo de viagem no tempo). O paradoxo levanta as perguntas ontológicas de onde, quando e por quem os itens foram criados ou as informações obtidas. A 'lógica do laço do tempo' opera em princípios semelhantes, enviando as soluções para os problemas de computação de volta no tempo para ser verificados quanto à sua exatidão sem nunca ter sido calculado, "originalmente". Seja ou não um cenário descrito neste paradoxo, seria realmente possível mesmo se a viagem no tempo fosse possível, não se conhece. O paradoxo do *bootstrap* é semelhante, mas distinto do "paradoxo da predestinação", em que os indivíduos ou informações de viagem de volta no tempo e, finalmente, desencadeia eventos que já experimentou em seu próprio presente. Neste último caso, a informação e os objetos em causa têm origens definidas. O paradoxo do *bootstrap* é mostrado também no episódio *Before the Flood* da série britânica de *Doctor Who*, na qual a mesma tem vários outros paradoxos a mostrar [...] (i) No seu aniversário de 30 anos, uma pessoa que deseja construir uma máquina do tempo é visitado por uma versão futura dele mesmo. Esta futura versão entrega a si mesmo no passado o projeto da máquina do tempo. A pessoa recebe o esquema do seu próprio eu do futuro e começa a construir a máquina do tempo. O tempo passa, até finalmente completar a máquina do tempo. A pessoa, então, usa-o para viajar de volta no tempo para o aniversário de 30 anos, onde os esquemas são dados ao mesmo (sic) no passado, fechando o ciclo; (ii) Um professor viaja para a frente

"o Estranho" (que é o próprio Jonas do futuro) o ensina, o que nos leva a supor que "o Estranho", por sua vez, aprendeu tudo o que sabe com outro Jonas, que veio do futuro quando "o Estranho" se encontrava em 2019. Então de onde veio esse conhecimento, afinal? Qual é a fonte "original" dessas informações? Em 1986, o Jonas adulto, seguindo instruções de Claudia Tiedemann, aciona a máquina do tempo porque acha que isso pode anular o buraco de minhoca dentro da caverna. Mas Noah afirma que essa ação foi justamente o que criou o buraco de minhoca.

Ao longo de suas 3 temporadas os diversos personagens atuarão para assegurar ou impedir que o futuro apocalíptico se concretize e os interesses de cada personagem nem sempre permanecerão coerentes, de acordo com a sua respectiva versão de passado, presente e futuro.

Naturalmente, a correlação de *Dark* com o Direito e suas abordagens multidisciplinares se dá como mera fonte de inspiração reflexiva. Não há, por ora, registro de juristas que viajaram no tempo, tampouco evidências de que os nossos principais documentos jurídicos tenham sido criados de acordo com o Paradoxo de Bootstrap. O que se pretende com as reflexões abaixo é identificar como certos paradoxos e inconsistências do capitalismo nos direcionam para o mesmo resultado (para nós a desigualdade socioeconômica da força de trabalho; tal como as diferentes versões e atitudes do protagonista de *Dark* o faziam confrontar o Apocalipse nuclear de 2020) e como podemos — e devemos — continuar a busca por soluções que consigam desvencilhar os aparentes paradoxos que nos apontam para contínuos ciclos de desigualdade.

no tempo, e lê em um jornal de física sobre uma nova equação que foi recentemente derivada. O professor viaja de volta, alguns segundos depois que a viagem foi feita, ele relaciona com um dos estudantes que o escreveu e que o artigo é publicado na mesma revista que o professor lê no futuro; (iii) Uma pessoa constrói uma máquina do tempo. Essa pessoa vai para o futuro e rouba um *gadget* valioso. Esta pessoa, então, retorna e revela o *gadget* para o mundo, afirmando-o como seu próprio. Posteriormente, uma cópia do dispositivo acaba sendo item da pessoa que originalmente rouba. Em outras palavras, o dispositivo é uma cópia de si e que não é possível afirmar a ideia original para o dispositivo que veio; (iv) Um jovem físico recebe um velho caderno já se desintegrando, que contém informações sobre eventos futuros, enviados pelo próprio futuro dessa pessoa através de uma máquina do tempo. Antes que o caderno se estrague a ponto de ser inutilizável, a pessoa copia as informações nele em um novo caderno. Ao longo dos anos, as previsões do caderno se tornam realidade, permitindo que essa pessoa se torne rica o suficiente para financiar a sua própria investigação, o que resulta no desenvolvimento de uma máquina do tempo que é usada para enviar o agora velho e esfarrapado caderno de volta para si mesmo no passado. O caderno não é um paradoxo (tem um fim e um começo, o início, onde ele é recebido, e ao final, onde é descartado após a informação que é copiada para fora), mas a informação é: É impossível para o estado de onde veio. O professor transferiu a informação que foi escrita por si mesmo, por isso não havia informação original; (v) Uma pessoa com uma máquina do tempo leva as peças completas de *Shakespeare*, traduzidas para o inglês elisabetano, e viaja de volta no tempo para Inglaterra dos Tudor. Ele então dá as peças para o jovem William Shakespeare antes de escrever-lhes, dizendo-lhe para publicá-los como seu próprio trabalho. Ele faz um exemplar da publicação "original" e o leva de volta no tempo. Isso significa que ninguém escreveu as peças de Shakespeare, como ele essencialmente deu a si mesmo, fechando assim o ciclo. (WIKIPEDIA, Paradoxo_de_bootstrap).

Por pensar a econômica em ciclos e conseguir descrever em sua produção literária — do início do século XX — os passos da economia disruptiva que hoje se alcunha por uberização, escolhemos a literatura de Schumpeter (1883-1950) para uma resenha crítica inspirada em Dark. O economista, ademais, aproxima-se do protagonista de *Dark* (Jonas). Ambos, pode-se dizer, foram jovens otimistas (o jovem Schumpeter, otimista, percebeu o papel central do investimento e do crescimento econômico para a melhoria do bem-estar social, tal qual o jovem protagonista que via nas viagens no tempo a solução para prevenir o Apocalipse). Já o Schumpeter maduro, é pessimista sobre o futuro do capitalismo como sistema, não em virtude de suas contradições internas, mas por seus próprios êxitos, argumentos (o que o aproxima do pessimista Jonas da maturidade — então denominado de Adam, que vê no Apocalipse um modo de preservar o que se tornou).

## 2. Schumpeter e a destruição criativa: introito

O economista Joseph Alois Schumpeter (1883-1950) é responsável por ter aberto novas perspectivas para a teoria econômica neoclássica e permitir que fenômenos, embora existentes no mundo real, como o desenvolvimento e as crises econômicas, deixassem de ignorados por essa escola de pensamento (OLIVEIRA, 2014). Até o surgimento da principal obra de Schumpeter, *A teoria do desenvolvimento econômico*, em 1911 (1982), as descontinuidades cíclicas eram vistas como perturbações decorrentes do equilíbrio entre a procura e oferta de bens ou entre a poupança e o investimento(5).

Portanto, não constitui exagero afirmar que Schumpeter procurou, de alguma forma, conciliar a teoria econômica de Marx — *que vê a evolução econômica como um processo gerado de dentro do próprio sistema econômico* — com a teoria neoclássica, vertente a qual pertencia, onde as mudanças ocorriam de forma tão lenta e gradual que se tornava difícil distinguir as variáveis responsáveis por essa evolução — *tecnologia*, *capital*, *instituições* e *força humana* — e, mais ainda, como essas se interagiam. Por isso, seus representantes percebiam essa evolução como um processo *natural*, quase imperceptível, considerando adequado o método estático de análise na interpretação dos fenômenos econômicos, tomando essas variáveis como fixas. Isso não lhes impedia de constatar a ocorrência de mudanças no tempo, captadas apenas em distintos pontos de equilíbrio, mas incapacitou a teoria de explicar tanto as suas causas quanto os movimentos cíclicos entre esses pontos.

(5) "Ou explicadas por fenômenos naturais, como a atividade cósmica do sol, à la Jevons, por más colheitas, por causas psicológicas (John Mills, em 1867), pela teoria do subconsumo (notadamente dos economistas socialistas), pela insuficiência da poupança para financiar os investimentos (de Tugan Baranowski) e do crédito bancário, na senda aberta por Wicksell. Schumpeter, ao se afastar do mundo estático do neoclassicismo para compreender e explicar as forças que movem o processo de desenvolvimento depara-se com os movimentos cíclicos da economia, marcados por *booms* e depressões, e, à luz de sua teoria, procura, de forma mais organizada e consistente, dar sua visão sobre as suas causas" (OLIVEIRA, 2014).

Schumpeter nasceu em Triesch, Morávia, atual República Tcheca, em 1883. Filho único de um fabricante de tecido. Órfão do pai com apenas quatro anos de idade, sua mãe, Johanna, então se mudou para Graz e, em 1893, casou-se com um oficial aposentado do Exército Austro-Húngaro e foram morar em Viena, onde, graças às ligações aristocráticas de seu padrasto, Schumpeter realizou o curso secundário numa academia frequentada pela nobreza, tornando-se perito em esgrima e equitação, fluente em cinco línguas clássicas e modernas e adquirido, pelas amizades que fez neste ambiente, "*os modos requintados, os hábitos promíscuos e os gostos extravagantes de uma sociedade aristocrática*" (NASAR, 2012, p. 191-2).

Essas características vão acompanhá-lo em sua vida e ajudam a entender porque, de certo modo, ele se colocaria num plano superior nos ambientes que frequentava e tendia a atrair a antipatia de seus colegas de trabalho, a ponto de ser alcunhado como *enfant terrible*. Schumpeter ingressou na Faculdade de Direito de Viena em 1901, tendo ali se graduado em 1906. Durante o curso, matriculou-se em cadeiras das áreas de história, filosofia e economia, tendo sido aluno e participado de seminários com os economistas *Eugen Böhm-Baverk* e *Friedrich Von Wisier* e sido contemporâneo de outros grandes nomes da teoria econômica, como *Ludwig Von Mises*, *Otto Bauer* e *Rudolf Hilferding*. Ao se formar, em 1906, o gosto pela teoria econômica moderna — ou economia inglesa, como era chamada — já se entranhara definitivamente em sua vida, tornara-se dominante, e ele já publicara três artigos em mensário editado por *Böhm-Baverk* (NASAR, p. 195). Estes mestres explicam sua filiação à Escola Austríaca e neoclássica.

A partir daí sua vida foi sendo crescentemente absorvida pela economia: rumou inicialmente para Berlim, onde passou um semestre e fez contato com a Escola Histórica Alemã; seguiu depois para Paris, ali permanecendo por várias semanas, onde também assistiu às palestras de *Henri Poincaré* sobre física; e, finalmente para a Inglaterra, onde permaneceu mais tempo, visitando *Cambridge* e *Oxford* e tendo ali se casado. De suas leituras em economia, conheceu a obra de Marx e, embora discordasse de suas ideias, especialmente no que diz respeito à teoria do valor-trabalho, considerava-o uma mente superior, um verdadeiro gênio, como se manifesta em seu livro *Capitalismo, Socialismo e Democracia* (SCHUMPETER, 1984). Não surpreende, assim que, embora em trincheira oposta à de Marx, tenha sido influenciado por seu pensamento, principalmente no tocante ao das mudanças que brotam do seio do próprio sistema econômico, que irá desenvolver, com outro viés, em sua Teoria do Desenvolvimento.

Tendo se convencido de que "*os pensadores verdadeiramente originais tiveram suas melhores ideias antes de completarem trinta anos de idade*", Schumpeter havia estabelecido este limite para dar sua contribuição à ciência econômica NASAR (2012, p. 196-9). Sendo assim, antes mesmo de partir de Viena esboçou dois livros: um sobre a economia teórica inglesa; outro sobre a mudança (o desenvolvimento) no sistema econômico, ignorado pela teoria econômica tradicional.

Suas leituras de economia, principalmente em Londres, prepararam-no para enfrentar este desafio, o qual, no entanto, foi parcialmente adiado pelo seu casamento (NASAR, 2012, p. 196-9; COSTA, 1982, p. VII). Isso não o impediu, contudo, de dar à luz, em 1908, aos 25 anos de idade, ao primeiro de seus dois projetos iniciais, que foi publicado com o título "*A natureza e a essência da Economia Política Teórica*".

Não há muitas certezas sobre os motivos que teriam levado Schumpeter a se casar em tão pouco tempo nessa época em que suas ambições acadêmicas se encontravam no auge. Apesar de bem mais velha que ele, a esposa pertencia à classe alta, o que pode ter motivado Schumpeter pelo que representava em termos de uma aliança aristocrática, e era "*espantosamente bela*", o que também pode ser outra razão para quem não havia sido fisicamente muito beneficiado pela natureza, ou as duas juntas (NASAR 2012, p. 199).

Por isso, diante das dificuldades de conseguir o posto de professor na Áustria ou de se tornar advogado, ainda sem experiência, em Londres, Schumpeter (com Gladys) embarcou para o Cairo, onde advogaria perante o Tribunal Misto Internacional do Egito e atuaria como conselheiro de finanças de uma princesa egípcia (COSTA, 1982, p. VIII), ali permanecendo até 1909, quando retornou para Viena. Nomeado professor de Economia da Universidade de Czernowitz, Schumpeter retomou, com entusiasmo, a conclusão do livro sobre o processo de desenvolvimento que havia adiado para advogar no Cairo, visando garantir o sustento, nada parcimonioso, de sua família.

Em Czernowitz, onde ganhou a fama de *enfant terrible*, Schumpeter permaneceu até 1911 quando se transferiu para a Universidade de Graz, capital da província de Styria, também como professor de economia, para onde foi convidado com a influência de *Böhm-Baverk*. Ali permaneceu até 1918, tendo passado o ano letivo de 1913 e 1914 na Universidade de Colúmbia (Nova York). Ainda em 1911 publicou a primeira edição de sua obra *Teoria do Desenvolvimento Econômico*, em língua alemã, concluindo o projeto que se propusera anteriormente de dar uma contribuição para a teoria econômica.

Em Graz, devido à má fama adquirida em Czernowitz não desfrutou também de um clima amistoso entre seus colegas da Universidade (COSTA, 1982, p. VIII-XI). Afastando-se das atividades docentes em 1919, Schumpeter ocupou por dez meses o cargo de Ministro da Fazenda da Áustria, e, em seguida, tornou-se presidente de um banco privado, em Viena, que abriu falência em 1924, levando-o a perder sua fortuna pessoal para pagar as dívidas do banco. Sem recursos, retornou à vida universitária, aceitando um convite da Universidade de Bonn, na Alemanha, para lecionar. Lá não ficou muito tempo. Em 1927, 1928 e 1930 lecionou na Universidade de Colúmbia e, em 1932, desligou-se da Universidade de Bonn e se estabeleceu, definitivamente, nos Estados Unidos, em Cambridge (Massachussetts). Neste país, voltou a casar-se, em 1937, com *Elizabeth Boody*, também economista, com quem viveria até o final de sua vida, que ocorreu em 8 de janeiro de 1950 (COSTA, 1982, p. IX).

Após a publicação da *Teoria do Desenvolvimento Econômico*, Schumpeter escreveu várias outras obras importantes, entre as quais se destacam: *Época da história dos métodos e dogmas*, que publicou aos 30 anos; *Ciclos Econômicos*, de 1939, como professor da Universidade de Harvard, onde dá continuidade e sistematiza sua visão sobre este tema originalmente desenvolvido no último capítulo da Teoria, de 1911; *Capitalismo, Socialismo e Democracia*, em 1942, onde projeta uma visão pessimista sobre o futuro do capitalismo; *Dez Grandes Economistas — de Marx a Keynes*, trabalho biográfico dos que considerava, até a sua época, os grandes nomes que contribuíram para esta ciência; *História da Análise Econômica*, de 1954, trabalho que não chegou a concluir e que foi completado e publicado postumamente por sua companheira *Elizabeth Boody* (OLIVEIRA, 2014).

A despeito de todas as críticas que lhe possam ser feitas, inclusive de suas atitudes aristocráticas, Schumpeter foi destes autores que conseguiram escrever seu nome na história da ciência econômica, e ninguém melhor do que o economista Paul Samuelson conseguiu sintetizar sua importância:

> Existiram muitos Schumpeters: o brilhante *enfant terrible* da Escola Austríaca que, antes de completar trinta anos, havia escrito dois livros extraordinários; o jovem causídico que chegou a advogar no Cairo; o criador de cavalos; o Ministro da Fazenda da Áustria; o filósofo social e profeta do desenvolvimento capitalista; o historiador das doutrinas econômicas; o teórico da economia que preconizava o uso de métodos e instrumentos mais exatos de raciocínio; o professor de Economia (SAMUELSON, *Apud* COSTA, 1982, p. VII).

Se em sua vida pode-se falar de muitos Schumpeters, na economia pelos menos dois se destacam: o jovem Schumpeter, otimista, que percebeu o papel central do investimento e do crescimento econômico para a melhoria do bem-estar social e que confiava no poder e nas virtudes do capitalismo, comandado pelo "*empresário inovador*"; e o Schumpeter pessimista, da maturidade, sobre o seu futuro como sistema, não como resultado de suas contradições internas, como em Marx, mas de seus próprios êxitos, argumentos que desenvolverá em seu trabalho *Capitalismo, Socialismo e Democracia*, de 1942.

## 2.1. A teoria do desenvolvimento econômico

A teoria do desenvolvimento de Schumpeter é um "hino à dinâmica" (OLIVEIRA, 2014). Com ela, o economista imprimiu movimento à economia e esforçou-se para identificar as forças que deslancham este processo e como se explicam os ciclos de *booms* e depressões como resultados das mudanças que ocorrem no sistema e afetam o comportamento ou as ações dos agentes econômicos no tocante a investimentos, poupança e consumo, influenciando o ciclo dos negócios. Ao contrário de Marx, no entanto, seu método é o do *individualismo metodológico* e, para explicação deste fenômeno, ele introduz a figura do "empresário inovador" (o indivíduo) como motor das transformações que ocorrem e não das necessidades e contradições do próprio processo de acumulação (OLIVEIRA, 2014).

A obra se encontra organizada em seis capítulos, sendo o último dedicado à análise dos ciclos econômicos. No primeiro, intitulado "*Fluxo circular da vida econômica*", Schumpeter reproduz as condições da economia consideradas na análise neoclássica, ou seja, a de um sistema que não se modifica no tempo, em que todos os dados permanecem os mesmos, e a produção se repete monotonamente, sem incremento ano após ano, caracterizando a situação de um "*estado estacionário*". Verificar as condições de funcionamento deste "*tipo*" de economia, onde não há desenvolvimento, é fundamental para Schumpeter, pois é de seus elementos constitutivos que se poderá, de um lado, identificar os fatores que dão início à mudança, ou ao desenvolvimento, e, de outro, apreender como interagem, neste processo, aqueles elementos, determinando os ciclos econômicos (OLIVEIRA, 2014).

Considerando uma economia em que vigoram a propriedade, a livre concorrência e a divisão do trabalho, toda produção encontra mercado: "*Para cada oferta existe à espera uma demanda correspondente em algum lugar do sistema econômico, para cada demanda, uma oferta correspondente*" (SCHUMPETER, 1982, p. 75); não há empresário, apenas dirigentes de empresas: "*[o empresário] não tem [no fluxo circular] nenhuma função do tipo especial, simplesmente ele não existe; mas em seu lugar há dirigentes de empresas ou gerentes de negócios de um tipo diferente [...]*" (SCHUMPETER, 1982, p. 55); para obterem utilidades necessárias para sua satisfação, produtores e consumidores se colocam em condições de igualdade, ora num papel, ora noutro no mercado: "*[...] os vendedores de todas as mercadorias aparecem de novo [no mercado] como compradores em medida suficiente para adquirir os bens que manterão seu consumo e seu equipamento produtivo no período econômico seguinte e no nível obtido até então, e vice-versa*" (SCHUMPETER, 1982, p. 12); se não há empresário também não há capital, ou seja, "*[...] as várias formas de poder de compra não constituem capital; são simplesmente meios técnicos para a realização de trocas habituais*" (SCHUMPETER, 1982, p. 83); não havendo capital não há lucro: "*[...] o lucro puro não pode existir porque o valor e o preço dos serviços produtivos absorvem o valor e o preço do produto*" (SCHUMPETER, 1982, p. 26); e, sem lucro, não há juros, que dependem daquele: "*[...] a existência [do lucro] é um pré-requisito do pagamento do juro produtivo [e o empresário] é o típico pagante de juros*" (SCHUMPETER, 1982, p. 121), nem poupança nem investimento líquido, nem progresso tecnológico (os coeficientes técnicos também são dados) e, consequentemente, não há desenvolvimento.

A produção de hoje é a mesma de ontem e será a de amanhã. "*O equilíbrio neste mercado, bem de acordo com a teoria marginalista, será atingido quando a utilidade marginal das mercadorias se igualarem ao custo marginal do produto*" (OLIVEIRA, 2014), sendo que, neste caso, o valor estará reduzido ao valor dos fatores de produção originários — trabalho e terra: "*[...] os resultados fluem diretamente para os fatores produtivos originais*" (OLIVEIRA, 2014). Qualquer semelhança entre este modelo de Schumpeter do fluxo circular e o de Marx, da reprodução simples, não é mera coincidência, pois, de acordo com NASAR (2012, p. 197) ele observaria alguns anos mais tarde que sua ideia era "*exatamente igual à ideia... de Karl Marx*".

No capítulo intitulado *O fenômeno fundamental do desenvolvimento econômico*, é que Schumpeter irá dar a sua grande contribuição para explicar este processo, ao investigar os elementos que, de dentro deste sistema imutável, rompem com sua inércia e colocam-no em movimento. Schumpeter tem clareza que ocorrem mudanças no sistema, seja por modificações nos dados não sociais (naturais), nos dados sociais não econômicos (efeitos da guerra, mudanças na política comercial, social ou econômica), seja no gosto dos consumidores ou como resultado do aumento da população e da riqueza (OLIVEIRA, 2014). Considera, no entanto, que tais mudanças ou são pequenas ou contínuas, configurando um processo de crescimento econômico, mas não representam uma "*revolução*" no sistema produtivo, apenas conduzindo a economia de um ponto de equilíbrio para outro, numa adaptação da vida econômica aos dados que mudam, mas sem alterar seu curso tradicional. E que mudanças dessa natureza estão no âmbito da análise "*estática*", não havendo necessidade de uma nova teoria para delas dar conta (OLIVEIRA, 2014). Não são, entrementes, essas mudanças, externas de certa forma ao sistema, que ele se propõe a investigar, e sim as que nascem, emergem, de dentro do aparelho produtivo, de seu próprio seio, por sua própria iniciativa e que "*[...] desloca de tal modo o seu ponto de equilíbrio que o novo [ponto de equilíbrio] não pode ser alcançado a partir do antigo mediante passos infinitesimais*" (SCHUMPETER, 1982, p. 47, nota de pé-de-página 7).

São essas mudanças descontínuas, que a análise "*estática*" não é capaz de prever, e nem de explicar os fenômenos que as acompanham, que ele entende por "*desenvolvimento*", diferenciando-o, portanto, do mero "*crescimento econômico*" (OLIVEIRA, 2014). Interessa-lhe, portanto, investigar como o desenvolvimento surge de uma economia sem desenvolvimento (do "*estado estacionário*" anterior) e, para isso, de acordo com a sua exposição, responder às seguintes questões: "*como acontecem essas mudanças e quais os fenômenos econômicos que as ocasionam?*" (SCHUMPETER, 1982, p. 46).

Schumpeter descarta, de saída, que elas ocorram como resultado da ação dos consumidores — soberanos no pensamento neoclássico —, devido, por exemplo, a mudanças espontâneas em seus gostos, às quais os produtores terão de se adaptar. Isso porque não enxerga nela força suficiente para deslanchar o processo de desenvolvimento, já que essa adaptação tenderá a ser gradual, apenas provocando uma mudança nos dados naturais, o que o leva a considerar estes gostos como dados, e por acreditar que não são as "*novas necessidades*" dos consumidores que pressionam os produtores e dão origem às "*inovações*", mas que é o "*[...] o produtor que, via de regra, inicia a mudança econômica, e os consumidores são educados por ele, se necessário*" (SCHUMPETER, 1982, p. 48). Descarta também do lado do produtor, a introdução de "*novas combinações*" dos meios de produção originadas das antigas por ajuste contínuo, mediante pequenas etapas, como fenômeno que dá luz ao desenvolvimento, embora as considere uma mudança, possivelmente com crescimento econômico (OLIVEIRA, 2014). Para ele, apenas no caso em que "*[...] as novas combinações aparecerem descontinuamente [é que] surge o fenômeno do desenvolvimento [sendo este, portanto] definido pela realização de novas combinações [dos meios de produção]*" (SCHUMPETER, 1982, p. 48). E enumera cinco casos que podem dar origem a este processo (SCHUMPETER, 1982, p. 48):

> A introdução de um novo bem ou de uma nova qualidade de bem;
>
> A introdução de um novo método de produção ainda não testado no próprio ramo da indústria de transformação, o qual, não necessariamente, necessita ser baseado numa descoberta científica nova;
>
> A abertura de um novo mercado, onde o ramo particular da indústria ainda não tenha entrado;
>
> A conquista de uma nova fonte de matérias-primas ou de bens manufaturados, independentemente do fato de esta já existir ou ser criada;
>
> O estabelecimento de uma nova organização de qualquer indústria, como a criação de uma posição de monopólio ou a fragmentação de uma posição de monopólio (OLIVEIRA, 2014).

A ênfase no investimento como elemento ativo e propulsor do desenvolvimento, bem como a importância atribuída por Schumpeter aos mercados externos neste processo, implica, teoricamente, a ruptura com dois pressupostos da teoria neoclássica: de um lado, com a do papel ativo da poupança, prévia à realização do investimento; de outro, com a Lei de Say, que, embora contemplada no seu modelo de fluxo circular, é aqui jogada para fora do trem do desenvolvimento (OLIVEIRA, 2014).

A ênfase de sua análise, no entanto, recai apenas sobre os dois primeiros casos — de produtos novos e processos —, enquanto aos três últimos não dedica muita atenção, apenas mencionando-os raras vezes em todo o restante de seu trabalho, perdendo, assim, a oportunidade de formular uma visão mais completa sobre os fatores do crescimento e das crises (DENIS, 1974). E, é com essa orientação analítica, que ele coloca duas condições para a realização dessas inovações (ou novas combinações): i) a de que essas sejam conduzidas por empresas novas que, geralmente, não surgem das antigas, as quais passam a sofrer sua concorrência; ii) que as novas combinações valem-se de meios de produção das combinações antigas e não de meios de produção que se encontravam ociosos na economia de fluxo circular, "mesmo por que tal situação é incompatível com seus pressupostos, o que significa que o surgimento de novos métodos implicam um deslocamento daqueles para as novas atividades que surgem" (OLIVEIRA, 2014).

Essa questão é relevante, pois deixa claro que, para Schumpeter, diferentemente da posição do pensamento econômico tradicional, não é a quantidade de recursos que o país dispõe, nem a sua capacidade prévia de poupança, que abrem as portas para o processo de desenvolvimento, mas a forma como ele os combina e os utiliza(6). Em suas palavras (SCHUMPETER, 1982, p. 50): "[...] *o desenvolvimento consiste primariamente em empregar recursos diferentes de uma maneira diferente, em fazer coisas novas com eles, independentemente de que aqueles recursos cresçam ou não*".

Essa imagem da *destruição criativa* tornar-se-á ainda mais vívida em seus trabalhos posteriores, como por exemplo, em Capitalismo, Socialismo e Democracia, de 1942, onde considera que, pela sua própria natureza de mudança, o capitalismo nunca está, ou nunca poderá estar, num estado estacionário, e que a inovação "[...] *incessantemente revoluciona a estrutura econômica a partir de dentro, incessantemente destruindo a velha, incessantemente criando uma nova*" (SCHUMPETER, 1942, p. 112-3).

É importante notar que Schumpeter modifica, com essa posição, a noção de concorrência definida em termos "estáticos" pelo pensamento walrasiano-marshalliano: a verdadeira concorrência não se dá (a não ser na economia estacionária) entre as pequenas empresas, produzindo bens idênticos (homogêneos), mas entre essas e as empresas "inovadoras", entre os produtos e processos novos e velhos, concorrência que acarreta uma "destruição criativa" do antigo, já que aquelas "terão de ajustar-se e reciclar suas estruturas técnicas de produção para sobreviverem e continuarem no mercado, alimentando, assim, as forças do desenvolvimento" (OLIVEIRA, 2014).

Este conceito de concorrência traz implícito um conceito de monopólio, pois enquanto a inovação não se difundir pelo sistema pela concorrência, o empresário que a introduziu estará obtendo um diferencial de lucro em relação aos demais, que pode ser considerado uma "renda de monopólio" (OLIVEIRA, 2014). E, caso ele (o empresário) consiga impedir que ela se difunda pela concorrência, o lucro transforma-se em renda típica de monopólio, de caráter permanente. Schumpeter não via, no entanto, problemas

(6) Nessa esteira, vale recordar que mesmo sem possuir os melhores recursos, foi a capacidade dos britânicos de equacioná-los resolver problemas sociais — por exemplo, a questão agrária — de forma tranquila e evolutiva que lhes possibilitou, no século XVIII, fazer explodir a Revolução Industrial. Segundo o historiador Eric John Hobsbawm, "Qualquer que tenha sido a razão do avanço britânico, ele não se deveu à superioridade tecnológica e científica. Nas ciências naturais os franceses estavam seguramente à frente dos ingleses [...] os alemães possuíam instituições de treinamento técnico como a *Bergakadenzie* prussiana que não tinham paralelo na Grã-Bretanha [...], mas as condições adequadas estavam visivelmente presentes, onde mais de um século se passara desde que o primeiro rei tinha sido formalmente julgado e executado pelo povo e desde que o lucro privado e o desenvolvimento econômico tinham sido aceitos como os supremos objetivos da política governamental" (2006. p. 52-54). A esse respeito veja-se também Cabral (2015, 23-29).

nessa questão e defendia que isso poderia até fortalecer o desenvolvimento, por duas razões: i) pelo fato de as inovações terem mais possibilidades de ocorrer nas grandes empresas; ii) por trazerem consigo riscos, exigindo um período mais longo para serem exitosas e se imporem (estabilizarem-se) no mercado, o que a concorrência, nos moldes neoclássicos, não propiciaria (OLIVEIRA, 2014).

Ora, se ocorre um deslocamento dos meios de produção da economia do fluxo circular para as novas atividades surgem duas perguntas: i) quem adquire e passa a comandar os novos meios de produção? E ii) como essas novas atividades são financiadas? (OLIVEIRA, 2014). Tais perguntas procedem porque no fluxo circular nem se gera poupança e nem há empresário, mas apenas dirigentes de empresas. Neste caso, aparecem, nas suas respostas, as figuras do crédito (do "capitalista") e do empresário (OLIVEIRA, 2014).

Para ele, a realização de uma inovação só pode ocorrer por meio do crédito (financiamento) concedido por uma categoria de indivíduos chamados de "capitalistas", já que os recursos adicionais para isso não brotam do ventre do fluxo circular, cuja reprodução ocorre automaticamente sem "sobras". Nisto, diverge da visão tradicional em pelo menos dois pontos: no primeiro, por que esta vê a necessidade de um acréscimo dos meios de produção para processos produtivos novos, o que não seria o caso para Schumpeter, que considera que aqueles serão retirados do fluxo circular e recombinados; o segundo, de que os valores requeridos para a inovação dependeriam, também de acordo com a visão convencional, da formação prévia de poupança (da parcimônia do indivíduo, do ato de abstenção do consumo presente para auferir renda futura), o que Schumpeter considera limitado, atribuindo este papel ao crédito, ao banqueiro capitalista, que tem a capacidade de criar poder de compra "*a partir do nada, que se adiciona à circulação existente*" (SCHUMPETER, 1942, p. 52-3): "*É essa fonte a partir da qual as novas combinações frequentemente são financiadas e a partir da qual teriam que ser financiadas sempre, se os resultados do desenvolvimento anterior não existissem de fato em algum momento*". Nesta perspectiva, enxerga tanto o crédito bancário como o banqueiro capitalista como "fenômenos do desenvolvimento" (OLIVEIRA, 2014).

Já em relação ao empresário, que Schumpeter conceitua em termos amplos, este se caracterizaria por realizar, dar vida às "novas combinações", que ele passa a chamar de "empreendimento", incluindo naquela categoria todos os indivíduos que cumprem essa função (gerentes, membros da diretoria da empresa etc.), descartando que estes corram risco, diferenciando-o, portanto, do capitalista, a quem de fato caberiam os riscos do investimento. Neste sentido, a atividade do empresário não deve ser vista como uma profissão, nem como uma atividade permanente, não constituindo uma classe social no sentido técnico, como é o caso dos proprietários de terra, dos trabalhadores e dos capitalistas. Ele apenas exerce um tipo especial de "função" no processo, sendo "*o indivíduo que enxerga as possibilidades existentes no sistema, identifica a recombinação de novas técnicas de produção e que abre, com a sua ação, o caminho para o novo*" (OLIVEIRA, 2014), nadando contra a corrente monótona, repetitiva e resistente das forças do fluxo circular e exercendo o papel de liderança nas mudanças que conduzem ao desenvolvimento econômico. Quando deixa de exercer essa função, seu papel como empresário desaparece. E, entre as motivações que tem para exercê-la, Schumpeter as diferencia das que conduzem a ação do homem econômico, que mede racionalmente as (des)utilidades para definir até que ponto lhe é vantajoso prosseguir, e também da dos hedonistas, cuja ação busca satisfazer egoisticamente suas próprias necessidades, e dá ênfase à motivação do empresário pela "[...] *alegria de criar, de fazer as coisas, ou simplesmente de exercitar a energia e a engenhosidade*" (SCHUMPETER, 1942, p. 54-65).

Após colocar o empresário como motor das transformações e do desenvolvimento e o crédito bancário como produto e ao mesmo tempo como seu combustível, Schumpeter dedica os três capítulos seguintes de sua Teoria (Crédito e capital; O lucro empresarial; e o Juro sobre o capital) a investigar o que se passa neste mundo novo, onde, ao contrário da economia do fluxo circular, estão presentes o crédito, o capital, o lucro e o juro.

No capítulo 3 (Crédito e capital) começa constatando a importância expressiva do crédito criado pelos bancos no conjunto dos meios de pagamento, o qual, tal como o dinheiro metálico, representa poder de compra, que o empresário terá de contratar para dar início à sua atividade, tornando-se, portanto, devedor dos recursos que lhe são adiantados com o dinheiro novo recém-criado (OLIVEIRA, 2014). Schumpeter desconsidera o crédito ao consumo e outros tipos de crédito não vinculados às inovações, bem como crédito — quando existe — na economia do fluxo circular, por não ver neles um elemento decisivo para o desenvolvimento. Para ele, o que interessa, de fato, é o crédito para o empresário, para o desenvolvimento industrial, sem o qual o último não se torna possível (SCHUMPETER, 1942, p. 73-74). Essa a sua função essencial, a de "*habilitar o empresário a retirar de seus empregos anteriores os bens de produção de que precisa, ativando uma demanda por eles, e com isso forçar o sistema econômico para dentro de novos canais*" (SCHUMPETER, 1942, p. 74).

Se o crédito não provém do desenvolvimento passado (o fluxo circular não abre espaço para isso) este "[...] *só pode consistir de meios de pagamento creditícios criados ad hoc, que não podem ser respaldados pelo dinheiro, em sentido estrito, ou por produtos já existentes [...] sendo sua natureza a de criar uma nova demanda, sem simultaneamente criar uma nova oferta de bens*" (SCHUMPETER, 1942, p. 74), o que ele chama de "fenômeno do crédito", que consiste na criação de um poder de compra para transferi-lo para o empresário. Com ele, nem os ofertantes de produção precisam "esperar" e nem o empresário de adiantar-lhes dinheiro ou bens existentes, fechando-se a brecha que tornaria o desenvolvimento extraordinariamente difícil.

Essa "nova" demanda exercida pelo empresário pela retirada de bens de seu uso anterior tenderá, por sua vez, a provocar uma elevação dos preços dos serviços produtivos, causando o que ele chama de "inflação creditícia", e comprimindo o poder de compra antigo. Mas, seguindo adiante, se tudo correr de acordo com as expectativas do empresário, este processo terá, ao seu final, enriquecido a corrente social com bens cujo preço total é superior ao crédito que lhe foi concedido, ver restaurada a equivalência entre o dinheiro e as correntes de mercadorias, a inflação creditícia eliminada e os efeitos sobre os preços mais do que compensados, podendo haver até deflação (OLIVEIRA, 2014). Isso permitirá ao empresário pagar a dívida contraída (incluindo os juros) e ainda reter um saldo credor, que corresponderá ao seu lucro, os quais permanecerão em circulação, enquanto o crédito bancário original desaparecerá, com o pagamento da dívida. Até que este processo novamente se reinicie (OLIVEIRA, 2014).

Schumpeter procura deixar claro o que entende como capital:

> O capital não é nada mais do que a alavanca com a qual o empresário subjuga ao seu controle os bens concretos de que necessita, nada mais do que um meio de desviar os fatores de produção para novos usos, ou de ditar uma nova direção para a produção (SCHUMPETER, 1942, p. 80).

O capital, neste sentido, não se vincula e nem está corporificado em nenhuma categoria de bens e de serviços, mas representa apenas uma ponte entre o empresário e o mundo de bens necessários para a produção, nada mais sendo que um fundo de poder de compra, do dinheiro, do "fluxo de rendimentos".

Mas é capital apenas enquanto permite a aquisição e o comando sobre os bens e serviços voltados para a produção, o que só pode ser realizado pelos meios de circulação em geral (o que inclui o dinheiro tomado como meio de pagamento), como agente independente, especial (OLIVEIRA, 2014). Visto desta maneira, o capital é definido como a soma dos meios de pagamento que está disponível em dado momento para transferência ao empresário, ao qual nada corresponde no fluxo circular, onde ele não existe como tal (OLIVEIRA, 2014). E é no mercado monetário (ou mercado de capitais) que empresários de um lado, e ofertantes de crédito (banqueiros), de outro, negociam a troca de poder de compra presente por futuro, o preço (juros) desta mercadoria, onde efetivamente se encontra instalado o quartel-general do sistema capitalista (OLIVEIRA, 2014).

No quarto capítulo (O lucro empresarial), Schumpeter chega à discussão do lucro empresarial, uma questão polêmica em todo pensamento marxista e neoclássico, especialmente no que tange à sua influência na formação do valor das mercadorias. Sua definição é de que se trata de um excedente sobre os custos de produção (a mais-valia de Marx?), ou da diferença entre as receitas e despesas no negócio. Empregando um conceito amplo de custos inclui entre estes: i) as despesas diretas e indiretas da produção; ii) o salário para o trabalho do empresário; iii) a renda da terra, caso esta concorra para o processo produtivo; iv) um prêmio de risco; e v) o custo do investimento, ou o juro, que, neste capítulo, classifica dessa maneira. Se, no fluxo circular, considera que as receitas são suficientes para cobrir as despesas, não existindo excedente e, portanto, lucro, no caso de uma economia onde há desenvolvimento, como as condições são mais vantajosas que as antigas, o lucro aparece na forma de excedente (OLIVEIRA, 2014).

A explicação para o seu surgimento é:

> Tomada a decisão pelo empresário sobre a inovação (introdução de um novo bem; de novos processos produtivos; nova fonte de matéria-prima etc.) e obtido o financiamento para sua realização, se tudo correr de acordo com suas expectativas, seu negócio deverá aumentar a produtividade física dos fatores de produção, dado o novo método empregado, vis-à-vis os antigos, reduzindo os custos unitários do produto, e garantindo um excedente sobre os custos, que constituirá o lucro empresarial. Dado o processo de concorrência, ao difundir-se a inovação por toda a indústria, com a integração desta nova forma ao fluxo circular, este lucro tenderá a desaparecer, retornando-se a uma nova posição de equilíbrio no sistema, onde novamente reinará a lei do custo, embora se reconstituam dinamicamente as condições de seu nascimento.
>
> Mas o excedente foi realizado e este pertence ao empresário que, apenas com sua ação e vontade, foi capaz de produzi-lo, sem correr riscos, pois este recai sobre quem concede o crédito do investimento e, só no caso em que o empresário for ele próprio o capitalista, estaria a eles sujeito.
>
> Se a atividade empresarial fosse, tal como o capital, o trabalho e a terra, um fator permanente da produção, é certo que isto teria influência e implicação na formação do valor, devendo ser-lhe imputado uma fração/quota no custo final pelo seu esforço no processo produtivo. Não é este, no entanto, o caso, e aí qualquer analogia com Marx desaparece. Isso porque, no seu entendimento, ela (a atividade empresarial) é apenas temporária, assim como o excedente e o lucro e, tão logo a inovação se difunda e se dissemine pela indústria, os valores voltarão à sua condição normal, restabelecendo-se o contato entre o valor dos preços dos meios de produção e do produto, ou seja, voltando a predominar a lei do custo de produção (OLIVEIRA, 2014).

O lucro, neste sentido, é desgarrado do processo produtivo, não decorrendo de nenhum esquema conspiratório de exploração, como afirma em várias passagens (*idem*, p. 102-103):

> [...] não é uma renda como o rendimento das vantagens diferenciais nos elementos permanentes de um negócio; nem é um rendimento do capital,

> qualquer que seja o modo como se defina capital; [...] não é salário [...]; não é um simples resíduo [...]; não é determinado pela produtividade marginal, sendo mesmo uma exceção notável a essa lei [...]; é apenas a expressão do valor daquilo que o empresário contribuiu para a produção; [...] não é absolutamente um ramo da renda; [...] está ligado à criação de coisas novas, à realização do futuro sistema de valores. É ao mesmo tempo o filho e a vítima do desenvolvimento (SCHUMPETER, 1942, p. 102-103).

Por isso, para ele, "[...] *não há razão alguma para falar no sentido de igualar os lucros, pois apenas o embaralhamento do juro e lucro explica por que muitos autores (incluindo Marx) sustentaram tal tendência*", já que os lucros podem ser extraordinariamente diferentes mesmo num único lugar e numa mesma indústria.

Filho do desenvolvimento, o lucro é responsável pela acumulação da riqueza, sendo a ação empresarial o motor da criação da maioria das fortunas, o condutor do sistema para patamares mais elevados de desenvolvimento, garantindo, com isso, o sucesso do capitalismo pelo processo de "destruição criativa" que realiza ao fazer os negócios antigos sucumbirem às inovações (OLIVEIRA, 2014).

Neste processo, o empresário pode também se transformar em vítima e dele ser excluído caso não renove continuamente sua criatividade, mesmo por que sua capacidade não constitui um bem que, como outros, pode ser transmitida para seus herdeiros, por tratar-se de algo exclusivo de sua figura, uma condição praticamente inata ao indivíduo (OLIVEIRA, 2014).

Essas inovações que deslancham o processo de desenvolvimento não ocorrem, contudo, sem provocar fricções e flutuações no sistema econômico em ondas que por ele se propagam, conduzindo-o, inicialmente, a uma situação de prosperidade (*boom*) e, posteriormente, de crise (depressão) que recria as condições para um novo ciclo econômico. Essa, a questão ignorada, até então, pela teoria neoclássica, que Schumpeter desenvolve no capítulo sexto (O ciclo econômico), para explicar as causas econômicas das crises, dos ciclos dos negócios.

Schumpeter descarta, de saída, as explicações não econômicas deste fenômeno (acidentes naturais, psicológicas, guerras, políticas externas de outros países com que a economia se relaciona etc.), considerando que se apoiam em elementos estranhos, externos ao sistema econômico, e procura também dar uma visão distinta do ciclo econômico como fenômeno monetário, ou que tem sua raiz no crédito bancário. Neste sentido, embora enxergue o papel ativo do investimento nas crises, Schumpeter separa sua análise dos fenômenos monetários e dele se distancia para dar uma interpretação original sobre o desenvolvimento. Seu interesse é o de identificar os elementos que brotam do próprio ventre do sistema econômico e que apresentam componentes regulares de um movimento em forma de ondas que alterna períodos de prosperidade e depressão (SCHUMPETER, 1942, p. 148), o que, para ele, pode ser observado no exame dos caminhos do desenvolvimento: se com este se abrem as portas para que o sistema evolua para patamares mais elevados, também ele enfrenta, nesta trajetória, movimentos contrários, contratempos, incidentes dos tipos os mais variados que o desviam desta rota inicial de prosperidade, conduzindo-o para os braços de crises e depressões (OLIVEIRA, 2014).

Isso ocorre em primeiro lugar porque as inovações (novos investimentos) são realizadas numa economia que se encontra em suposto estado de equilíbrio (fluxo circular) e, para viabilizarem-se, provocam perturbações neste quadro, dados os inevitáveis deslocamentos dos meios de produção que promovem nesta economia — a hipótese adotada por Schumpeter para essas novas combinações. Se a realização destas inovações ocorresse de forma suave, distribuídas uniformemente no tempo, ou seja, se fossem contínuas, provavelmente o sistema teria condições de absorvê-las sem grandes perturbações e sem se defrontar com os ciclos de prosperidade seguida de depressão (OLIVEIRA, 2014).

Mas não é bem isso o que ocorre: sua característica, por vários motivos, é de aparecerem de forma descontínua, comandadas por grupos de empresários em forma de avalanche — tal como temos visto nos novos bilionários do Vale do Silício(7) —, sem que o sistema disponha de tempo suficiente para a ela adaptar-se, rompendo-se com o seu equilíbrio natural.

O investimento do capital aparece, assim, como primeiro sintoma do *boom*, explicando o surgimento de novo poder de compra (alavancado pelo crédito) e, as novas combinações, ao levarem à disputa por serviços produtivos com os setores já instalados, provoca aumento dos preços, dado a ampliação da demanda por emprego, acompanhada da consequente elevação dos salários, aumentando a demanda por bens de consumo e o nível geral de preços. Neste ambiente de pressão inflacionária — característico dos *booms* — a taxa de juros torna-se também ascendente, assim como os custos dos fretes e exerce-se uma pressão sobre os saldos e as reservas bancárias, difundindo-se, no clima de euforia que passa a predominar, a prosperidade por todo o sistema econômico (OLIVEIRA, 2014). Um novo cenário emerge, assim, do mundo monótono do fluxo circular e dissemina-se, com uma grande força que se move para frente durante o período em que vicejam essas condições, para a economia como um todo.

A elevação do nível geral de preços acarreta, mais à frente, perdas reais para os salários. O lucro do empresário, viabilizado pela inovação, reaparece neste quadro, propiciado por custos unitários menores que as empresas já instaladas, assim como os juros

(7) "Esta indústria começou através da experimentação e inovação nas áreas de rádio, televisão e produtos eletrônicos militares. Stanford University, suas afiliadas, e os graduados têm desempenhado um papel importante no desenvolvimento desta área. Alguns exemplos incluem o trabalho de Lee De Forest com a sua invenção de um tubo a vácuo pioneiro chamado Audion e os osciloscópios da Hewlett-Packard. O termo "Vale do Silício" foi utilizado pela primeira vez pelo jornalista Don Hoefler, em 1971, em uma série de artigos denominado "Silicon Valley USA" escrito para o Electronic News. Esse termo referia-se a uma certa região localizada na baía de São Francisco, que naquela época já era o lar de nomes promissores na indústria como a AMD e a INTEL, que utilizam o silício como principal elemento na composição dos chips fabricados" (WIKIPEDIA, Vale_do_Silício).

sobre os empréstimos produtivos, garantindo saltos nos meios de circulação geral e expansão da produção (OLIVEIRA, 2014). Apenas as empresas antigas — inicialmente na indústria que recebe a inovação e depois em todo o seu conjunto — perdem poder de competição e, para não serem alijadas do mercado, precisam se reciclar para seguir essa onda, o que, paradoxalmente, se leva a uma ampliação do processo de desenvolvimento, passa, ao mesmo tempo, a minar os frutos gerados pela inovação, com a ampliação da oferta dos novos bens e o consequente declínio de seus preços, prenunciando-se uma caminhada rumo à depressão, em busca de um novo ponto de equilíbrio para o sistema, embora em patamar mais elevado, do ponto de vista das rendas e da produção, em relação ao anterior. (OLIVEIRA, 2014). É por isso que afirma que:

> [...] o boom cria por si mesmo uma situação objetiva que, mesmo deixando de lado todos os elementos acessórios e fortuitos, dá fim ao boom, facilmente conduz a uma crise, necessariamente a uma depressão e assim a uma posição de relativa fixidez e ausência de desenvolvimento (SCHUMPETER, 1942, p. 150).

Mas que elementos são esses que estão contidos no próprio *boom* e que terminam conduzindo a economia para a depressão?

Schumpeter considera que erros podem ser cometidos na avaliação dos empresários sobre os novos empreendimentos e provocarem perturbações no sistema, mas não vê, neste cálculo, as tensões causadas no boom, com a ruptura do equilíbrio anterior, destacando outras causas: i) no início do processo, a elevação dos preços dos meios de produção aumenta os custos das empresas antigas, que começam a enfrentar prejuízos, mesmo contando com o amortecedor da quase-renda, que, no entanto, só é efetivo temporariamente; ii) somente no final do processo, depois da renda ser difundida em quase todos os circuitos, os novos bens chegam ao mercado com preços mais elevados para compensar os prejuízos das que estão sofrendo, desde o início, com o aumento dos custos, enquanto o boom está em curso; iii) o aparecimento dos novos bens, em maior quantidade, produz uma queda dos preços, reduzindo os ganhos e o ímpeto do processo; iv) estes efeitos dos novos empreendimentos, que estão à frente dos antigos, conduz também a uma deflação creditícia, porque os empresários começam a pagar suas dívidas, ocasionando redução do poder de compra que foi criado para o financiamento das inovações, exatamente quando surge o complemento de bens que poderia ser produzido, à maneira do fluxo circular (OLIVEIRA, 2014).

Neste caso, sem novos investimentos, começam a perder força os impulsos do *boom* e a conduzir a economia para a depressão em busca de uma nova posição de equilíbrio: a queda dos preços dos produtos leva ao desestímulo dos investimentos e da atividade empresarial, ao desaparecimento gradual do lucro empresarial e dos juros produtivos, com queda do volume de emprego e declínio da taxa de juros, derrubando a demanda por outras mercadorias, num círculo vicioso, que termina tornando inevitável a depressão, que ele considera necessária para incorporar as inovações do *boom*, dar expressão aos seus efeitos sobre as empresas antigas e retornar a uma nova posição de equilíbrio.

Assim, ao contrário do que comumente se acredita, a depressão exerceria, neste sentido, um papel regenerador da economia, podendo ser vista como benéfica para a revitalização de suas forças por entregar, em um patamar mais elevado do sistema econômico, o que foi prometido pelo boom: "*A corrente de bens enriquecida, a produção parcialmente reorganizada, os custos diminuídos e o que aparece a princípio como lucro empresarial [incrementando] depois as rendas reais permanente de outras classes*" (SCHUMPETER, 1942, p. 161-162).

## 2.2. Os paradoxos constitutivos do sistema econômico: a maturidade pessimista de Schumpeter

Schumpeter foi um entusiasta do modo de produção capitalista, enxergando-o como um sistema com uma capacidade extraordinária de, por um lado, revolucionar os meios de produção e, por meio do investimento, garantir um crescimento contínuo no tempo, embora sujeito aos ciclos de prosperidade e de depressões, dispondo, como nenhum outro, de todas as condições para eliminar a pobreza social (OLIVEIRA, 2014). Analisando o desempenho da economia norte-americana no longo período que vai de 1870 a 1930, cuja taxa de crescimento total ele calculou em 3,7% ao ano, mesmo dando um desconto considerável de 1,7% para estimar apenas a produção disponível para o consumo, ou seja, sem os bens de capital, Schumpeter projetava que:

> [...] se, a partir de 1928, o capitalismo repetir seu desempenho passado por mais meio século [ou seja, até 1978], ele eliminará qualquer coisa que se assemelha ao que, nos padrões atuais, chamamos de pobreza, mesmo nas camadas mais baixas da população, excetuando-se apenas os casos patológicos (SCHUMPETER, 1942, p. 92-3).

Não foi uma previsão correta: apesar do crescimento provavelmente ainda mais espetacular do capitalismo, especialmente após a Segunda Grande Guerra, o que se observou foi a piora na distribuição de renda, o agravamento dos problemas sociais e o aumento das desigualdades.

Apesar de entusiasta do sistema, Schumpeter, no entanto, foi perdendo, gradativamente, confiança na sua capacidade de sobrevivência, acreditando que seria inevitável sua substituição pelo socialismo, mas não em virtude de suas contradições internas, como na análise de Marx, mas em decorrência de seu próprio sucesso, como colocará em seu trabalho de 1942, Capitalismo, Socialismo e Democracia: "[...] *o capitalismo está sendo morto por suas realizações*" (SCHUMPETER, 1942, Prefácio à primeira edição, p. 505). Nessa obra, Schumpeter analisou três tendências no sistema que pareciam indicar sua trajetória rumo ao colapso:

> 1) O desenvolvimento da economia capitalista, ao dar origem e alimentar o crescimento das grandes corporações, tendia, na sua análise, a solapar a função inovadora do empresário individual e do processo de desenvolvimento, ao substituí-la por comissões e equipes de especialistas pautados por mera administração burocrática de rotina. Sem o espírito aventureiro e criativo do empresário, responsável pelas "[...] *recorrentes 'prosperidades' que revolucionam o organismo econômico e pelas recorrentes 'recessões' derivadas do impacto desequilibrador dos novos produtos ou métodos*" (SCHUMPETER, 1942, p. 173), o progresso tecnológico se transformava, para ele, "*em assunto de equipes de especialistas treinados que cria o que lhes é pedido e fazem-no funcionar de maneira previsível*", tornando-se "*despersonalizado e automatizado*", eliminando, como decorrência, a essência do sistema (o progresso tecnológico), o que faria com que a empresa capitalista se tornasse, ela própria "*supérflua – a se fazer em pedaços sob a pressão de seu próprio êxito*" (SCHUMPETER, 1942, p. 175-6);
>
> 2) A corrosão de seu próprio quadro institucional, com o enfraquecimento da propriedade individual em favor de uma forma mais difusa de propriedade na moderna sociedade anônima e, como decorrência, do que ele chama de "camadas protetoras" do sistema — pequenos proprietários, pequenos negociantes, pequenos industriais, agricultores e outros — que deixam de com ele se identificar, de lutar por sua sobrevivência (OLIVEIRA, 2014):
>
>> [...] o processo capitalista, ao substituir as paredes e as máquinas de uma fábrica por um mero pacote de ações, tira a vida da ideia de propriedade [e] afrouxa o laço que outrora foi tão forte – um laço no sentido do direito legal e da capacidade real de fazer o que se queira com a propriedade; laço também no sentido de que o dono do título perde a vontade de lutar, economicamente, fisicamente, politicamente por 'sua' fábrica, e, por seu controle sobre a mesma, de morrer, se necessário, à sua porta (SCHUMPETER, 1942, p. 185).
>
> 3) A hostilidade crescente que se projeta sobre o sistema decorrente de uma atitude racional e crítica sobre os seus resultados e contradições, comandado por uma camada também crescente de intelectuais que têm uma "patente *interesse na inquietação social*" e que são frutos de seu próprio sucesso, da melhoria do padrão de vida sempre crescentes, do avanço e maior acesso à educação, da expansão dos profissionais liberais e assim por diante (OLIVEIRA, 2014).

Por essas razões, conclui, neste seu trabalho, que:

> [...] o sistema capitalista tem uma tendência iminente à autodestruição [e que] o mesmo processo econômico que solapa a posição da burguesia, reduzindo a importância das funções dos empresários e capitalistas, destruindo as camadas e instituições protetoras, criando uma atmosfera de hostilidade, também decompõe por dentro as [suas] forças motrizes (SCHUMPETER, 1942, p. 209).

Passados, no entanto, setenta anos após sua profecia, o capitalismo, apesar de ter mergulhado em várias crises, não deu mostras de sucumbir como modo de produção, enquanto o triunfo do socialismo parece ter ficado mais distante, especialmente após a queda do muro de Berlim, em 1989 (OLIVEIRA, 2014). O sistema econômico, portanto, não eliminou os seus paradoxos internos, ao contrário, assimilou-os como constituintes de sua reprodução.

## 3. Complexidade e contingência: o papel no Direito ante a destruição criativa

Os (sub)sistemas sociais, dentre eles o Direito e a Economia, podem ser explicados pelas mudanças estruturais como unidades autopoiéticas. É dizer, mantêm uma organização própria, sem prejuízo de suas interações recorrentes e estáveis. O paradoxo, portanto, é elemento constitutivo do sistema no Direito, na Economia e em nossa série de inspiração para este ensaio – Dark. A validade de integrar os paradoxos à teoria permite superar impasses aos quais chegou a análise teórica ante o alto grau de complexidade da sociedade contemporânea. Com o objetivo de se desfazer de referenciais teóricos que não seriam mais adequados à complexidade da realidade social a ser analisada, a ciência precisa sofrer uma mudança de paradigma, o que a torna apta a lidar com um contexto social *"que as análises criadas a partir de outras realidades não teriam mais condições de apreender"* (MATURANA e VARELA, 2010, p. 55).

Trata-se, portanto, de desenvolver uma compreensão da sociedade capitalista compatível com o grau de complexidade contemporânea, empreitada que não é passível de realização no marco de teorias obstruídas que concebem a sociedade como dividida em uma pluralidade territorial que sustentaria a afirmação da existência de uma pluralidade de sociedades e passível de ser observada e descrita *ab extra* (LUHMANN, 1993, p. 5).

Se conjugada a leitura do "pessimista" Schumpeter com os fundamentos de sociologia geral e jurídica de Niklas Luhmann, não é forçoso concluir que a sociedade não é formada por homens, nem das ações intencionais que eles executam, mas de comunicações.

Comunicações, nesse sentido, são operações que se baseiam no sentido e que, embora suponha, não se reduzem à consciência dos sujeitos (do "*empresário inovador*", por exemplo). Fica claro que a sociedade, constituída a partir da comunicação, não encontra fronteiras internas, "*pois, ao abranger toda comunicação possível, passa ela a ser vista como um sistema social compreensivo que não se subdivide em unidades autônomas e passíveis de serem entendidas como sociedades diferentes*" (VILLAS BÔAS FILHO, 2007, p. 54).

Nesse sentido, a sociedade contemporânea é como Winden (não a cidade real do Vale do Elz, mas a fictícia cidade de Dark). Lá, passado, presente e futuro não são sociedade autônomas observáveis *ab extra*, mas um amálgama, uma *triqueta* na qual a compreensão e observação do passado, interfere no presente e no futuro; assim como o futuro interfere no passado e no presente. *Der Anfang ist das Ende und das Ende ist der Anfang*.

Direito e Economia, portanto, são – como o é a própria sociedade complexa — sistemas autorreferenciais e autopoiéticos fundados na comunicação e que se caracterizam por ser funcionalmente diferenciados. Isso admite: (i) autonomia dos subsistemas que compõem essa sociedade; (ii) perda de prioridade de qualquer desses subsistemas sobre os demais — sob o risco de dissolução da diferenciação social(8).

Por isso, a partir de um determinado grau de complexidade, os sistemas sociais, assim como todos os demais sistemas, somente continuarão a crescer se se diferenciarem internamente, pois tal diferenciação gera mais complexidade ao sistema ao mesmo tempo em que possibilita novas formas de redução da complexidade, de modo que, defraudando o diagnóstico de Schumpeter, as realizações do capitalismo não o eliminaram, senão engendraram *paradoxos internos* capazes de fazer renovar a sua reprodução como sistema constitutivo da sociedade complexa.

Nesse cenário, o "*empresário inovador*" descaracterizou-se do modelo de *pessoa humana* inventiva descrita por Schumpeter — **motor da renovação econômica** — para se manifestar contemporaneamente na figura do *algoritmo* (o atual motor de disrupção, responsável pela redefinição do modo como se consome transportes [*Uber*]; hospedagens [*Airbnb*] e entrega de produtos [*Rappi* e afins).

A pessoa capaz de, com sua criatividade, exercer o motor da criatividade destrutiva vai, de acordo com o conceito do próprio Schumpeter, dar origem ao *algoritmo* capaz de entrecruzar milhões de informações e proporcionar a revolução paradigmática do modelo produtivo, fazendo surgir novas complexidades (e, por conseguintes, novas contingências), potencializando os "cavalos" que aceleram o motor da história. É como a *matéria escura* de *Dark* – responsável pela criação e destruição e entrecruzamento de presente, passado e futuro.

A renovação econômica, entrementes, está acompanhada da substituição de um modelo de pessoalidade e habitualidade (que engendrou o clássico empregado de produção fordista-taylorista) na prestação dos serviços por um trabalhador *just-in-time*

(8) A sociedade, portanto, é dotada de uma estrutura de tipo específico, decorrente da evolução e guarda íntima correlação com o desnível de complexidade existente entre sistema e ambiente (CABRAL, 2016).

(ABÍLIO, 2020), desprovido de vínculos e proteções construídas para se lidar com a complexidade e expectativas econômicas do modelo em fase de destruição.

Não se pode ignorar, portanto, que caracterizar a sociedade por intermédio de sua diferenciação funcional é reconhecer que a necessidade de se operar seleção e a (re) estabilização de expectativas em contexto de maior complexidade — ou seja, a capacidade do Direito reconhecer a complexidade do ambiente (a economia, por exemplo) e internalizar, a partir de seu código, soluções que estabilizem as expectativas sociais.

Complexidade engendra diferenciação. Diferenciação, no entanto, reduz complexidade. O Direito e a Economia na sociedade capitalista, tal como o tempo (passado, presente e futuro) em *Dark* são fechados operacionalmente, mas abertos cognitivamente, o que permite a sua adaptação: variação, seleção e (re)estabilização. A diferenciação entre os sistemas e ambientes, tal como a diferenciação entre as dobras temporais, permitem a multiplicação de possibilidades (aumente de complexidade) ao mesmo tempo em que permite, de modo paradoxal, a seleção e estabilização de cada escolha. Se a complexidade supera tais limites, há que se alterar a forma de diferenciação do sistema, "*razão pela qual Luhmann afirma que o motor exógeno da evolução social seria justamente o aumento da complexidade*" (VILLAS BÔAS FILHO, 2007, p. 98).

Para conseguir ser útil e efetivo nesse tipo de sociedade, ao Direito não basta produzir generalizações de expectativas de modo incongruente. O Direito deve produzir congruência seletiva, assegurando a manutenção de expectativas normativas:

> [...] pode-se afirmar que toda e qualquer expectativa consiste numa antecipação do futuro que, enquanto tal, é suscetível de frustração. Assim é que existiriam basicamente duas formas de se lidar com a frustração: adaptar a expectativa à situação que a frustra ou mantê-la contra tal situação. No primeiro caso se está diante de uma expectativa cognitiva, que aprende e se adapta à situação que a contraria. No segundo, se está diante de uma expectativa normativa, que se mantém mesmo contra a situação que a decepciona (VILLAS BÔAS FILHO, 2007, p. 134-135).

A fixação normativa da expectativa opera sua generalização apenas na dimensão temporal de sentido, não sendo capazes de atender a situações de conflito. Disso decorre que as expectativas também devam ser generalizadas na dimensão social, o que ocorre mediante a institucionalização das expectativas institucionalizadas, "*de modo que estas pressuporiam o concurso de terceiros que supostamente estariam dispostos a sustentá-las contra as condutas que as frustram*" decepciona (VILLAS BÔAS FILHO, 2007, p. 135). Isso, como exposto anteriormente, não pressupõe consenso social, mas antecipa o consenso tornando-o pressuposto.

## 4. Considerações finais

A escolha de *Dark* neste pequeno ensaio ocorreu como tentativa de ilustrar como ambiente (Economia) e sistema (Direito) comunicam-se mutuamente, do mesmo como o passado e o futuro se influenciam na série. Com essa ilustração pretendeu-se, com o acréscimo da resenha de Schumpeter, demonstrar a complexidade da Economia. Visto em panorama, o desenvolvimento econômico tal como previsto por Schumpeter assimilou seus próprios paradoxos e desenvolveu-se de modo mais complexo e contraditório, pondo ao Direito o desafio de decodificar essa complexidade e reduzi-la — tarefa que ainda está em curso, ante os recentes saltos que colocam em xeque o modelo do empresário inovador pelas consequências (des)conhecidas da inovação algorítmica. Contrariamente ao diagnóstico do jovem Schumpeter, o sucesso do capitalismo não eliminou a pobreza — assim como sucesso na manipulação da matéria escura pelo jovem Jonas não impediu o Apocalipse e a formação do pessimista Adam, em Dark. Tal como os resultados apocalípticos da série, o sucesso do capital enseja maior concentração de riqueza e menor participação das pessoas nas riquezas produzidas. Essa complexidade poderá ser assimilada pelo Direito sob diferentes perspectivas, ante a multiplicidade de expectativas engendradas: caberá ao Direito a decodificação da complexidade para regular a economia e mantê-la como fator de concentração de riquezas, tornando a hegemonia do modelo um sinônimo de exclusão? Ou caberá ao Direito o papel de (anti)herói de nossa história, com a habilidade de estabilizar o sistema econômico de modo a distribuir riqueza (sob a forma do trabalho regulado e da proteção social, por exemplo)? Não há repostas simples e maniqueístas capazes de apontar, com segurança e precisão, qual o rumo será tomado e como corrigi-lo. A nós, tal como aos protagonistas da série analisada, caberá a intensa observação e estudo das condições que nos levam ao "Apocalipse" e o esforço diuturno, reiterado e determinado de compreender como extrais as melhores consequências dos piores cenários. E, para se compreender como a economia se destrói e se reconstrói criativamente, enfrentar a teoria do desenvolvimento econômico de Schumpeter é parte do trajeto.

# Jonny Quest

***Mariana Benevides da Costa***

*[...] Stop, com Rolling Stones*
*Stop, com Beatles songs*
*Mandado foi ao Vietnã*
*Lutar com vietcongs*
*Ratá-tá-tá-tá, tá-tá-tá-tá-tá*
*(...)*
*Era um garoto que como eu amava os Beatles*
*e os Rolling Stones.* Engenheiros do Hawai

Figura 1

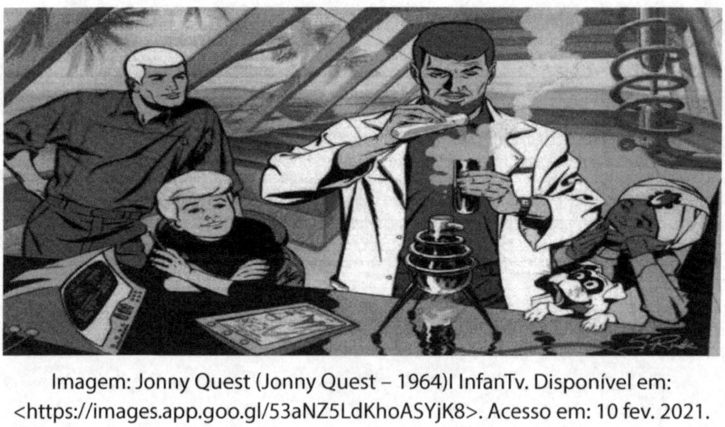

Imagem: Jonny Quest (Jonny Quest – 1964)I InfanTv. Disponível em: <https://images.app.goo.gl/53aNZ5LdKhoASYjK8>. Acesso em: 10 fev. 2021.

## 1. Introdução

Desenvolve-se este breve ensaio, na esteira de uma proposta editorial acadêmica e correlativa da *pop art* cinematográfica e televisiva com as realidades juslaborais que lhes são subjacentes e que refletem, com certeza, valores culturais, filosóficos, sociais, políticos e econômicos respeitantes ao trabalho e aos direitos e deveres dos trabalhadores, ao tempo de sua produção e exibição. Assim, para o cumprimento de um tal mister, elege-se o desenho animado em epígrafe, de cujo enredo, sim, ressaltam algumas importantes questões trabalhistas, entre tantos outros aspectos de passível abordagem.

Entrementes e por exemplo, muito se poderia falar sobre a evidente questão política que lhe permeia, visto tratar-se de uma série com marcante tônus investigativo, produzida no bojo histórico da chamada Guerra Fria (SILVEIRA, L. C., 2021). Poder-se-ia, igualmente, abordar a supremacia dos valores ocidentais (HEIN, L. L., 2021; PAIXÃO JÚNIOR, 2021), no imediato do pós-guerra. Poder-se-ia, ainda e da mesma forma, discorrer sobre pautas de costume respeitantes à família, tanto no atinente à adoção internacional de crianças, quanto no atinente a uma sugestiva antecipação, no tempo, de uma conformação familiar homossexual, insinuada, no particular, entre os dois protagonistas adultos da estória e com esteio em pretérita publicação de terceiros(1), disponível nas plataformas digitais de pesquisa.

Este singelo estudo, entretanto, **tenciona apenas discorrer sobre o trabalho infantil**, enquanto destacadíssimo componente sociocultural do respectivo enredo, que, no particular, se mostra, inclusive, violento e afeto a uma das suas piores formas, suscitando, pois, uma necessária reflexão sobre o **trabalho infantil nos conflitos armados**. E, para lograr um tal objetivo, após a exposição de oportunos elementos introdutórios e contextuais, em que se sustenta serem Jonny e Hadji **crianças-soldados**, apresenta-se esta figura e o seu respectivo histórico, localizando-a no ordenamento de regência. Eis a síntese do trabalho.

## 2. A arte como elemento de representação da vida

Assim, encetando esta exposição, uma perfunctória alusão à arte como um todo, enquanto fato social e, também, enquanto problema filosófico, afirmando-se, a respeito tais, que, permeando reflexões sobre a estética e sobre os diferentes padrões modelares socialmente aprovados e/ou reprovados, ela, a arte, configura, em sua essência, forma imemorial de comunicação humana. E, com uma tal característica, pinturas rupestres

(1) No *site* da IMDb — Internet Movie Database —, que, segundo o CanalTech, é uma famosa plataforma de conteúdo cinematográfico e afins, reporta-se a um episódio do desenho animado *Harvey Birdman Attorney*, intitulado *Bannon Custody Case*, no qual, desassociando-se do Dr. Benton Quest, Roger *Race* Bannon reivindica e ganha judicialmente a guarda de Jonny Quest e de Hadji. Ademais, no mesmo sentido, um episódio da série intitulado de A sombra do condor, no qual, uma cena exibe os dois personagens pré falados acomodados no mesmo quarto e com pijamas iguais, fato que, segundo publicação veiculada no *site* Ladobi, seria mais uma evidência do romance existente entre ambos. A propósito, **vejam-se os seguintes endereços eletrônicos**, todos acessados em 05 fev. 2021: **(1)** <https://www.imdb.com/title/tt0597328/>; **(2)** <https://vimeo.com/107482035>; **(3)** <http://www.barbafeita.com/2016/10/johnny-quest-lgbt.html>; **(4)** <http://ladobi.com.br/2015/05/jonny-quest-familia-lgbt-desenho-animado/> e; **(5)** <https://canaltech.com.br/empresa/imdb/#:~:text=A%20IMDb%2C%20ou%20Internet%20Movie,de%20filmes%2C%20TV%20e%20celebridades>.

e outros artefatos variados provindos ainda da Pré-história, os quais dão conta do antiquíssimo e continuado desenvolvimento dos fenômenos artísticos pelo ser humano, talvez, até mesmo, desde datas pregressas ao *Homo sapiens*.

Nesse sentido e de eras assim um tanto primevas, como exemplos do registro de acontecimentos da vida anterior à escrita, o testemunho das cavernas de Chauvet[(2)] e de Lascaux, na França, ou da Serra da Capivara[(3)], no Brasil — Estado do Piauí —, entre tantas outras inscrições rupestres existentes nos cinco continentes do planeta. A expressão artística, aí, confunde-se, indubitavelmente, com a comunicação em geral, considerando a ausência da escrita e, talvez, até a ausência da própria linguagem, na forma como esta é concebida nos dias de hoje[(4)].

Mas, a arte também serve para a expressão de mundos imaginários, assim como de mundos ideais e aqui, não raro, ou como retratos caricaturais da realidade, ou como reflexos de certos desejos humanos ou, ainda, como protesto ao concreto contexto social em que ela é produzida, valendo Cândido ou O Otimismo (VOLTAIRE, 2012) — obra literária da autoria de Voltaire, produzida no século XVIII —, como uma ilustração deste último proveito, dentre tantas outras ilustrações bibliográficas possíveis.

E, com essas diferentes feições, portanto, desde tempos pregressos à escrita, a arte vem acompanhando o trajeto evolutivo da humanidade e se manifestando em todas as épocas e em todos os povos e culturas do Ocidente e do Oriente. Além das artes plásticas e da literatura já rapidamente citadas, também constituem expressões artísticas clássicas a música, a dança, a representação teatral, sem contar a recíproca interação entre essas diferentes formas de manifesto da emoção e da racionalidade humanas. Fotografia e cinematografia também se inserem no rol, mas como formas artísticas modernas e resultantes do desenvolvimento tecnológico verificado a partir da sociedade industrial.

---

(2) Na *Caverna de Chauvet*, encontram-se as pinturas rupestres datadas de trinta a quarenta mil anos atrás, apontadas pelos paleontólogos como sendo as mais antigas existentes. Estas pinturas impressionam, pela qualidade dos traçados, com uso, inclusive, de técnicas de desenho que somente foram (re)utilizadas milênios depois. A propósito, *vide*: PINTO, T. *Caverna de Chauvet e a arte da pré-história*. História do mundo. Dez. 2020. Disponível em: <https://www.historiadomundo.co.br/pre-historia/caverna-de-chauvet-e-a-arte-da-prehistoria.htm>. Acesso em: 02 dez. 2020.

(3) No *Parque Nacional da Serra da Capivara*, situado no Município de Nonato/PI e como patrimônio universal tombado pela UNESCO, encontram-se o sítio arqueológico com a maior quantidade de pinturas rupestres por metro quadrado das Américas, suscitando, inclusive, discussões sobre o pioneirismo da estada humana nos seus territórios.

(4) Ainda há cizânia entre as diferentes searas da gnose humana, acerca do desenvolvimento da linguagem, não se sabendo se se falou de forma gestual, *a priori*, passando-se, depois, para a linguagem verbal, ou se o alcance do estágio evolutivo humanizado já atesta, igualmente, a capacidade da comunicação verbal articulada. Nesse sentido, *vide*: TEIXEIRA, J. As primeiras formas de linguagem. Éh? ***Super Interessante***. 31 out. 2016. Disponível em: <https://super.abril.com.br/as-primeiras-formas-de-linguagem-eh/>. Acesso em: 02 dez. 2020.

Atualmente, neste tempo batizado de pós-modernidade, desenvolvem-se também, entre outras inovações, a chamada holografia artística e a nanoarte, sem contar as "criações" artísticas da inteligência artificial (HYPESCIENCE, dez. 2020), que, a rigor e no estado da arte em que a tecnologia se encontra, é considerada uma inteligência artificial fraca e destituída de criatividade e emoções.

Sobre a primeira delas, i.e., sobre a holografia artística, cuida-se do uso dado, pelas artes em geral, à holografia, uma mídia algo recente, capaz de gravar e de reproduzir, tridimensionalmente, objetos ausentes do espaço da mostra, a partir da combinação de dadas fontes luminosas (Universidade de Lisboa), com auxílio computacional. Já a nanoarte, esta corresponde à manipulação de micropartículas das moléculas atômicas, com vistas à reprodução do senso estético contemporâneo, ao mesmo tempo em que, também, busca a verticalização da gnose científica acerca dos novos materiais identificados pela nanotecnologia.

Rorivaldo Camargo (CORREIO BRAZILIENSE, 2020), pesquisador da Universidade Federal de São Carlos, é criador do Projeto Nanoarte, no Brasil, cuja proposta, segundo o Professor Elson Longo, do Instituto de Química da Universidade de São Paulo, "*além do aspecto estético, ajuda os cientistas a entenderem melhor as propriedades das matérias*" (CORREIO BRAZILIENSE, 2020).

A inteligência artificial, por sua vez e de maneira deveras sumarizada, corresponde a uma imitação computacional do pensamento humano, que, combinando Ciência de Dados, Matemática, Probabilidade e Estatística, entre outros campos do conhecimento científico, estabelece padrões digitais com a finalidade de cumprir atividades específicas, dentre as quais, na atualidade, encontram-se a produção de imagens (LISBOA, 2022), a produção de *trailers* de filmes (MINARI, 2022) e, até mesmo, a escrita de livros (MAES, 2022). Não se trata, porém, de um exercício da criatividade ou da emoção, aspectos da humanidade jamais emulados por máquinas, nem mesmo pela chamada computação de alta performance.

Do ponto de vista sociocultural, com o advento do sistema capitalista *stricto sensu* e do progresso tecnológico que lhe é consequente, as formas artísticas como um todo passam a ser mercadorizadas, muito embora somente algumas delas se popularizem sobremaneira, passando, inclusive, a pautar comportamentos e valores sociais, econômicos, culturais e, em certos casos, até políticos. É o que se processa, por exemplo e com inigualável domínio, com a música popular, com a cinematografia e, sobretudo, com as artes televisivas, em cujo seio, já se sabe, encontra-se o desenho animado ora alvejado.

Com uma prática dialética, essas artes televisivas, ao mesmo tempo em que se valem de certos padrões comportamentais — sejam padrões universais, sejam padrões locais —, elas têm introduzido novos modos e novas crenças na sociedade global, provocando, não raro, discussões sociais e até posicionamentos estatais. Nessa práxis e com vistas à produção e reprodução de um mercado de consumo, cidadãos comuns, ricos ou pobres, são chamados a espelhar, pública e televisivamente, diferentes performances do seu cotidiano laboral e familiar, seja no âmbito da animação, seja no âmbito da dramatização cênica, mediante, por exemplo, filmes, telenovelas e seriados, tal como se pode ver desde o início da história das transmissões de televisão.

No Brasil, quinto país do mundo a implantar referida tecnologia (PEDROSA; FERREIRA, 2021), o percurso dessas exibições se inicia, de forma comercial, ainda nos anos 1950, após as arrojadas iniciativas empresariais do paraibano Assis Chateaubriand (PEDROSA; FERREIRA, 2021). Assim, inaugurada a TV brasileira, tem-se, na sua grade de programas, a partir de 1954, a estória nacional de um químico bem-sucedido, que, diante de inusitadas situações de perigo, transforma-se no Capitão 7 e lança mão de superpoderes para eliminá-las. Em 1959, o País passa a conhecer as peripécias de Rin-tin-tin, cachorro protagonista de um seriado norte-americano.

Das décadas de 1960 e de 1970, sobrevêm festejadas novelas brasileiras, tais como, Rosa Rebelde, Irmãos Coragem e Escrava Isaura, por exemplo, assim como a exibição de seriados estrangeiros ditos "enlatados", como, por exemplo e entre outros, Daniel Boone, O Túnel do Tempo, O Elo perdido (PEDROSA; FERREIRA, 2021) etc. Nesse lote, identicamente, Jonny Quest, a série animada ora analisada, de origem estadunidense e de autoria de William Hannah e Joseph Barbera, na qual, ao longo dos anos 1960, ditos animadores inovam seu traço artístico e o padrão de seu trabalho, concebendo um desenho animado mais realista e com feições de uma película cinematográfica (CORDEIRO). São produzidos, no particular, um total de 26 episódios, todos exibidos e reprisados, no Brasil, por diferentes canais de televisão e, agora, mais recentemente, por meio das plataformas digitais.

E, Jonny Quest, como não poderia deixar de ser, enquanto forma de expressão artística e cerne de uma animação mais lapidada, ele veicula e comunica os valores morais e materiais do seu tempo, manifestando padrões de comportamento social relativos à infância que já não são aceitáveis na atualidade. Vejam-se, pois.

## 3. O personagem Jonny Quest e seu cotidiano em geral

Filho do Dr. Benton Quest, um renomado cientista estadunidense que trabalha para o império britânico, Jonny Quest é uma criança de 11 anos de idade, cujo prenome de batismo é Jonathan e que, após a morte da mãe, passa a acompanhar seu pai, na realização de parte das atividades laborais deste, quando implicando, majoritariamente, viagens para os mais diferentes países. Jonny, portanto, recebe educação domiciliar, educação essa, a cargo do polivalente Roger *Race* Bannon, o qual, por sua vez, também é segurança pessoal do Dr. Quest, além de seu motorista, piloto de aeronaves e preparador físico do primeiro menino.

Após uma viagem de trabalho à Índia(5), o Dr. Benton Quest adota, como filho, Hadji, um pequeno indiano, também de 11 anos de idade e que, portanto, passa a integrar a família e, igualmente, a acompanhá-lo nos seus tantos deslocamentos laborais. Tal como Jonny, Hadji estuda em regime de *homeschooling*, sob o ministério professoral do já mencionado Professor Bannon, que lhe prepara intelectual e fisicamente. E, nesta casa, por fim, ainda há Bandit, um cachorrinho *pug* curioso, poltrão, embora aventureiro e muito latidor. Eventualmente e conforme a estória da vez, outros personagens podem se apresentar, ou como auxiliares dessa família, ou como seus antagonistas e vilões. Exemplificando, as esporádicas presenças de Jade, um antigo romance de Roger, e o Dr. Napoleon Zin, que é um cientista de origem chinesa, arquirrival do Dr. Quest.

Os Quest residem numa ilha localizada no Oceano Pacífico, onde o Dr. Benton mantém um equipado laboratório para o desenvolvimento de suas pesquisas de conteúdo tecnológico, bélico e aeroespacial e cuja salvaguarda das investidas opoentes dá azo às tantas aventuras vividas pela família, aventuras, na verdade, equivalentes a genuínas pelejas de guerra, com as hostilidades e os rigores da violência física, a qual, no cenário, nunca pode ser desprezada, frente aos riscos que lhes impinge a todos e, especialmente, às crianças e ao pequeno animal. Nessas contendas, sempre há ativa participação dos dois meninos, que, diferente do esperado para suas tenras idades, empunham armas e participam prontamente dos combates, exibindo o preparo físico e as técnicas de luta que lhes são ensinadas por *Race* Bannon.

Assim, como parte significativa do seu cotidiano, Jonny e Hadji viajam por diferentes países da América Latina, Ásia e África e têm licença para ocupar e turbar posições atacadas e, inclusive, para matar, em legítima defesa da própria integridade, da dos demais membros do seu núcleo familiar, de eventuais aliados e/ou do alvo material da disputa. Em suma, pois, e na esteira dos adultos responsáveis por sua guarda e educação, Jonny Quest e Hadji são dois garotos trabalhadores, que atuam, rotineiramente, como autênticas **crianças-soldados**. E ratifica uma tal assertiva a situação dos Quest estarem sempre muito bem equipados, com embarcações, aeronaves, esquis, radares, paramentos tecnológicos variados, armamentos, por exemplo, tudo isto a explicitar que cada viagem dos mesmos é uma verdadeira missão bélica.

Referida família, contudo, não apresenta senso de conservação ambiental, pois, neste ponto, é vista a alvejar pássaros e répteis selvagens, enquanto lhes invade o *habitat* natural, em busca de um mineral novo e de pura qualidade a ser utilizado no programa aeroespacial(6).

---

(5) HANNA, W. BARBERA, J. *Jonny Quest*. Episódio Aventuras em Calcutá. Disponível em: <https://www.youtube.com/watch?v=kNe5_8jQx9c>. Acesso em: 10 fev. 2021.

(6) HANNA, W. BARBERA, J. *Jonny Quest*. Episódio "Turu, o terrível". Disponível em: <https://www.youtube.com/results?search_query=turu+o+terrivel>. Acesso em: 05 fev. 2021.

## 4. Jonny Quest no mundo do trabalho

Da narrativa do item anterior, então, o discernimento de que a ponte entre esta estória animada e os mundos do trabalho e do Direito do Trabalho não se constrói pelas atividades científicas altamente especializadas do pai do protagonista, nem, tampouco, pelo desempenho multitarefário do seu segurança e instrutor pessoal (*Race Bannon*), de quem, aliás, como uma rápida observação e considerando-o, apenas, como um cidadão trabalhador, nunca se percebem limitação da jornada diária, nem repouso hebdomadário. Apesar desses registros, é o trabalho infantil realizado por Jonny Quest e Hadji que, *in casu*, chama a atenção, remetendo o raciocínio à lida das tantas crianças e adolescentes nas frentes de guerra do tempo passado e, sobretudo, do tempo presente.

E, neste aspecto, vale insistir no fato de que o pequeno Quest e seu irmão Hadji, como já dito linhas lá atrás, estão constantemente envolvidos em situações de conflitos armados, posto coadjuvarem as missões laborais do pai, a quem eles acompanham em cada embate. Comportam-se, então, como dois pequenos soldados, considerando-se, sobretudo, os indicadores estatais que permeiam o trabalho do Dr. Benton Quest.

Assim, na conjuntura da narrativa que integram, o certo é que os dois personagens infantis participam da investigação e da resolução das mil e uma situações de risco desfavoráveis ou à segurança deles próprios e dos demais personagens, ou à segurança da chamada paz universal. Enfrentam, pois, a belicosidade adversária, inclusive, com o manuseio de armamentos de fogo perigosos e antiergonômicos para suas idades e portes físicos. A olhos vistos e pelo conjunto da animação, os dois meninos, além das armas eventuais, não utilizam equipamentos individuais de proteção contra os perigos que combatem. Na atualidade, estariam à margem dos tratados internacionais de regência para o trabalho infantil nas frentes de combate armado.

## 5. Conhecendo as crianças-soldados

Agora, além do campo da imaginação e analisando a realidade, tem-se o **entendimento hodierno do que sejam as crianças-soldados ou soldados juvenis**, a saber, menores de dezoito anos de idade, do sexo masculino ou feminino, vinculados em forças armadas ou grupos armados, para a realização de trabalho, dentro ou fora das fronteiras nacionais de seu país de origem, independentemente da atividade envolver, ou não, o porte e manuseio de armas. De acordo com o Fundo Internacional de Emergência das Nações Unidas para a Infância — UNICEF —, seriam "crianças associadas às forças armadas ou grupos armados" (TABAK, 2021), em uma locução mais abrangente, que, segundo Tabak e por outras palavras, leva em conta o rol de todas as ocupações imputadas a esses jovens soldados.

No entanto, a par da questão de nomenclatura e desvinculada dela, o fato é que, **no cotidiano dos conflitos armados**, as crianças-soldados realizam diversos trabalhos em prol ou na linha de frente do combate. São mensageiros, espiões, implantadores de minas, cozinheiros, trabalhadores domésticos, escravos sexuais etc.

Majoritariamente, em todos os povos e lugares, são mais meninos os soldados juvenis, do que meninas, nada obstante estas também estejam nas tropas, em percentual aproximado de 30% (trinta por cento) (MARTUSCELLI, 2021). Para elas, de forma predominante, fica a incumbência dos serviços sexuais em favor de outros jovens e adultos, sem embargo da prestação de serviço no cuidado e/ou no combate. De regra, todos são crianças pobres, sem família, ou com a família dizimada pelo fato da guerra, sendo a vulnerabilidade e a solidão **causas reconhecidas** que levam a que sejam engajadas, tanto de modo espontâneo — quando buscam as fileiras das forças armadas por iniciativa própria ou de algum parente, em razão da vida civil de privações materiais (fome, frio etc.) e de desemprego —, quanto de modo forçado.

E o **recrutamento forçado de crianças e adolescentes para forças marciais**, a seu turno, no tempo presente, ele é de uma violência sem par: Opera-se por sequestro, ou por ameaças de morte, ou pela eliminação física de toda a família do infante diante dele próprio, ou por ele próprio, para que passe a ser estigmatizado pela comunidade e já não possa, nem queira mais ficar nela, seguindo o destino das tropas.

Ishmael Beah, em suas memórias de criança-soldado na Serra Leoa, no momento em que, aos treze anos de idade, depois de um longo período de fuga e sem opção de novamente se evadir sob pena de ser morto, ele é finalmente engajado, *ipsis litteris*:

> Não tínhamos escolha. Sair da aldeia era a mesma coisa que morrer. "Atenção. Esta é uma ordem do tenente. Todos devem se reunir na praça imediatamente". A voz de um soldado soou em um megafone. Antes que tivesse terminado sua última palavra, a praça estava cheia. [...]
>
> O tenente ficou de pé em cima de uma pilha de tijolos, para que pudesse ser visto por todos. Ele deixou que o silêncio se assentasse em nossos ossos, então acenou para alguns soldados, que trouxeram a nossa frente dois corpos — um homem e um menino que moravam na aldeia. O sangue que encharcava suas roupas ainda estava fresco e seus olhos estavam abertos. As pessoas viraram o rosto, crianças pequenas e bebês começaram a chorar. O tenente deu um pigarro e começou a falar em meio aos gritos, que por fim pararam enquanto ele continuava.
>
> "Sinto muito por ter que mostrar esses corpos pavorosos, especialmente com suas crianças aqui presentes. Mas, de qualquer jeito, todos nós aqui "já vimos a morte ou até mesmo apertamos sua mão". Ele se virou para os cadáveres e continuou, suavemente: Este homem e esta criança decidiram deixar a aldeia pela manhã, apesar de termos avisado a eles que era perigoso.

> O homem insistiu que não queria participar da nossa guerra, então fizemos o que ele queria e deixamos que partisse. Olhe só o que aconteceu. Os rebeldes atiraram neles na clareira. [...] O tenente continuou falando por mais de uma hora, descrevendo como os rebeldes haviam cortado a cabeça de membros de algumas famílias e feito os parentes assistirem àquilo, como tinham queimado aldeias inteiras, com habitantes dentro, forçado filhos a penetrarem suas mães, partido corpos de bebês recém-nascidos ao meio porque choravam demais, aberto a barriga de grávidas para arrancar os fetos e matá-los ...
>
> [...]
>
> Eles perderam tudo que fazia deles humanos. Não merecem viver. É por isso que devemos matar cada um deles. Pensem nisso como a destruição de um grande mal." [...] Todas as mulheres e crianças foram chamadas à cozinha; homens e garotos ao depósito de munições, onde os soldados assistiam a seus filmes e fumavam maconha. [...] Havia mais de trinta meninos lá, e dois deles, Sheku e Josiah, tinham sete e onze anos de idade. O resto de nós tinha treze e dezesseis anos, exceto Kanei, que tinha agora dezessete. Um soldado que vestia roupas civis, com um apito em volta do pescoço, andou até uma estante cheia de rifles AK47 e deu um para cada um de nós. [...] (BEAH).

Desta narrativa e muito aligeiradamente, o chamado do "tenente", sob tom de ameaça e com exibição de corpos mortos e ensanguentados, para toda a população de uma aldeia, que, a propósito, já não é a aldeia de origem do autor do testemunho. Até este ponto de sua história, ele — Ishmael Beah — já tem uma saga de resistência a narrar, sem nenhum contato com familiares e amigos, estando sozinho no mundo.

Assim, quando do seu recrutamento, encontra-se na companhia de outros meninos, mas que, como ele, também vagueiam, andando sem rumo certo, em busca de um lugar seguro e com alimentos. Deparam-se, pois, com a condição de crianças-soldados e, praticamente na mesma hora, sem que nada possam objetar, recebem um fuzil AK47. Como a criança que ainda é nesse momento de sua vida, ele, apesar do temor, simplesmente obedece e essa obediência, assim como a flexibilidade no temperamento pueril, ambas também constituem **razões para o aliciamento forçado de crianças e adolescentes**, que são de trato humano mais fácil (ou mais dócil) do que as pessoas adultas.

Além disso, mesmo com o desenvolvimento de expedientes notariais e tecnológicos, muitos países periféricos ainda têm insuficiência de registro civil e de emissão de documentos individuais, de maneira que muitas dessas crianças-soldados são também indocumentadas, o que, em caso de morte das mesmas, dispensa o atendimento de trâmites legais para o enterramento dos corpos.

Finalmente, como fonte substancial e atual desses conflitos armados, o sistema capitalista e os subterfúgios que utiliza para organizar e desorganizar sociedades, em busca dos próprios interesses. É que estes também dão azo à instabilidade socioeconômica e política, que, passos à frente, produz guerras e conflitos e nega o período da infância a esses pobres soldados mirins, levando-os à vida marcial, seja a voluntária, seja a imposta. Já com uma tal abordagem, Enrique Serra Padrós (PADRÓS, 2014) apresenta essas crianças como vítimas de sequestro, no contexto da globalização, ao tempo em que, com base em Manuel Castells, acrescenta:

> Segundo dados da UNICEF, de 1996, a experiência dos soldados-mirins faz parte de um cenário maior de guerras e conflitos, crivados de interesses imediatos que muitas vezes mascaram a forte presença das potências extracontinentais, e que produziram a morte, mutilação, orfandade e invalidez de milhões de crianças (PADRÓS, 2014).

Como **consequências** da vida enquanto crianças-soldados, tem-se, **de forma imediata** e durante o tempo em que estão a serviço dos pelotões, o enfrentamento de condições penosas e ameaçadoras de vida, regras despóticas, insegurança e torturas físicas e mentais, antropofagia, violações sexuais, doenças sexualmente transmissíveis, gestações precoces e indesejadas, abortos forçados, traumas psicológicos, uso de drogas e entorpecentes ilícitos, escassez alimentar, enfim, muitas violências e infelicidades. **Mediatamente**, quando não encontram a morte nos conflitos armados e têm a chance de se reabilitarem na vida civil, passam esses pequenos soldados a ser indivíduos traumatizados, depressivos, estigmatizados e descontrolados emocionalmente, tudo isto, sem contar as sequelas físicas e psíquicas da mutilação de membros, da AIDS, da dependência química etc. Nas relações íntimas, é muito comum que se desconectem de suas próprias famílias — quando já não é o caso do falecimento destas —, enquanto nas relações sociais, perdem anos de estudo e de trabalho.

## 6. Mãos infantis em guerras de todos os tempos

Não é de hoje que crianças e adolescentes empunham armas e se apresentam em campo de guerras e de batalhas. Muitas vezes antes, ao longo da História e de maneira comprovada, ou estiveram em combate, ou estiveram no entorno dele. Na passagem dessa caminhada, contudo, a compreensão sócio-histórica do que seja infância também vem evoluindo, de maneira que, de forma invisibilizada e já adultecida, crianças e adolescentes podem ter participado de várias outras guerras, silenciados, pois, quanto a uma tal condição etária do ser humano nas suas fases iniciais do desenvolvimento físico, intelectual e emocional.

E a este respeito, provêm do **Egito antigo** vestígios arqueológicos que demonstram a coroação de Tutancâmon por volta dos nove anos de idade e a sua possível e posterior participação em batalhas[7], sendo certo que este faraó morreu bem moço, entre os dezessete e os dezenove anos, de causa ainda misteriosa para a Arqueologia, antes de completar o vigésimo ano de vida. Mesmo rei — e, talvez, até por esta razão — e mesmo muito jovem, Tutancâmon, durante sua vida tão curta, parece não ter sido poupado da inclemência da guerra.

A **Grécia Clássica**, por sua vez, lega à humanidade a história de **Esparta**, onde, aos sete anos de idade, os meninos de boa compleição física são apartados do lar e entregues à cidade-estado, para que esta os eduque de acordo com seus princípios militares, preparando-os para a defesa da mesma, como, também, para o avanço sobre outras *polis*. Em seu treinamento, crianças e adolescentes espartanos são submetidos a condições extremas de vida e de preparo físico, desenvolvendo resistência e competências para o enfrentamento das guerras, que, na época e na região de sua localização geográfica, *estavam sempre no ar*, por assim dizer.

Anos adiante, a verve guerreira dos helenos permanece intensa na **corte macedônica**, cujo príncipe ultimogênito, **Filipe II**, é oferecido, como distinto refém, à cidade-estado de Tebas, onde ele vive dos quinze aos dezoito anos de idade (TREVISAN, 2015), sob a tutela de Panmenes, amigo particular do célebre General Epaminondas[8]. Na circunstância, Filipe II tem a oportunidade de usufruir da ciência dos notáveis "generais tebanos que contribuíram para sua formação como estrategista" (TREVISAN, 2015), sendo este um fato que comprova a sua condição de criança-soldado, na virada da adolescência para a sua vida adulta.

Com personalidade afável e atrativa, Filipe II é libertado e se torna rei da Macedônia, após a morte de seu pai, Amintas III, e de todos os seus irmãos[9]. Assim, a partir de então, ele, um político hábil e inteligente, abre ensanchas para a expansão macedônica, expansão essa, que é, posterior e efetivamente, realizada por Alexandre III (ou Alexandre Magno, da Macedônia), seu filho.

Mas, ainda sobre Filipe da Macedônia, vale registrar que:

> As fontes descrevem Filipe II como uma personalidade que fascinou historiadores, políticos, estrategos militares e psicólogos, tanto ou mais do que o seu filho e sucessor. O rei reuniu povos macedónicos dispersos e isolados,

---

(7) A tumba do faraó Tutancâmon foi encontrada em 1922 pelo arqueólogo britânico Howard Carter, deixando entrever vários traços da personalidade deste rei, como, também, passagens de sua vida. Entre os artefatos ali encontrados, havia uma armadura militar, o que sugere a presença do mesmo nos campos de batalha de sua época.

(8) BERNARDINO, D. C. Felipe II, o rei que levou a Macedônia ao centro do mundo grego. *Aventuras na História*. Disponível em: <https://aventurasnahistoria.uol.com.br/noticias/reportagem/felipe-ii-o-rei-que-levou-macedonia-ao-centro-do-mundo-grego.phtml>. Acesso em: 08 fev. 2021.

(9) *Idem*.

> formou um exército numeroso e disciplinado, controlou as minas de ouro e prata do monte Pangeu e orientou a sua política até à Grécia, onde firmou alianças e realizou conquistas. Filipe foi um diplomata hábil, um político inteligente e um guerreiro intrépido, formado militarmente em Tebas e criador da falange macedónica, pouco flexível e vulnerável nos flancos, mas quase invencível em ataque frontal graças às suas sarissas, ou grandes lanças pontiagudas (TREVISAN, 2015).

Nas pegadas do pai, **Alexandre III, da Macedônia**, nada obstante educado pelo insigne filósofo Aristóteles, também foi um menino soldado. Igualmente talentoso e com extraordinário gênio militar, aos treze anos de idade, Alexandre doma Bucéfalo(10), cavalo bravio e intratável, de quem se tornou grande amigo e sobre cujo dorso, um pouco mais à frente no tempo, ele, Alexandre, passa a realizar a conquista da Pérsia e dos territórios além, até as portas da Índia, concebendo o helenismo — uma fusão entre valores culturais ocidentais e orientais —, que, *a posteriori*, favorece a saga imperial expansionista dos romanos e o tráfico cultural também realizado pelos mesmos.

A propósito das inclinações marciais de Alexandre III, diz Hart-Davis (2007, p. 96):

> Desde uma tenra idade, Alexandre foi marcado entre os filhos de Filipe como seu mais provável sucessor — ele atuou como regente da Macedônia e guardião do selo real, enquanto Filipe estava fazendo uma expedição contra Bizâncio, em 340 a.C. (Tradução livre da autora).(11)

No mesmo sentido, Trevisan (2015, p. 48), *litteris*:

> [...] ao partir para uma expedição contra Bizâncio, Felipe confiou a Alexandre, então com dezesseis anos de idade, a direção do reino, tomando cuidado de

(10) Bucéfalo, o cavalo e companheiro de jornada (e de batalhas) do grande imperador, era também seu amigo; um amigo que morreu em decorrência dos ferimentos adquiridos na Batalha de Porus. Soberano e déspota, muito embora emocionado com a perda do seu animal de estimação, Alexandre Magno, da Macedônia, mandou construir uma cidade em homenagem ao mesmo. Referida cidade se chamava Alexandria Bucephalia, localizando-se nas imediações do rio Hidaspes. Atualmente, Alexandria Bucephalia se chama Jhelum (ou Cidade dos Soldados), localizando-se na província de Panjabe, no Paquistão. Conta com cerca de duzentos mil habitantes e tem sítios históricos preservados. A propósito, vejam-se: A Terra dos Guerreiros: Jehlum. In: *Tourism Development Corporation of Punjab.* Disponível em: <https://tdcp.gop.pk/jehlum/#:~:text=Jhelum%20on%20the%20bank%20of,death%20of%20Alexander's%20horse%2C%20Bucephalus>. Acesso em: 15 Dez. 2022 (i); PANGEIA. REVISTA DE AVENTURA DE CULTURA E DE IDEIAS. História Sagrada de Bucéfalo, O cavalo de Alexandre, o Grande. *Boletim informativos*. Pub. 24 mar. 2021. Disponível em: <https://www.pangea.news/bucefalo-alessandro-magno/>. Acesso em: 15 dez. 2022.

(11) O texto traduzido, no original, diz: *From an early age Alexander was marked out among Philip's children as his most likely sucessor — he acted as regent of Macedonia and keeper of the royal seal while Philip was making an expedition against Byzantium in 340 BCE.*

cercá-lo de conselheiros experientes. Assim, o jovem príncipe teve também oportunidade de conduzir, sozinho, uma campanha contra os temíveis trácios e de fundar uma colônia militar denominada Alexandrópolis.

Superando seu pai, Alexandre III é apontado como sendo um guerreiro exímio e um conquistador destemido, que estende os domínios macedônicos até à Índia. Ele deixa uma biografia repleta de situações incomuns(12), sendo algumas delas, talvez, lendárias. Foi, indubitavelmente e na esteira de seu pai, um gênio militar e, após sua morte — que o encontra, precocemente, aos trinta e três anos de idade —, Alexandre III passa à História com o epíteto de Alexandre Magno da Macedônia, ou Alexandre, o Grande.

Séculos adiante, **narrativas**(13) **do período medieval** apresentam o universo da cavalaria, encarregada, naquele tempo, de assegurar, material e territorialmente, a intrincada teia de relações políticas e socioeconômicas entre os tantos suseranos e os tantos vassalos. E as cavalarias medievais, por sua vez, também são espaços de atuação de meninos-soldados, considerando-se que a carreira do cavaleiro se inicia na infância, por volta dos sete anos de idade, como aprendiz ou pajem, para, por volta dos doze anos, ascender a escudeiro, até, finalmente, entre os dezoito e os vinte e um anos de idade, sagrar-se cavaleiro (BRITANNICA. Cavaleiro medieval).

Em semelhante explanação, o excerto de Sousa, textualmente:

> Por volta dos sete anos de idade, o jovem nobre iniciava a sua formação de cavaleiro exercendo as funções de um pajem. Já nessa primeira fase, ele aprendia sobre equitação e o manejo das armas utilizadas por um cavaleiro. Aos doze anos de idade o aprendiz era transformado em escudeiro. Nessa época, ele acompanhava o seu senhor nos campos de batalha e aprofundava os seus conhecimentos sobre o manejo da espada. Além disso, aprimorava a sua condição física em lutas, corridas e desafios de esgrima (SOUSA, 2021).

Adaptados ao sistema feudal de obrigações (HART-DAVIS, 2007) e servidores dos suseranos — dos quais, o mais elevado é o rei —, os cavaleiros medievais surgem,

(12) Exemplificam os tantos relatos fantásticos da vida de Alexandre Magno o seu encontro com Diógenes de Sinope, filósofo precursor da Escola dos Cínicos, como, também, o seu legendário encontro com os sábios que tentavam resolver o nó górdio, na Frígia, como, ainda — e já dito alhures —, a amizade incondicional que sentia por seu cavalo Bucéfalo, que, intratável e temido, foi domado pelo imperador quando este ainda era um menino príncipe, de treze anos. Alexandre, apesar da tenra idade, percebeu o medo que o animal sentia da própria sombra e virando-o para o sol, montou seu dorso, sobre o qual, realizou todas as suas conquistas territoriais, até as portas da Índia.

(13) Por exemplo, Os contos de Cantuária (a), Carlos Magno e os doze pares de França (b), Canção de Roncesvales (c), que é derivada do conto anterior etc.

a princípio, da pesada cavalaria que acompanha monarcas conquistadores como Carlos Magno, por exemplo. Mas, pelo século XI, mais ou menos, eles já fazem parte de uma casta diferenciada de guerreiros, socialmente reconhecida por símbolos e cerimônias públicas próprias, a confirmarem uma tal distinção. Nessa época, então, os cavaleiros são homens da nobreza, que ocupam postos militares e que devem ter renda suficiente para a propriedade de suas armas, roupas e paramentos militares, como, também, de áreas de terra, as quais, muitas vezes, lhes são doadas como honrarias decorrentes de um serviço favorável à nobreza local.

Nos campos de batalha, normalmente, o cavaleiro comparece acompanhado de seus escudeiros, os quais, pela tenra idade de vida e pelos esforços realizados em combate, bem se enquadram na configuração dos meninos-soldados. Entrementes, os escudeiros carregam as armas(14) do seu senhor e os socorrem, caso seja necessário (CORDEIRO, 2021), tendo, ainda, o mister de vesti-los, de forma a proteger todos os seus órgãos vitais, com capacete, proteção de pescoço, peitorais etc. (CORDEIRO, 2021).

Na virada da Idade Média para a **Idade Moderna**, até a Era Contemporânea, não se pode esquecer dos janízaros, do turco *yeniçeri*, ou *novos soldados* (BRITANNICA, JANÍZARO), com o que a própria etimologia já indicia serem militares de tenra faixa etária.

Os **janízaros** compunham a elite do exército permanente do Império Otomano, nada obstante vítimas de uma trama escravista muito além, anterior e posterior ao escravismo transatlântico. Eram meninos cristãos sequestrados na Grécia, Áustria, Albânia ou Sérvia (MUSEU DA INFÂNCIA), entre outros países, e eram levados para a Turquia de então, onde se convertiam ao islamismo, recebiam educação qualificada e se submetiam a regras de vida muito severas, a fim de que perdessem as memórias passadas e adquirissem alto senso de lealdade ao imperador e ao Império Otomano. Sem os janízaros, Mehmed II não teria tomado Constantinopla.

Na **Idade Contemporânea**, a queda da Bastilha e todas as promessas de cariz humanitário da Revolução Francesa ainda não impedem, logo nos seus tempos iniciais, por assim dizer, a existência dos *Powders Monkeys*, que é como se designam as crianças atuantes nas Guerras Napoleônicas, encarregadas dos suprimentos de pólvora dos canhões franceses, em plena batalha (NOGUEIRA, 2021). Na lavra de Nogueira, "era um trabalho perigoso e com alto risco de prejuízos devastadores" (NOGUEIRA, 2021).

Mas, quanto aos soldados infantis da Era Contemporânea, faz-se obrigatório um deferente registro aos pelotões mirins da **Guerra do Paraguai** (1864-1870), alistados por

(14) Eram armas dos cavaleiros as adagas, alabardas, arcos longos, clava ou maça, espadas, lanças, martelo, por exemplo, não sendo rara a ocorrência de sérios acidentes quem os carregava nas longas caminhadas. A propósito, *vide* HART-DAVIS, A. History the definitive visual guide — Great Britain: A. Penguin Company, 2007. In: *Medieval Europe*, p. 188-193.

este mesmo país, que, sem-par no interior da América do Sul e contrariando interesses industriais e comerciais da Inglaterra na região, vê-se atacado pelo Brasil, Argentina e Uruguai (Tríplice Aliança), com manifesto apoio inglês, numa guerra, que, praticamente, extermina toda a população masculina paraguaia. Mulheres e crianças, por sua vez, são chamadas às frentes de batalha pelo Presidente Solano López, às quais acorrem e morrem em grande número.

Na famosa batalha de Acosta Ñu, batizada pela historiografia brasileira como sendo Batalha de Campo Grande, quase não há sobreviventes paraguaios, constituindo, para o Brasil, d.m.v., uma nódoa lastimável para o governo imperial de Dom Pedro II, tanto pela guerra em si, quanto por seu *modus operandi*, já que este conflito só poderia ser encerrado com a morte do Presidente da República paraguaia já citado, o que se dá em 1.º de março de 1870. Para o Paraguai, fica essa batalha como um símbolo nacional da coragem de seu povo, desde os infantes, de maneira que a data de sua ocorrência — dia 16 de agosto de 1869 — é também a data em que se comemora o Dia das Crianças nesse país.

Assim, Acosta Ñu ou Batalha de Campo Grande é uma peleja com grande protagonismo de soldados crianças e adolescentes, os quais, segundo certa linha do pensamento histórico, ali se encontram como uma espécie de corta-luz, isto é, como uma espécie de escudo humano para retardar a marcha dos adversários e permitir a resistente evasão do dirigente estatal cassado pelos adversários. Segundo historiadores que se debruçaram sobre a mesma e nestas exatas palavras:

> A batalha de Acosta Ñu aconteceu próximo ao que hoje é a cidade de Eusébio Ayala, no centro do Paraguai, e foi, nas palavras de Chamorro, "um verdadeiro massacre".
>
> "De um lado estavam brasileiros, com 20 mil homens", escreveu Chiavenato. "De outro, os paraguaios, com 3,5 mil soldados entre 9 e 15 anos, além de crianças de 6, 7 e 8 anos que também acompanhavam o grupo"
>
> Ainda que não haja consenso sobre o número — e alguns relatos chegam à cifra de 700 —, os diferentes historiadores e registros destacam a crueldade que marcou a batalha.
>
> As crianças e jovens lutaram ao lado de alguns veteranos de guerra, um contingente estimado em algo entre 500 e 3 mil, a depender da fonte.
>
> "As armas usadas pelos paraguaios tinham um alcance máximo de 50 metros", diz Chamorro, enquanto "os rifles Spencer, usados sobretudo pela caravana imperial do Brasil, tinha um alcance de mais de 500 metros."

> Ou seja, para que o paraguaio pudesse confrontar um brasileiro, tinha que encarar dez descargas de bala. Era impossível", completa.
>
> A isso se soma o fato de que os mais novos não tinham nem força física para empunhar as armas, muito menos nas condições em que estavam, com fome e muitas vezes doentes, acrescenta Potthast.
>
> [...] o único ponto em comum entre os observadores e historiadores de todos os lados era "o valor e a coragem da luta dos paraguaios, inclusive dos meninos soldados" (Editora Contexto, 2019).

E, ao longo do **século XX**, crianças-soldados permanecem atuando nas tantas guerras e conflitos, sendo encontradas em todos os continentes do planeta. Elas se apresentam, então, nos seus dois principais confrontos globais, sem embargo de também estarem presentes em confrontos regionais ou locais. Portanto, uma ligeira tabulação indicativa dos dados, colhidos em gnose preliminar:

**Figura 3**

| CONFLITO | PAÍSES COM REGISTRO DE CRIANÇAS-SOLDADOS | |
|---|---|---|
| **Primeira Guerra Mundial (1914-1918)** | Inglaterra | Mais de 250 mil adolescentes britânicos foram recrutados e mandados à guerra[15]. |
| | Sérvia | Nas tropas sérvias que lutaram na Primeira Grande Guerra se encontrava o mais jovem soldado desse conflito, Momcilo Gavric[16]. |
| | Rússia | Meninos e meninas russas também tiveram na Primeira Guerra Mundial.[17] |

(15) De acordo com Fergal Keane e por outras palavras, na Inglaterra, a lei previa a idade mínima de 19 anos para o alistamento militar, mas não impedia que indivíduos menos idade também o fizessem. Pela necessidade de braços para o conflito mencionado — 1ª GM —, o exército inglês não dispensava os adolescentes com altura maior ou igual a 1,60m, nem com tórax maior ou igual a 0,86m. Outrossim, não tinham os militares registradores maiores cuidados na seleção que realizavam, considerando a população de indocumentados que havia no início do século XX e, assim, o adolescente cedia à pressão social e seguia para o *front* de guerra, de onde muitos não retornaram e de onde, pouco mais de uma centúria depois, ainda ecoam inúmeras histórias comoventes, infelizes e penosas para vários desses soldados mirins. A propósito, *vide*: KEANE, F. Os adolescentes de 14 anos que lutaram nas trincheiras da 1ª Guerra. *G1. Globo.com.* 11Nov. 2014. Disponível em: <http://g1.globo.com/mundo/noticia/2014/11/os-adolescentes-de-14-anos-que-lutaram-nas-trincheiras-da-1-guerra.html>. Acesso em: 08 fev. 2021.

(16) O pequeno Gavric perdeu todos os familiares num ataque a sua residência, feito pela Guarda Real Croata. Foi socorrido no mesmo dia, pela artilharia sérvia, onde também foi aceito para o cargo de soldado, sendo, depois da participação em algumas batalhas, promovido a sargento. A propósito, *vide*: CUESTA HERNÁNDEZ, A. Momcilo Gavric: El soldado más joven de la I Guerra Mundial. 31jan. 2018. *La Misma Historia [Blog]*. Disponível em: <https://lamismahistoria.es/momcilo-gavric/>. Acesso em: 08 Fev. 2021.

(17) A propósito, *vide*: EGOROV, B. Como crianças lutaram pelo Império Russo na Primeira Guerra Mundial. *Russia Beyond*. História. 29 jul. 2020. Disponível em: <https://br.rbth.com/historia/84177-criancas-imperio-russo-primeira-guerra>. Acesso em: 08 fev. 2021.

<table>
<tr><td rowspan="4">Segunda Guerra Mundial (1939 – 1945)</td><td>Front</td><td>Rússia[18]</td><td>Crianças russas se voluntariam para a 2ª GM e atuam com seriedade e compromisso, ombreando combatentes adultos.</td></tr>
<tr><td rowspan="3">Resistência[19]</td><td>França</td><td>Marcel Pinte[20]</td></tr>
<tr><td>Polônia</td><td>Szari Szerege ou Fileiras cinzentas foi uma associação de escoteiros que atuou no Levante de Varsóvia.[21]</td></tr>
<tr><td>Holanda</td><td>Hannie Schaft e Irmãs Oversteegen[22]</td></tr>
</table>

Fonte: A autora.

Referida tabulação é apenas ilustrativa, em razão do tempo e do espaço para a confecção deste ensaio. Ela não esgota a História, portanto. Além disso, é certo que cada conflito armado traz ínsito em si uma riqueza insondável de histórias humanas tão singulares, quanto é singular o próprio ser humano.

Já passadas duas décadas do século XXI, crianças-soldados ainda são identificadas em diferentes países do mundo, mundo este, que, apesar dos tantos avanços tecnológicos e culturais, apresenta pouco progresso, no particular. A África subsaariana, por exemplo, berço importante e opulento de recursos minerais, tem perdido gerações de meninas e meninos para a tragédia dos conflitos armados e, no que concerne aos países desta região, os soldados infantis podem ser encontrados no Sudão do Sul, na Somália, no Mali, na República Democrática do Congo, na República Centro-Africana e na Nigéria. Ademais, também se mostram na América Latina, no Oriente Médio e na Ásia. De acordo com a ONU, o número de recrutamentos forçados tem aumentado, assim como o número de países em que eles incidem.

---

(18) A propósito, *vide*: EGOROV, B. Como crianças soviéticas se tornaram heróis de guerra. *Russia Beyond*. História. 13 out. 2020. Disponível em: <https://br.rbth.com/historia/84505-criancas-sovieticas-herois-guerra-fotos>. Acesso em: 09 fev. 2021.

(19) Com a ocupação alemã dos territórios de vários países europeus, os nacionais desses mesmos países, quando não eram indivíduos alinhados ao III Reich, organizaram teias clandestinas de reação ao governo nazista e de proteção aos judeus e outros povos perseguidos pelos mesmos. Em seu conjunto, essas ações foram chamadas de Resistência e se constituíam de uma gama variada de táticas e estratégias.

(20) A propósito, *vide*: *BBC News Brasil*. A incrível vida de Marcel, o herói de seis anos da 2ª Guerra Mundial homenageado pela França. 14 nov. 2020. Disponível em: <https://www.bbc.com/portuguese/geral-54946495>. Acesso em: 08 fev. 2021.

(21) A propósito, *vide*: KULSKI, J. *A cor da coragem:* a guerra de um menino: o diário de Julian Kuski na Segunda Guerra Mundial. Tradução: Clóvis Marques. 1. ed. Rio de Janeiro: Valentina, 2016.

(22) A propósito, *vide*: *BBC News Brasil*. As adolescentes holandesas que seduziam e matavam nazistas. 19Jan.2020. Disponível em: <https://www.bbc.com/portuguese/internacional-51168772>. Acesso em: 08 fev. 2021.

Figura 5

| ANO | QUANTIDADE DE RECRUTAMENTOS FORÇADOS | NÚMERO DE PAÍSES |
|---|---|---|
| 2012 | 3.159 | 12 |
| 2017 | 8.185 | 15 |

Fonte: A Autora, com base em dados da ONU.

## *6.1. Nas pelejas da vida, crianças-soldados brasileiras*

Nas pegadas do resto do mundo, o Brasil também tem suas histórias sobre crianças-soldados, isto, apesar de mal participar de guerras e combates com países estrangeiros. No entanto, diante dos seus velhos antecedentes de acentuadas desigualdades sociais e concentração de renda, verificam-se, em sua historiografia oficial, desde o período da Colônia, a ocorrência de vários movimentos insurrecionais, em alguns dos quais, resta registrada a participação de combatentes juvenis.

### a) Conjuração baiana (1798)

De saída, uma sedição local (FAUSTO, 2012) e popular a envolver intelectuais, militares, cidadãos comuns e escravos da sociedade baiana, destacando-se, entre seus participantes, a categoria profissional dos alfaiates, motivo por que o levante também é conhecido como sendo **Revolta dos Alfaiates**. A causa, reformas sociais, com propósitos igualitários e expressa abolição da escravatura, mas o movimento é reprimido pelo Governo da Bahia, com a prisão de 49 (quarenta e nove) insurretos, entre eles, alguns **menores de idade** (TEIXEIRA, 2021). Estes, por sua vez, não chegaram a ser crianças-soldados realmente, mas se dispuseram a sê-lo, aderindo à linha de frente do movimento popular.

### b) Guerra Farroupilha (1835-1845)

Ricos estancieiros da província do Rio Grande do Sul encetam um movimento separatista de independência e proclamam a República do Piratini. Fazem-no por motivação econômica e insatisfações fiscais com o Governo Imperial, que, por sua vez, reage, instaurando-se uma guerra com 10 (dez) anos de duração. Então, como braços se fazem necessários para a peleja, **a República farroupilha convoca adolescentes de 14 (catorze) anos de idade à integração da Guarda**, crianças-soldados, portanto, tal como se verifica no decreto publicado no jornal oficial da República rio grandense, em 15 de janeiro de 1839 (SCHMITT, 2012), *litteris*:

> Artigo unico. Assim para o recrutamento da 1ª Linha, como no alistamento para os Corpos das Guardas Nacionais, (...); serão chamados os moços de idade de quatorze annos incluzive para cima, huma vez que tenhaó a necessária robustez e agilidade para o serviço; os quaes serao licenciados, e enviados a seus domicilios do momento em que cessando a actual crize, se não fizerem necessarios os seus serviços.

### c) Guerra do Paraguai (1864-1870)

À Guerra do Paraguai, mais uma vez! E, agora, com a questão das crianças-soldados brasileiras, já que o Brasil, com dificuldade de arregimentar contingente o bastante, passa a recrutar crianças, "não raro, à força, pela polícia", conforme leciona Vidotti (2016). Diz este autor, em suma, no ano de 1864, cerca de 385 (trezentos e oitenta e cinco) meninos, entre dez e dezessete anos de idade, são engajados pelas ruas da cidade do Rio de Janeiro, sem condições de resistir (VIDOTTI, 2016) e destinados, primeiro, à Escola de Aprendizes Marinheiros; depois, para a guerra, onde auxiliaram os oficiais navais a vencerem-na.

### d) Guerra de Canudos (1896-1897)

Já na República, um movimento popular e monarquista liderado por Antônio Conselheiro leva à população da cidade de Canudos, no sertão da Bahia, a enfrentar o Exército Nacional, derrotando-o em sucessivas batalhas, até a chegada de uma tropa reforçada e aparelhada que encerra definitivamente o levante. Entre os conselheiristas e testemunhando a existência de crianças-soldados:

> A presença de mulheres e crianças foi algo marcante na guerra contra Canudos. **Ambos participaram e lutaram ao lado dos sertanejos nos campos de batalha**, além da prostituição presente na guerra (SANTOS, L. A., 2021).

Reza o hino nacional brasileiro que a pátria brasileira verá "*[...] que um filho seu não foge à luta*" (ESTRADA) e, assim, tem sido, tal como descobrem os excertos historiográficos retro expostos, evidenciando, quão cedo e há quantas gerações, as crianças brasileiras — em especial as crianças pobres e carecedoras de tutelas sociais — têm sido anonimamente desinfantilizadas e chamadas a assumirem papeis que ainda não lhe pertencem, inclusive, o papel de crianças-soldados, no *front* de batalhas, uma calamidade da qual o Brasil não escapou, enfim.

## *6.2. Ainda no Brasil: os meninos do narcotráfico são crianças-soldados?*

Na esteira da linha histórica apresentada e ainda sobre o Brasil, a infância e o trabalho em conflitos armados, chega-se, por certas **características comuns**, ao mundo das crianças e adolescentes que, nas diferentes cidades brasileiras, trabalham para o narcotráfico, de modo a sobrevir o questionamento se acaso estes trabalhadores são soldados juvenis? Respostas exsurgem e de forma controvertida, havendo, pois, quem diga sim e, também, quem diga não. As duas formas de ver o referido trabalho precoce, no entanto, desvelam graves ofensas aos direitos humanos dos jovens trabalhadores que as operam e são consideradas como ***piores formas de trabalho infantil***.

De um modo ou de outro, o fato é que tais trabalhadores do narcotráfico também são crianças e adolescentes desinfantilizados e prematuramente adultecidos, para o exercício de um trabalho anônimo, invisível, estigmatizado, perigoso e criminalizado. Mas, tentando solucionar esta questão, começa-se pela definição das figuras, relembrando o que se disse, linhas lá atrás, sobre os meninos soldados, *stricto sensu*, que são menores de idade atuantes em conflitos armados ao longo da História, com recrutamento voluntário, aparentemente voluntário, ou forçado, apresentando-se, nos dias de hoje, sob esta última forma, nos diferentes continentes do planeta. Pobres e vulneráveis, com famílias esfaceladas ou sem família, atuam pelo tempo da guerra ou do conflito, sem qualquer segurança, nem previsão remuneratória, nem jornada de trabalho predefinida. Igualmente às crianças do narcotráfico, os meninos soldados estão sujeitos a um cotidiano geral de vida e de trabalho dotado de hierarquias despóticas e de gravíssimas coações e punições.

Já o pequeno trabalhador do tráfico de drogas ilícitas, por sua vez, este é a criança ou adolescente que atua no comércio dos produtos citados, os quais, por exemplo, podem ser o *crack*, a cocaína, a maconha etc. Cuida-se de um trabalhador situado na base de distribuição de um mercado varejista estruturado e organizado (PYL, 2021), onde elas, as crianças e os adolescentes empregados, exercem um trabalho subordinado remunerado e de natureza ilícita. Igualmente, são sobremaneira fiscalizados pelo líder do tráfico, que, a partir da teia de contatos e relações mantida na chamada "*biqueira*", coopta a subjetividade do pequeno trabalhador e o submete a diferentes violências psicossociais — e, portanto, também laborais —, tais como, tirania, opressão, abusos variados, intimidação e temor, por exemplo (PYL, 2021).

Crianças e adolescentes trabalhadores do narcotráfico têm jornada de trabalho de 8 a 15 horas/dia (PYL, 2021), recebendo salário por produção, de acordo com a quantidade de drogas que vendem e com as metas de produtividade previamente prescritas, as quais, se alcançadas, oportunizam aos pequenos obreiros ascensão funcional no "*staff*" sob comento, constituído por diferentes cargos, como vendedor, gerente etc. (PYL, 2021).

Além da ilicitude, o trabalho que os infantes realizam também lhes coloca sob riscos de afetação à própria vida, à saúde e à segurança (PYL, 2021), estes sintetizados pela socióloga Ana Paula Galdeano, do CEBRAP, da seguinte forma (PYL, 2021): a) sequestro pelo policial para obrigar o dono do tráfico a cumprir acerto, o que expõe o jovem a ameaças, pressões psicológicas e situações de violência física; b) quando o jovem "*dá moleza*" com o dono tráfico e perde a mercadoria, desencadeando punições físicas; c) quando o jovem não "*dá moleza*", mas, ainda assim, perde a mercadoria e também motiva flagelos.

Como **causas** para que crianças e adolescentes se vinculem a um tal trabalho estão, sucintamente, a pobreza, ou seja, a insegurança material no contexto familiar, formado, no mais das vezes, ou por adultos desempregados, ou com trabalho informal precarizado, ou, ainda, com empregos formais de baixíssima qualidade e marcados pela super exploração e por baixas remunerações, o que gera desestruturas outras, de ordem pessoal, familiar, educacional etc. (a); o desejo do jovem ou de auxiliar a família, ou de se libertar dela, se se trata de uma ambiência familiar marcada pela violência doméstica (b); a falta de perspectiva futura, diante do modelo educacional escolar pouco atrativo e da carga preconceituosa que essas crianças e adolescentes já suportam em razão da pobreza (c); a presença do tráfico de entorpecentes nas imediações da residência da criança ou adolescente aliciado (d). Como **consequências**, sobrevêm o afastamento do jovem da escola e de uma possível profissionalização (a); eventuais consumos de drogas e dependência química (b); sujeição a diferentes violências físicas e psíquicas, reprodução dessas violências (c); sua criminalização e eventual cumprimento das medidas socioeducativas (d); parcial ou total apartamento do ambiente familiar (e), enfim.

No Brasil, crianças e adolescentes que trabalham para o narcotráfico são majoritariamente do sexo masculino, com recorte étnico-racial significativamente negro e pardo (BENNY, 2021), provindos — já se disse e no mais das vezes — de famílias pobres e encabeçadas, em sua maioria, por mulheres (CRUZ NETO; MOREIRA; SUCENA), seja pela ausência paterna, seja por uma configuração familiar que os leve a residir com avós e/ou outros parentes, por exemplo.

Diante de tais panoramas fáticos, cumpre uma necessária correlação de características entre estes trabalhadores do narcotráfico e as crianças-soldados alhures apresentadas, para que se alcance, então, a resposta do questionamento feito, no sentido de saber se os primeiros integram o conjunto das segundas. Veja-se, pois:

Figura 6

| | **CRIANÇAS-SOLDADOS** | **CRIANÇAS DO TRÁFICO** |
|---|---|---|
| RECRUTAMENTO | Recrutamento forçado.<br>Dissimuladamente voluntário (fome e insegurança). | Aliciamento (ganhar dinheiro e dar uma vida melhor à família; preconceito social e falta de oportunidades melhores). |
| MANUSEIO FREQUENTE DE ARMA DE FOGO | Condição existente. | Condição existente. |
| HIERARQUIA RÍGIDA E OPRESSIVA | Condição existente.<br>Destruição da identidade e da personalidade. | Condição existente.<br>Destruição da personalidade. |
| USO DE DROGAS ILÍCITAS | Condição existente. | Condição existente. |
| CONDIÇÕES DE TRABALHO | Sob violência.<br>Violação de direitos humanos.<br>Com riscos e perigos.<br>Desempenham trabalhos ilícitos, que não podem recusar. | Sob violência.<br>Violação de direitos humanos.<br>Com riscos e perigos.<br>Desempenham trabalhos ilícitos, que não podem recusar. |

| | | |
|---|---|---|
| PRESENÇA FAMILIAR | Condição inexistente. | Condição existente, a princípio, que pode se parcializar ou, até, passar a inexistir, durante o desenvolvimento do trabalho. |
| CONTATO COM O MUNDO EXTERIOR | Condição inexistente. | Condição existente. |
| DESABILITAÇÃO | Morte.<br>Reabilitação vida civil. | Morte.<br>Cumprimento de medida socioeducativa.<br>Reabilitação da vida civil com apoio da família e de instituições assistenciais. |

Fonte: A autora.

Veem-se, pois, semelhanças e dessemelhanças entre os dois grupos de trabalhadores precoces, observando-se uma tendência — ainda que empírica — sobre quão favoráveis são, para as crianças e adolescentes do narcotráfico, as possibilidades de estarem com suas famílias — ainda que, em muitos casos, de modo fortuito e instável — e do contato que têm com o mundo exterior à referida atividade (PYL, 2021).

Tais são espécies de "janelas" que lhes permanecem abertas e que podem oportunizar guinadas individuais para alguns deles, ao mesmo tempo em que parecem constituir **causas da sua diferenciação, em termos qualitativos, relativamente às crianças-soldados dos dias presentes**, que são, por assim dizer, totalmente desligadas das etapas anteriores da vida, inclusive, quanto às próprias memórias. Os já reconhecidos soldados juvenis, ao que parece, suportam um nível muito maior de opressão, nada obstante, como já se disse, haja muitos pontos em comum entre estes e os pequenos trabalhadores do narcotráfico, em especial quanto à violência cotidiana do uso das armas e quanto ao ambiente bélico de seus trabalhos.

Jana Tabak (2021) sustenta a distinção entre os dois grupos de crianças e adolescentes, havendo, por outro lado, em especial na grande mídia, quem reporte uma identidade existencial entre os trabalhadores precoces do narcotráfico e as crianças-soldados (SOARES), o que esta segunda corrente defenderia, exatamente, com base na pobreza material e na violência costumeira, ambas características da vida dos infantes dos dois grupos armados.

De todo modo, independentemente da equiparação com os meninos soldados, no Brasil, crianças e adolescentes trabalhadores empregados no tráfico de drogas ilícitas são criminalizados, pela prática social de se lhes atribuir o cometimento de ato infracional, nos termos do art. 103, da Lei n. 8.069, de 13 de julho de 1990, e de lhes sujeitar ao cumprimento de medidas socioeducativas (art. 98 a 102, da Lei n. 8.069, de 13 de julho de 1990), tudo isto, com desconsideração do fato social deles serem verdadeiras vítimas do abandono do Poder Público e da sociedade, além de serem, também, vitimados pelo criminoso aliciamento para a prestação de trabalho ilícito.

E, acerca do viés punitivista da legislação pátria de tutela infantil, de um lado, e do esquecimento do seu viés social, de outro, operadores técnicos e jurídicos têm-na atribuído a uma **ambiguidade normativa** (PYL, 2021), no particular. Um tal entendimento, todavia, não se coaduna com o teor da Súmula n. 492, do Superior Tribunal de Justiça, cujas letras asseveram textualmente que:

> O ato infracional análogo ao tráfico de drogas, por si só, não conduz obrigatoriamente à imposição de medida socioeducativa de internação do adolescente (Terceira Seção, julg. 08.08.2012, *DJe* 13.08.2012).

Além disso, o referido entendimento da ambiguidade normativa ainda parece inexato à luz dos próprios fundamentos (art. 1º) e objetivos fundamentais da Constituição Federal (art. 3º), respeitantes à dignidade da pessoa humana, à construção de uma sociedade solidária, à erradicação da pobreza, à promoção do bem de todos sem preconceitos, à proteção integral da infância e à multifacetada vedação do trabalho de crianças e adolescentes. Ora, dentro de uma concepção positivista e a partir da supremacia constitucional, é sistêmico, uno, completo e coerente o ordenamento jurídico e assim deve ser compreendido e aplicado, de modo que, mais uma vez e *d.m.v.*, a melhor construção exegética, na hipótese, parece ser inversa àquela que foi preconizada.

Aliás e ainda *d.m.v.*, tal, na verdade, parece ser um caso para se reconhecer o abolicionismo penal, com descriminalização e despenalização dessas crianças e adolescentes do tráfico. Afinal, ao classificá-los como infratores e puni-los, o Estado os classifica e os pune, em suma, pelo conjunto das carências sociais que já os imolam desde antes deles trabalharem para o narcotráfico, expandindo, com a imputação do ato infracional e da medida socioeducativa, preconceitos sociais e étnico-raciais preexistentes, ao tempo em que também amplia a possibilidade de futura reincidência do labor junto ao crime.

*D.m.v.*, aos aparelhos estatais, cumpre, *in casu*, o reconhecimento do trabalho infantil ilícito e o *start* da rede de proteção social, mas, doravante, para privilegiar a promoção de situações individuais e sociais estáveis e seguras no entorno desta criança ou adolescente, tais como a aprendizagem profissional (art. 62 e segs., da Lei n. 8.069, de 13 de julho de 1990, c/c arts. 428 e segs., da CLT), por exemplo. Igualmente, programas sociais de redistribuição de renda e medidas voltadas para a empregabilidade dos pais e familiares adultos dessa população juvenil constituem políticas macroeconômicas possíveis e eficazmente preventivas da sua atração pelo tráfico de drogas ilegais.

Além disso, demandas processuais coletivas e difusas para a tutela específica das necessidades pueris e juvenis (art. 497, do CPC), e, também, para responsabilização civil dos agentes políticos responsáveis e encarregados da agenda estrutural preventiva respeitante à infância e à adolescência, como, aliás, já vêm decidindo os tribunais pátrios, relativamente a outras matérias do mesmo universo protetivo. Do Supremo Tribunal Federal e quanto a crianças vítimas de violência sexual, *verbis gratia*:

> Crianças e adolescentes vítimas de abuso e/ou exploração sexual. Dever de proteção integral à infância e à juventude. Obrigação constitucional que se impõe ao poder público. Programa sentinela-projeto acorde. Inexecução, pelo município de Florianópolis/SC, de referido programa de ação social cujo adimplemento traduz exigência de ordem constitucional. Configuração, no caso, de típica hipótese de omissão inconstitucional imputável ao município. desrespeito à Constituição provocado por inércia estatal (RTJ 183/818-819). Comportamento que transgride a autoridade da lei fundamental (RTJ 185/794-796). Impossibilidade de invocação, pelo poder público, da cláusula da reserva do possível sempre que puder resultar, de sua aplicação, comprometimento do núcleo básico que qualifica o mínimo existencial (RTJ 200/191-197). Caráter cogente e vinculante das normas constitucionais, inclusive daquelas de conteúdo programático, que veiculam diretrizes de políticas públicas. Plena legitimidade jurídica do controle das omissões estatais pelo poder judiciário. A colmatação de omissões inconstitucionais como necessidade institucional fundada em comportamento afirmativo dos juízes e tribunais e de que resulta uma positiva criação jurisprudencial do direito. Precedentes do Supremo Tribunal Federal em tema de implementação de políticas públicas delineadas na constituição da república (RTJ 174/687 - RTJ 175/1212-1213 - RTJ 199/1219-1220). Recurso extraordinário do ministério público estadual conhecido e provido. (STF. 2ª TURMA. REXT. N. 482.611. REL. MIN. CELSO DE MELLO. JULG. EM 23.03.2010)

Ora, falhando o Estado e a sociedade brasileiros na promoção do cuidado e da proteção das crianças e adolescentes — e a sequência histórica dos índices nacionais *de* desenvolvimento humano atesta, de *per si*, referidos hiatos —, não é, de fato, razoável — pensando-se aqui, na razoabilidade jurídica estrita, que exige adequação para a aplicação de medidas e reconhecimento de direitos —, que se incriminem os jovens e infantes trabalhadores do narcotráfico, verdadeiras vítimas da inação estatal ou de uma ação estatal deturpada que lhes castiga por serem pobres e, também, por serem negros e pardos.

Ainda a par de serem ou não igualados às crianças-soldados, os meninos do tráfico, sob perspectiva circunscrita ao âmbito justrabalhista brasileiro, encontram-se sob um terreno de justaposição do trabalho ilícito com o trabalho proibido, situando-se, pois, numa **zona situada absolutamente fora da cobertura protetiva do Direito do Trabalho**. Ou seja, tais crianças e adolescentes empregadas no tráfico de entorpecentes, do ponto de vista trabalhista, elas se encontram no espaço dos "*sem-direito*", nada obstante laborem subordinadamente e sujeitos a uma das piores formas de trabalho infantil.

## 7. A disciplina normativa das piores formas de trabalho infantil e as crianças-soldados

O trabalho infantil realizado abaixo de certo limite etário é tido como uma prática ilícita, que, mesmo no ano de 2021, dedicado à sua erradicação, ainda se manifesta, infeliz e praticamente, no planeta inteiro, inclusive, em certos países de economia central, como, por exemplo, nos Estados Unidos da América[(23)].

No Brasil, é vedado o trabalho de crianças e adolescentes abaixo de 16 anos de idade, permitindo-se o labor acima dos 14 anos de idade, desde que na condição de aprendiz. É o que estabelece o art. 7º, inciso XXXIII, da sua Constituição Federal, que também proíbe o trabalho noturno, perigoso ou insalubre, para menores de 18 anos. Outrossim, o mesmo Texto Constitucional também institui, no art. 227 respectivo, o princípio da proteção integral às crianças e aos adolescentes, que, muito abreviadamente, traduz-se na obrigação da família, do Estado e de toda a sociedade tutelarem-nos e agirem de acordo com o melhor interesse desta clientela, com vistas à prevenção dos danos (físicos, psíquicos, intelectuais, morais, profissionais etc.) que possam alcançá-la, com repercussões presentes e/ou futuras.

Ainda compondo o ordenamento jurídico brasileiro — agora, na condição de normas supralegais —, há as Convenções ns. 138 e 182, da Organização Internacional do Trabalho, que também se aplicam à tutela do trabalho precoce. Remanesce a disciplina da matéria, de forma especial, para a Consolidação das Leis do Trabalho — CLT, nos arts. 402 a 441, como, também, para o Estatuto da Criança e do Adolescente — ECA, arts. 60 a 69, entre outros dispositivos da mesma lei, dos quais, dá-se particular atenção ao art. 112, § 2º, onde se encontra vedado qualquer tipo de trabalho forçado, como penalidade por atos infracionais cometidos por infantes.

Sobre as normas trabalhistas internacionais pré citadas, importa relacionar a segunda delas ao Decreto n. 6.481, de 12 de junho de 2008, que, complementando-a e para o território nacional, aprova a lista dos piores tipos de trabalho infantil, de acordo com o art. 3º, alínea *"d"*, e com o art. 4º, da mesma Convenção n. 182, da OIT (art. 1º), acrescentando que, para fins de aplicação das alíneas *"a"*, *"b"* e *"c"*, do seu art. 3º, o recrutamento forçado ou compulsório de crianças ou adolescentes para atuar em conflitos armados também integra a lista das piores formas de trabalho infantil (art. 4º, inciso IV).

Por completude, tão só, o lançamento de que a escravidão em geral e suas práticas análogas — tais como, venda, tráfico, cativeiro, sujeição por dívidas, trabalho forçado —, a exploração sexual e pornográfica de crianças e adolescentes, as atividades ilícitas,

(23) Nas lavouras de tabaco daquele país, crianças trabalham e se submetem a riscos químicos e outros agentes de perigo a sua saúde e segurança. A propósito, *vide*: *Trabalho infantil nos EUA:* as crianças do tabaco. 26 nov. 2019. Disponível em: <https://www.voaportugues.com/a/trabalho-infantil-nos-eua-as-crian%C3%A7as-do-tabaco/5181711.html>. Acesso em: 09 fev. 2021.

particularmente a produção e o tráfico de drogas e entorpecentes ilícitos, o trabalho dos mesmos, sob condições de risco à saúde, à segurança e à moral, todo esse rol também se qualifica como ***piores formas do trabalho infantil.***

O Ministro Lélio Bentes, Ilustre Presidente do Tribunal Superior do Trabalho, no que toca ao assunto, preleciona que:

> No Brasil, tal lista, adotada mediante o Decreto n. 6.481, de 12.06.2008, contempla hoje 93 atividades, que vão desde o trabalho com máquinas pesadas e na construção civil até o cultivo do algodão, trabalho em lixões, em câmaras frigoríficas e trabalho doméstico. Ademais, a lista encontra-se sob crivo e revisão permanente da Comissão Nacional para Erradicação do Trabalho Infantil (CONAETI), composta atualmente por 31 instituições representativas do governo, de empregadores e de trabalhadores, bem como da sociedade civil, além de contar com a colaboração permanente da OIT e do UNICEF (CORRÊA, 2016).

Isto significa dizer que, se, no geral, o trabalho infantil é fatigante, traumático e prejudicial à criança e ao adolescente, há formas peculiares e mais gravosas de trabalho infantil, as quais, exatamente por essas singularidades lesivas, fazem-no ainda mais aflitivo, mais desacertado e mais violento, vexando infantes e jovens a condições de trabalho mais sacrificantes. Estas, por sua vez, são as **piores formas de trabalho infantil**, que têm a característica de intensificar o desconforto individual do trabalhador precoce, enquanto no trato da atividade, ao mesmo tempo em que também intensificam o círculo vicioso de exploração e de exclusão socioeconômica em que ele se encontra, muitas vezes sem liberdade individual e sem qualquer contrapartida remuneratória, seja em utilidade, seja em pecúnia.

As piores formas de trabalho infantil promovem a desumanização do pequeno trabalhador, podem levá-lo ao mundo da delinquência e da criminalidade e podem, ainda, submetê-lo à estigmatização social, configurando, por fim, uma maior obstrução ao caminho desse trabalhador precoce, rumo à superação da pobreza e do próprio trabalho infantil, como, também, rumo a uma vida futura e adulta boa, plena e de progressiva formação moral, intelectual e profissional. Comparativamente às formas gerais de trabalho infantil, as piores formas de trabalho, em síntese, arruínam o pequeno indivíduo, usurpam-no de si mesmo e o violentam ainda mais.

Na legislação brasileira e de forma tópica[(24)], as piores formas de trabalho infantil podem constituir delitos tipificados no Código Penal. Internacionalmente, podem configurar crimes de lesa humanidade (art. 7, do Estatuto de Roma).

É numa tal qualificação juslaboral, portanto, que se enquadra o trabalho infantil em conflitos armado, que, objetivamente, é o trabalho realizado por crianças e adolescentes,

---

(24) E se diz de forma tópica, porque, na esteira de Bentes Corrêa, a conduta específica de exploração das piores formas de trabalho infantil, *"não se encontra penalmente tipificada"*. A propósito, *vide*: CORRÊA, L. B., *Ibidem*, p. 15.

independente do porte e uso de armas, que se opera em locais de conflitos armados entre dois ou mais Estados (conflitos armados internacionais), ou entre forças governamentais e grupos armados não governamentais, ou somente entre estes grupos (CICV) (conflitos armados domésticos), valendo-se, aqui, de uma tipologia exposta pelo Direito Internacional Humanitário[(25)]. A depender da sequência dos fatos políticos — acrescenta-se —, essas modalidades de conflito podem se transformar de uma, noutra[(26)].

E, nessa seara temática das crianças em conflitos armados, cumpre acrescentar que, além da Convenção n. 182, da OIT, o Brasil, muito embora sem grande tradição de guerras e conflitos tais, também ratificou a Convenção dos Direitos da Criança (Decreto n. 99.710, de 21 de novembro de 1990) e os seus Protocolos Facultativos[(27)], entre os quais, o Protocolo Facultativo à Convenção sobre os Direitos da Criança sobre o Envolvimento de Crianças em Conflitos Armados, que se encontra assentado no Decreto n. 5.006, de 08 de março de 2004, e cujas letras asseveram que os Estados Partes devem reconhecer que indivíduos menores de dezoito anos têm direito a uma proteção especial, assegurando que eles não sejam recrutados para as forças militares de maneira compulsória, nem que participem diretamente de hostilidades.

O serviço militar é obrigatório, no Brasil, conforme art. 143, da Constituição Federal, cabendo à lei dispor sobre o ingresso nas forças armadas e os limites de idade, nos termos do art. 142, inciso X, da mesma Carta. Referida disciplina regulamentadora, a seu turno, opera-se pela Lei n. 4.375, de 17 de agosto de 1964, asseverando o seu art. 13, parágrafo único, que:

> Para fins de seleção ou regularização de sua situação militar, todos os brasileiros deverão apresentar-se, no ano em que completarem **18 (dezoito) anos de idade**, independentemente de Editais, Avisos ou Notificações, em local e época que forem fixados, na regulamentação da presente lei, quando serão alistados. G.N.

Logo, ao menos no plano formal e quanto aos limites etários, os militares brasileiros são recrutados entre maiores de dezoito anos de idade, sem embargo da formação preparatória de cadete, prática brasileira preparativa da vida militar, que, no particular, se inspira e reproduz as academias de outros países, como, por exemplo, a Academia de

---

(25) A Convenção de Genebra de 1949 delega à Cruz Vermelha e do Crescente Vermelho o desenvolvimento do Direito Internacional Humanitário, aplicável aos conflitos armados. A propósito, *vide*: CICV — Comitê Internacional da Cruz Vermelha. Definição de conflitos armados. Mar. 2008. Disponível em: <https://www.icrc.org/pt/doc/assets/files/other/rev-definicao-de-conflitos-armados.pdf>. Acesso em: 10 fev. 2021.

(26) *Idem*.

(27) Protocolos Facultativos são tratados por direito próprio e podem versar sobre os pontos mais importantes do tratado original, verticalizando a regulamentação da matéria. Eles impõem obrigações internacionais, mas facultando aos Estados Partes deliberação vinculativa aos mesmos, ou não. A propósito, *vide*: CICV — Comitê Internacional da Cruz Vermelha. Definição de conflitos armados. Mar. 2008. Disponível em: <https://www.icrc.org/pt/doc/assets/files/other/rev-definicao-de-conflitos-armados.pdf>. Acesso em: 10 fev. 2021.

West Point, nos Estados Unidos da América, e o Dartmouth (ou *Brittania Royal Naval College*), entre outras tradicionais escolas militares.

O Fundo Internacional de Emergência das Nações Unidas para a Infância — UNICEF —, por fim, com base na Carta Internacional de Direitos Humanos e na estrutura de normas internacionais já citadas, tem encetado iniciativas junto a diversos Estados nacionais, para erradicar a figura das crianças-soldados. Busca, nesse sentido o desenvolvimento de mecanismos de implementação dos direitos humanos desses infantes, os quais devem ser incentivados e apoiados materialmente pelos mesmos Estados nacionais, porque, excetuando uma ou outra história pontual de heroísmo e de bom sucesso, o emprego das crianças-soldados, especialmente, as que são arregimentadas de modo forçado, constitui uma tragédia humanitária de largo alcance, com sequelas transgeracionais, seja sob perspectiva humana, seja sob perspectiva material e profissional.

*Ex positis* e considerando o quanto já visto no item anterior desta intervenção, permanecem indagações relativas aos grupos armados informais do tráfico de drogas — que podem alcançar, inclusive, as chamadas milícias urbanas[(28)] — sobre saber, no caso de serem crianças ou adolescentes, se eles são, ou não, à luz do ordenamento brasileiro, considerados trabalhadores infantis em conflitos armados? E, no caso de assim serem considerados, sobre quais medidas o Estado brasileiro, comprometido com um tal plexo de normas nacionais e internacionais, pensa em tomar para, de fato, tutelar os mencionados infantes, compensá-los pelo trabalho ilícito e prevenir a sua criminalização?

De todo modo, do quanto redigido até aqui, fica claro que esses trabalhadores mirins do tráfico, a exemplo das crianças-soldados assim caracterizadas, eles realizam atividades ilícitas **(i)**; realizam trabalho proibido, em razão da idade e dos baixos costumes, por assim dizer **(ii);** não recebem tutelas promocionais do Direito **(iii)**; são estigmatizados e criminalizados **(iv)**; integram o universo dos que trabalham sujeitos às piores formas de trabalho infantil **(v)**.

## 8. Considerações finais

Assim, pelo conteúdo pregresso, o fato do desenho animado **Jonny Quest**, que apresenta a estória de duas **crianças-soldados** — ele próprio, o protagonista nominal, e seu irmão Hadji —, os quais, alfim e em síntese, sob a dissimulada estampa de uma família feliz, integram, na verdade, uma força marcial de elite. São dois trabalhadores precoces, portanto, assentados sobre uma das piores formas de trabalho infantil, posto atuarem em diversos conflitos armados.

---

(28) Aliás e apenas para registro, a Ilustre Ministra Kátia Magalhaes Arruda aponta pesquisas relativas às milícias armadas de Estado do Rio de Janeiro. Ela não as apresenta, porém; somente, refere. *Vide*, a propósito, ARRUDA, K. M. *A eliminação do trabalho infantil e a efetivação do direito à infância*. Disponível em: <http://www.tst.jus.br/documents/2237892/5702e2c4-d94a-473f-a5a6-cda15b99e8fd>. Acesso em: 09 fev. 2021.

Em razão disso, como, também, em razão das tantas cenas de violência que permeiam os respectivos episódios, não pode haver bem-aventurança, sendo certo, também, que o programa televisivo sob comento se mostra carecedor da devida correção política para os dias atuais, quando um dos propósitos civilizatórios juslaborais universais se volta para a erradicação do trabalho infantil, em especial nas suas piores formas. Nesse sentido, inclusive, o fato da Assembleia Geral das Nações Unidas (AGNU) ter aprovado resolução, deliberando ser o ano de **2021** — o mesmo da realização deste estudo — como sendo o **Ano Internacional para Erradicação do Trabalho Infantil**.

Outrossim, no tocante à percepção da infância, que, ora, já é bem distinta daquela desenhada quando da criação da estória em análise. Na atualidade, afinal, a crianças e adolescentes, reconhece-se a necessidade de uma especial atenção, evitando-se, por conseguinte, a sua exposição a situações de risco e perigos descabidos, de maneira que, ao sair para trabalhar, ainda que esse trabalho envolva viagens internacionais sucessivas, o Dr. Benton Quest deveria contar com uma assessoria doméstica e/ou escolar que resguardasse seus filhos, poupando-os das tantas aventuras vividas, sobretudo, com aventuras envolvendo armamentos e pelejas, como se dá no caso em questão.

É que, hoje em dia, superada a época da glamourização do heroísmo exposta neste desenho animado, o trato com as violências mundanas já não deve se dar com impetuosidades. Combater, atirar, matar, enfim, estas são atividades reconhecidamente desgastantes para todo e qualquer ser humano, em especial para crianças e jovens, que, em definitivo, permanecem marcados por ações tais, ainda que sejam realizadas durante o combate aos malfeitos da humanidade. Nesse campo, talvez, nem Tutancâmon, nem Filipe II e Alexandre III, da Macedônia, nem tampouco os cavaleiros reais medievais tenham, de fato, passado emocionalmente incólumes ao tempo de suas vidas em que, mesmo jovens e nobres, foram sujeitos à densidade da guerra e da experiência de ceifar a vida de semelhantes.

O tempo desses homens, contudo, é outro e já se encontra quase perdido em longínquo passado. São bem-vindas, então, para uma sua revista histórica, notas da diacronicidade e da relatividade cultural possíveis e, também, de muita fraternidade, para compreender e assentar a diversidade axiológica de suas épocas e espaços, relativamente aos valores e às perspectivas humanas atuais. Ora, mesmo intrépido em seu agir e cheio de destemor, Alexandre da Macedônia, por exemplo e um dos grandes heróis da Antiguidade clássica, ele viaja, apenas, da Grécia à Índia, enquanto o homem pós-moderno, mesmo que ainda produza a barbárie da guerra e, nela, a utilização da mão de obra infantil, ele já se volta para as galáxias e para as viagens interplanetárias, numa demasiada ampliação de horizontes.

São diferentes perspectivas, portanto, e o trabalho das crianças-soldados, no passado e para os personagens históricos indicados, pode ter tido efeitos distintos dos efeitos que essa mesma atividade gera nas crianças-soldados da atualidade. Ademais, a significação desse trabalho para os reis e nobres de antes, em comparação aos soldados-meninos pobres de agora, também é variada.

No passado, mesmo com as traições e violências das cortes imperiais, o trabalho na guerra dos pequenos príncipes e nobres tem uma representação valorosa, de ousada façanha, evidenciando o preparo desses jovens para o enfrentamento de dificuldades maiores e para a legítima ocupação de tronos e altos postos de comando. Para eles, os combates armados desempenham, então, o papel de um curso preliminar às funções de soberanos, com a antecipação das tribulações e vicissitudes que, tempos adiante, pudessem enfrentar. E é sob uma tal inspiração, ao que parece, que se manifestam os personagens de Jonny Quest e Hadji: combatentes juvenis em treinamento. Esta, no entanto, conforme se disse antes, já constitui uma representação superada pelo atual projeto de civilidade universal, mais calcado — ainda que teoricamente — na educação e no diálogo entre as pessoas humanas e os povos, do que na força das armas.

Ademais, esta também não é a representação que se extrai do trabalho dos demais soldados juvenis nas guerras e conflitos armados contemporâneos. Dos *Powders monkeys* — nas batalhas napoleônicas — aos meninos-soldados das África atual, o que se tem, independentemente de nacionalidade, origem étnico-racial e gênero, é uma multidão de crianças e adolescentes famintos, depauperados, muitas vezes indocumentados, abandonados, solitários e sem perspectivas na vida. Na ótica do capitalismo ora corrente, podem ser bestializados, insensibilizados e reificados, a ponto de serem eles próprios, não soldados de fato, mas, sim, pequenas máquinas amestradas para matar, perverter e destruir outras humanidades. E, ao menor problema, sem problemas! Estas crianças e adolescentes são postos de lado, despojados dos seus últimos filamentos de vida e, simplesmente, mortos.

Na quadra atual da História, a despeito da densificação legislativa dos grandes preceitos da fraternidade e da solidariedade humana, a ganância e a usura têm produzido, como se pode ver em partes anteriores deste texto, um dos quadros mais desastrosos deste tempo, que é exatamente o atinente aos soldados infantis, os quais, por sua vez, alastram-se pela periferia do mundo, no continente asiático, no continente africano e na América Latina, vítimas de múltiplas violências e de uma vida muito mais que árdua e de indizíveis precariedades materiais, morais e emocionais.

Para esses soldados crianças e adolescentes da contemporaneidade, os conflitos armados não constituem travessias para oportunidades propícias e benfazejas de vida. *In casu* e num grave paradoxo entre os fatos da vida e a lei — seus elevados princípios, inclusive —, os conflitos armados são o próprio destino da vida desses infantes, onde todos eles, como regra, vêm sendo, violenta, sistemática e sucessivamente no tempo, destituídos de si próprios, de suas inclinações intelectuais, de sua dignidade humana, mormente se se tratar da hipótese de recrutamento forçado. Se o caso, tudo quanto recebem as crianças-soldados se resume à violência e à crueldade das tantas ameaças e despotismos, da negligência da sociedade global, do desabrigo, da subtração de suas identidades e lembranças, da solidão.

Entrementes, não se levanta a comunidade internacional com vistas à construção de políticas preventivas dessa arregimentação forçada de crianças e jovens para lutas eivadas de artificialismos. E as medidas humanitárias do UNICEF, muito embora bem-vindas e louváveis, elas, *d.m.v.*, são algo tardias. É que o assistencialismo não é capaz de curar as feridas da ferocidade experienciada, do sequestro do lar, da fome, do canibalismo, dos estupros coletivos, da AIDS e de outras doenças incuráveis que eles desenvolvem, enfim. Para essas situações coercivas de recrutamento, devem-se desenvolver mecanismos de prevenção das tantas avarias e desgastes humanos por que passam essas crianças e jovens.

Ora, o Sistema Internacional de Direitos Humanos tem garantias que jamais foram efetivamente asseguradas a quaisquer das crianças-soldados atuais e algumas jamais o serão, já que destinadas à infância e juventude, dois tempos muito breves da vida do indivíduo. Outras seguranças humanas, contudo, ainda podem sê-lo, sendo a principal delas, no presente momento, a fraternidade (art. 1º, DUDH), ou seja, a paz de mãos estendidas e concessoras de novas chances, para que todos esses soldados juvenis, independentemente dos atos atrozes que lhes sejam imputados e da faixa etária em que se encontrem, possam simplesmente tentar esquecer dessas passagens e recomeçarem as suas vidas. E que, doravante — ainda que já maduros ou idosos — recebam apoio material (art. 25, 1 e 2, DUDH) e uma boa educação: uma educação que seja propícia à expansão da personalidade humana, de todos os direitos humanos, da liberdade, da tolerância, da amizade e da construção da paz (art. 26.2, DUDH).

Quadro muito assemelhado — viu-se alhures, mais especificamente no subitem 6.2 —, dá-se com as crianças e adolescentes, que, no Brasil, trabalham para o tráfico ilícito de entorpecentes. Vítimas de um rol extenso de abusos e violências tanto na vida social, quanto na vida laboral, referidos jovens são quase alheados do Direito, senão para serem apontados como executores de uma das piores formas de trabalho infantil e, paradoxalmente, para serem classificados como infratores e punidos.

Dessarte e salvo engano, no caso específico das crianças e adolescentes com trabalho subordinado junto ao narcotráfico, as circunstâncias difíceis da vida, as circunstâncias dissimuladas do aliciamento dessas crianças e jovens para a prestação do trabalho e as violentas condições do trabalho, inclusive, sob constante risco de vida, são variáveis que devem contar para uma equitativa consideração normativa, uma consideração tal, que, salvo engano, deve eliminar criminalidade e pena imputadas, no particular.

No Brasil, então e *concessa vênia*, além de atenções socioeconômicas efetivas, o caso deve ser de abolicionismo penal, para que Estado e sociedade não batam mais em quem já apanha da pobreza e suas privações materiais, da exclusão social, da violência urbana, da carência de escolaridade adequada, do desemprego, dos preconceitos, da discriminação, dos estigmas, da falta de oportunidade, da falta de esperança, enfim.

Coragem e bondade, portanto!!! Para as autoridades globais e para as autoridades locais competentes para os cuidados da infância e da adolescência. Que elas superem as vetustas noções da infância trazidas por Jonny Quest e seu universo, que perfaçam as necessárias inflexões sociais e jurídicas requestadas para tais casos, na atualidade, que realizem a justiça e que construam uma paz social capaz de açambarcar todos esses infantes, os do Brasil e os do mundo, que, independentemente de serem classificados como meninos-soldados, ou não, encontram-se expostos ao trabalho ilícito e sob condições de conflito armado, realizando uma das piores formas de trabalho infantil. *Cuique suum tribuere.*

* * *

# Referências


신용배. Top 10% of Koreans control 66% of wealth: report. *The Korea Heralds*, 29 oct. 2015. Disponível em: <http://www.koreaherald.com/view.php?ud=20151029000814>. Acesso em: 7 set. 2020.

ABÍLIO, Ludmila Costhek. Uberização: a era do trabalhador just-in-time? In: *Instituto de Estudos Avançados da Universidade de São Paulo*, vol. 34, n. 98, São Paulo, jan./abr. 2020, Pub. maio 2020.

ADDATI, L.; *et al. Care Work and Care Jobs for the Future of Decent Work.* Genebra: Organização Internacional do Trabalho, 2018.

ADORNO, T. W.; HORKHEIMER, M. *Dialética do esclarecimento:* fragmentos filosóficos. Trad. G. A. de Almeida. Rio de Janeiro: Jorge Zahar, 1991.

AFP. *Estado de Minas Gerais*. Pub. 28 jun. 2014. Disponível em: <https://www.em.com.br/app/noticia/internacional/2014/06/28/interna_internacional,542499/mulheres-no-coracao-do-esforco-de-guerra-durante-o-primeiro-conflito-mundial.shtml>. Acesso em: 08 set. 2022.

ALDIOLI, Andreza da Silva. *A cultura norte-americana como um instrumento do* soft power *dos Estados Unidos:* o caso do Brasil durante a política de boa vizinhança. 2008. Dissertação de mestrado. UNESP/UNICAMP/PUC-SP, Programa San Tiago Dantas, 2008. Disponível em: <http://hdl.handle.net/11449/96282>. Acesso em: 26 maio 2020.

AMAERJ. Estudo de Vanessa Cavalieri traça perfil de jovens infratores. *Notícias*. 27 mar. 2019. Disponível em: <https://amaerj.org.br/noticias/estudo-da-juiza-vanessa-cavalieri-traca-perfil-de-jovens-infratores/>. Acesso em: 05 out. 2020.

AMÂNCIO, L. *Fatores psicossociológicos da discriminação da mulher no trabalho.* Tese de Doutorado, Instituto Superior de Ciências do Trabalho e da Empresa, Universidade Técnica de Lisboa, Lisboa, 1989.

AMIN S., ARRIGHI G., CHESNAIS F. *et al.*, Qu'est-ce que le néolibéralisme?. *Actuel Marx*, 2006/2 (n. 40), p. 12-23. DOI: 10.3917/amx.040.0012. URL: <https://www.cairn.info/revue-actuel-marx-2006-2-page-12.htm>. Acesso em: 08 set. 2022.

ANDRADE, Vera Regina P. A soberania patriarcal: o sistema de justiça criminal no tratamento da violência sexual contra a mulher. *Revista Sequência*, n. 50, p. 71-102, jul. 2005. Disponível em: <https://periodicos.ufsc.br/index.php/sequencia/article/view/15185/13811>. Acesso em: 16nov. 2020.

ANTUNES, R. *Os sentidos do trabalho:* ensaios sobre a afirmação e a negação do trabalho. 6. ed. São Paulo: Boitempo, 2002.

______. *Adeus ao trabalho?* Ensaios sobre as metamorfoses e a centralidade do mundo do trabalho. 9. ed. São Paulo: Cortez, 2003.

______. *Adeus ao trabalho?* Ensaio sobre as metamorfoses e a centralidade do mundo do trabalho. 11. ed. São Paulo: Cortez, 2006.

______. Século XXI: nova era da precarização estrutural do trabalho? ______; BRAGA, Ruy (Orgs.). *Infoproletário:* degradação real do trabalho virtual. São Paulo: Boitempo, 2009. p. 231-238.

______. A nova morfologia do trabalho, as formas diferenciadas da reestruração produtiva e da informalidade no Brasil. In: *Trabalho e justiça social:* um tributo a Mauricio Godinho Delgado, Daniela Muradas Reis, Roberta Dantas de Mello, Solange Basbosa de Castro Coura (Coords.). São Paulo: LTr, 2013.

______. *O privilégio da servidão:* o novo proletariado de serviços na era digital. São Paulo: Boitempo, 2018.

ARAÚJO, Wallanna Dantas Oliveira de. *Direitos fundamentais do trabalhador e a Declaração de 1998 da OIT.* Tese de Pós-Graduação em Ciências Jurídicas, UFPB, 2008.

ARENDT, Hannah. *Sobre a violência.* 6. ed. Rio de Janeiro: Civilização Brasileira, 2016.

ASSIS, Machado de. *Memórias Póstumas de Brás Cubas.* Porto Alegre: L&PM, 2011.

ATHAYDE, Celso; MV, Bill. *Falcão.* Meninos do tráfico. Rio de Janeiro: Objetiva, 2006.

AUGUSTINI, Camila. Com um tapa na cara, a "Cidade de Deus" tira o fôlego. *Carta Capital*, 09 set. 2002. Disponível em: <https://www.cartamaior.com.br/?/Editoria/Midia-e-Redes-Sociais/Como-um-tapa-na-cara-a-%27Cidade-de-Deus%27-tira-o-folego/12/5459>. Acesso em: 08 set. 2020.

AVILA, Maria Betânia; FERREIRA, Verônica. Trabalho doméstico remunerado: contradições estruturantes e emergentes nas relações sociais no Brasil. *Psicologia & Sociedade*, Belo Horizonte, v. 32, p. 1-13, 2020. Disponível em: <http://www.scielo.br/scielo.php?script=sci_arttext&pid=S0102-71822020000100407&lng=en&nrm=iso>. Acesso em: 14 ago. 2020.

ÁVILA, Rosemari Pedrotti de. *As consequências do assédio moral no ambiente de trabalho.* 2. ed. São Paulo: LTr, 2015.

AZEVEDO, Aluísio. *O Cortiço.* Porto Alegre: L&PM, 2017.

BARROS, Alice Monteiro de. *Curso de Direito do Trabalho.* 5. ed. São Paulo: LTr, 2009.

______. *Curso de direito do trabalho.* 6. ed. São Paulo: LTr, 2019.

BATISTA, Vera Malaguti. *Difíceis ganhos fáceis:* drogas e juventude pobre no Rio de Janeiro. 2. ed. Rio de Janeiro: Revan, 2003.

BEAUVOIR, Simone de. *O Segundo Sexo.* Tradução Sérgio Milliet, Rio de Janeiro: Nova Fronteira, 1980. Vol. II.

BECK, Ulrich. *Sociedade de risco:* rumo a outra modernidade. São Paulo: Editora 34, 2011.

BERLIN, Isaiah. *Estudos sobre a humanidade.* São Paulo: Cia. das Letras, 2002.

BEZERRA LEITE, Carlos Henrique. *Curso de Direito do Trabalho.* 9. ed. São Paulo: Saraiva, 2018.

BIANCHI, Álvaro. Estratégia do contratempo: notas para uma pesquisa sobre o conceito gramsciano de hegemonia. *Cadernos Cemarx*, n. 4, 2007.

BIANCONI, G., LEÃO, N., FERRARI, M., ZELIC, H., SANTOS, T.; MORENO, R. (2020). *Sem parar:* o trabalho e a vida das mulheres na pandemia. GN/SOF. Disponível em: <http://mulheresnapandemia.sof.org.br/>. Acesso em: 30 out. 2020.

BIAVASCHI, M. B. A dinâmica da Súmula n. 331 do Tribunal Superior do Trabalho: A história da forma de compreender a terceirização. In: *Trabalho e justiça social:* um tributo a Mauricio Godinho Delgado. Daniela Muradas Reis, Roberta Dantas de Mello, Solange Basbosa de Castro Coura(Coords.). São Paulo: LTr, 2013.

BLOOM, Harold. *Shakespeare:* the invention of the human. New York: Riverhead Books, 1999.

BOURDIEU, Pierre; WACQUANT, Loïc. Sobre as Artimanhas da Razão Imperialista In: *Estudos afro-asiáticos*, vol. 24, n. 1, Rio de Janeiro, 2002.

BRANCA de Neve e os Sete Anões. Direção de David Hand. Produção de Walt Disney. Estados Unidos da América: Walt Disney Productions, 1937. (88 min.).

BRASIL. *III Plano Nacional de Prevenção e Erradicação do Trabalho Infantil e Proteção do adolescente Trabalhador.* 2019-2022. Brasília, Ministério do Trabalho e Emprego. Secretaria de Inspeção do Trabalho. Disponível em: <https://www.gov.br/mdh/pt-br/assuntos/noticias/2018/novembro/lancado-3o-plano-nacional-de-prevencao-e-erradicacao-do-trabalho-infantil/copy_of_PlanoNacionalversosite.pdf>. Acesso em: 12 out. 2020.

______. *Constituição (1988).* Constituição da República Federativa do Brasil de 1988. Disponível em: <http://www.planalto.gov.br/ccivil_03/constituicao/constituicao.htm>. Acesso em: 12 out. 2020.

______. *Decreto-lei n. 1.949, de 30 de dezembro de 1939.* Dispõe sobre o exercício da atividade de imprensa e propaganda no território nacional e dá outras providências. Disponível em: <https://www2.camara.leg.br/legin/fed/declei/1930-1939/decreto-lei-1949-30-dezembro-1939-412059-publicacaooriginal-1-pe.html>. Acesso em: 20 maio 2020.

______. *Decreto-lei n. 5.452, de 1º de maio de 1943.* Brasília, 1943. Disponível em: <http://www.planalto.gov.br/ccivil_03/decreto-lei/del5452.htm>. Acesso em: 05 maio 2020.

______. *Decreto n. 6.481, de 12 de junho de 2008.* Regulamenta os arts. 3º, alínea *"d"*, e 4º da Convenção n. 182 da Organização Internacional do Trabalho (OIT) que trata da proibição das piores formas de trabalho infantil e ação imediata para sua eliminação, aprovada pelo Decreto Legislativo n. 178, de 14 de dezembro de 1999, e promulgada pelo Decreto n. 3.597, de 12 de setembro de 2000, e dá outras providências. Disponível em: <http://www.planalto.gov.br/ccivil_03/_ato2007-2010/2008/decreto/d6481.htm>. Acesso em: 07 set. 2020.

______. Instituto Brasileiro de Geografia e Estatística (IBGE). *Números caem, porém trabalho infantil ainda é realidade no pais.* Disponível em: <https://agenciadenoticias.ibge.gov.br/agencia-noticias/2012-agencia-de-noticias/noticias/23105-numeros-caem-porem-trabalho-infantil-ainda-e-realidade-no-pais>. Acesso em: 14 out. 2020.

______. *Lei n. 8.069, de 13 de julho de 1990.* Dispõe sobre o Estatuto da Criança e do Adolescente e dá outras providências. Disponível em: <http://www.planalto.gov.br/CCIVIL_03/leis/L8069.htm>. Acesso em: 12 out. 2020.

______. *Lei n. 13.467, de 1º de julho de 2017*. Altera a Consolidação das Leis do Trabalho (CLT) Disponível em: <http://www.planalto.gov.br/ccivil_03/_Ato2015-2018/2017/Lei/L13467.htm>. Acesso em: 02 out. 2020.

______. Supremo Tribunal Federal (STF). *Plenário mantém proibição de trabalho a menores de 16 anos, salvo na condição de aprendiz*. Disponível em: <http://www.stf.jus.br/portal/cms/verNoticiaDetalhe. asp?idConteudo=453354>. Acesso em: 14 out.2020.

______. Supremo Tribunal Federal. *Ação Direta de Inconstitucionalidade n. 2.096-0*. Petição inicial. confederação nacional dos trabalhadores na indústria. Disponível em: <https://politica.estadao.com.br/blogs/fausto-macedo/wp-content/uploads/sites/41/2020/10/opedidodaconfederacao_091020205907.pdf>. Acesso em: 10 out. 2020.

______. Supremo Tribunal Federal. *Minuta de Voto do Ministro relator Celso de Melo na ADI n. 2.096-0*. Plenário Virtual, 02 out. 2020. Disponível em: <https://www.jota.info/wp-content/uploads/2020/10/adi-2096-celso-de-mello-trabalho-infantil.pdf>. Acesso em: 10 out. 2020.

______. Tribunal Superior do Trabalho. *AIRR – 1021-85.2016.5.11.0012*. Órgão Judicante: 3ª Turma, relator: Ministro Alexandre de Souza Agra Belmonte, disponível em: <www.tst.jus.br>. Acesso em: 20 jul. 2020.

______. Tribunal Regional do Trabalho da 23ª Região. *Justiça do Trabalho leva capacitação sobre trabalho infantil para profissionais de Araputanga.* Cuiabá, 28 jun. 2019. Disponível em: <https://portal.trt23.jus.br/portal/noticias/justi%C3%A7a-do-trabalho-leva-capacita%C3%A7%C3%A3o-sobre-trabalho-infantil-para-profissionais-de, Acesso em: 27/08/2020.

BRITTO, Juliana Machado de. *Literatura e Cinema:* um olhar sobre Cidade de Deus. Presente em: <https://www.ufjf.br/darandina/files/2010/01/artigo10.pdf>. Acesso em: 11 jul. 2020.

BÜRGER, Gottfried August. *Aventuras do Barão de Münchhausen*. Belo Horizonte: Villa Rica, 1990.

CABISTANI, Luíza Griesang. *Trabalho infantil e tráfico de drogas:* uma análise sobre a atuação da procuradoria regional do trabalho da 4ª Região. Porto Alegre, Universidade Federal do Rio Grande do Sul, Trabalho de Conclusão de Curso, 2017. Disponível em: <https://lume.ufrgs.br/bitstream/handle/10183/174564/001061332.pdf?sequence=1&isAllowed=y>. Acesso em: 28 set. 2020.

CABRAL, Angelo Antônio. *Teoria da Constituição.* Introdução ao direito constitucional brasileiro. Curitiba: Juruá, 2015.

______. *Direito Ambiental do Trabalho na Sociedade do Risco.* Curitiba: Juruá, 2016.

CALDERÓN, J. O trabalho diante da reestruturação produtiva: o caso de um *call center. Formation emploi* [*On-line*], 96 | out./dez. 2006, 14 dez. 2009. URL: <http://journals.openedition.org/formationemploi/2509>. Acesso em: 8 set. 2022. DOI: <https://doi.org/10.4000/trainingemploi.2509>.

CAMUS, Albert. *O mito de Sísifo*. São Paulo: Record, 2014.

CARELLI, Rodrigo de Lacerda. O caso Uber e o controle por programação: de carona para o século XIX. In: LEME, Ana Carolina Paes; RODRIGUES, Bruno Alves; CHAVES JÚNIOR, José Eduardo Resende (Coords.). *Tecnologias disruptivas e a exploração do trabalho humano:*

a intermediação de mão de obra a partir das plataformas eletrônicas e seus efeitos jurídicos e sociais. São Paulo: LTr, 2017.

CASSAR, Vólia Bonfim. *Direito do trabalho:* de acordo com a reforma trabalhista Lei n. 13.467/2017. 15. ed. São Paulo: Método, 2018.

CASTAÑEDA, Marina. *O machismo invisível.* São Paulo: A Girafa, 2006.

CENTRO DE PESQUISA E DOCUMENTAÇÃO DE HISTÓRIA CONTEMPORÂNEA DO BRASIL. CPDOC – FGV. Disponível em: <https://cpdoc.fgv.br/producao/dossies/FatosImagens/DIP>. Acesso em: 20 maio 2020.

CHANG, Chan Sup. Chatebol: the South Korean conglomerates. *Business Horizons*, Bloomington, p. 51-57, mar./abr. 1988.

CHAUÍ, Marilena. Participando do debate sobre mulher e violência. In: CHAUÍ, M.; CARDOSO, R.; PAOLI, M. C. (Orgs.). *Perspectivas antropológicas da mulher:* sobre mulher e violência. Rio de Janeiro: Zahar, 1984. (v. 4). p. 23-62.

______. Sobre o direito à preguiça. In: NOVAES, Adauto. *Mutações:* elogio à preguiça. São Paulo: Edições SESC, 2012.

CHOMSKY, Noam. *Quem manda no mundo?* Tradução de Renato Marques. São Paulo: Planeta do Brasil, 2017.

CIDADE de Deus. Direção de Fernando Meirelles. Rio de Janeiro: Globo Filmes, 2002. (130 min.). Disponível em: <https://www.youtube.com/watch?v=QujbbyEUXjo&list=PLnU-ZPHo6ubCGdDeYehAZGCT9UFVWCBY48> Acesso em: 09 out. 2020.

COELHO NETO. 20 kg de maconha nas costas de uma criança. *Revista Veja*, 30 jul. 2017. Disponível em: <https://veja.abril.com.br/especiais/20-kg-de-maconha-nas-costas-de-uma-crianca/>. Acesso em: 15 maio 2020.

CONGER, Kate. 2019. *Uber, Lyft and DoorDash pledge $90 million to fight driver legislation in California.* Disponível em: <https://www.nytimes.com/2019/08/29/technology/uber-lyft-ballot-initiative.html>. Acesso em: 10 out. 2020.

CONTI, Mário Sérgio. "Cidade de Deus" chega às telas com investimento recuperado. *Folha de S. Paulo.* Rio de Janeiro. 30 ago. 2002. Disponível em: <https://www1.folha.uol.com.br/folha/ilustrada/critica/ult569u876.shtml>. Acesso em: 08 set. 2020.

COSTA, Priscila Borba. *O Destino Manifesto do Povo Estadunidense:* Uma Análise dos Elementos Delineadores do Sentimento Religioso Voltado à Expansão Territorial. Disponível em: <http://www.cih.uem.br/anais/2011/trabalhos/224.pdf>. Acesso em: 10 maio 2020.

COSTA, Rubens Vaz da. Introdução. In: *Schumpeter* — A teoria do desenvolvimento econômico. São Paulo: Abril Cultural, 1982 (Os economistas).

COUTO, Anthony. In DC's Jetsons, Rosie the Robot's Origin Is Unexpectedly Poignant. *CBR*, 31 mar. 2017. Disponível em: <https://www.cbr.com/dc-comics-jetsons-shocking-rosie-robot-origin/>. Acesso em: 10 out. 2020.

CRUZ, Márcia Maria. Magistradas defendem trabalho a partir dos 14 anos para livrar jovens do tráfico. In: *Jornal Estado de Minas Gerais.* Postada em 05 jun. 2019, Disponível em: <https://www.

em.com.br/app/noticia/gerais/2019/06/05/interna_gerais,1059372/magistradas-defendem-trabalho-a-partir-dos-14-para-livrar-do-trafico.shtml>. Acesso em: 13 maio 2020.

DA PONTE, Júlio Ramon Teles. Crise do capital, trabalho e economia solidária: a experiência do GAAE no Instituto Palmas. In: MELLO, Lawrence EStivalet de; CALDAS, Josiane; GEDIEL, José Antonio Peres (Coords.). *Políticas de austeridade e direitos sociais*. Curitiba: Kayguangue, 2019.

DALAZÉN, João Alberto. *Manifestação proferida durante o encerramento do Seminário de Combate ao trabalho infantil*. Disponível em: <https://www.youtube.com/watch?v=VDfIP2ByyOg>. Acesso em: 15 jul. 2020.

DALLARI, D. Relatório da ONU revela quadro de pobreza no mundo. *Jornal da USP*. Disponível em: <https://jornal.usp.br/radio-usp/relatorio-da-onu-revela-quadro-de-pobreza-no-mundo/>. Acesso em: 09 set. 2022.

DC Comics. Disponível em: <https://www.dccomics.com/comics/the-jetsons-2017/the-jetsons-1>. Acesso em: 2 ago. 2020.

DEBORD, Guy. *A Sociedade do Espetáculo*. Tradução de Estela dos Santos Abreu. Rio de Janeiro: Contraponto, 2007.

DE CASTRO GOMES, Angela. *A invenção do trabalhismo*. 6. ed. Rio de Janeiro: FGV, 2015.

DE FRANÇA PEREIRA, Maria Fernanda. O samba de exaltação: Convergências e conflitos na construção discursiva da identidade nacional. *Teoria e Cultura*, v. 7, ns. 1 e 2, 2012.

DEJOURS, Cristophe. *A loucura do trabalho:* estudo de psicopatologia do trabalho. 5. ed. São Paulo: Cortez,1992.

DELEUZE, Gilles; GUATTARI, Félix. *Mil Platôs*. Capitalismo e Esquizofrenia (V. 5). Rio de Janeiro: Editora 34, 1997.

DELGADO, Mauricio Godinho. *O poder empregatício:* poder, democracia e empresa. São Paulo: LTr, 1996.

______. A constitucionalização dos direitos trabalhistas e os reflexos no mercado de trabalho. *Revista LTr*, São Paulo, v. 72, n. 5, p. 563-569, 2008.

______. *Curso de Direito do Trabalho*. 10. ed. São Paulo: LTr, 2011.

______. *Curso de Direito do Trabalho*.15. ed. São Paulo: LTr, 2016.

______. *Capitalismo, trabalho e emprego* — entre o paradigma da destruição e os caminhos de reconstrução. 3. ed. São Paulo: LTr, 2017.

______. ***Curso de direito do trabalho***. 18. ed. São Paulo: LTr, 2019.

DEL ROIO, José Luiz. *1º de maio:* sua origem, seu significado, suas lutas. São Paulo: Centro de Memória Sindical, 2016.

DENIS, Henri. *História do pensamento econômico*. Lisboa: Livros Horizonte, 1974.

DIAS, Maria Berenice. *A mulher no código civil*. Disponível em: <http://www.mariaberenicedias.com.br/manager/arq/(cod2_726)18__a_mulher_no_codigo_civil.pdf>. Acesso em: 13 ago. 2020.

DRUMONT, M. P. *Elementos para uma análise do machismo*. 3. ed. São Paulo: Perspectivas, 1980.

DURANT, Will. *A história da filosofia*. Tradução de Luiz Carlos do Nascimento Silva. São Paulo: Nova Cultural. 2000.

DU ROY, I.; KNAEBEL, R. 1914-1918: l'essor des grands groupes industriels français et allemands. *Observatoire des multinationales* — social, ecologique, politique. Première Guerre Mondiale. Pub. 11 set. 2014. Disponível em: <https://multinationales.org/1914-1918-l-essor-des-grands-groupes-industriels-francais-et-allemands>. Acesso em: 08 set. 2022.

DUTRA, Eliane Aparecida. Cidade de Deus: o espetáculo da banalização como discurso. Trabalho apresentado no *GT – Audiovisual, do Inovcom, evento componente do IX Congresso de Ciências da Comunicação na Região Sul*. 29 a 31 de maio de 2208. Disponível em: <http://www.intercom.org.br/papers/regionais/sul2008/resumos/R10-0507-1.pdf>. Acesso em: 08 set. 2020.

______. Cidade de Deus: o espetáculo da banalização como discurso. Trabalho apresentado no *GT – Audiovisual, do Inovcom, evento componente do IX Congresso de Ciências da Comunicação na Região Sul*. Disponível em: <http://www.intercom.org.br/papers/regionais/sul2008/resumos/R10-0507-1.pdf>. Acesso em: 11 jul. 2020.

EIGE. *Gender Equality Index 2019*. Bruxelas, 2019.

ENGELS, Friedrich. *A situação da classe trabalhadora na Inglaterra*. São Paulo: Boitempo Editorial, 2015.

_____. O papel do trabalho no trabalho na transformação do macaco em homem (1876). *Revista Trabalho Necessário*, 4(4). <https://doi.org/10.22409/tn.4i4.p4603>. (2006).

EURONEWS. Comment l'economie de plateform transform-t-elle le marché du travail? *Euronews*. Real Economy. Pub. 13 abr. 2021 Disponível em: <https://fr.euronews.com/next/2021/04/07/comment-l-economie-de-plateforme-transforme-t-elle-le-marche-du-travail>. Acesso em: 09 set. 2022.

______. Os salários de miséria na Europa: o caso da Bulgária. *Euronews*. Pub. 12 fev. 2019. Disponível em: <https://pt.euronews.com/my-europe/2019/02/12/os-salarios-de-miseria-na-europa-o-caso-da-bulgaria>. Acesso em: 09 set. 2022.

EVANS, D.S.; SCHMALENSEE, R. *Matchmakers* — The new economics multisided plattforms. Boston, Massachusetts: Harvard Business Review Press, 2016.

FAULKNER, William. *The Sound and the Fury*. 2. ed. New York: Norton Critical, 1994.

FELICIANO, Guilherme Guimarães; URIAS, João (Coords.) *Direito ambiental do trabalho:* apontamentos para uma teoria geral: saúde, ambiente e trabalho; novos rumos da regulamentação jurídica do trabalho. São Paulo: LTr, 2013. vol. 1.

______. *Curso crítico de direito do trabalho:* teoria geral do Direito do Trabalho. São Paulo: Saraiva, 2013.

______; PASQUALETO, Olivia de Quintana Figueiredo (Orgs.). *O Trabalho além do direito do trabalho*. São Paulo: LTr, 2019.

______; MISKULIN, Ana Paula Silva Campos. *Infoproletariados e a Uberização do trabalho:* direito e justiça em um novo horizonte de possibilidades. São Paulo: LTr, 2019.

FELKER, Reginald Delmar Hintz. *O dano moral, o assédio moral e o assédio sexual nas relações de trabalho:* frente à doutrina, jurisprudência e legislação. São Paulo: LTr, 2006.

FIGUEIREDO, Argelina Cheibub. *Executivo e Legislativo na nova ordem constitucional.* 2. ed. Rio de Janeiro: FGV, 2001.

FISHER, M. Realismo Capitalista. *É mais fácil imaginar o fim do mundo do que o fim do capitalismo?* São Paulo: Autonomia Literária, 2020.

FÓRUM ECONÔMICO MUNDIAL. *Global Gender Gap Report 2020.* Genebra, 2020. Disponível em: <http://www3.weforum.org/docs/WEF_GGGR_2020.pdf?_ga=2.248336903.1636901091.1587064995-1004197514.1587064995>. Acesso em: 22 set. 2020.

FRANÇOIS, N. 1942. Milhões de trabalhadores a serviço do Reich. *Alternatives economiques.* História. Pub. 12 ago. 2022. Disponível em: <https://www.alternatives-economiques.fr/1942-millions-de-travailleurs-service-reich/00103629>. Acesso em: 08 set. 2022.

FREITAS JR., Antônio Rodrigues de. *História Universal e Direito do Trabalho, grey paper*, s/d.

FREITAS, Maria Ester de. Assédio moral e assédio sexual: faces do poder perverso nas organizações. São Paulo: *Revista de Administração de Empresas,* abr./jun. 2001, p. 8-19.

FREUD, Sigmund. *L'inquiétante étrangeté:* et autres essais. Paris: Gallimard, 1985.

FROMM, Erich. Posfácio. In: ORWELL, George. *1984.* São Paulo: Cia. das Letras, 2009.

GAUTHIER, Gustavo; LEGUINA, Florencia Terrech. Crowdlending, crowdfunding e blockchain. Tradução de Ana Carolina Reis Paes Leme e Rodrigo de Melo Alexandre. In: LEME, Ana Carolina Reis Paes Leme; RODRIGUES, Bruno Alves; CHAVES JÚNIOR, José Eduardo de Resende. *Tecnologias disruptivas e a exploração do trabalho humano.* A intermediação de mão de obra a partir das plataformas eletrônicas e seus efeitos jurídicos e sociais. São Paulo: LTr, 2017.

GLEEN, Evelyn Nakano. Creating a Caring Society. *Contemporary Sociology* (Utopian Visions: Engaged Sociologies for the 21st Century), vol. 29, n. 1, jan. 2000, p. 84-94.

GOMES, Orlando; GOTTSCHALK, Elson. *Curso de direito do trabalho.* Rio de Janeiro: Forense, 2002.

GOMES, D.; CAMPOS, L.H. Condições de trabalho em Toritama. *Coletiva*, n. 2, out/dez. 2010. Disponível em: <http://coletiva.labjor.unicamp. br/index.php/artigo/condicoes-de-trabalho-em-toritama/>. Acesso em: 09 set. 2022.

GOODWIN, D. *A maneira como vencemos:* o avanço econômico dos Estados Unidos durante a Segunda Guerra Mundial. Pub. 19 dez. 2001. Disponível em: <https://prospect.org/health/way-won-america-s-economic-breakthrough-world-war-ii/>. Acesso em: 05 set. 2022.

GRIMM, Jacob; GRIMM, Wilhelm. *Kinder-und Hausmärchen.* Königswinter: Subach-Verlag, 2011.

GUIMARÃES, Nadya Araújo. *Os circuitos do cuidado:* Reflexões a partir do caso brasileiro. Comunicação ao painel "El trabajo de cuidado. Relaciones, significados, derechos. Miradas Latinoamericanas", 2019 Congress of the Latin American Studies Association (LASA), Boston, 24-27 maio 2019.

______; VIEIRA, Priscila Pereira Faria. As "ajudas": o cuidado que não diz seu nome. *Estudos Avançados*, n. 34, vol. 98, 2020, p. 07-23.

HAN, Byung-Chul. *Agonia do eros*. Tradução de Enio Paulo Giachini. Petrópolis: Vozes, 2017.

______. *Psicopolítica:* o neoliberalismo e as novas técnicas de poder. Tradução de Maurício Liesen. Belo Horizonte: Âyiné, 2018.

HARVEY, David. *Condição pós-moderna*. 17. ed. São Paulo: Loyola, 1992.

______. *Condição pós-moderna*. São Paulo: Loyola, 2017.

HEIN, L. L. *O Oriente de Jonny Quest*. Disponível em: <https://periodicos.ufjf.br/index.php/lumina/article/view/20903>. Acesso em: 05 fev. 2021.

HERNANDEZ, Pablo Santos Ribeiro. *Cinema e Política da Boa Vizinhança:* A expedição de Walt Disney ao Brasil. 2015. Universidade Federal do Rio de Janeiro (UFRJ). UNIRIO. CENTRO DE CIÊNCIAS HUMANAS E SOCIAIS. Dissertação de mestrado. Disponível em: <http://www.repositoriobc.unirio.br:8080/xmlui/bitstream/handle/unirio/11966/Pablo%20Hernandez.pdf?sequence=1>. Acesso em: 20 maio 2020.

HIRATA, Helena. *Mudanças e permanências nas desigualdades de gênero:* divisão sexual do trabalho numa perspectiva comparativa. Fundaçío Friedrich-Ebert Stiftung. São Paulo, 2015.

______. O cuidado em domicílio no Brasil e na França. In: ABREU, Alice Rangel de Paiva; HIRATA, Helena; LOMBARDI, Maria Rosa (Orgs.). *Gênero e trabalho no Brasil e na França:* perspectivas interseccionais. São Paulo: Boitempo, 2016. p. 193-202.

HIRIGOYEN, Marie France. *A violência perversa do cotidiano*. Tradução de Maria Helen Hubner. Rio de Janeiro: Bertrand Brasil,2001.

HOBSBAWM, Eric J. *A era das revoluções*. 1789-1848. Tradução de Maria Tereza Lopes Teixeira e Marcos Penchel. 20. ed. São Paulo: Paz e Terra, 2006.

HOMEM, Maria Lucia. Masculino, Feminino e Poder: a cultura do assédio. *Youtube:* Casa do Saber. São Paulo, 2017. Disponível em: <https://www.youtube.com/watch?v=D6cpfARfqWA>. Acesso em: 15 no. 2020.

HUGO, Victor. *Les misérables*. Paris: Librairie Générale Française, 1998.

IBGE. *Características gerais dos domicílios e dos moradores 2019*. Pesquisa Nacional por Amostra de Domicílios Contínua. PNAD contínua. 2020. ISBN 978-85-240-4530-1. Disponível em: <https://biblioteca.ibge.gov.br/visualizacao/livros/liv101707_informativo.pdf>. Acesso em: 02 out. 2020.

______. *Demografia das Empresas e Empreendedorismo 2017:* taxa de sobrevivência foi de 84,8%. Brasília, 2019. Disponível em: <https://agenciadenoticias.ibge.gov.br/agencia-sala-de-imprensa/2013-agencia-de-noticias/releases/25738-demografia-das-empresas-e-empreendedorismo-2017-taxa-de-sobrevivencia-foi-de-84-8#:~:text=A%20taxa%20de%20sobreviv%C3%AAncia%20das,sa%C3%ADda%2C%2015%2C7%25>. Acesso em: 7 set. 2020.

______. *PNAD Contínua trimestral:* desocupação cresce em 11 UFs no 2º trimestre de 2020, com quedas no Pará e Amapá. Disponível em: <https://agenciadenoticias.ibge.gov.br/agencia-sala-de-imprensa/2013-agencia-de-noticias/releases/28699-pnad-continua-trimestral-desocupacao-cresce-em-11-ufs-no-2-trimestre-de-2020-com-quedas-no-para-e-amapa#:~:text=A%20taxa%20de%20informalidade%202,Paulo%20(28%2C6%25)>. Acesso em: 14 out. 2020.

ILO Brasil. *Sobre o IPEC.* Disponível em: <https://www.ilo.org/brasilia/temas/trabalho-infantil/WCMS_565238/lang--pt/index.htm>.Acesso em: 27 ago. 2020.

INTERNATIONAL LABOUR ORGANIZATION AND UNITED NATIONS CHILDREN'S FUND. *Covid-19 and child labour:* a time of crisis, a time to act. Disponível em: <https://www.ilo.org/ipec/Information resources/WCMS_747421/lang--en/index.htm>. Acesso em: 14 out. 2020.

IPEA. *Mulheres dedicam muito mais tempo ao trabalho doméstico, mas a diferença cai.* 29 nov. 2018. Disponível em: <https://www.ipea.gov.br/portal/index.php?option=com_content&view=article&id=34450&catid=10&Itemid=9>. Acesso em: 23 ago. 2020.

______. *Texto para discussão (2416)* — Tendências nas horas dedicadas ao trabalho e lazer: uma análise da alocação do tempo no Brasil. 2018. Disponível em: <https://www.ipea.gov.br/portal/images/stories/PDFs/TDs/td_2416.pdf>. Acesso em: 23 ago. 2020.

JAMESON, Fredric. *The Political Unconscious:* Narrative as a Socially Symbolic Act. New York: Cornell University Press, 1982.

JESUS, Paulo de; TIRIBA, Lia. Cooperação (verb.), p. 80-85, In: CATTANI, André D.; LAVILLE, Jean-Louis; GAIGER, Luiz Ignácio; HESPANHA, Pedro (Coords.). *Dicionário Internacional da Outra Economia.* Coimbra: Almedina, 2009.

JOINAU, Benjamin. *Sketches of Korea:* an illustrated guide to korean culture. Irvine: Seoul Selection, 2015.

JOKER. Direção de Todd Phillips. EUA & Canada: Warner Bros, 2019.

JOON, Julie. *'Parasita':* as pessoas reais que vivem nos porões de Seul retratados pelo filme. Disponível em: <https://www.bbc.com/portuguese/internacional-51377330>. Acesso em: 14 out. 2020.

JOON-HO. Bong Joon-ho Discusses *PARASITE*, Genre Filmmaking And The Greatness Of ZODIAC. Disponível em: <https://www.youtube.com/watch?v=dXuXfgquwkM>. Acesso em: 14 out. 2020.

JORNAL DIÁRIO DA NOITE. Rio de Janeiro, 08 set. 1941. Disponível em: <http://memoria.bn.br/pdf/221961/per221961_1941_03357.pdf>. Acesso em:25.05.2020.

KALIL, Renan Bernardi. *Capitalismo de plataforma e Direito do Trabalho: crowdwork* e trabalho sob demanda por meio de aplicativos. Tese de Doutorado. Faculdade de Direito da USP. São Paulo: 2019.

KERGOAT, Danièle. Divisão sexual do trabalho e relações sociais de sexo. In: HIRATA. Helena *et al.* (Orgs.) *Dicionário Crítico do Feminismo.* São Paulo: Unesp, 2009. p. 251-279.

______. O cuidado e a imbricação das relações sociais. In: ABREU, Alice Rangel de Paiva; HIRATA, Helena; LOMBARDI, Maria Rosa. *Gênero e trabalho no Brasil e na França:* perspectivas interseccionais. São Paulo: Boitempo, 2016. p. 17-26.

KHUMTHUKTHIT, Ploy. *A nova diplomacia pública do Japão.* Dissertação (Mestrado em Relações Internacionais), Pontifícia Universidade Católica do Rio de Janeiro, Rio de Janeiro, 2010.

KURZ, Robert. Parábolas do meio-irmão. In: *Folha de S. Paulo*. Caderno MAIS!, jun. 2003.

LA CUEVA, Mario de. *El Nuevo derecho mexicano del trabajo*. 18. ed. México: Porrúa, 2001. Vol. 1.

LAGO, Mayra Coan. O trabalho e o trabalhador no Estado Novo de Vargas. *Dia-Logos: Revista dos alunos de Pós-graduação em História*, v. 9, 2015.

LANGUILLON-AUSSEL, R.; REVEYAZ, N. Japão: as fragilidades de um poder. Marco científico e educacional do arquivo. *Geoconfluências*, 2017. Pub. 05 maio 2021. Disponível em: <http://geoconfluences.ens-lyon.fr/glossaire/toyotisme#:~:text=Le%20toyotisme%20est%20une%20strat%C3%A9gie,r%C3%A9activit%C3%A9%20tr%C3%A8s%20vive%20au%20march%C3%A9>. Acesso em: 08 set. 2022.

LAVILLE, Jean-Louis; GAIGER, Luiz Ignácio. Economia Solidária (verbete), p. 162-168. In: CATTANI, André D.; LAVILLE, Jean-Louis; GAIGER, Luiz Ignácio; HESPANHA, Pedro (Coords.). *Dicionário Internacional da Outra Economia*. Coimbra: Almedina, 2009.

LEME, Ana Carolina Reis Paes Leme. UBER e o uso do *marketing* da economia colaborativa. In: LEME, Ana Carolina Reis Paes Leme; RODRIGUES, Bruno Alves; CHAVES JÚNIOR, José Eduardo de Resende. *Tecnologias disruptivas e a exploração do trabalho humano*. A intermediação de mão de obra a partir das plataformas eletrônicas e seus efeitos jurídicos e sociais. São Paulo: LTr, 2017.

______. *Da máquina à nuvem*. Caminhos para o acesso à justiça pela via de direitos dos motoristas da Uber. São Paulo: LTr, 2019.

LIMA, C. de C. Os aliados ocultos de Hitler: as empresas que colaboraram com o Reich. *Super Interessante*. Pub. 06 out. 2014. Disponível em: <super.abril.com.br/historia/os-aliados-ocultos-de-hitler>. Acesso em: 08 set. 2022.

LIMA, Jacob Carlos. Cooperativas de Trabalho (verbete), p. 91-95. In: CATTANI, André D.; LAVILLE, Jean-Louis; GAIGER, Luiz Ignácio; HESPANHA, Pedro (Coords.). *Dicionário Internacional da Outra Economia*. Coimbra: Almedina, 2009.

LIMA, Wânia Cláudia Gomes Di Lorenzo. *Crianças e adolescentes em situação de rua*. Disponível em: <http://publicadireito.com.br/artigos/?cod=a3e8b5e0becdbfb1>. Acesso em: 14 out. 2020.

LISSARDY, G. Por que os EUA têm os piores índices de pobreza do mundo desenvolvido. *BBC News Brasil*. Pub. 02 ago. 2020. Disponível em: <https://www.bbc.com/portuguese/internacional-53562958>. Acesso em: 10 set. 2022.

LOPES, Letícia. *Cidade de Deus é campeã de casos positivos de coronavírus em quatro comunidades analisadas pela prefeitura*. Reportagem presente em: <https://oglobo.globo.com/rio/cidade-de-deus-campea-de-casos-positivos-de-coronavirus-em-quatro-comunidades-analisadas-pela-prefeitura-24493187>. Acesso em: 11 jul. 2020.

LORES, Raul Justes. Vocês nunca mais serão ignorados. Diz Trump. Leia a Íntegra do Discurso. *Folha de S. Paulo*. São Paulo, 2017. Disponível em: <https://www1.folha.uol.com.br/mundo/2017/01/1851665-voces-nunca-mais-serao-ignorados-diz-trump-leia-a-integra-do-discurso.shtml>. Acesso em: 15 maio 2020.

LUHBI, T. 10% mais ricos controlam 76% da riqueza global; 50% mais pobres ficam com 2%. *CNN Brasil.* Pub. 07 dez. 2021. Disponível em: <https://www.cnnbrasil.com.br/business/10-mais-ricos-controlam-76-da-riqueza-global-50-mais-pobres-ficam-com-2/>. Acesso em: 09 set. 2022.

LUHMANN, Niklas. *Risk:* a sociological theory. Translated by Rhodes Barrett. Berlin; New York: Walter de Gruyter, 1993.

LUSA. Um em cada cinco britânicos vive em estado de pobreza devido à austeridade — ONU. *Diário de Notícias.* Pub. 22 maio 2019. Disponível em: <https://www.dn.pt/lusa/um-em-cada-cinco-britanicos-vive-em-estado-de-pobreza-devido-a-austeridade---onu-10927954.html>. Acesso em: 10 set. 2022.

MAEDA, P. *A Era dos zero direitos:* trabalho decente, terceirização e contrato zero-hora. São Paulo: LTr, 2017.

MAGALHÃES FILHO, F. B. B. de. *História Econômica.* 9 ed. São Paulo: Saraiva, 1983.

MAIA, Aline Silva Correa. Cidade de Deus em foco — Análise de representações de jovens da periferia. *E-Compós,* 10. Duisponível em: <https://doi.org/10.30962/ec.206, 2007>. Acesso em: 11 jul. 2020.

MAIA, Gustavo. 'Bons tempos onde menor podia trabalhar', diz Bolsonaro em evento de bares e restaurantes. Notícia do *Jornal O Globo.* Disponível em: <https://oglobo.globo.com/brasil/bons-tempos-onde-menor-podia-trabalhar-diz-bolsonaro-em-evento-de-bares-restaurantes-1-24606022?utm_source=globo.com&utm_medium=oglobo>. Acesso em: 27 ago. 2020.

MARCELLO, Carolina. *Filme Cidade de Deus.* Cultura Genial. Artes Visuais/Cinema. Disponível em: <https://www.culturagenial.com/filme-cidade-de-deus/>. Acesso em: 08 set. 2020.

MARCONDES, Mariana Mazzini. O cuidado na perspectiva da divisão sexual do trabalho: contribuições para os estudos sobre a feminização do mundo do trabalho. In: YANNOULAS, Silvia Cristina (Coord.) *Trabalhadoras:* Análise da Feminização das Profissões e Ocupações. Brasília: Editorial Abaré, 2013.

MARCONI, Marina de Andrade; LAKATOS, Eva Maria. *Metodologia científica.* 5. ed. São Paulo: Atlas, 2003.

MARTINS, M. de S. N. A arte das corporações de ofícios: as irmandades e o trabalho no Rio de Janeiro colonial. *CLIO — Revista de pesquisa histórica.* ISBN 0102-9487. Disponível em: <https://periodicos.ufpe.br/revistas/revistaclio/article/download/24350/199725>. Acesso em: 12 jun. 2022.

MARQUES, Leonardo. The United States and the transatlantic slave trade to the Americas, 1776-1867. *Yale University Press,* 2016.

MARX, Karl. *Formações econômicas pré-capitalistas.* Tradução de João Maia. São Paulo: Paz e Terra, 1975.

______. Livro I, Capítulo VI (inédito) In: *O Capital.* São Paulo: Ciências Humanas, 1978.

______. *O 18 Brumário de Luís Bonaparte.* São Paulo: Martin Claret, 2008.

MARX, R. Welfare state britânico. *Encyclopedie Universalis.Fr.* Disponível em: <https://www.universalis.fr/encyclopedie/welfare-state-britannique/>. Acesso em: 08 set. 2022.

MASLACH, C.; SCHAUFELI, W. B.; LEITER, M. P. (2001). *ROU Review Psychology*, 52.

MATURANA, Humberto; VARELA, Francisco. *A árvore do conhecimento:* as bases biológicas da compreensão humana. Tradução de Humberto Mariotti e Lia Diskin. 8. ed. São Paulo: Palas Athena, 2010.

MAUAD, Ana Maria. As três Américas de Carmem Miranda: cultura política e cinema no contexto da política da boa-vizinhança. *X Encontro Regional de História – ANPUH-RJ*, História e Biografias – Universidade do Estado do Rio de Janeiro, 2002.

MEDEIROS NETO. Xisto Tiago de. O trabalho infantil: fundamento e desafios para o seu combate. In: MOTA, Fabiana Dantas Soares Alves; SOBRINHO, Zéu Palmeira. *Trabalho Infantil e pandemia.* Diagnóstico e estratégias de combate. Recurso eletrônico. BRASIL. Tribunal Regional do Trabalho (Região, 21). Escola Judicial (EJ 21) do Tribunal Regional do Trabalho do Rio Grande do Norte. Natal, 2020. *E-book*; p. 7-27.

MELHADO, R. *Metamorfoses do capital e do trabalho:* relações de poder, reforma do Judiciário e competência da justiça laboral. São Paulo: LTr, 2006.

MELO, Raimundo Simão de. *Direito ambiental do trabalho e saúde do trabalhador:* responsabilidades legais, dano material, dano moral, dano estético, indenização pela perda de uma chance, prescrição. 5. ed. São Paulo: LTr, 2013.

MEYER, Madonna Harrington (Ed.). *Care work:* gender, class, and the welfare state. New York: Routledge, 2000.

MINAYO, Marília Cecília de Souza (Org.). *Pesquisa Social:* teoria, método e criatividade. Petrópolis, RJ: Vozes, 2003.

______. Laços perigosos entre machismo e violência. *Ciência & Saúde Coletiva*, Rio de Janeiro, v. 10, n. 1, p. 23-26, março de 2005. Disponível em: <http://www.scielo.br/scielo.php?script=sci_arttext&pid=S1413-81232005000100005&lng=en&nrm=iso>. Acesso em: 14 nov. 2020.

MIGALHAS. *STF:* Homem absolvido após confessar tentativa de feminicídio não passará por novo Júri. Disponível em: <https://migalhas.uol.com.br/quentes/334107/stf--homem-absolvido-apos-confessar-tentativa-de-feminicidio-nao-passara-por-novo-juri>. Acesso em: 17 nov. 2020.

MINHARRO, Erotilde Ribeiro dos Santos. *A criança e o adolescente no Direito do Trabalho.* São Paulo: LTr, 2003.

MONTEIRO, Helena Maria D. R. *Mulher, Trabalho e Identidade:* Relatos de mulheres em cargos de poder e prestígio sobre suas trajetórias profissionais. Dissertação (mestrado) – Universidade Federal de Pernambuco. CFCH. Pós-Graduação em Psicologia, 2015. Disponível em: <https://repositorio.ufpe.br/bitstream/123456789/17313/1/Disserta%C3%A7%C3%A3o_Helena%20Maria%20Diu%20Raposo%20Monteiro%20%280%29.pdf>. Acesso em: 19 nov. 2020.

MOURA, Gerson. *Tio Sam chega ao Brasil:* a penetração cultural americana. Coleção tudo é história. 5. ed. São Paulo: Brasiliense, 1988.

MOURÃO, M. Hugo Boss: empresa com muita história no mundo da moda. *DW – Deutsch Welle.* Life Style. Pub. 08 ago. 2006. Disponível em: <https://www.dw.com/pt-br/hugo-boss-empresa-com-muita-hist%C3%B3ria-no-mundo-da-moda/a-2125420>. Acesso em: 08 set. 2022.

NASAR, Sílvia. *A imaginação econômica.* gênios que criaram a economia moderna e mudaram a história. São Paulo: Cia. das Letras, 2012.

NASCIMENTO, Amauri Mascaro. *Teoria Geral do Direito do Trabalho.* São Paulo: LTr, 1998.

______. *Curso de direito do trabalho:* história e teoria geral do direito do trabalho: relações individuais e coletivas do trabalho. 17. ed. São Paulo: Saraiva, 2001.

NAPOLIÃO, Paula; MENEZES, Fernanda; LYRA, Diogo. Boletim segurança e cidadania. Julho de 2020. Ganhar a vida, perder a liberdade. Tráfico, trabalho e sistema sócioeducativo. *Boletim Segurança e Cidadania*, jul. 2020, Degase. Meio eletrônico.

NYE, Joseph. Samuel. *Understanding International Conflicts:* an introduction to theory and history. New York: Longman, 2000.

NETO, Lira. Getúlio. *Do governo provisório à ditadura do Estado Novo (1930-1945).* São Paulo: Cia. das Letras, 2016.

OECD. *Education GPS* — the world of educations at your fingertips. Paris. 2020a. Disponível em: <https://gpseducation.oecd.org/CountryProfile?plotter=h5&primaryCountry=KOR&treshold=5&topic=EO>. Acesso em: 8 set. 2020.

______. *SDBS Business Demography Indicators (ISIC Rev. 4):* Death rate of enterprises. Paris. 2020b. Disponível em :<https://stats.oecd.org/index.aspx?queryid=70734>. Acesso em: 7 set. 2020.

OLIVEIRA, Oris. Problemas relativos ao trabalho infanto-juvenil e o movimento pela erradicação. In: *Revista do tribunal regional do trabalho da 15ª Região*, n. 45, 2014, p. 39-48.

OLIVEIRA, Fabrício Augusto de. Schumpeter: a destruição criativa e a economia em movimento. In: *Revista de História Econômica & Economia Regional Aplicada*, vol. 10, n. 16 jan./jun. 2014.

OLIVEIRA, Sebastião Geraldo. *Proteção jurídica à saúde do trabalhador.* 6. ed. São Paulo: LTr, 2011.

______. *Indenizações por acidentes do trabalho ou doença ocupacional.* 6. ed. São Paulo: LTr, 2011.

*O QUE HARRIS SEXUAL QUIS DIZER* (Temporada 2, ep. 13). Produção de Michael Jacobs, Canal Original: ABC. Estados Unidos, 1991. Disponível na plataforma Youtube em sete partes nos seguintes *links*: <https://www.youtube.com/watch?v=Jt6Pceif48w> (1/7); <https://www.youtube.com/watch?v=3Wo82ewnIpE> (2/7); <https://www.youtube.com/watch?v=mhALrnKkmJI (3/7); https://www.youtube.com/watch?v=QkndBHXGN4s> (4/7); <https://www.youtube.com/watch?v=V7SG8iDgttw> (5/7); <https://www.youtube.com/watch?v=j4zKunpDgWQ> (6/7); <https://www.youtube.com/watch?v=1wSg8EECfRY> (7/7). Acesso em: 14 nov. 2020.

ORGANIZACIÓN INTERNACIONAL DEL TRABAJO. *Convenio sobre la violencia y el acoso, 2019 (n. 190).* Disponível em: <https://www.ilo.org/dyn/normlex/es/f?p=NORMLEXPUB:12100:0::NO::P12100_ILO_CODE:C190>. Acesso em: 20 nov. 2020.

ORGANIZAÇÃO INTERNACIONAL DO TRABALHO – OIT. *C182.* Convenção sobre Proibições das Piores Formas de Trabalho Infantil e Ação Imediata para sua Eliminação. Disponível em: <https://www.ilo.org/brasilia/convencoes/WCMS_236696/lang--pt/index.htm>. Acesso em: 14 out. 2020.

______. *Notícias*. Convenção da OIT sobre trabalho infantil conquista ratificação universal. 04/08/2020. Disponível em: <https://www.ilo.org/brasilia/noticias/WCMS_752499/lang--pt/index.htm>. Acesso em: 14 ago. 2020.

ORWELL, George. *1984*. São Paulo: Cia. das Letras, 2009.

______. As I Please, jornal *Tribune* (1943-1947). Disponível em: <https://www.pensador.com/frase/OTg2MTk3/>. Acesso em: 06 jun. 2022.

PAMPLONA FILHO, Rodolfo. *Assédio Sexual:* questões conceituais, 2005. Disponível em: <http://www.andt.org.br/f/20131533_ANDT_artigo_assedio_Rodolfo.pdf>. Acesso em: 20 nov. 2020.

PAN, Alexander. 'Parasite' Is Coming Early To Your Couch, Here Are The Easter Eggs To Hunt. *Goat*, 7 Apr. 2020. Disponível em: <https://goat.com.au/entertainment/parasite-is-coming-early-to-your-couch-here-are-the-easter-eggs-to-hunt/>. Acesso em: 07 set. 2020.

PASQUERS, J. Jeannot chez les nazis. *Journal d'um Déporté du Travail 1943-1945*. Disponível em: <http://jean-pasquiers.chez-alic/journal-d-un-deporte-du-travail-1943-45.pdf>. Acesso em: 08 set. 2022.

PASINATO, Wânia *et al.* Medidas protetivas para as mulheres em situação de violência. In: *SENASP. Pensando a segurança pública*. Brasília: Ministério da Justiça, 2015. v. 6.

PAULA, E. S. de. As origens das Corporações de Ofício: as corporações em Roma. *Revista de História*, vol 32., pub. 03 dez. 1966. 10.11606/issn.2316-9141.rh.1966.124022.

PAZELLO, Ricardo Prestes; CHRISTOFFOLI, Gustavo Trento. Apontamentos para uma teoria crítica do Direito Cooperativo. In: MELLO, Lawrence EStivalet de; CALDAS, Josiane; GEDIEL, José Antonio Peres (Coords.). *Políticas de austeridade e direitos sociais*. Curitiba: Kayguangue, 2019.

PAGOTTO, Claudete. A autogestão em cooperativas: desafios à autonomia do trabalho, In: ANTUNES, Ricardo (Org.). *Riqueza e miséria do trabalho no Brasil IV*. São Paulo: Boitempo, 2019.

PENAFRIA, Manuela. *Análise de Filmes* — conceitos e metodologia. 2009. Disponível em: <http://www.bocc.ubi.pt/pag/bocc-penafria-analise.pdf>. Acesso em: 26 ago. 2020.

PEREIRA, Bergman de Paula. De escravas a empregadas domésticas – A dimensão social e o "lugar" das mulheres negras no pós-abolição. In: *XXVI Simpósio Nacional de História ANPUH: 50 anos*, São Paulo, 2011.

PERNOT, J. M. Rapport Beveridge. *Encycloepedie Universalis.Fr.* Disponível em: <https://www.universalis.fr/encyclopedie/welfare-state-britannique/>. Acesso em: 08 set. 2022.

PERRAULT, Charles. As fadas/Les fées. SOUZA, Elisângela Maria de (trad.). MICHELLI, Regina; GARCÍA, Flavio; BATALHA, Maria Cristina (Orgs.). *(Coleção Charles Perrault)*. Rio de Janeiro: Dialogarts, 2019. p. 110, 2 v.

PERSPECTIVA MUNDIAL. *Ferramenta educacional das principais tendências globais desde 1945*. Verbete Neoliberalisme. Disponível em: <https://perspective.usherbrooke.ca/bilan/servlet/BMDictionnaire?iddictionnaire=1609>. Acesso em: 08 set. 2022.

PIERRY, Marcos. *O segredo de Cidade de Deus.* Presente em: <http://www.kinodigital.ufba.br/edicao1/pdf/cidadededeus.pdf>. Acesso em: 11 jul. 2020.

PIMLOTT, Ben. “Posfácio”. In: ORWELL, George. *1984*. São Paulo: Cia. das Letras, 2009.

PINTO, T. Caverna de Chauvet e a arte da pré-história. *História do mundo*. Dez. 2020. Disponível em: <https://www.historiadomundo.co.br/pre-historia/caverna-de-chauvet-e-a-arte-da-prehistoria.htm>. Acesso em: 02 dez. 2020.

PLANETA GIBI. *Zé Carioca está de volta*. 2020. Disponível em: <https://www.planetagibi.com.br/2020/07/ze-carioca-esta-de-volta.html>. Acesso em: 20 ago. 2020.

PLÁ RODRIGUEZ, Américo. *Princípios de Direito do Trabalho*. Tradução de Wagner Giglio. 3. ed. São Paulo: LTr, 2000.

PINTO, J. A. R. *O direito do trabalho e as questões do nosso tempo.* São Paulo: LTr, 1998.

______. *Curso de Direito do Trabalho*. 5. ed. São Paulo: LTr, 2000.

POCHMANN, Márcio; MORAES, Reginaldo. *Capitalismo, Classe Trabalhadora e Luta Política no início do século XXI*. São Paulo: Fundação Perseu Abramo, 2017.

PRADO JÚNIOR, C. *História Econômica do Brasil*. São Paulo: Brasiliense, 2012.

RAMÍREZ, Noelia. “Trabalho de madrugada porque não dou conta de tudo em casa”, a nova normalidade massacra as mulheres. *El país*. 28 maio 2020. Disponível em: <https://brasil.elpais.com/smoda/2020-05-28/trabalho-de-madrugada-porque-nao-dou-conta-de-tudo-em-casa-a-nova-normalidade-massacra-as-mulheres.html>. Acesso em: 30 out. 2020.

RAMOS, Sílvia. *Trajetórias no tráfico:* jovens e violência armada em favelas cariocas. Disponível em: <http://pepsic.bvsalud.org/scielo.php?script=sci_arttext&pid=S2176-48912011000200006>. Acesso em: 07 set. 2020.

REIS, Daniela Muradas; CORASSA, Eugênio Damaestro. Aplicativos de transporte e plataforma de controle: o mito da tecnologia disruptiva do emprego e a subordinação por algoritmos. In: LEME, Ana Carolina Paes; RODRIGUES, Bruno Alves; CHAVES JÚNIOR, José Eduardo Resende (Coords.). *Tecnologias disruptivas e a exploração do trabalho humano:* a intermediação de mão de obra a partir das plataformas eletrônicas e seus efeitos jurídicos e sociais. São Paulo: LTr, 2017.

REZENDE, Simone Beatriz Assis. Enfrentamento da exploração infantil para o tráfico de drogas: uma experiência jurídica na justiça do trabalho em Mato Grosso do Sul. In: FELIZARDO, Maria Edlene L.; ARÓSIO, Cândice Gabriela; CARDOSO, Marielle Rissanne Guerra Viana (Orgs.). *Infância, trabalho e dignidade*. Livro comemorativo aos 15 anos da Coordinfância. Brasília, Ministério Público do Trabalho, 2015. p. 247-287. Disponível em: <https://www.passeidireto.com/arquivo/49748635/livro-infancia-trabalho-e-dignidade>. Acesso em: 28 set. 2020.

RIBEIRO, Bruna. *Ministério público do trabalho lança observatório da prevenção e erradicação do trabalho infantil.* 25 jul. 2019. Disponível em: <https://www.chegadetrabalhoinfantil.org.br/noticias/materias/ministerio-publico-do-trabalho-lanca-observatorio-da-prevencao-e-erradicacao-do-trabalho-infantil/>. Acesso em: 07 set. 2020.

______. *Aumento do trabalho infantil durante a pandemia preocupa FNPETI*. Rede Peteca. Chega de trabalho infantil. Disponível em: <https://www.chegadetrabalhoinfantil.org.br/noticias/materias/aumento-do-trabalho-infantil-durante-pandemia-preocupa-fnpeti/#:~:text=Segundo%20o%20IBGE%2C%20somente%20no,de%20trabalho%20infantil%20no%20pa%C3%ADs>. Acesso em: 14 out.2020.

______. Rede nacional de combate ao trabalho infantil pede divulgação de dados atualizados pelo IBGE. *Rede Peteca*. Chega de trabalho infantil. Disponível em: <https://www.chegadetrabalhoinfantil.org.br/noticias/materias/rede-nacional-de-combate-ao-trabalho-infantil-pede-divulgacao-dos-dados-atualizados-pelo-ibge/>. Acesso em: 14 out. 2020.

RIBEIRO, Enoque. O Direito Coletivo do Trabalho sob a perspectiva histórica. In: SOUTO MAIOR, Jorge Luiz; CORREIA, Marcus Orione Gonçalves. *Curso de Direito do Trabalho*. Teoria do Direito do Trabalho. São Paulo: LTr, 2008.

RIO DE JANEIRO. *Poder Judiciário*. Políticas públicas podem mudar perfil de jovem infrator no Rio de Janeiro, aponta estudo. Notícia publicada por Assessoria de Imprensa em 08 abr. 2019. Disponível em: <http://www.tjrj.jus.br/noticias/noticia/-/visualizar-conteudo/5111210/6303736>. Acesso em: 05 out. 2020.

ROBL FILHO, I. N. Constituição mexicana de 1917 e os avanços dos direitos sociais no Brasil. *Cuest. Const*, n. 36. Ciudad de México ene./jun. 2017. Disponível em: <https://doi.org/10.22201/iij.24484881e.2017.36.10871>. Acesso em: 03 set. 2022.

RODRIGUES, João Carlos. *O negro brasileiro e o cinema*. Rio de Janeiro: Pallas, 2015.

ROMANE, Marcus. *Zé Carioca:* uma aventura editorial no Brasil. Universo HQ. Petrópolis-RJ. 2003. Disponível em: <http://www.universohq.com/materias/ze-carioca-uma-aventura-editorial-no-brasil/> . Acesso em: 28 maio 2020.

ROSS, Alec. *The industries of the future*. New York: Simon & Schuster, 2016.

RUPRECHT, Alfredo J. *Os princípios do direito do trabalho*. São Paulo: LTr, 1995.

SAFFIOTI, Heleieth Iara Bongiovani. *O poder do macho*. São Paulo: Moderna, 1987.

______. *Gênero, patriarcado, violência*. São Paulo: Editora Fundação Perseu Abramo, 2011.

SAKAMOTO, Leonardo. Livre ou subordinado? Pesquisadores mostram como apps controlam entregador. In: *Blog do Sakamoto*. Disponível em: <https://blogdosakamoto.blogosfera.uol.com.br/2019/12/13/livres-ou-vigiados-veja-11-medidas-de-apps-para-controlar-entregadores/>.

SALVATORE, Ricardo. Primeiras Visões Americanas de um Mercado Hemisférico na América do Sul. In: TORRES, Sônia (Org.). *Raízes e Rumos:* perspectivas interdisciplinares em estudos americanos. Rio de Janeiro: 7 Letras, 2001.

SANTOS, Maria de Fátima Dias dos. *Entrevista:* O trabalho doméstico realizado na sua infância e adolescência. [Entrevista cedida a] Christiane Moraes Cardoso, São Paulo, 13 out. 2020.

SARLET, Ingo Wolfgang; FENSTERSEIFER, Tiago. *Direito ambiental:* introdução fundamentos e teoria geral. São Paulo: Saraiva, 2014.

SCALÉRCIO, Marcos e MINTO, Tulio Martinez. *Normas da OIT* — Organizadas por Temas. São Paulo: LTr, 2017.

SCHEIBER, Noam (2017). How Uber Uses Psychological Tricks to Push Its Drivers Buttons. In: *New York Times*. Disponível em: <https://www.nytimes.com/interactive/2017/04/02/technology/uber-drivers-psychological-tricks.html>

SCHOLZ, Trebor. *Cooperativismo de plataforma:* contestando a economia do compartilhamento corporativa. São Paulo: Fundação Rosa Luxemburgo, 2016.

SCHREGLE, J.; JENKS, C. Wilfred. "labour law". *Encyclopedia Britannica*, 25 set. 2019. Disponível em: <https://www.britannica.com/topic/labour-law>. Accesso em: 09 set. 2022.

SCHREIBER, Mariana. Disponível em: <https://www.bbc.com/portuguese/brasil-53551592>. Acesso em: 03 ago. 2020.

SCHUMPETER, Joseph Alois. *Teoria do desenvolvimento econômico.* São Paulo: Abril Cultural, 1982 (Os economistas).

______. *Capitalismo, socialismo e democracia.* Rio de janeiro: Zahar Editores, 1984.

SCHWARTSMAN, Hélio (2017). A Uber e o livre arbítrio. *Folha de S. Paulo*. Disponível em: <https://www1.folha.uol.com.br/colunas/helioschwartsman/2017/04/1872694-a-uber-e-o-livre-arbitrio.shtml?loggedpaywall>.

SERAU JR., Marco Aurélio. Terceirização: "novo" panorama normativo trazido pelas Leis n.s 13.429/2017 e 13.467/2017, p. 94-99. In: SERAU JR., Marco Aurélio (Coord.). *Terceirização:* conceito, crítica, reflexos trabalhistas e previdenciários. São Paulo: LTr, 2018.

SGORLA, Kristian. O personagem Zé Carioca e a autocrítica de um estereótipo nacional. Cascavel-PR: *Revista Trama Interdisciplinar*, 2016, v. 12, n. 25.

SHAKESPEARE, William. *The Complete Works of William Shakespeare.* New York: Gramercy Books.

SHAW, Lisa. O Brasil visto por Hollywood: do cinema mudo a Carmen Miranda. *Revista Trama Interdisciplinar*, v. 8, n. 3, 13 jun. 2018.

SHE, Lao. *O Garoto do Riquixá*. São Paulo: Estação Liberdade, 2017.

SIGNES, Adrían Todoli. O mercado de trabalho no século XXI: on-demand economy, crowdsourcing e outras formas de descentralização produtiva que atomizam o mercado de trabalho. Tradução de Ana Carolina Reis Paes Leme e Carolina Rodrigues Carsalade. In: LEME, Ana Carolina Reis Paes Leme; RODRIGUES, Bruno Alves; CHAVES JÚNIOR, José Eduardo de Resende. *Tecnologias disruptivas e a exploração do trabalho humano.* A intermediação de mão de obra a partir das plataformas eletrônicas e seus efeitos jurídicos e sociais. São Paulo: LTr, 2017.

SILVEIRA, L.C. *Jonny Quest e a guerra fria:* propaganda animada norte-americana. Disponível em: http://ppghis.com/outrasfronteiras/index.php/outrasfronteiras/article/view/407>. Acesso em: 05 fev. 2021.

SIMÕES, Larissa Giardini; HERMETO, Ana Maria. Padrões recentes de inserção e mobilidade no trabalho doméstico no Brasil metropolitano: descontinuidades e persistências. *Revista Brasileira de Estudos de População*, v. 36, p. 1-25, 3 dez. 2019.

SILVA, José Afonso da. *Direito ambiental constitucional.* 2. ed. São Paulo: Malheiros, 2004.

SILVA, W. A. D. 2019. *Entregadores de aplicativos estão em um limbo do Direito do Trabalho?* Disponível em: <https://www.justificando.com/2019/05/24/entregadores-de-aplicativos-estao-em-um-limbo-do-direito-do-trabalho/>. Acesso em: 10 out. 2020.

SOBOLL, Lis Andréa Pereira. *Assédio moral/organizacional:* uma análise da organização do trabalho. São Paulo: Casa do Psicólogo, 2008.

SOIHET, Rachel. O corpo feminino como lugar de violência. In: *Projeto História*, n. 25, "corpo & cultura" n. 25. São Paulo: educ Editora da PUC-SP, dez. 2002, ISSN 0102-4442, páginas: 269-289. Disponível em: <https://www.historia.uff.br/nupehc/files/rachel.pdf>. Acesso em: 17 nov. 2020.

SOUTO MAIOR, Jorge Luiz. *Curso de Direito do Trabalho:* História do Direito do Trabalho no Brasil. São Paulo: LTr, 2017. vol. 1, parte II.

______. Apresentação. In: SOUTO MAIOR, Jorge Luiz; GNATA, Noa Piatã Bassfeld (Orgs.). *Trabalhos Marginais.* São Paulo: LTr, 2013.

______; MOREIRA, R. M.; e SOUTO SEVERO, V. Dumping *social nas relações de trabalho.* 2. ed. São Paulo: LTr, 2014.

______. *Curso de Direito do Trabalho.* História do Direito do Trabalho no Brasil. São Paulo, LTr, 2017. Vol. 1, parte I.

STAM, Robert. *Multiculturalismo tropical* — Uma história comparativa da raça na cultura e no cinema brasileiros. São Paulo: Edusp, 2008.

STANDING, Guy. *O precariado:* a nova classe perigosa. Belo Horizonte: Autêntica, 2013.

STRAND, David. *Rickshaw Beijing* — City, People and Politics in the 1920's. Berkeley; Los Angeles: University of California Press, 1989.

STREET, Jorge, 1863-1639. *Ideias sociais de Jorge Street.* Cronologia, introdução, notas bibliográficas e textos selecionados por Evaristo de Moraes Filho. Apresentação de Luiz Viana Filho. Brasília, Senado Federal; Rio de Janeiro, Fundação Casa de Rui Barbosa, 1980.

STUDER, A. Rapport du docteur Villermé. *Base Numerique du Patrimoine d'Alsace.* Pub. 1º out. 2010. Disponível em: <http://www.crdp-strasbourg.fr/data/patrimoine-industriel/mulhouse-19/villerme.php?parent=25>. Acesso em: 09 set. 2022.

SUPIOT, A. *Homo Juridicus:* essai sur le fonction anthropologique de droit. Paris: Les Éditions du Seuil, 2005.

SUTTI, Erazê. *OIT, Direitos Humanos Internacionais e Reforma Trabalhista.* São Paulo: no prelo.

TAVARES LEITE, Flamarion. Moral, Direito e Política na filosofia de Kant. In: ALMEIDA FILHO, Agassiz e outro (Orgs.). *Novo Manual de Ciência Política.* Malheiros: 2013.

TV5MONDE. *Info. Première Guerre Mondiale.* 100 ans après. Video – Première Guerre Mondiale: l'histoire méconnue des cravailleurs chinois. Pub. 10 nov. 2017. Disponível em: <https://information.tv5monde.com/info/premiere-guerre-mondiale-l-histoire-meconnue-des-travailleurs-chinois-202631#:~:text=En%20tout%2C%20ce%20sont%20140,%C3%A0%20ce%20stade%20du%20conflit>. Acesso em: 08 set. 2022.

WEBER, Max. *A ética protestante e o "espírito" do capitalismo*. São Paulo: Cia. das Letras, 2004.

THE ECONOMIST. 2016. *From zero to seventy (billion)*. Disponível em: <https://www.economist.com/briefing/2016/09/03/from-zero-to-seventy-billion>. Acesso em: 10 out. 2020.

THINKEVA. *O ciclo do assédio sexual no ambiente de trabalho, 2020*. Disponível em: <https://thinkeva.com.br/pesquisas/assedio-no-contexto-do-mundo-corporativo/>. Acesso em: 19 nov. 2020.

TORRES, Sônia. Estudos Americanos: Raízes nacionais, rumos globais. In: TORRES, Sônia (Org). *Raízes e Rumos:* perspectivas interdisciplinares em estudos americanos. Rio de Janeiro: 7 Letras, 2001.

TOTA, Antônio Pedro. *O Imperialismo Sedutor:* a americanização do Brasil na época da Segunda Guerra. São Paulo: Cia. das Letras, 2000.

TRINDADE, André Karam; BERNSTS, LUÍSA GIULIANI. o estudo do Direito e Literatura no Brasil: surgimento, evolução e expansão. In: *ANAMORPHOSIS, Revista Internacional de Direito e Literatura*, v. 3, n. 1, jan./jun. 2017

UBER. [201-]. *Vantagens para motoristas com o Uber Pro*. Disponível em: <https://www.uber.com/br/pt-br/drive/uber-pro/>. Acesso em: 10 out. 2020.

UNDP. *Human Development Data*. 2019. Disponível em <http://hdr.undp. org/en/data>. Acesso em: 7 set. 2020.

UNICEF. *UNICEF alerta para o risco de aumento do trabalho infantil durante e após a pandemia*. Disponível em: <https://www.unicef.org/brazil/comunicados-de-imprensa/unicef-alerta-para-o-risco-de-aumento-do-trabalho-infantil-durante-e-apos>. Acesso em: 14 out. 2020.

VAN DEURSEN, Felipe. *Zé Carioca:* A estreia do papagaio. Aventuras na História. São Paulo. Disponível em: <https://aventurasnahistoria.uol.com.br/noticias/acervo/ze-carioca-estreia-papagaio-434972.phtml.> Acesso em: 10 maio 2020.

VASAPOLLO, Luciano. A precariedade como elemento estratégico determinante do capital. *Revista pesquisa e debate*, São Paulo, v. 16, n. 2, p. 368-386, 2005a.

______. *O trabalho atípico e a precariedade*. São Paulo: Expressão Popular, 2005b.

VIET, V. Le droit du travail s'en va-t-en guerre (1914-1918). *Revue Française des Affaires Sociales*. Pub. 1º jun. 2010. Disponível em: <https://www.cairn.info/revue-francaise-des-affaires-sociales-2002-1-page-155.htm>. Acesso em: 08 set. 2022.

VILLAS BÔAS FILHO, Orlando. *Teoria dos sistemas e o direito brasileiro*. São Paulo: Saraiva, 2007.

VOHRA. Lao She and the Chinese Revolution. vol. 55, *Harvard University Asia Center*, Cambridge, Mass., 1974. JSTOR. Disponível em: <www.jstor.org/stable/j.ctt1tg5knf.11>.

VONBUN, Christian; MENDONÇA, João Luís de Oliveira. *Educação superior:* uma comparação internacional e suas lições para o Brasil. Brasília: Ipea, 2012.

WEIL, David. *The Fissured Workplace:* why work became so bad for so many and what can be done to improve it. Cambridge: Harvard, 2018.

WELZER-LANG, DANIEL. A construção do masculino: dominação das mulheres e homofobia. *Rev. Estud. Fem.* [*on-line*]. 2001, vol. 9, n. 2, p. 460-482. Disponível em: <https://www.scielo.br/pdf/ref/v9n2/8635>. Acesso em: 15 nov. 2020.

WIKIPEDIA, (Black_Mirror). Disponível em: <https://pt.wikipedia.org/wiki/Black_Mirror>.

WIKIPEDIA, (Buraco_de_minhoca). Disponível em: <https://pt.wikipedia.org/wiki/Buraco_de_minhoca>.

WIKIPEDIA (Cidade de Deus [filme]). Disponível em: <https://pt.wikipedia.org/wiki/Cidade_de_Deus_>.

WIKIPEDIA (*Dark*). Disponível em: <https://pt.wikipedia.org/wiki/Dark>.

WIKIPEDIA, (Pandemia de Covid-19). Disponível em: <https://pt.wikipedia.org/wiki/Pandemia_de_COVID-19>

WIKIPEDIA, (Paradoxo_de_bootstrap). Disponível em: <https://pt.wikipedia.org/wiki/Paradoxo_de_bootstrap>.

WIKIPEDIA, (Stranger_Things). Disponível em: <https://pt.wikipedia.org/wiki/Stranger_Things>.

WIKIPEDIA (The jetsons). Disponível em: <https://en.wikipedia.org/wiki/The_Jetsons>.

WYZYKOWSKI, Adriana; BARROS, Renato da Costa Lino de Goés; PAMPLONA FILHO, Rodolfo. *Assédio moral laboral e direitos fundamentais*. São Paulo: LTr, 2014.

YOSHINO, Kenji. *Mil vezes mais justo*. O que as peças de Shakeaspeare nos ensinam sobre a Justiça. Tradução de Fernando Santos. São Paulo: Martins Fontes, 2019.

YOUTUBE. Comerciante que viralizou história de engraxate é notificado por apologia do trabalho infantil. *Jornal da Record*. Disponível em: <https://www.youtube.com/watch?v=MOtJL38A-27A&app=desktop>. Acesso em: 09 set. 2020.

ZAGNI, Rodrigo Medina. Imagens Projetadas do Império O Cinema Hollywoodiano e a Construção de uma Identidade Americana para a Política da Boa Vizinhança. *Cadernos PROLAM/USP*, São Paulo, ano 8, v. 1, p. 67-91, 2008.

*O que nos une é também o amor pelo livro.*

Confira todos os nossos lançamentos em:

**LACIER**

**www.livrarialacier.com.br**